शिवानी के साहित्य में सौन्दर्य विधान

भारत बुक सेण्टर
लखनऊ

शिवानी के साहित्य में सौन्दर्य विधान

डॉ० नीतू शर्मा

भारत बुक सेण्टर
लखनऊ

प्रकाशक : भारत बुक सेण्टर
17, अशोक मार्ग
लखनऊ–226 001
फोन नं. 0522-2288381

ISBN : 978-81-7678-167-1

संस्करण : प्रथम संस्करण

वर्ष : 2011 ई.

मूल्य : 400.00 रुपये

मुद्रक : हिमांशु आफसेट, नई दिल्ली

Shivani ke Sahitya Me Saundrya Vidhan

By : Neetu Sharma

समर्पण

पूज्य पिता स्व० श्री योगेन्द्र कुमार शर्मा जी

एवं

माँ स्व० ऊषा शर्मा जी

के

चरणों में सादर

प्राक्कथन

साहित्य जीवन की अभिव्यक्ति हैं। इसीलिए जीवन संदर्भों के बदलाव के साथ साहित्य की चिन्तन दृष्टि और अभिव्यंजना --शिल्प में भी बदलाव आता है, किन्तु बदलाव की यह प्रक्रिया दुहरी है। साहित्यकार की चिन्तन दृष्टि अपने युग बोध से प्रभावित होती हैं और रचना के माध्यम से युग को प्रभावित भी करती है। अतः समाज से लेखक, लेखक से साहित्य और साहित्य से पुनः समाज विकसित होता रहता है। अतः युग बोध रचनाकार को जीवन के वर्तमान से जोड़ता हैं और रचनाकार अपनी चिन्तन दृष्टि रचनात्मक शक्ति (प्रतिभा) के अनुसार उसे अभिव्यक्त करता हैं। साहित्य रचना चूंकि भाषा में अभिव्यक्ति पाती हैं, अतः भाषा का प्रयोग भी रचनाकार के बोध और दृष्टि से अभिन्न होता हैं।

हिन्दी का नवलेखन भारतीय स्वतन्त्रता के बाद का वह लेखन है, जिसमें परम्परागत लेखन से आगे बदले हुए जीवन–सदर्भों में नए मूल्यों, नए भाव बोधों और नये अभिव्यंजना शिल्प को अन्वेषित करने का प्रयास किया गया। साहित्य में अन्वेषण की यह क्रिया श्लाध्य है, यदि वह अपने बदले हुए मानवीय सन्दर्भों एवं वर्तमान की जिजीविषा को संवेदना के धरातल पर रूपायित कर सके।

शिवानी हिन्दी नवलेखन की समर्थ रचनाकार हैं। उनकी रचना दृष्टि रोमानी भाव बोध से विकसित होकर आज के बदले हुए संदर्भों की मानवीय चेतना को अपनी रचनाओं में रेखांकित करती है। चिन्तन

की तरह शिवानी के साहित्य का कलापक्ष अर्थात अभिव्यंजना शिल्प भी हिन्दी नवलेखन में अपना विशिष्ट स्थान रखता हैं। हिन्दी नवलेखन दुर्बोधता के जिस अभिशाप से ग्रस्त हैं, शिवानी की रचनाएं प्रायः उससे मुक्त हैं। अनुभूति की सहजता और निश्छलता ही उनके शिल्प का सौन्दर्य हैं, जो दूसरे समकालीनों में दुर्लभ है। शिवानी के शिल्प की संवादात्मकता उनकी अनुभूति को पाठकों से जोड़ने में सफल हो जाती है। शिल्प के इस गुण से शिवानी की रचना अपनी चिन्तन दृष्टि में रोमानी और आधुनिक होने के विवादों को झेलते हुए भी पाठकों के बीच अधिक लोकप्रिय हुई। शिवानी स्वातन्त्रयोत्तर युग की सशक्त लोकप्रिय कथाकार हैं। उनका साहित्य सौन्दर्य भावना का अक्षय भण्डार हैं जिसमें कथानक और परिवेश की जीवन्तता, यथार्थता, विसंगतियाँ, जीवन का सहज स्पन्दन, कुमाऊँ अंचल तथा नगरीय जीवन के सौन्दर्य का विशद् वर्णन किया गया है। प्रस्तुत पुस्तक के अन्तर्गत इन्हीं महत्वपूर्ण तथ्यों को उजागर करने का प्रयास किया गया हैं। लेखिका का संक्षिप्त जीवन परिचय देते हुए उनके सौन्दर्य बोध को प्रभावित करने वाले तत्वों को भी प्रकाश में लाया गया है। तदुपरान्त शिवानी के शिल्प सौन्दर्य को खोजने का प्रयास किया गया है। सौन्दर्य शास्त्र पर इन दिनों बहुत लिखा जा रहा हैं, पर उसमें पश्चिम के आयातित सिद्धान्तों का आतंककारी प्रदर्शन अधिक है। मेरा निवेदन हैं कि यदि उसे भारतीय सौन्दर्य–विधान के रूप में गठित किया जाए तो यह भारतीय साहित्य के अध्ययन–अनुसंधान हेतु अधिक अनुकूल सिद्ध होगा। इसी उद्देश्य से प्रस्तुत पुस्तक में मैंने सौन्दर्यशास्त्रीय जटिलता का लोभ संवरण कर स्वयं को केवल शिवानी की सौन्दर्य संचेतना और सौन्दर्य सर्जना तक सीमित रखा हैं, इससे शिवानी साहित्य का सौन्दर्य विधान यथावत् स्पष्ट हो जाएगा।

प्रस्तुत पुस्तक के छः सोपान हैं। प्रथम अध्याय के अन्तर्गत मैंने शिवानी के व्यक्तित्व व उनकी साहित्याभिरूचि की प्रेरक–शक्तियों का उल्लेख किया है। उनके व्यक्तित्व की बहुआयामी छटा के साथ–साथ शिवानी साहित्य के विकास क्रम को ध्यान में रखते हुए उनके औपन्यासिक सृजन, कहानी, रिपोर्ताज, निबन्ध, विविध साहित्य आदि की समीक्षा–परीक्षा की हैं।

द्वितीय अध्याय में रस सौन्दर्य पर दृष्टिपात करते हुए साथ ही गंध सौन्दर्य, स्पर्श सौन्दर्य पर प्रकाश डाला गया हैं। रस सौन्दर्य के अन्तर्गत रसनेन्द्रिय ग्राहय रस का सौन्दर्य सापेक्ष स्वरूप विशेषतः साहित्य रस का आस्वादन ही मूल मन्तव्य रहा हैं! अस्तु, यहाँ भरसक रस की शास्त्रीयता से दूर रहकर केवल साहित्यगत सरसता पर ही अवधान केन्द्रित किया गया हैं। तत्पश्चात क्रमशः गंध स्पर्श, तथा शब्द (ध्वनि) गत सौन्दर्य का समाकलन किया गया हैं। शिवानी–साहित्य में अंकित भिन्न –भिन्न प्रकार की गंधानुभूतियों, स्पर्शानुभूतियों और विभिन्न नैसर्गिक मानवीय मूर्त अमूर्त ध्वनियों का सौष्ठव अथवा उनका वैशिष्ट्य निरूपित करना ही अभिप्रेत रहा हैं। यह पंचेन्द्रियबोध भारतीय सौन्दर्य बोध की अपनी प्रणाली हैं, अस्तु यह शिवानी साहित्य पर अंतर्घटित की गयी हैं। इसके अतिरिक्त कुछ महत्वपूर्ण पक्षों पर पृथक्तः विचार विमर्श किया गया है।

तृतीय अध्याय में प्रकृति सौन्दर्य को किस प्रकार शिवानी ने अपने साहित्य में समेटा हैं, उसका वर्णन विश्लेषण किया गया हैं। अस्तु यहाँ प्रकृति के विविध पक्षों, विविध प्रकृति रूपों, ऋतुओं, कालखंडों, पशुपक्षियों, वनस्पतियों आदि का सविस्तार विश्लेषण किया गया हैं।

चतुर्थ अध्याय में शिवानी साहित्य के शिल्प सौन्दर्य पर प्रकाश

डाला गया है। इसके अन्तर्गत उनके शब्द शिल्प, औपन्यासिक शिल्प, संवाद तथा भाषा पर अवधान केन्द्रित किया गया हैं। शिवानी की सौन्दर्य संचेतना का सर्वतोभावेन उपस्थापन करने हेतु यह विभाजन मुझे सर्वाधिक अनुकूल लगा हैं।

पंचम अध्याय में शिवानी की सौन्दर्य प्रसाधन और विरूपण की कलाओं का स्वरूपांकन किया गया हैं। इनके विभिन्न आहार्या और उपकरणों के सर्वेक्षण हेतु इस अध्याय में आलोच्य साहित्य का सांस्कृतिक अध्ययन सा करना पड़ा हैं। सौन्दर्य प्रसाधन के साथ ही इस अध्याय में शिवानी साहित्य में सौन्दर्य–विरूपण के उपादानों को भी निरूपित किया गया हैं। शिवानी ने विरूपण की दिशा में अधिक रूचि नहीं दिखाई हैं, अतएव विद्रूपता एवं विराट्ता बोध–विषयक सामग्री अत्यल्प ही है।

षष्ठम अध्याय में शिवानी के सौन्दर्य की विशिष्टताएं, समकालीन एवं परवर्ती गद्य साहित्य के विकास में शिवानी के सौन्दर्य बोध का योगदान, नवीन स्थापनाएँ, उपलब्धियां एवं नूतन संभावनाओं पर संक्षिप्त प्रकाश डाला गया हैं।

हिन्दी साहित्य के प्रति मेरी सदा से ही रूचि रही है। शिवानी साहित्य का अध्ययन करने से मुझे उनके साहित्य में सौन्दर्य को खोजने की प्रेरणा मिली। सौभाग्य से मुझे मेरे निर्देशक डॉ0 प्रभाकर शुक्ल जी का अपूर्व निर्देशन प्राप्त हुआ। उनके स्नेहपूर्ण व्यवहार तथा विद्वतापूर्ण कुशल निर्देशन ने ही मुझे इस शोध प्रबन्ध को पूर्ण कर पाने में समर्थ बनाया। आदरणीय गुरूवर के प्रति कृतज्ञता प्रकट करने हेतु सामर्थ्य मुझमें नहीं हैं, जिन्होंने अत्यन्त व्यस्त रहते हुए भी विषय–चयन से लेकर प्रकाशन तक सदैव मेरा मार्ग दर्शन किया। तदनंतर उन्हीं

के साहित्य सम्बन्धी विचारों की प्रत्यक्ष एवं परोक्ष छाप इस समीक्षा में सर्वत्र विद्यमान हैं। उनके इस प्रोत्साहन के लिए मैं अपनी आभारांजलि समर्पित करती हूँ तथा उन जैसे महान व्यक्तित्व के सम्पर्क में लाने के लिए मैं ईश्वर को धन्यवाद देती हूँ। मैं लखनऊ विश्वविद्यालय के हिन्दी विभाग के अध्यक्ष, पूज्य डॉ0 सूर्य प्रसाद दीक्षित जी के प्रति भी हदय से आभारी हूँ जिनके शत परामर्शो के कारण यह विनम्र प्रयास पूर्ण हुआ। डॉ0 साहब की पुस्तक "छायावादी कवियों का सौन्दर्य विधान" द्वारा मुझे इस पुस्तक को पूरा करने में पर्याप्त सहायता मिली है। उनके भव्य व्यक्तित्व के समक्ष मैं विनयानवत हूँ।

शिवानी जी जो स्वयं इस पुस्तक की शक्ति हैं। उनसे व्यक्तिगत रूप से मिलकर मैंने अपनी अनेक शंकाओं का समाधान किया है। जिनका समावेश यथास्थान इस प्रबन्ध के अन्तर्गत किया जा चुका हैं। शिवानी जी ने अत्यन्त स्नेहपूर्वक मुझे अपना अमूल्य समय दिया, मैं हृदय से उनकी आभारी हूँ।

परिवार जनों का सहयोग अपने में विशेष महत्व रखता है। उनमें सर्व प्रथम मेरे पिता श्री योगेन्द्र कुमार शर्मा जी तथा मेरी माँ हैं। दोनों का सात्विक प्रेम मुझे ऐसा मिलता रहा कि शोध कार्य सहज हो गया। उनके शुभ आशीर्वाद मुझसे कभी दूर नहीं रहे। इसके अतिरिक्त मैं अपने भाइयों, अरविन्द तथा राहुल के सहयोगपूर्ण व्यवहार के लिए हृदय से अभिभावित हूँ। मैं उनके मंगलमय भविष्य की कामना करती हूँ।

इस पुस्तक को आकार रूप में लाने का श्रेय मेरे पति डॉ0 सुरसरि तरंग मिश्र को हैं। इस स्नेहिल उपहार के लिए मैं हृदय से उनके प्रति आभार व्यक्त करती हूँ और प्रकाशन के लिए प्रेरणा और प्रोत्साहन देने वाली मेरी बड़ी बहन रीतू को मैं सादर धन्यवाद देती हूँ।

उन अनेक पुस्तकालयों तथा उनमें कार्यरत कर्मचारियों की भी मैं आभारी हूँ जिनके सहयोग से ही यह कार्य सम्पन्न हुआ हैं। इसके अन्तर्गत नवयुग गर्ल्स डिग्री कॉलेज, लखनऊ विश्वविद्यालय, इलाहाबाद विश्वविद्यालय, नरेन्द्र देव पुस्तकालय लखनऊ सम्मिलित है। अन्त में मैं उन सभी के प्रति कृतज्ञता प्रकट करती हूँ जिन्होंने प्रत्यक्ष अथवा अप्रत्यक्ष रूप में इस कार्य को पूर्ण कराने में मेरा मार्ग दर्शन कर मुझे शक्ति प्रदान की ।

रामनवमी, 5 अप्रैल, 1998 **—नीतू शर्मा**

विषय सूची

अध्याय 1

शिवानी जी का व्यक्तित्व एवं कृतित्व : एक परिचय

जिन्दगी को सही अर्थो में जीना एक बात हैं और उसकी बराबर बात करते रहना अलग बात है। प्रतिभा की प्रतिमा शिवानी ने जीवन को जिस रूप में देखा, जाना और समझा हैं उससे उनके व्यक्तित्व की रेखाएं स्पष्ट से स्पष्टतर होती गयी हैं। वे एक ऐसे व्यक्तित्व की धनी सर्जक हैं जिनके लिए जीवन, जीने के कर्म की परिभाषा है; जिजीविषा का पर्याय है। उनका समग्र लेखन उनकी जीवटता को स्पष्ट करता है। प्रतिभा और गहन आस्था से मिलकर उनका व्यक्तित्व चेतन हो उठा है। वस्तुतः ओजस्वी व स्फूर्त व्यक्तित्व से युक्त कथाकार शिवानी हिन्दी साहित्य जगत् का एक प्रमुख आधार हैं। जीवन के असीम अनुभवों को स्वयं जीते हुए ज्यों का त्यों कलम में बॉध लेना शिवानी की उल्लेख्य; किन्तु नैसर्गिक विशेषता है। बहुआयामी जीवन को उनकी बहुमुखी प्रतिभा ने विविध प्रकार से प्रस्तुत किया है। जीवन की अलग–अलग इकाइयों में बॅटे होने पर भी उनका समग्र व्यक्तित्व सतरंगी आभा से युक्त है। पूर्वजों की विरासत को देशकाल के संस्कारों से संवार कर शिवानी भारतीयता की मस्ती से भरपूर एक सम्पूर्ण नारी हैं। वे एक ऐसी नारी हैं; जिनकी सह्रदयता समूची मानवता को प्राप्त है। जीवन संग्राम की जीवंत योद्धा, रूढ़िमुक्त, शैव, आस्तिक, बहुश्रुत, बहुपठित, बहुबोली–पारखी, बहुभाषा विज्ञ, पूर्वाग्रह मुक्त, प्रगतिशील विचारक, अनुसंधित्सु, क्षेत्रीय शोधकर्ता, अपूर्व शैलीकार, बाल साहित्य प्रणेता और असंख्य–लेखों–निबन्धों, संस्मरणों, रेडियो वार्ता एवं कहानियों की रचयिता आदि सबको मिलाकर जो व्यक्तित्व बनता हैं, उसका नाम हैं– गौरा पन्त शिवानी।

शिवानी ने व्यक्ति और समाज, मानव–मानव सम्बन्ध और मानवतावाद की भूमिका पर खड़े होकर कर्म और आनन्द, ज्ञान और चेतना, धर्म और नैतिकता, भारतीय संस्कृति और परिवेशव्यापी समस्याओं व प्रश्नों को न केवल छुआ है; अपितु गहराई से देखा समझा, भोगा और निष्कर्षात्मक रूप

में प्रस्तुत किया है। अतः वे चिन्तक हैं– तटस्थ पर्यवेक्षक हैं और एक ऐसी सर्जक जिनका मानस सदैव भविष्योन्मुखी चेतना से वलयित होकर आगे की ओर देखता रहा है और देता रहा है समाज को जागरूकता। शिवानी का विशाल व्यक्तित्व निम्न बिन्दुओं से उजागर हुआ है जिनका विवेचन करना अपेक्षित हैं–

''व्यक्तित्व'' वास्तव में ''व्यक्ति'' की भाववाचक संज्ञा हैं, अतः व्यक्ति के क्षेत्र में जिन–जिन गुणों एवं विशेषताओं का समावेश होता है, वे सब व्यक्तित्व के अन्तर्गत ही ली जा सकती हैं। किन्तु व्यक्तित्व को पूर्ण रूप से मापना और उनका योग्य निर्धारण करना, सदा एक अबूझ समस्या रही है।

व्यक्तित्व के विभिन्न पक्ष :

काव्य में कवि के व्यक्तित्व की अभिव्यक्ति के आधार पर डॉ0 दशरथ ओझा भी कहते हैं कि ''कवि अपने चतुर्दिक् फैले विश्व को केवल वाह्य नेत्रों से ही नहीं देखता, वह ऐसा विलक्षण दृष्टा हैं कि उसके सम्मुख प्रकृति अपने वास्तविक रूप में खड़ी होकर अपना सौन्दर्य उसकी ऑखों में उड़ेल देने को व्याकुल हो उठती हैं।''[1]

1. शारीरिक पक्ष : व्यक्ति का शारीरिक रूप सौन्दर्य भी प्रत्यक्ष रूप से तो नहीं, किन्तु अप्रत्यक्ष रूप से उसकी शैली को प्रभावित कर सकता है।[2] शिवानी जी से साक्षात्कार करने पर यह अनुभव किया जा सकता है कि उनके सुन्दर, स्वस्थ और आकर्षक शरीर से हर एक के प्रति सुन्दर और स्वस्थ विचारधाराएं निकलती हैं।[3] तभी तो उनकी नायिकाएं इतनी अपरूप सुन्दरी ही होती हैं।

पगली हो, चाहे कुष्ठरोगिणी, शिवानी की तूलिका यथा सामर्थ्य उसकी सुन्दरता को क्षत–विक्षत नहीं होने देती। इस प्रकार संवेदनात्मक ज्ञानात्मक अनुभूति द्वारा वाहय जगत् तथा व्यक्तित्व के बीच जीवन्त समन्वय से ही कला की सृष्टि होती है। दोनों में से एक के अभाव में साहित्य नहीं हो सकता।

2. बौद्धिक पक्ष : मनोविज्ञान के अनुसार बौद्धिक पक्ष के अन्तर्गत मुख्यतः व्यक्ति की सामान्य बुद्धि, ग्रहण–शक्ति, स्मरण शक्ति, कल्पना,

1. समीक्षा शास्त्र–डॉ0 दशरथ ओझा, पृ0 18
2. साहित्य का वैज्ञानिक विवेचन–डॉ0 गणपति चन्द्र गुप्त, पृ0 232.
3. अपने साक्षात्कार के आधार पर–दिनांक 18–1–1998.

चिन्तन शक्ति आदि ली जाती है। प्रत्येक व्यक्ति साहित्य रचना में जिस मानसिक सामग्री का उपयोग करता हैं, वह इन्हीं शक्तियों से मिलती है। जैसे–साहित्य में प्रयुक्त भाषा का व्यक्ति की ग्रहण शक्ति से, प्रयुक्त तथ्यों का स्मरण शक्ति से, विभिन्न दृश्यों, परिस्थितियों एवं घटनाओं के वर्णन, चित्रण एवं अलंकरण का कवि की कल्पना–शक्ति से तथा नवीन विचारों का उसकी चिन्तन शक्ति से गहरा सम्बन्ध होता है।[4] शिवानी को यदि हम बौद्धिक पक्ष के इन सभी गुणों से लब्ध–प्रतिष्ठित महिला कहें तो अतियुक्त नहीं होगी। उनकी साहित्यिक बहुज्ञता इसे प्रमाणित करती है।

3. भावात्मक पक्षः शिवानी की रचनाओं का भावात्मक पक्ष इतना सबल है कि हम चाहे उनकी किसी भी विधा को उठाकर देख लें, उसमें इस पक्ष की न्यूनता नहीं आई है। वे मानती है कि लेखक जब तक स्वयं नहीं रोता, वह अपने पाठकों को भी नहीं रुला सकता।[5] जब तक एक साहित्यकार सच्ची अनुभूति एवं भाव की यथार्थ प्रेरणा से प्रेरित होकर साहित्य की रचना करता है तो उसकी शैली में सहज ही ऐसे आकर्षक तत्त्वों का समावेश हो जाता है जो अन्यथा नहीं आ पाते।[6] इसलिए शिवानी का उपन्यास लें या कहानी, संस्मरण लें या रेखाचित्र और चाहे रिपोर्ताज लें या निबन्ध, सभी में भावभीनी वह सुगन्ध है जो पाठक को बहुत समय तक रसप्लावित करती रहती है किन्तु फिर भी एक सच्चा साहित्यकार जैसे अपनी रचनाओं में पूर्णता लाने का सदा प्रयत्न करता हुआ उसके अभावों को स्वीकारता हैं, वैसे ही शिवानी भी कह उठती हैं कि जीवन की समग्रता में कहानी की एकात्मकता मेरे लिए सदैव एक अनोखे आनन्द की अनुभूति बन उठती है किन्तु अपने पात्रों की सृष्टि कर, उनमें भय–विस्मय, हर्ष–विषाद सबको अपने अनुभूत जगत से रसाप्लावित करने पर भी मुझे कभी संतोष नहीं होता। बराबर यही लगा रहता है कि कहीं चूक गई हूँ।[7] शिवानी के इतना स्वयं से मानने पर भी हम देखते हैं कि उनके पात्र पाठकों पर प्रभाव डालने में सशक्त हैं।

पाठकों की संवेदना कभी–कभी शिवानी के उपन्यास और कहानियों पढ़ने के पश्चात् पात्रों के प्रति इतनी घनी हो जाती है कि वे कहीं "कृष्णकली" की कैफियत लेते हैं, तो कभी "सुरंगमा" की। वे शिवानी को पत्र

4. साहित्य का वैज्ञानिक विवेचन–डॉ0 गणपति चन्द्र गुप्त, पृ0 233.
5. कृष्णकली–शिवानी–श्रेय मेरी लेखनी को नहीं।
6. साहित्य का वैज्ञानिक विवेचन–डॉ0 गणपति चन्द्र गुप्त, पृ0 234.
7. अपराधिनी–शिवानी, पृ0 6.

लिखते हैं–"शिवानी जी सुरंगमा से कहें मैं बिना किसी शर्त के, उससे विवाह करने को तैयार हूँ ... सुख से रखूंगा।"[8] इस प्रकार पाठक के मर्म को छूने की क्षमता ही रचना की शाश्वतता की खरी कसौटी हैं।

4. चारित्रिक पक्ष : व्यक्तित्व से साम्य रखने वाला शब्द है "चरित्र", किन्तु व्यक्तित्व और चरित्र में अन्तर है। हर्बर्ट रीड के अनुसार मानव में अन्तर्भूत प्रकृति को "चरित्र" की संज्ञा दी जा सकती हैं। यही प्रकृति तो उसके भावोद्रेकों और मनोवेगों पर नियंत्रण रखती हैं या उनका दमन करती हैं, जिसके अभाव में ये मनोवेग मानव के व्यक्तित्व में स्थायी हैं, जिसके लिए व्यक्ति अपने सभी अधिकारों को तिलांजलि देता है। चरित्र का ठीक प्रतिपक्षी व्यक्तित्व है, जो हमारे मनोवेगों और भावनाओं का विधायक बनता हैं।[9] अतः माना जा सकता हैं कि कवि या लेखक में प्रतिभा ज्ञान होता हैं, उसमें चरित्र बल हो या न हो।

फिर भी हम चारित्रिक पक्ष के आधार पर लेखक की रचनाओं में उसकी प्रकृति और स्वभाव, उसके चारित्रिक गुणों जैसे–उदारता, विनम्रता, निष्कपटता सहिष्णुता आदि के दर्शन करते हैं। लेखक के बौद्धिक दृष्टिकोण, आदर्श व उसकी क्रियात्मक प्रवृत्तियों को समझना भी कोई कठिन नहीं हैं।

शिवानी : प्रकृति एवं स्वभाव

निष्कपट शान्त एवं गम्भीर प्रकृति वाली शिवानी, की रचनाओं में भी हम गम्भीरता का ही प्रभाव पाते हैं। शिवानी का पठन भी अत्यधिक गहन हैं, क्योंकि वे मानती हैं कि अच्छे लेखन के लिए गम्भीर पठन बहुत जरूरी हैं।[10] शिवानी की रचनाएँ इस बात की प्रमाण हैं। हम उनके साहित्य को रवीन्द्र–दर्शन से ओत–प्रोत पाते हैं और भारतीय धर्म–शास्त्रों, वेदों व पुराणों के अंशों से समृद्ध।

शिवानी से साक्षात्कार के आधार पर कहा जा सकता है कि उनकी भाषा–बोली के रूप में भी शुद्ध व संस्कृतनिष्ठ हैं, कहीं ऐसा आभास नहीं होता कि वे औपचारिकता निभाने के लिए ही इस भाषा का प्रयोग कर रही हों। आवाज मधुर, धीमी, व संगीतमय है तो विचार गम्भीर अध्ययन के

8. क्यों–शिवानी–साक्षात्कार, पृ0 13.
9. समीक्षा शास्त्र–डॉ0 दशरथ ओझा, पृ0 32.
10. वही, पृ0 33.
11. क्यों–शिवानी–साक्षात्कार, पृ0 5.

प्रतीक। नपे तुले शब्द–प्रयोग गागर में सागर भर देते हैं।[11]

चारित्रिक गुण

जब लेखक वैयक्तिक गुणों का प्रतिपादन कर रहा हो तो उसमें उसके चारित्रिक गुणों की भी झलक आ जाती है कितु कई बार प्रतिपाद्य विषय का लेखक के व्यक्तित्व से सीधा सम्बध होकर भी शैली के माध्यम से ही उसके चारित्रिक गुणों की अभिव्यक्ति हो जाती है। विशेषतः व्यक्ति की विनम्रता, विनोद–प्रियता, निष्कपटता आदि गुण शैली में फूट पड़ते हैं।[12] वैसे तो शिवानी –साहित्य में कभी भी ऐसा नहीं लगता कि कोई अंश असम्बद्ध है या अधिक वर्ण के कारण कुछ पृष्ठों को बिना पढ़े ही उलट दिया जाए और न ही अयथार्थता है फिर भी आलोचकों को उनकी रचनाएं "फार्मूला–टाइप" और दुहराव लगती हैं। शिवानी अपने प्रति इस आरोप का उत्तर बड़ी नम्रता से देती हैं–"यदि ऐसा लगता है तो आश्चर्य है कि मेरा साहित्यिक अस्तित्व अभी तक सॉस ले पा रहा है। इसे तो दूसरे दुहराव के बाद ही पंचत्व को प्राप्त हो जाना चाहिए था।[13] ऐसा एक निडर व साहसी लेखक ही कह सकता हैं।

बौद्धिक मान्यताएँ एवं आदर्श

शिवानी जी की अपनी कुछ मान्यताएँ व आदर्श हैं। वे कहती हैं–"मैं लेखन में बोल्डनेस की समर्थक हूँ, किन्तु मैं ज़ोला के उस कथन से सहमत नहीं कि मनुष्य की विकृति एवं विसंगतियों का खुलकर चित्रण किया जाए। मेरे लेखन में जब ऐसी स्थिति आती है, तो मैं उसे अनावश्यक आडम्बर से कभी नहीं उघाड़ती। लेखनी में दम हो तो वह सामान्य इंगित मात्र से ही पूरी स्थिति का आभास करा सकती है।[14] शिवानी जी का यह कथन अक्षरशः सत्य है। उन्होंने सदा ही मर्यादा में ही अपने कथन को संकेतों से स्पष्ट किया है। "कृष्णकली" की पार्वती का असदुल्ला से अनैतिक सम्बन्ध व उसके गर्भ धारण का उल्लेख पढ़कर इस बात की पुष्टि की जा सकती है–"असदुल्ला के सामान्य रूप के क्षत–विक्षत कैंसर का नाग.... पर पार्वती एक शब्द भी नहीं बोली।[15] शिवानी के इस प्रकार के श्लील वर्णन का कारण उनके संस्कार हैं।

---

12. साहित्य का वैज्ञानिक विवेचन–डॉ0 गणपति चन्द्र गुप्त, पृ0 236.
13. क्यों–शिवानी साक्षात्कार, पृ0 8.
14. वहीं, पृ0 11.
15. कृष्णकली–पृ0 4–5.

उनका कहना है कि मैं अपने संस्कारों से बंधी हूँ.... नंगा कर रही हूँ।[16] इस प्रकार शिवानी–साहित्य को भारतीय–संस्कृति का आदर्श मान सकते हैं।

रुचि एवं अन्य प्रवृत्तियां

व्यक्ति की रूचि, प्रेरणा–स्रोत, आदत, व्यवसाय, कार्य–क्षेत्र एवं व्यवहार सम्बन्धी विभिन्न प्रवृत्तियों का भी प्रभाव उसकी रचना पर पड़ता है। नृत्य संगीत में रूचि के साथ ही शिवानी को विदेशी पत्र--पत्रिकाओं को पढ़ने में रूचि थी। शिवानी ने एक अभिजात वर्गीय, साहित्यप्रेमी परिवार में जन्म लिया है। माता–पिता व पूर्वजों की साहित्याभिरूचि के संस्कार तो साथ ही थे, किन्तु उन्हें वातावरण भी उसी प्रकार का मिला। प्रारम्भ में लेखक जो अनुभव संजोता हैं, उसी पर वह बाद की सारी जिन्दगी लिखता रहता है। किसी बड़े लेखक ने लिखा है कि बचपन और जवानी में एहसास की तमाम इन्द्रियाँ बहुत ही सजग और सक्रिय होती हैं और उस समय के प्रभावों को अमिट रूप से ग्रहण कर लेती है।[17] यही कारण है कि शिवानी इस कथन को सार्थक करती हैं–''लिखने का शौक मेरे परिवार में हमेशा रहा हैं.... ख्याति अर्जित की है।[18] इस सम्पदा के मूल धन को ब्याज सहित वे बढ़ा रही हैं।

विभिन्न परिवेशों, रीतिरिवाजों, भाषाओं, पहरावों, अनुभवों आदि से प्रभावित होकर तथा श्रेष्ठ साहित्यकारों से प्रेरित होकर शिवानी ने कुशल साहित्यकार की तरह अपने साहित्य को समृद्ध किया व संवेदनशील बनाया है।

शिवानी की पारिवारिक–पृष्ठभूमि

नामः

शिवानी जी का पूरा नाम गौरापंत शिवानी ''है। उन्होंने अपने नाम को सार्थक, जलधर सेन की इन पंक्तियों के अनुरूप किया है–

''हिमालयेर कन्या तूमी गौरीर मतन
नीखे फुटिओं हॉसी फुलके जमन
सकलेर भालो बेशे करो आपनार

16. क्यों–शिवानी साक्षात्कार, पृ0 11.
17. कहानी के इर्द–गिर्द–उपेन्द्रनाथ अश्क, पृ0 49,
18. आकष–शिवानी, पृ0 13.

शान्तिर निर्झर झरे
जीवन तोमर''

(तुम हिमालय की कन्या गौरी–सी हो। फूल की नीरव हँसी–सी तुम प्रस्फुटित होती रही। सबको प्यार कर अपना बनाओ और ईश्वर करे, शान्ति निर्झर तुम्हारे जीवन में बहता रहे।[19])

जन्मतिथि तथा जन्म स्थान :

17 अक्टूबर 1923, राजकोट, गुजरात। यद्यपि शिवानी कुमाऊंनी हैं फिर भी उनका जन्म वहाँ न होने का खेद व्यक्त करते हुए वे लिखती हैं–''कुमाऊंनी होने पर भी विधाता ने मुझे कुमायूँ में जन्म लेने के सौभाग्य से वंचित रखा।'' आगे वे लिखती हैं– ''मेरा जन्म हुआ सौराष्ट्र में और उसी स्नेही मातृवत् धाय माँ की छत्रछाया मेरे शैशव पर बनी रही, किन्तु कैशोर्य में मुझे एक बार अपनी बिछुड़ी जन्म भूमि मिल गई... श्वास–प्रश्वास बन उठती है।[20] यही कारण है कि शिवानी कहानियों, उपन्यासों आदि से कुमायूँ के प्रति अपने मोह को व्यक्त करती रहती है।

मातृभूमि से प्रेम :

शिवानी की अधिकतर रचनाएँ कुमायूं की देन हैं। वे इस बात का स्पष्टीकरण देती हुई लिखती हैं–''जब भी कहानी लिखने बैठती हूँ, स्मृतियों के जल–प्रपात पर यत्न से धरी गरीयसी शिला ... अभिषिक्त हुई है।''[21] यहीं से 'अमीऩ की नायिका, 'कृष्णकली' की पैट्रिक, पार्वती, खान व कृष्णकली; भैरवी के कनकटे जोगीनााथ.. विश्वास जीत पाऊँगी।''[22] कुमायूँ की रहवासिनी होने के कारण शिवानी एक–एक विचार–मोती को जन्म–भूमि प्रेम की माला में पिरोती रहती है, जिससे यह साहित्यिक माल्यार्पण, उसी जननी को कर सकें।

बाल्यकाल :

बाल्यावस्था से ही शिवानी को स्थान–स्थान पर घूमने का अवसर प्राप्त होता रहा। अल्पायु से ही उनको प्रकृति–प्रेम और भ्रमण से ज्ञानार्जन हुआ।

---

19. आमोदेर शान्तिनिकेतन–शिवानी, पृ0 14.
20. मेरी प्रिय कहानियाँ–शिवानी, पृ0 5, भूमिका।
21. वही, पृ0 5.
22. वही, पृ0 5,

जहाँ–जहाँ वे गई; वहाँ की भाषा को अल्पकाल में ही सीख लिया, जिससे कि उन्हें वहाँ के समाज के निकट सम्बन्ध स्थापित करने में सहायता मिली। शिवानी का बाल्यकाल राजसी–ठाठ में बीता।

शिक्षा :

प्रारम्भ में शिवानी की शिक्षा गृह में ही हुई। स्मिथ दम्पत्ति उन्हें पढ़ाते थे। सिकन्दर मियां से उन्होंने घुड़सवारी सीखी। उनके बड़े भाई त्रिभुवन की शिक्षा अँग्रेज गवर्नेस मिस ममफर्ड की देखरेख में हुई थी। आपकी बड़ी बहन जयन्ती शान्ति निकेतन में पढ़ी जिनके अनुकरणीय आदर्श व्यवहार एवं अनुशासन के लिए स्वयं गुरूदेव ने उनका नाम ''भारत माता'' रखा था। वह आश्रम की वार्डन भी थीं। शिवानी को बचपन में पितामह से संस्कृत का ज्ञान प्राप्त हुआ। बचपन में ही शिवानी को उनके पितामह ने ''अमरकोश'' वनौषधि पर्व रटा दिया था। नीति शतक के श्लोक कण्ठस्थ करवाए, नियमपूर्वक उन्हें विष्णु सहस्त्रनाम पढ़कर सुनाया। इस प्रकार घर पर शिक्षा प्राप्त कर वह परिपक्व संस्कार युक्त हो गई। तत्पश्चात् 1935 से 1943 तक शान्ति निकेतन में शिक्षा प्राप्त करने का सौभाग्य प्राप्त हुआ। आठवीं कक्षा से शिवानी की शिक्षा शान्तिनिकेतन में आरम्भ हुई। सन् 1935 से 1943 तक का सुदीर्घ काल शिवानी के लिए सुवर्ण काल रहा। शान्तिनिकेतन का वातावरण शिक्षा के लिए अत्यन्त अनुकूल था, वहाँ अनेक साहित्यिक सभाएँ तथा अनेक आयोजन हुआ करते थे। लेखिका द्वारा ये पंक्तियाँ इस आशय को व्यक्त करती हैं– ''शान्तिनिकेतन का वातावरण ही तब ऐसा था कि साहित्य, संगीत, कला की बयार वहाँ हर पेड़ के हर पत्ते से सरसराती थी। आये दिन साहित्य सभाओं का आयोजन होता, संगीत नाटिकाएं होती और प्रत्येक छात्र–छात्र की उपस्थिति वहाँ अनिवार्य होती।[23] लेखिका ने नृत्य–संगीत की शिक्षा भी शान्तिनिकेतन में गुरुदेव के चरणों में बैठकर ग्रहण की जिसकी स्पष्ट छाप उनके साहित्य में मिलती है। उनके अनुसार वह समय शान्तिनिकेतन में कला और संगीत के चरम उत्कर्ष का युग था उन्हीं के शब्दों में– ''देखा जाए तो सन् 1935 से लेकर 1943 तक आश्रम में नृत्य एवं संगीत का स्वर्णयुग था।[24] नृत्य संगीत के अतिरिक्त अभिनय के प्रति भी शिवानी की रुचि थी। सन् 1943 में उन्होंने कलकत्ता विश्वविद्यालय से बी0ए0 की परीक्षा विशेष सम्मान सहित उत्तीर्ण की। वैसे भी स्कूली पढ़ाई से लेकर सदा

---

23. शिवानी जालक, पृ0 122.
24. शिवानी, झरोखा, ''ओ रे गृहवासी'', पृ0 20.

ही वे प्रथम श्रेणी में ही आती रहीं।[25]

शान्तिनिकेतन के अध्ययन काल में ही शिवानी की साहित्यिक रुचि के बीज का प्रस्फुटन हुआ। उचित वातावरण में जिस तरह से एक स्वस्थ बीज फूलता–फलता है, कुछ इसी प्रकार अनुकूल साहित्यिक व अन्य कलाओं से समृद्ध वातावरण शिवानी को पनपाने लगा। उनके श्रेष्ठ व अनुशासनप्रिय गुरुओं ने उनकी कुशाग्र बुद्धि व प्रतिभा को कसौटी पर कसकर निखारा गुरुदेव स्वयं उन्हें बंगला लिखना पढ़ना सिखाते थे।[26] शिवानी पर उनकी विशेष अनुकम्पा थी, इसलिए अपनी निजी लाइब्रेरी से उन्हें उच्चकोटि की पुस्तकें भी देते थे।

प्रेरक शक्तियाँ :

शिवानी–साहित्य का सृजन कई प्रत्यक्ष और अप्रत्यक्ष शक्तियों द्वारा हुआ है। जैसे माता–पिता, मित्र–वर्ग, गुरु–वर्ग, पाठक व आलोचकों आदि ने शिवानी की साहित्य रचना पर अपना प्रत्यक्ष प्रभाव डाला, और जन्म से ही अर्जित संस्कार, संवेदनशील, व प्राकृतिक वातावरण, परिवार, समाज, देश और संसार में घटित होने वाली बातें, जन्मभूमि के प्रति मोह, विभिन्न प्रकार की कलाओं की अभिज्ञताएँ, गहन–पठन, चिन्तन तथा अनुभव आदि ऐसी अप्रत्यक्ष शक्तियाँ हैं, जिनसे शिवानी साहित्य समृद्ध हुआ है।

शिवानी के व्यक्तित्व निर्माण में, विशेषकर साहित्यिक व्यक्तित्व –निर्माण में हम इन सबको प्रेरक शक्तियाँ इसलिए मानते हैं क्योंकि साहित्य साहित्यकार की व्यक्ति चेतना का विषयीकरण अथवा विषय का वैयक्तिकरण है। इस सूत्र के अनुसार साहित्यकार और साहित्य, कर्ता और कृति की सत्ता अन्योन्याश्रित एवं उभयनिष्ठ मानी गयी है। साहित्यकार की व्यक्ति चेतना जब तक विषय वस्तु और भाषिक उपकरणों के माध्यम से मूर्त आकार ग्रहण नहीं करती, तब उसकी कोई सार्थकता नहीं है। वास्तव में अपनी चेतना को शब्दमूर्त करने के कारण ही व्यक्ति साहित्यकार बनता है।[27] अतः कहा जा सकता है कि साहित्यकार अपने अनुभव प्राप्त कर लेने के बाद उन्हीं विचारों और भावों की अभिव्यक्ति के लिए साहित्य रचता है।

---

25. शिवानी का पत्र, 17–12–1984.
26. आमादेर शान्तिनिकेतन--शिवानी, पृ0 2.
27. साहित्य का समाजशास्त्र–डॉ0 नगेन्द्र, पृ0 100.

परिवार :

शिवानी की माँ लीलावती एक धर्मपरायणा, संस्कारशीला व विदुषी नारी थीं। वे साहित्याभिरुचि सम्पन्ना थीं और उनका अपने घर में ही समृद्ध पुस्तकालय था। शिवानी अपनी माँ के लिए लिखती हैं– "जिसने मेरी लेखनी को गतिशील बनाया है, मेरी कल्पना को जन्म–घुट्टी पिलाई हैं, विपत्ति के कठिन क्षणों में "अस्मिन महामोहमये कटाहे" जैसी एक मात्र पंक्ति का कौरेमीन पिला, नया जीवन जीने की प्रेरणा दी है, और आज लगभग नब्बे वर्ष की अवस्था में जिसकी विलक्षण स्मरण शक्ति देख कभी–कभी अपनी अलस स्मृति की अल्पज्ञता डसने लगती है।[28] इस कथन से यह सिद्ध होता है कि माँ का साहित्यानुराग पुत्री में भी आया। शिवानी की माँ की गुजराती एवं बंगाली साहित्य में विशेष रुचि थी। मुंशी मेघाणी उनके प्रिय लेखक थे। शरद् साहित्य की सभी पुस्तकें वे अपने पुस्तकालय में रखती थीं। वे एक निष्पक्ष और सफल आलोचक भी थीं।

शिवानी के पिता श्री अश्विनीकुमार पाण्डे राजकोट के राजकुमार कॉलेज में प्रोफ़ेसर थे। यहीं शिवानी का जन्म हुआ था। अपने पिता का परिचय देती हुई शिवानी लिखती हैं–"मेरे पिताजी अपनी विदेश की शिक्षा रौबीले व्यक्तित्व... उनके छात्र थे।[29] इस प्रकार शिवानी को आरम्भ से ही अभिजात्य वातावरण मिला।

काशी विश्वविद्यालय में शिवानी के पितामह धर्म–प्रचारक के पद पर थे। कुमाऊँ के प्रथम ग्रेजुएट होने का श्रेय उन्हीं को प्राप्त था। वे संस्कृत के धुरन्धर विद्वान् और एक दबंग वकील थे।[30] "भारतीयता ही उनका आदर्श थी, इसलिए उन्हें अपने प्रपौत्र–प्रपौत्रियों को साहबी शिक्षा दिलाने में घोर आपत्ति थी। अल्मोड़े में उन्हें अपने निकट रख, उन्होंने शिक्षा–प्रणाली में आमूल परिवर्तन कर दिया और इस प्रकार शुद्ध भारतीय संस्कार युक्त वातावरण शिवानी को मिला। शिवानी लिखती हैं–"बहुत बचपन में ही पितामह ने, जो स्वयं संस्कृत के प्रकाण्ड विद्वान थे, अमरकोश... लिखने को चुलबुलाने लगे।[31] इस प्रकार शिवानी का अपने पिता के प्रति कृतज्ञ होना स्वाभाविक ही है। शिवानी साहित्य की हर विधा में, वेदों, पुराणों आदि

---

28. क्यों शिवानी, पृ0 63.
29. चौदह फेरे– शिवानी, पृ0 6, भूमिका।
30. वही, पृ0 6.
31. जालक–शिवानी, पृ0 131.

धर्मिक ग्रन्थों से उद्धृत श्लोक, दोहे, चौपाई आदि काव्यांश हैं या गद्य–रुप के ही संदर्भ आवश्यकतानुसार उनकी कृति में जान डाल देते हैं।

शिवानी ने अपने नाना का स्वयं ही परिचय दिया है कि–"मेरे नाना डॉ0 हरदत्त पंत लखनऊ के तत्कालीन ख्यातिप्राप्त सिविल सर्जन थे। अवध की लगभग सम्पूर्ण ताल्लुकेदारी की नाड़ियाँ तब तक उनकी मुट्ठी में बन्द थीं। सम्मान सूचक प्रथा सम्भवतः बहुत पुरानी चली आई थी।[32]

अध्यापक वर्ग :

शिवानी लिखती हैं–"आज, जब भी अपने उन गुरुओं का स्मरण करती हूँ जिनसे मुझे अपने जीवन में प्रेरणा मिली, तो अचानक, तिब्बती मन्त्रजाप के यंत्र की ही भाँति स्मृति चक्र गोल–गोल घूमने लगता है। कितने ही सौम्य, गम्भीर, हँसमुख और कठोर चेहरे एक के बाद एक, घूमते चले जाते हैं। शान्तिनिकेतन की सम्पूर्ण गुरुपल्ली, किसी उदार महाजन की भाँति, बिना कर्ज चुकाने का तकाज़ा, किए सम्मुख खड़ी हो जाती है।"[33] शान्तिनिकेतन के सुदीर्घ अध्ययनकाल में शिवानी ने बहुत कुछ सीखा।

गुरुदेव रवीन्द्र नाथ ठाकुर से अपने सम्बन्ध के लिए शिवानी लिखती हैं–"गुरुदेव से हम लोगों का सम्बन्ध ऐसा था जैसे पितामह और पौत्री का।"[34] इस प्रकार गुरुदेव के व्यक्तित्व का प्रभाव शिवानी पर पड़ा है। शिवानी के प्रत्येक गुरु ने उनमें छिपी विभिन्न प्रतिभाओं को पहले पहचाना, फिर उसे उभारने का स्वयं भी प्रयास किया तथा प्रतियोगिताओं या अन्य अवसरों पर शिवानी को भी मौका दिया। आचार्य हजारी प्रसाद द्विवेदी जी से शिवानी जी ने हिन्दी की शिक्षा ग्रहण की उनका शिवानी के परिवार से भी परिचय था। शिवानी को समय–समय पर उनसे प्रोत्साहन और प्रशंसा भी मिली। वे उन गुरुओं में से थे, जो बहुत ही सहज रीति से अपने शिष्य को अध्ययन की दुष्कर सीढ़ियों को पार कराना जानते थे। संस्कृति के रहस्य को उन्होंने बताया।[35] "तनयेन्द्रनाथ घोष" जिनसे शिवानी ने अंग्रेजी की शिक्षा ग्रहण की, उनके बारे में वे लिखती हैं–"अनुशासन–प्रिय व्यक्ति अपने जीवन को बहुत सफल बना सकता है" इस रहस्य को बताने के लिए ही महान् लोग अपना

---

32. जालक–शिवानी, पृ0 98–99.
33. आमादेर शान्तिनिकेतन–शिवानी, पृ0 10.
34. आकष–शिवानी, पृ0 13.
35. वही, पृ0 15.

जीवन स्वयं प्रस्तुत करते हैं। शिवानी ने उन रुखे स्वभाव और कठोर अनुशासन रखने वाले गुरु से लिखावट की स्वच्छता, कठिन क्षणों में व्यवहार की दृढ़ता को आत्मसात् किया। डरा–धमका और फुसलाकर..........नम हो आती हैं।[36] इन सभी के अतिरिक्त शिवानी के गुरुओं में प्रभात दा, डॉक्टर बाबू आश्रम के एक मात्र डाक्टर, विज्ञान के अध्यापक थे, किन्तु वे विज्ञान कम संगीत अधिक सिखाते थे।[37] भगवती प्रसाद जी, श्री मोहन लाल बाजपेयी, मोशाई जी, अनिल चन्दा जी, उपेन्द्र दा, डॉ0 एलेक्स, क्षितिज दा, बलराज साहनी, गुरुदयाल मल्लिक आदि प्रमुख हैं। साथ ही संगीत की शिक्षा शिवानी ने श्री शैलजा रंजन मजूमदार, शान्तिमय घोष तथा इंदिरा देवी से प्राप्त की ।

विवाह :

शिवानी जब बी0 ए0 में थीं तभी उनके माता–पिता ने उनका विवाह तय कर दिया। शिवानी के पति श्री शुकदेव पंत उच्च शिक्षा विभाग के विशेष सचिव (स्पेशल सेक्रेटरी, हायर एजुकेशन) थे। शिवानी ने "झरोखा" और "वातायन"में अपने पति के संग बिताए गये क्षणों का विस्तृत उल्लेख किया है, जिसे पढ़ने से पता चलता है कि उनके पति बहुगुणज्ञ थे। वे एक कुशल जादूगर, सुहृद पाठक और गुणी आलोचक थे। इस प्रकार शिवानी का सारा परिवार साहित्य प्रेमी है। वे तीन पुत्रियों और एक पुत्र की सफल जननी हैं। शिवानी जैसी माँ का सम्पर्क मिलने पर उनके बच्चों में अपनी बाल्यावस्था में संस्कार पड़े। हमारे धर्मशास्त्रों में माँ को ही "गुरु" माना गया है। शिवानी जी इसी की पुष्टि करती हैं कि –"संसार का कोई भी शिशु, माँ के स्तन से कपोल सटा, यदि नहीं सो पाता, तो बड़ा होने पर उसके व्यक्तित्व का विकास कभी नहीं हो सकता।"[38] शिवानी की तीनों पुत्रियों– वीणा, मृणाल और इरा कार्यरत हैं। मृणाल पाण्डे "वामा"पत्रिका की सुप्रसिद्ध सम्पादिका ही नहीं, एक कुशल लेखिका और दूरदर्शन के कार्यक्रमों की प्रस्तुतकर्त्री भी हैं। "इरा" इण्डियन एक्सप्रेस के अंग्रेजी समाचार पत्र में "ट्रिब्यूनल–कॉलम" लिखती हैं। तीनों ही पुत्रियों के पति आई0ए0एस0 आफिसर हैं। शिवानी के पुत्र पहले तो लन्दन में कार्यरत थे, किन्तु आजकल वे भारत में ही हिन्दुस्तान लीवर्स में सीनियर एक्सपोर्ट मैनेजर हैं।

---

36. आमादेर शान्तिनिकेतन–शिवानी, पृ0 28.

37. वही, पृ0 28.

38. आकष–शिवानी, पृ0 27.

शिवानी का गृहस्थ और लेखकीय रुप एक सांथ हमें मिलता है, जब एक ही हाथ में चिमटा और लेखनी दोनों होते हैं– "प्रायः ही कहानी लिखने बैठती हूँ, तो समय पता नहीं कब पंख लगाकर उड़ जाता है। यूनिवर्सिटी स्कूल से बच्चे लौटते हैं, तो अचकचाकर नाश्ता जुटाती हूँ.... सब्जी बनाती हूँ तो कहानी ...।[39] शिवानी ने नारी जाति का आदर्श प्रस्तुत किया है, वे एक सफल गृहिणी के साथ–साथ आज कुशल लेखिका के रुप में हिन्दी साहित्य जगत् की गौरवमान स्तम्भ हैं।

प्रथम कृति–(लेखन कार्य):

शिवानी नवीं–दसवीं कक्षा में थीं तभी "विश्वभारती" पत्रिका में लिखने लगी थीं। .... छोटी–छोटी घरेलू बातें लिखती थीं....ग्यारह वर्ष की उम्र में पहली कहानी लिखी–"सिन्दूरी", जो बंगला पत्रिका "नटखट" में छपी। पहली हिन्दी कहानी "जमीन्दार की मृत्यु" 1951 में "धर्मयुग" में छपी थी। शिवानी बहुत पढ़ती थीं और आज भी पढ़ती हैं–प्रेमचन्द को, टेगोर को, गोर्की को। आज के लिखने वालों में उन्हें मन्नू भण्डारी, मंजुल भगत, बिन्दु सिन्हा, अच्छी लगती हैं। इस्मत चुगताई शुरु से ही उन्हें प्रिय रहे हैं। लखनऊ के आकाशवाणी से प्रसारित होने वाले कार्यक्रमों में भी वह भाग लेती रही हैं। इसके साथ ही प्रायः हैदराबाद के तेलुगु लेखिका सम्मेलन में अध्यक्षता के लिए आमंत्रित होती रहती हैं। देश के अन्य क्षेत्रों में भी उन्हें पर्याप्त सम्मान मिला है। शिवानी ने जब से साहित्य–जगत में पग रखा है, तभी से वे अपने लेखन को निखारती रही हैं क्योंकि अच्छे लेखन के लिए गम्भीर पठन बहुत जरुरी है।[40] अतः पठन–मनन से उन्होंने अपने साहित्य को उत्कृष्ट बनाया है।

शिवानी : मेरी रचना–प्रक्रिया :

शिवानी जी कहती हैं– "मैं कैसे लिखती हूँ , कैसे मुझे प्रेरणा मिलती है? इन सब प्रश्नों का उत्तर देते–देते, अब मैं स्वयं ऊबने लगी हूँ इसी से इन सब प्रश्नों को छोड़, मैं आज अपनी उन कविताओं को लेकर ही लिखना चाह रही हूँ जो मेरी रचना–प्रक्रिया से अधिक मेरी रचना पर प्रतिक्रिया से सम्बन्धित हैं और जिनके प्रकाशित होते ही मैं शरबिद्ध होने लगी थी।

इनमें प्रमुख हैं "किशुनली का ढाँट" जो "धर्मयुग" में धारावाहिक रुप से

39. चौदह फेरे– शिवानी, पृ0 13, भूमिका।

40. क्यों–शिवानी–साक्षात्कार, पृ0 5.

प्रकाशित हुई थी। दूसरी है "सारिका" में प्रकाशित "ऋणमुक्ति", तीसरी है "धर्मयुग" में ही प्रकाशित "कृष्णवेणी"।

पहली को लेकर, पहाड़ ही में आलोचना का स्वर अधिक मुखर हुआ था। इस बार पहाड़ गई तो अच्छा खासा घेराव हो गया। छिः छिः तुमने अपने उस देवतुल्य गुरु को भी नहीं छोड़ा ? शास्त्री जी को तो हमने पहचान लिया, अब ये बताओ कौन से शास्त्री जी थे ये?"

मेरा परम सौभाग्य है कि मेरे बाल्यकाल के गुरुजनों में मेरे गुरु दो शास्त्री थे, दोनों गौर वर्ण, दीर्घांगी, शिखाधारी, अल्पभाषी और कठोर–इसी से "बूझो तो बूझौवल" अन्त तक मेरी मुट्टी में बन्द रहेगी– "और पगली ? वह देवा है ना ?"[41]

"हरेक व्यक्ति की सृजन प्रक्रिया एकदम अलग होती है। जहाँ तक मेरा सवाल है, उस सन्दर्भ में मैं आपको बताऊँ कि जब कभी किसी घटना, दुर्घटना, परिस्थिति से मेरा प्रत्यक्ष परोक्ष सामना होता है, तो वह जेहन में चक्कर काटने लगती हैं और यहीं से कथानक का जन्म होता है। लेकिन यह लेखन सोद्देश्य होता है। निरुद्देश्य लेखन में मैं विश्वास नहीं करती। एकदम "मैं जब "किशुनली" लिख रही थी तो उसकी वे एक–एक मोहक स्मृतियाँ, मेरी लेखनी को सहज रुप से गतिशील बना रही थी, कहीं भी छंद भंग होने के भय ने मुझे त्रस्त नहीं किया और मुझे विश्वास है कि मेरे पाठकों को भी नहीं किया होगा। नल पर नंगी नहाती किशुनली, चीर–चीर कर चीथड़ा बन गये लेंहगा को ऊपर तक उठा, दर्पण सी धौत जंघा चमकाती, पहाड़ी "ख्यौंतार" सी भागती किशुनली, नया स्वेटर उधेड़ ऊन के गोले को बिल्ली के छौने के से खिलवाड़ में गेंद सा लुढ़काती किशुनली। मैं नहीं जानती, मेरे पाठकों तक, मैं उसकी वे मोहक मुद्राएं उसके बताशे से नन्हें उदर के अवांछित उभार की व्यथा, उसके रक्तहीन निर्दोष चेहरे की कौतुकपूर्ण जिज्ञासा कि हाय, यह क्या हो गया, मैं कहाँ तक पहुँचा पाई, किन्तु जहाँ गुरु की पावन स्मृति को कलुषित करने के अपराध में मुक्त कंठ से मेरी निन्दा हुई, वहाँ मुझे प्रशंसा मिली– प्रभूत इसी से, गुरुदेव की वह पंक्ति मुझे पुनः सहला गई– प्रशंसा और निन्दा, शुक्ल एवं कृष्णपक्ष की ही भाँति रात्रि को पूर्ण प्रकाश देते हैं।"[42]

41. आत्मविश्लेषण : "रूपकंचन", पृ0 6.

42. "रूपकंचन", पृ0 86.

"पंजाब केसरी" अखबार में "अशोक प्रेमी" जी से हुई भेंटवार्ता में उन्होंने अपने लेखन के प्रति रुचि का प्रदर्शन किया– वे कहती हैं कि "लिखने का मेरा शौक छुटपन से ही है। मेरे दादा श्री हरिराम पांडेय जो पं0 मदनमोहन मालवीय के परम मित्र थे, लिखा करते थे। मेरे पिता श्री अश्विनी कुमार पाण्डेय भी साहित्यकार थे, मेरी माता, बड़ी बहन, छोटी बहन, सबको लिखने का चाव था। यों समझिये कि मुझे यह शौक विरासत में मिला है।[43]

यथार्थ पर मेरा विश्वास नहीं। यथार्थ और कल्पना का वह आदर्श सम्मिश्रण जो समाज हित को ध्यान में रखकर लिखा जाए, मेरे विचार से वह साहित्य अक्षुण्ण प्रभाव छोड़ता है। यही कारण है कि मैं उद्‌देश्यहीन लेखन पर विश्वास नहीं करती।"[44]

हिन्दी की लब्धप्रतिष्ठित उपन्यास लेखिका और नारी मन की कुशल शिल्पकर्त्री श्रीमती शिवानी स्वयं ये स्वीकार करते हुए कहती हैं कि– "लिखना मेरी नियति है, इसे आप नशा भी कह सकते हैं। मैंने गुरुदेव स्व0 रवीन्द्र नाथ ठाकुर, डॉ0 हजारी प्रसाद द्विवेदी, प्रेमचन्द, महादेवी वर्मा, महावीर प्रसाद द्विवेदी, गौड़ किशोर घोष, शंकर से अधिकतम प्रेरणाएं पाई।"[45]

पुरस्कार व उपाधियाँ :

शिवानी कहती हैं कि "पुरस्कार या ख़िताब किसी भी कलाकार के लिए वांछनीय है, ऐसा मैं नहीं मानती। पाठकों का स्नेह–प्रदत्त लेखक की लोकप्रियता ही उसका सबसे बड़ा पुरस्कार है।[46] सामान्यतः धन, यश, पद, शक्ति या पुरस्कार आदि के प्राप्त होने पर अहंकार का अंकुर मनुष्य को पतन की ओर अग्रसर करता है यही कारण है कि शिवानी ने भारतेन्दु हरिश्चन्द्र की इन पंक्तियों का उल्लेख अपनी कृति में भी किया है। यथा–

इनकी उनकी खिदमत करो,
रुपया देते–देते मरो–
तब आवै मोहि करन खराब
का सखि साजन?– नहीं खिताब।[47]

---

43. पंजाब–केसरी–सोमवार 12 जुलाई, 1982.
44. निर्माता–निदेश, जनवरी, 1985, पृ0 5–6.
45. वही।
46. दरीचा–शिवानी, पृ0 37.
47. वही, पृ0 37.

वास्तव में देखा जाए तो शिवानी के लिए यह बात लागू नहीं होती। शिवानी तीन दशकों से भी अधिक समय से लेखन कार्य में रत हैं। उनके उपन्यास, लेख, कहानियां, संस्मरण इत्यादि धर्मयुग, साप्ताहिक हिन्दुस्तान आदि पत्रिकाओं में धारावाहिक रुप में भी प्रकाशित होते आए हैं, उन्हीं का समग्र रुप में प्रकाशन भी हुआ है। अतः आज उस श्रेष्ठ लेखिका की कर्मभूमि लेखन बन चुकी है। गौरापंत शिवानी हिन्दी साहित्य की सम्मानित एवं प्रतिष्ठित साहित्यकार हैं। उन्होंने उपन्यास, कहानियों, निबन्ध, यात्रावृत्त संस्मरण, बाल साहित्य आदि लिखकर हिन्दी साहित्य के गौरव को बढ़ाया है। उनकी अनेक पुस्तकों पर समय–समय पर उन्हें पुरस्कृत भी किया जाता रहा है जिनमें प्रमुख पुस्तकें "भैरवी", "वातायन", "रतिविलाप", एवं "कृष्णकली" हैं।[48] उनकी कई रचनाएं समय–समय पर सराही गयी हैं। उन्हें कई पुरस्कार मिले और उपाधि भी प्राप्त हुई।

पुरस्कार :
1. 1970–71 विशेष पुरस्कार– उ0प्र0 हिन्दी संस्थान द्वारा
2. 1974–75 विशेष पुरस्कार– उ0प्र0 हिन्दी संस्थान द्वारा
3. 1976–77 प्रेमचन्द्र पुरस्कार– उ0प्र0 हिन्दी संस्थान द्वारा
4. 1978–79 स्तरीय पुरस्कार– उ0प्र0 हिन्दी संस्थान द्वारा
5. 1978 हिन्दी एवं उर्दू साहित्य एवार्ड समिति द्वारा
6. 1980 रामचन्द्र शुक्ल पुरस्कार– राज्य सरकार द्वारा
7. 1987 पूनमचन्द भतूड़िया – राजस्थान
8. 1990 महादेवी वर्मा पुरस्कार – बिहार से गोल्डमेडल भी।
9. 1990 बंकिम पुरस्कार – कलकत्ता
10. 1992 सरस्वती पुरस्कार संगीत अकादमी, भातखंडे
11. 1994 हिन्दी जनमत पुरस्कार – (राष्ट्रीय)
12. 1992 सुब्रम्हण्यम भारती पुरस्कार – दिल्ली
13. 1998 वीरांगना पुरस्कार – लखनऊ[49]
14. 1999 में भारतेन्दु हरिश्चन्द्र हिन्दी–उर्दू अकादमी द्वारा शिवानी को साहित्य ऊँचाई से विभूषित किया गया।

---

48. शिवानी, आकष, शी. गौरापंत शिवानी से बातचीत–प्रस्तुति : कृष्ण कुमार श्रीवास्तव, पृ0 11.
49. अपने साक्षात्कार के आधार पर–दिनांक 21–1–98.

उपाधि :

सन् 1982 में भारत सरकार ने शिवानी को "पद्मश्री" की उपाधि से विभूषित किया। इसके अतिरिक्त कानपुर विश्वविद्यालय द्वारा दीक्षान्त समारोह के अवसर पर 30 अप्रैल सन् 1994 को शिवानी को डी0 लिट् की मानद उपाधि से विभूषित किया गया।

इस प्रकार इतने पुरस्कारों एवं उपाधियों से अलंकृत परम विदुषी शिवानी के जन्म से लेकर आज तक के व्यक्तित्व को संक्षेप में यूँ परिभाषित किया जा सकता हैं–"बच्चे के साथ पूर्व जन्मों के संचित संस्कार भी रहते हैं, जिन लोगों के बीच उसे जीवनयापन करना पड़ता है, उसके वातावरण की छाप भी उस पर रहती है। शिक्षा अपना प्रभाव छोड़ती है। इसके अतिरिक्त प्राणों का निज का रुझान, चिन्तन, दृष्टिकोण भी अपनी प्रतिक्रिया सम्मिलित करता है। भौतिक क्षेत्र की इतनी विशेषताएँ मिलकर तब वह रसायन विनिर्मित होता हैं, जिससे व्यक्तित्व की समग्र रुपरेखा गढ़ी जाती है।"[50] शिवानी जी को देखकर कहा जा सकता है कि व्यक्तित्व जीवन के असीमित तन्तुओं का संगुफन होता है। व्यक्ति की रुचियों, संस्कार, विवेक, लगन और प्रतिभा किसी एक निश्चित लक्ष्य का चुनाव करके और उसी की सिद्धि में गतिशील हो, उसके व्यक्तित्व की यही दृढ़ता उसके लक्ष्य में सहायक होती है और उसके जीवन की उपलब्धियों को सफलता तथा सार्थकता देती है।

प्रतिभा की धनी शिवानी आडीशन बोर्ड तथा प्रोग्राम सलाहकार समिति, आकाशवाणी तथा स्क्रीनिंग समिति दूरदर्शन की सदस्या भी हैं। इसके अतिरिक्त शिवानी को ज्योतिष–शास्त्र, भविष्यवाणियों आदि से लगाव है, यह विद्या उनके पूर्वजों की देन है। साथ ही भवन–निर्माण कला का अपूर्व ज्ञान शिवानी रखती हैं।[51] अपने पति के संग भविष्य की योजना बनाती शिवानी कहती हैं– "हमारी वयस के अनुसार ही इस बंगले में हमारी प्रौढ़ता और अनुभव कुशलता परिलक्षित होगी। यही नहीं कि आजकल के से.. "कराग्रं वेदवत्कृत्वा", जिसे सुनकर उनके पति ने कहा–" तुम्हें तो आर्किटेक्ट बनना था। कहानी से अच्छा मकान बनाकर कमा लोगी।"[52] शिवानी साहित्य में शिल्प एवं स्थापत्य कला के कई उदाहरण सुरंगमा, चौदह फेरे उपन्यासों

---

50. अखण्ड ज्योति–अगस्त–1986, पृ0 25.
51. शिवानी का हिन्दी साहित्य–डॉ0 ज्योत्स्ना शर्मा, पृ0 36.
52. झरोक्षा–शिवानी, पृ0 11.

में देखे जा सकते हैं। –"मैं इसी को श्रेष्ठ कला मानती हूँ, जिसकी गूढ़ रेखाओं की गठन–धर्मिता को समझाने के लिए किसी कला–गाइड की आवश्यकता न हो।"[53] नारी मन की चतुर चितेरी लेखिका शिवानी नारी के प्रति अपने भाव व्यक्त कर लिखती हैं–"नारी को मैं रवीन्द्रनाथ के शब्दों में न केवल देवी रुप में पूजी जाना चाहती हूँ , न पूर्ण समर्पिता–उसका अपना आत्मसम्मान अक्षुण्ण बना रहे– नारी का सौष्ठव आहत न हो।"[54] शिवानी के नारी पात्र, उनके इस कथन को सार्थक करते हैं।

शिवानी ने "प्रयास" के सम्पादन का सफल प्रयास किया है। इस "प्रयास" में राजस्थान सरकार की शिक्षक–दिवस योजना ने देश के साहित्यिक जगत् में अपनी विशिष्ट पहचान बनायी है और शिक्षक साहित्यकारों को प्रकाश में लाने का प्रयास किया है। अतः यह कई प्रयासों का सफल प्रयास बन गया है। अरुण कुमार जी ने चाहा कि देश के शीर्षस्थ साहित्यकारों को अतिथि सम्पादकों के रुप में सम्बन्ध स्थापित करें। आने वाली पीढ़ी के लेखन को मूर्धन्य साहित्यकारों की प्रौढ़ अन्तर्दृष्टि का मार्गदर्शन मिले।[55] वास्तव में शिवानी जैसी लब्ध–प्रतिष्ठित साहित्यकार ही बड़ी ईमानदारी से यह कार्य सम्पन्न कर सकती हैं। "प्रयास" के लिए शिवानी कहती हैं– "राजस्थान सरकार का यह सृजनात्मक प्रयास स्तुत्य है, इसलिए भी कि इन शिक्षक साहित्यकारों की ये सरल सहज कहानियां, देश की शीर्षस्थ पत्रिकाओं में शायद कभी न छप पातीं, एवं साहित्य–सृजन का उनका यह प्रयास, अनाघ्रात पुष्प सा ही अरण्य में मुरझा जाता।"[56]

बहुभाषाविद् शिवानी :

शिवानी जी की प्रशंसा में आचार्य हजारी प्रसाद द्विवेदी ने लिखा है, "गौरा, शान्तिनिकेतन की छोटी सी मुन्नी, मेरी परम प्रिय बहिन और छात्रा। बचपन में ही बड़ी सूक्ष्म बुद्धि की थी, उसकी दृष्टि बड़ी पैनी थी।.. मेरे परम पारखी मित्र और गौरा के दूसरे अध्यापक पं0 निताई विनोद रस्तोगी कहा करते थे कि यह लड़की अवसर मिलने पर बहुत प्रतिभाशालिनी सिद्ध होगी।

53. झूला–शिवानी, पृ0 42.
54. समकालीन लेखन में नारी के विविध रूप–परिपत्र, 14–15 सितम्बर, 1985, पृ0 ग।
55. प्रयास–सम्पादिका–शिवानी, आमुख–अरुण कुमार।
56. प्रयास–सम्पादिका–शिवानी–कही गयी कहानियां।

वे गौरा की भाषा और प्रकाशन भंगिमा की तभी दाद देते थे।''[57] शिवानी की असाधारण सफलता का रहस्य उनकी बहुभाषाविज्ञता और बहुज्ञता है। भाषा पर उन्हें अधिकार है, अपने हृदयगत भावों को वे ज्यों का त्यों प्रकट कर सकती हैं। कुमाऊँनी शिवानी को बहुभाषाविद् कहा जा सकता है क्योंकि वे कुमाऊँ के साथ–साथ हिन्दी, बुन्देलखंडी, संस्कृत, अंग्रेजी, पंजाबी, गुजराती, बंगाली, तिब्बती आदि कई भाषाओं की जानकार हैं। भाषाओं का ज्ञान साहित्य को समृद्ध करता है, किन्तु साहित्य की सार्थकता और अमरता उसके सांस्कृतिक सौष्ठव में है। शिवानी कहती हैं–''संस्कृति की यह अभिव्यक्ति तब तक संभव नहीं है, जब तक हम अन्य भाषाओं के साहित्य से अपनी कल्पना को, अपनी सृजनशीलता को, अपनी ज्ञानगम्य भावराशि को और अधिक समृद्ध बनाएं।[58] अर्थात् भाषा और संस्कृति दोनों मिलकर साहित्य को विशालता और गहरापन देती हैं।

शिवानी के बहुभाषी ज्ञान का पूरा लाभ पाठक भी बड़ी आसानी से उठाता है। जिस किसी भाषा का प्रयोग वे गद्य या पद्य के अंश के रुप में करती हैं, उसके साथ ही उसका अनुवाद या भाव भी रहता है या फिर पाद–टिप्पणी देकर भी वे भाषा की दुरुहता को समाप्त कर देती हैं। कोई शब्द चाहे वह हिन्दी का ही क्यों न हो, यदि बहुप्रचलित नहीं होता हैं, और उसका प्रयोग करती हैं, तब भी उसका सरलीकरण कर महत्व बता देती हैं।''[59]

कृतित्व :

स्वातन्त्रयोत्तर कथा–साहित्य में जिन महिला कथाकारों ने जिन्दगी की विद्रूपताओं, विकृतियों को कलात्मक अभिव्यक्ति दी उनमें कथा लेखिका शिवाजी का नाम सर्वाधिक चर्चित हैं। सहज–सामान्य भाषा में निश्छल बेबाक अभिव्यक्ति से समाज सापेक्ष विषयों के शाश्वत संदर्भो में प्रस्तुतीकरण और नारी–मन की पीड़ा के अंकन से वे हिन्दी–पाठकों में अत्यधिक लोकप्रिय हैं। उनकी रचनाओं में विषय–वैविध्य के साथ–साथ उत्तरोत्तर सृजनात्मक विकास विद्यमान है। उनके उपन्यास, लेख, कहानियां, संस्मरण इत्यादि धर्मयुग, साप्ताहिक हिन्दुस्तान आदि पत्रिकाओं में धारावाहिक रुप में भी प्रकाशित होते आये हैं, उन्हीं का समग्र रुप में प्रकाशन भी हुआ है। उन्होंने

57. जालक–शिवानी, पृ0 151.

58. वही, पृ0 130.

59. शिवानी का साहित्य : सामाजिक परिप्रेक्ष्य में– डॉ0 ज्योत्स्ना शर्मा, 41.

कुछ बड़े उपन्यास लिखे हैं जो स्वयं में सम्पूर्ण हैं और एक पुस्तक रुप में प्रकाशित हुए हैं। परन्तु कुछ छोटे उपन्यासों की पुस्तकों का नाम कहानियों के साथ भी आता है। शिवानी का साहित्य अनेक प्रकाशनों द्वारा प्रकाशित हुआ है जिसमें सरस्वती बिहार प्रकाशन दिल्ली, राजपाल प्रकाशन दिल्ली, भारतीय ज्ञानपीठ प्रकाशन वाराणसी, विश्वविद्यालय प्रकाशन गोरखपुर, पराग प्रकाशन दिल्ली, सस्ता साहित्य मंडल प्रकाशन दिल्ली, मयूर पेपर बैक प्रकाशन दिल्ली प्रमुख है। इनके अतिरिक्त कुछ पाकेट बुक प्रकाशन के अन्तर्गत भी उनकी पुस्तकें प्रकाशित हुई हैं जिनमें विवेक पाकेट बुक प्रकाशन दिल्ली तथा हिन्द पाकेट बुक्स प्रकाशन दिल्ली प्रमुख हैं।

शिवानी –साहित्य वह वृहत् वट–वृक्ष हैं, जिसकी संपूर्णता को आत्मसात् करते–करते भी बहुत कुछ छूट जाता है। कभी–कभी तो रचना के पढ़ने के बाद, जो आत्मसंतोष व आनन्द की अनुभूति होती है, उसकी प्रतिक्रिया लिखने के लिए उचित शब्द नहीं सूझते और जो भी लिखा जाता हैं, उसमें अपूर्णता का आभास झलकने लगता है। फिर भी यह शोध–कार्य शिवानी–साहित्य के विश्लेषण का प्रयास मात्र समझा जा सकता है।

हिमालय के उन्नत शिखरों, घाटियों तथा कल–कल करते जल–स्रोतों के मध्य वात्सल्य पाकर जब कलम अपनी यौवनावस्था में पहुँचती हैं तो नैसर्गिक आनन्द की अनुभूति क्यों न देगी, शिवानी इसकी अपवाद नहीं। गुरुदेव की शिष्या होने के कारण उनकी रचनाओं में गांभीर्य, दार्शनिकता और संस्कृति का अपूर्व सामंजस्य मिलता है। "कृष्णकली" सौन्दर्य और कौमार्य की अग्निशिखा से मण्डित, नये–नये अनुभवों के कण्टकाकीर्ण पथों से गुजरती और काजल की कोठरियों में रहती–सहती यह विद्रोहिणी समाज की वर्जनाओं का वरण करती है, किन्तु फिर भी अपनी सहज संस्कारशीलता को झटक नहीं पाती। सामाजिक बन्धनों के बीच कर्तव्य बोध प्रेम तथा सेवा के त्रिकोणों में घिरी नारी का चित्रण शिवानी ने जिस पैनेपन से किया हैं वह वर्णनातीत है। भाषा की गरिमा, शैली की मिठास और व्यंयार्थ की सारगर्भिता के कारण इनकी कृतियाँ साहित्य में अपनी अलग पहचान बना सकी हैं। शिवानी की रचनाएँ मनोविश्लेषण तथा चरित्रांकन की दृष्टि से बेजोड़ हैं। नाटकीय स्थितियों तथा चित्रोपम वर्णनों ने उनकी रचनाओं को काव्यात्मक संवेदन दिया है। शिवानी की अनुसंधात्मक दृष्टि, भावुकता तथा कोमलता को उजागर कर उसे उपन्यास का स्वरुप प्रदान करती है। ये दूरदर्शन एवं आकाशवाणी से वर्षो तक सम्बद्ध रही हैं। इनकी चिन्तन शैली, लेखन–प्रतिभा आज प्रत्यक्ष देखने को मिल रही है।

मायापुरी :

यह शिवानी का प्रथम उपन्यास है जो सन् 1961 में न्यू एज पब्लिशर्स कलकत्ता से प्रकाशित हुआ। वैभव की नगरी में व्यथित हृदयों की गाथा हैं–''मायापुरी'' ।इसके अन्तर्गत धन को प्रधानता देने वाले समाज में प्रेमी–प्रेमिकाओं एवं परिवारों के बनते–टूटते सम्बन्धों का बड़ा ही मर्मस्पर्शी चित्रण हुआ है। इसका प्रारम्भ पहाड़ी ग्राम के सरल सहज सौन्दर्यमय वातावरण से होता है। इसी परिवेश में शोभा का पालन–पोषण होता है। ग्रामीण परिवेश की सहजता ने ही उसे निष्कलुष रखा है। शिक्षिता होने के बावजूद गर्व उसे छू नहीं गया। स्त्री सुलभ लज्जा और शील की प्रतिमूर्ति है शोभा। वह पढ़ने के लिए लखनऊ आती है। अपने मुँहबोली मौसी के पुत्र सतीश के हृदय में गहरी जगह बना लेती है। परन्तु राजदूत की पुत्री सविता की शादी शोभा के प्रेमी सतीश से तय हो जाती है। सतीश यद्यपि शोभा से ही शादी करना चाहता है किन्तु शोभा बिना बतलाए कहीं दूर चली जाती है और भटकती रहती है। विवाहित होकर सतीश शोभा को नैनीताल में मिलता है। पुनः दोनों में पूर्व प्रेम का आविर्भाव होता है तथा अत्यन्त दुःख पूर्वक वे एक दूसरे से विदा लेते हैं। विदेश जाते हुए सतीश का वायुयान दुर्घटनाग्रस्त हो जाता है और वह घायल अवस्था में पड़ा होता है। उस समय उसकी पत्नी नहीं आती किन्तु शोभा ही उसके पास आती हैं एवं उसी के सम्मुख सतीश की मृत्यु हो जाती हैं।

इस उपन्यास में लेखिका ने शोभा को एक आदर्श नारी के रुप में दिखाया हैं, जो अपने प्रेमी के उन्नति के मार्ग में बाधा नहीं बनना चाहती। सतीश का चरित्र उस अनेकों पुरुषों की सच्चाई से युक्त हैं, जो दुर्बलता पूर्ण व्यक्तित्व रखते हैं। जो परिवार के दबाव तथा अपनी उन्नति के लोभ में आकर एक सच्चे प्रेमी तक को पाने का भरपूर प्रयास न करके किसी अन्य धनवान स्त्री से शादी कर लेता है। लेकिन अंत तक प्रेम अपने पूर्व प्रेमी से ही करता हैं।

प्रणय गाथा होने के बावजूद यह कथा मात्र रोमानी नहीं रहती। इसके पांव यथार्थ की भूमि पर पूरी तरह जमे हुए हैं। मायापुरी में स्त्री–पुरुष सम्बन्धों के कई आयाम चित्रित हुए हैं। एक ओर गोदावरी और जनार्दन जी का पारंपरिक स्नेह पूरित दाम्पत्य जीवन हैं जो भारतीय संस्कृति का आदर्श चित्र है। स्त्री–पुरुष सम्बन्धों की दूसरी मिसाल है अविनाश और मंजरी का सहज सम्बन्ध। मायापुरी की प्रणय कथा मात्र सपाट बयानी नहीं है। पहाड़ी

ग्राम और नगरीय सभ्यता के चित्रों के साथ–साथ धर्म और संस्कृति की विपरीतता के बावजूद संवेदना की एकता विभिन्न पात्रों के हृदयों को एक सूत्र में बांधे रखती हैं।

मायापुरी उपन्यास की परिधि अत्यन्त विस्तृत हैं वो अपने चारों ओर के वातावरण को आत्मसात् कर लेती हैं। कथारम्भ में ही अर्थाभाव, प्रेमाभाव, संरक्षणाभाव, का चित्रण कर लेखिका ने पात्रों की मनोवैज्ञानिक कसौटी पर परख की हैं। शोभा का मानसिक द्वन्द्व, सच्चरित्रता, सहृदयता, मैत्री भाव व नम्रता, आज्ञाकारिता तथा सतीश की मानसिकता में उद्वेग, असंयम, अर्थाभाव तथा महत्वाकांक्षा एवं कायरता का चित्रण शिवानी ने बड़ी मार्मिकता के साथ किया हैं। हृदयों की इस अपार वेदना के बीच वैभव की मायापुरी पूर्ववत् चमकती रही हैं यही इस संसार की विडम्बना हैं जो इस कथा में वर्णित हुई हैं। इसके अतिरिक्त मायापुरी प्रकृति सौन्दर्य,, नारी सौन्दर्य और शिल्प सौन्दर्य का संगुफन हैं।

चौदह फेरे :

"चौदह फेरे" उपन्यास 1962 में सर्वप्रथम धर्मयुग में धारावाहिक रुप से प्रकाशित हुआ, तत्पश्चात् विश्वविद्यालय प्रकाशन, वाराणसी से 1967 में इसका प्रथम संस्करण प्रकाशित हुआ। कुमाऊँ अंचल के समाज में पुरानी और नई विचारधाराओं का संघर्ष, "चौदह फेरे" उपन्यास के अन्तर्गत अत्यन्त मनोवैज्ञानिक एवं जीवंत रुप से वर्णित हैं। जीवन अनुभूतियों का पाठक के मन को एहसास दिलाने वाले इस उपन्यास ने समाज में बहुत ख्याति प्राप्त की। वस्तुतः "चौहद फेरे" बन्धनकारी परम्पराओं से मुक्ति का प्रयास हैं।

नारी जीवन की सीधी रेखा सात फेरे घूम कर एक नई भूलभुलैया में प्रवेश करती हैं। इस भूलभुलैया का प्रथम सोपान होने के कारण इन सात फेरों का महत्व अतुल्य हैं। जिसने ये फेरे दो बार लिए हों वह तो जन्म–जन्मान्तर के बंधन में बंध जाता है। "चौदह फेरे" शीर्षक उपन्यास में शिवानी ने यही दिखाने का प्रयत्न किया हैं कि जिस दिन से मन अपनी सीधी रेखा को छोड़कर किसी अन्य की जीवन रेखा में मिल जाता हैं, सात फेरे तो उसी दिन डल जाते हैं। इसके उपरान्त अग्नि को साक्षी मान कर जब सात फेरों की रस्म दुबारा निभाई जाती है तब चौदह फेरों की गिनती पूरी होती हैं और यह बंधन अटूट हो जाता हैं। वास्तव में "चौदह फेरे" हिन्दी में अपने ढंग का अनूठा और अद्वितीय उपन्यास है। इस उपन्यास के अन्तर्गत कर्नल पाण्डेय एक धनी व्यक्ति हैं। जिनका बड़े–बड़े व्यवसायों में हिस्सा हैं। उनकी पत्नी

नन्दी पुराने संस्कारों वाली आदर्श पत्नी हैं लेकिन कर्नल के साथ बहुत सादगी से निर्वाह कठिन था। अतः वह अपनी पुत्री को लेकर अपने भाई के पास रहती हैं, किन्तु कालान्तर में नंदी पुनः अपने पति के पास आ जाती हैं। कर्नल की पुत्री अहल्या अब ''कान्वेन्ट'' में पढ़ने लगती हैं। अपने यौवन के द्वार पर आते-आते अहल्या बहुत ही आकर्षक युवती हो जाती हैं। कर्नल उसका विवाह, उच्चकुलीन पहाड़ी युवक सर्वेश्वर के साथ करना चाहते हैं जो फॉरेन सर्विस में है और जिसके पिता चोटी के राजनीतिज्ञ हैं। विवाह के दिन अहल्या अपनी ताई की मदद से भाग कर गाँव में आ गई जहाँ उसकी चचेरी बहन के पति धरणीधर की मदद से उसका विवाह राजू के साथ उसी लग्न में सम्पन्न हो जाता हैं। बसन्ती की नानी जो वृद्धावस्था में सुध-बुध खोकर अफीम की पिनक में कुछ का कुछ बोलती रहती हैं इस शादी की बात सुनकर कहती हैं कि अहल्या के सात फेरे हो चुके हैं अब क्या ''चौदह फेरे'' होंगे? धरणीधर जो बहुत ही विनोदप्रिय स्वभाव का है यह जानकर भी कि अहल्या की शादी अभी पहली बार ही हो रही हैं मजाक के तौर पर कहता हैं-- दुश्मन की गोली से बचकर राजू का मानो दूसरा जन्म हुआ हैं तब उसके सभी संस्कार दुबारा किये जाएंगे। वह भगोड़ी है कहीं भाग न जाए अतः चौदह फेरे करवा कर गांठ पक्की बांधी जाए ताकि वह दुबारा न भाग जाए।

कुमाऊँ समाज में यह उपन्यास अत्यन्त लोकप्रिय रहा। केवल कुमाऊँ समाज में ही नहीं सभी पाठकों के ह्रदय पर प्रभाव डालने वाला यह उपन्यास बहुत ही अनूठा है। इसके अतिरिक्त नारी मनोविज्ञान के साथ-साथ बाल मनोविज्ञान पर भी शिवानी की पूरी पकड़ हैं। सर्वाधिक महत्वपूर्ण बात यह है कि शिवानी ने पात्रों को परिवेश से जोड़कर प्रस्तुत किया है। कथा के प्रारम्भ में उच्चवर्गीय अभिजात परिवेश है। इस परिवेश में पलने वाले पात्र जब पहाड़ पर वापस जाते हैं तो उनके मनोभावों को पाठक भलीभाँति समझ सकता है। पहाड़ को भी लेखिका ने पूरे परिवेश के साथ चित्रित किया है।

इस प्रकार ''चौदह फेरे'' यथार्थ के धरातल पर आधारित हैं। इस उपन्यास में परम्पराओं से जूझते कर्नल अहिल्या का बन्धनकारी परम्पराओं का त्याग, नन्दी का गृह त्याग, ताई के विचार परिवर्तन, माता-पिता के प्रेम से वंचित ललिता आदि ने भारतीय समाज के परिप्रेक्ष्य में आज के संदर्भ पर कुछ प्रश्न-चिन्ह लगाये हैं। शिल्प सौन्दर्य, नारी-सौन्दर्य तथा प्रकृति सौन्दर्य के अनुपम उद्धरण इसमें कई स्थलों पर देखे जा सकते हैं।

कृष्णकली :

नारी संवेदनाओं का इतिहास अन्तर्मन के विक्षोभों की प्रत्येक तरंग, मन की आकुलता, प्रत्यक्ष जीवन के प्रचलित मानदंडों के विखंडन के बावजूद पाठकीय सहानुभति को प्रबलता से प्राप्त करने का नाम हैं–"कृष्णकली"।

यह उपन्यास प्रारम्भ में धर्मयुग के अन्तर्गत धारावाहिक रुप में छपा था तभी से पाठकों के मस्तिष्क में इस उपन्यास की नायिका के तथा उसकी कथा के प्रति तीव्र जिज्ञासा उत्पन्न हो चुकी थी। लेखिका को पाठकों के पत्र पर पत्र प्राप्त होते थे। तत्पश्चात् भारतीय ज्ञानपीठ प्रकाशन, वाराणसी द्वारा 1969 में इसका प्रथम संस्करण प्रकाशित हुआ। "कृष्णकली" कुमाऊँ अंचल में बहुतायत से फैले कुष्ठ रोग से पीड़ित पार्वती और असदुल्ला की अवैध सन्तान "कृष्णकली" की हृदयस्पर्शी कथा हैं। "कृष्णकली" को कुष्ठरोगियों की सेवा में जुटी मिशनरी सन्त डॉ0 पैद्रिक बचा लेती हैं और उसे पन्ना वेश्या को सौंप देती है। पन्ना उसे बोर्डिंग में डाल देती हैं। दूसरे बच्चों के पिता को देखकर वह अपनी माँ पन्ना से अपने पिता के बारे में पूछती है। उसे कोई उत्तर नहीं मिल पाता तो उसका मस्तिष्क अशान्त रहने लगता है उसका स्वयं का मन ही उसका विद्रोही बन जाता है वह अपने परिवेश से दूर भागना चाहती हैं, तभी. उसे पता चलता है कि उसकी माँ तथा पिता कुष्ठ रोग से पीड़ित थे तथा वो उनकी अवैध सन्तान है, वह घर से चली जाती हैं। समाज में बुरे कर्मो में फंस जाती है तभी उसके जीवन में प्रवीर नामक युवक प्रवेश करता है। उसके प्रति कृष्णकली को आकर्षण उत्पन्न होता हैं। किन्तु प्रवीर का विवाह एक धनाढ्य व्यक्ति की पुत्री के साथ हो जाने से पुनः उसे आघात पहुँचता हैं और कथानक का अन्त कली के स्लीपिंग पिल्स खाकर स्वयं की जीवन लीला समाप्त करने से होता हैं।

वस्तुतः कृष्णकली उत्पन्न होती हैं कोढ़िल परिवेश के कीचड़ में। जन्मती हैं पंक से–उस पंक से जहाँ विगलित अंगों वाला बदबूदार नायक असदुल्ला अपनी वासना की सड़ांध मिटाने हेतु पार्वती को दलदल में प्रविष्ट कराता हैं। उपन्यास में घृणात्मक वातावरण बहुत ही कोमल कूचियों (Brush) से कैनवास पर आया है। वेश्याओं की जीवन दशा, उनकी एकमेव भोग्या की सी स्थिति, अपनी कामुक लालसाओं की प्रतिपूर्ति के उपरान्त उन्हें उसी दलदली अवस्था में छोड़कर चले जाना और समाज में उजले चेहरों वाले सफेदपोश बगुलों की दुग्ध धवलता के पीछे कालिमा की विशाल कोठरी भी है। वेश्या भी नारी होती हैं उसमें नारी सुलभ कोमलता एवं संवेदना होती है किन्तु परिवेश की

विडम्बनाएँ उसे उसके समाज से निकलने नहीं देती हैं, बचकर निकलने के बाद येन–केन प्रकारेण उसी विवशता को उसके प्रति सम्मोहन समझा जाता है जबकि यह सम्मोहन नहीं बंधन हैं– कदाचित कंटक रुपी बंधन।

समाज में ''लाटसाहबों'' से दिखने वाले कोमल करुणापूर्ण चेहरों के पीछे उनकी कुटिलताएँ एवं धूर्ततापूर्ण व्यभिचारी चित्रों का सम्यक् बिम्ब सामने रखा गया है। ब्यूरोक्रेसी पर राजनीतिक नेताओं का नियंत्रण और पर्दो के पीछे चलने वाली तस्करी का खुलासा भी हमारे सम्मुख आता हैं।

पाश्चात्य जगत् ने भारतीय दर्शन को, आत्म–परमात्म तत्व को किस छिछले स्तर पर लिया है और वह भारत भ्रमण किन लालसाओं के वशीभूत आकर करते हैं ? भारतीय दर्शन की आत्मा से वे कितनी दूर रह जाते हैं और किसे वे चिन्मय सत्य समझ लेते हैं। इस तथ्य का गहरा रेखांकन उन हिप्पियों के माध्यम से किया गया हैं जो श्मशान की राख को ही ऐश्वर्य–विभूति समझ लेते हैं और भारतीय दर्शन एवं चिन्तन को मटियामेट कर गाँजे और चरस की दम में ही शिवत्व को खोजकर भटकते ही रह जाते हैं।

समाज के प्रचलित मानदंडों से बिल्कुल विपरीत चलने के बावजूद कृष्णकली पाठकीय संवेदना को झंकृत करती चलती हैं साथ ही अपने प्रति संवेदना को जबरन छीन लेती हैं, संवेदनाओं पर कृष्णकली का एकाधिकार हो जाता हैं और पाठक विवश होकर एक सम्मोहन में उसके साथ बंधा रहता है। ऐरिस्टोक्रटिक जीवन एवं आज की माडलिंग में उभरती नारी जो वाह्य दृष्टि से अत्यन्त सम्पन्न दिखती हैं, लोलुप और जिनके जीवन में पराग कणों के मोह में आते ही वहाँ वह आन्तरिक वैभव नहीं होता जो ऊपर से दिखाई पड़ता हैं, अन्दर का खोखलापन एवं अन्तर्मन का कंकाल वीभत्स एवं कुरुप चित्र की तरह हमारे सामने आता हैं– उस कंकाल के स्वस्थ उष्ण रक्त एवं मज्जा नहीं होती किन्तु उसकी छवि हमारे सम्मुख इस तरह आती हैं कि जैसे वे वैभव सम्राट हों–अन्तर्वाह्य से बहुत विपरीत होता हैं, वह संवेदनाओं को सूक्ष्म हलचलों को–यथा–दया, ममता, करुणा, श्रद्धा आदि से आपूरित होता हैं। उनके मार्ग में बाधा पड़ने पर ऊपर का बादामी कवच और भी कठोर होता जाता हैं जिससे अक्सर गलत समझने की भूल हो जाती है।

नायिका का ट्रेजिक अन्त संवेदनाओं को झकझोर कर रख देता हैं जिसमें पाठक स्वयं को कृष्णकली से विलग नहीं देख पाता। वह स्वयं कृष्णकली बन जाता हैं, उसके जीवन को स्वयं जीता हैं। नाटकीय दृश्यों का इस

उपन्यास में सम्यक् समावेश हुआ हैं। सम्पूर्ण नाटकीय संधियां इस औपन्यासिक कृति में इस तरह से समाहित हैं कि यदि इसे संवादों के माध्यम से लिखा जाता तो इसमें संवादों की बहुलता होती तो यह साहित्य का श्रेष्ठ नाटक सिद्ध होता।

वस्तुतः कृष्णकली के माध्यम से शिवानी ने अर्ध्य दिया हैं अपने पूर्ववर्ती साहित्य को और अर्ध्य पाया हैं भविष्यत साहित्य से। उपन्यास का प्रारम्भ प्रकृति की मूसलाधार वृष्टि से होता हैं और समापन संगम के जल से– कदाचित् उनके अन्तर्मन में बहने वाला नीर सागर की यात्रा में– साहित्य के माध्यम से। इस प्रकार विराग से राग पथ की यात्रा का नाम हैं कृष्णकली।

भैरवी :

शिवानी की अनेक रचनाओं को प्रदेशों द्वारा समय–समय पर सम्मानित किया गया हैं "भैरवी" उपन्यास भी उसमें से एक है। शब्दकार प्रकाशन द्वारा 1969 में भैरवी का प्रथम संस्करण प्रकाशित हुआ। "भैरवी" की कथा "पूर्वदीप्त" पद्धति में लिखी गयी हैं। इसमें शिवानी ने कापालिक नाथ–सिद्धों की बगुला भक्ति बताई हैं। देखने में उदासीन, शान्त, साधनारत सन्यासी योग साधना की कई सीढ़ियों तय करके भी, चन्दन पर आसक्त हो पतित हो जाता हैं।

इस कथा में कई घटनाएं अन्तर्कथाओं को जन्म देकर मोड़ लाती हैं। अभिजात वर्गीय विशेषताओं के साथ–साथ अवचेतन मन की ग्रन्थी, कौमार्यावस्था में किये प्रेम का अभिशप्त रुप व "शौक" जाति का विशेष विवरण इस कथा में मिलता हैं। इस उपन्यास के अन्तर्गत राजेश्वरी अपनी रुपवती कन्या चन्दन को लेकर पहाड़ जाती हैं और सोचती हैं कि किसी कुलीन वर से उसकी शादी कर देगी। तभी संयोग से कोई "पर्वतारोहियों" का एक दल राजेश्वरी के घर में शरण पाकर रात्रि गुजारने आया। उसी में एक लड़की भी थी, जिसका नाम सोनिया था। उसकी चन्दन से मित्रता हो गई। सोनिया अपने भाई विक्रम से चन्दन की शादी तय करवा देती है। शादी के बाद विक्रम और चन्दन रेलगाड़ी से यात्रा कर रहे थे। वे "हनीमून" मनाने जा रहे थे। तभी कुछ गुण्डों ने उसके ऊपर हमला किया। चंदन घबराकर चलती रेलगाड़ी से कूद गई और पास के श्मशान में समाधिस्थ कोई अघोरी उसे उठाकर अपने घर ले गया। उसने इसका नाम "भैरवी" रख दिया। वहाँ माया दीदी व कुछ अन्य सेविकाएँ थी। माया दी उस अघोरी बाबा को अपना बनाना चाहती थी पर भैरवी के आने से उस बाबा का झुकाव उसी की ओर

हैं यह जानकर मायादी उसे अपनी एक सहेली विष्णुप्रिया के पास भेजने की बात सोचती हैं। उसी बीच "माया दी" को अघोरी बाबा का पाला हुआ नाग डस लेता हैं और उसकी मृत्यु हो जाती हैं। अघोरी बाबा उसकी लाश लेकर जाता हैं तो चंदन को कमरे में बंद कर जाता हैं। चंदन उसके आने से पूर्व विष्णुप्रिया के पास भाग जाती हैं पर उसे वहाँ भी शरण नहीं मिल पायी। अन्त में वह अपने पति के पास जाने की बात सोचती है तभी उसे ये सुनकर एवं देखकर बड़ा दुःख हुआ कि उसके लिए वहाँ भी द्वार बन्द हो चुके हैं क्योंकि विक्रम की शादी हो चुकी थी उसे उसी दिन पुत्र की प्राप्ति हुई थी। अतः वह वहाँ से भी लौट जाती हैं। यह उपन्यास कथा, भाव, भाषा सभी दृष्टियों से एक उच्चकोटि की रचना हैं।

भैरवी में अप्रत्यक्ष रुप से लोकजीवन की सुन्दरता का चित्रण हुआ हैं। नायिका चन्दन का सौन्दर्य, उसके स्वभाव की सहजता, चित्त की निष्कलुषता, वाणी की मधुरता और व्यवहार की संस्कारशीलता लेखिका के लोकजीवन के प्रति अनुराग का ही प्रमाण हैं। इस चित्र के मोहक रंगों को उभारने के लिए उन्होंने नगर को चकाचौंध और पाश्चात्य संस्कृति के अंध बहाव में बहती हुई तथाकथित सभ्यता का कन्ट्रास्ट चित्रित किया हैं।

विषकन्या :

"विषकन्या" उपन्यास कथा एवं शिल्प दोनों ही दृष्टियों से एक अपूर्व एवं अनूठी रचना हैं। 1970 में राजपाल प्रकाशन द्वारा इस उपन्यास का प्रथम संस्करण प्रकाशित किया गया। इसके अन्तर्गत कामिनी और दामिनी किसी डॉक्टर की जुड़वा सन्तान हैं। दोनों एक सम्पन्न घराने की पुत्रियां हैं। बड़ी बहन दामिनी की शादी उसकी भाभी के भाई रोहित से कर दी जाती हैं। रोहित भी अत्यन्त सुशील युवक हैं। रुप, गुण और नौकरी सभी दृष्टियों से एक अच्छा व्यक्ति हैं। दामिनी और रोहित दोनों ही एक दूसरे को बहुत प्रेम करते हैं। दामिनी की बहिन कामिनी कैरियर बनाने की ओर रुचि रखने वाली तथा दुनिया देखने की शौकीन लड़की हैं। वह अत्यन्त रुपवती एवं गुणवती किशोरी हैं। उसके भीतर सौन्दर्य को पहचानने की सदा एक से एक अन्तर्दृष्टि रही हैं। इसीलिए जब लेखिका उसके रहन–सहन एवं स्वभाव का वर्णन करती हैं तो कोई भी उस कन्या के अपूर्व गुणों का अनुमान लगा सकता है।

कामिनी यद्यपि बाहर व्यक्त नहीं करती हैं किन्तु भीतर ही भीतर अपनी

बहन के सौभाग्य से ईर्ष्या करने लगती है। वह एक बार दामिनी से मिलने उसके घर जाती है। दामिनी माँ के घर गई हुई थी। उसी बीच कामिनी बहन के घर चली जाती हैं। घर के लोग कामिनी को समान शक्ल होने के कारण दामिनी समझते हैं। कामिनी अपनी अतृप्त वासना की पूर्ति के लिए दामिनी बनकर रोहित के पास रहने लगती है, किन्तु रोहित को जब सन्देह होता है कि यह दामिनी नहीं है तो इस शंका को मिटाने के लिए वह उसे तालाब में तैरने ले जाता हैं क्योंकि वह जानता था कि उसकी पत्नी तैरना नहीं जानती फिर भी वह झूठ–मूठ कह देता हैं कि दामिनी ने तैरना सीख लिया था। रोहित कामिनी के बिछाए जाल को जान जाता है और उसके लिए क्रोधित होकर आगे जाता हैं उसी क्षण तालाब के किनारे किसी सांप ने उसे डस लिया। मरने से पूर्व वह दामिनी से क्षमा याचना करता हैं। किन्तु दामिनी के सौभाग्य को कामिनी डस चुकी थी। बहन होने के नाते कामिनी, दामिनी से किये गये धोखे के लिए पछताती है। इसलिए वह उसके पुत्र को भी नहीं देखना चाहती और कहीं दूर अकेले रहकर पश्चाताप करती है। नैनीताल में किसी एकान्त कोठी में रहकर ही वह एक दिन अपनी कहानी लेखिका को सुनाती हैं और लेखिका इसे "विषकन्या"नाम के उपन्यास का रुप दे देती हैं।

श्मशान चम्पा :

यह राजपाल प्रकाशन द्वारा प्रकाशित हैं। इस उपन्यास का प्रकाशन वर्ष सन् 1972 है। यह एक प्रतीकात्मक उपन्यास है। इसमें पर्वतीय अंचल की एक सुकुमार युवती चम्पा की बहुत ही मर्मस्पशी कहानी हैं। चंपा तुझमें तीन गुण रुप रंग और बास। अवगुण तुझमें एक है, भ्रमर न आवै पास।। वनस्पति वैज्ञानिकों ने वैज्ञानिक प्रयोगों से यह सिद्ध किया हैं कि चम्पा में पराग–कणों का अभाव होता हैं, जिसके कारण भ्रमर उसमें रुचि नहीं दिखाता। लोक में प्रचलित इस दोहे की प्रतीकात्मकता को लेकर सिद्ध हस्त लेखिका शिवानी ने उन्हीं भावों के अनुकूल अपनी कल्पना भूमि उर्वर बनायी है। लोक में प्रचलित अवधारणाएं कदाचित् वैज्ञानिक दृष्टि से सही होती हैं। अतएव लेखिका ने कथा–माध्यम से एक रुप देकर अमर बना दिया है।

कथा–नायिका चम्पा रुप–गण और यौवन से सम्पन्न हैं किन्तु वह अपने प्रेमी को पाते ही उससे दूर हो जाती है। समाज के बन्धन, प्रेमी–प्रेमिका के बीच माँ–बाप के अपने मान–सम्मान की दीवारें, बहन के अपराध, पिता के ऊपर लगा कलंक इत्यादि सारी घटनाएँ उसके अपने सुखद जीवन के मार्ग में कंटक बन कर ऐसे उलझ गई कि उस जाल से वह मुक्ति न पा सकी।

उसका प्रेमी मधुकर जया से सगाई होने के बाद भी उसे ही चाहता था। सौभाग्य से दोनों का रेल–यात्रा के समय अचानक मिलन भी होता है। चम्पा की घातक बीमारी से मधुकर उसे बचा लेता हैं। दोनों बहुत करीब आते हैं। सुख से जीवन बिताने के सपने देखने लगते हैं। किन्तु चम्पा यह जानकर, कि मधुकर की सगाई जया से हो चुकी है, वह वापस आ जाती है। उधर चम्पा जब से कमलेश्वरी की दत्तक पुत्री बनी, वह धन, यश, कोठी, नौकर चाकरों के जंजाल में स्वयं को फंसा हुआ पाती है। उसकी बहन जो मर्डर केस में फंस गई थी, की खबर सुनकर चम्पा की माँ भगवती उस धक्के को सहन न कर सकी और अधिक बीमार हो गई। चम्पा को खबर मिली तो वह माँ से मिलने भवाली सेनीटोरियम जाना चाहती थी परन्तु अपनी कोठी में अचानक मधुकर के पिता का प्रवेश देखकर वह सहम गई। चम्पा पैर छूने उठी, किन्तु उसका सौभाग्य बनते–बनते बिगड़ गया। जो उसे अपनी बहू बनाने के इरादे से आया था वही उसे वेश्या की दत्तक पुत्री, व केनाराम की अधम दासी मानकर उस अभागन को श्मशान चम्पा के समान कह गया, जो चंपा के पुष्प की भाँति सुन्दर, सुगंधपूर्ण हैं किन्तु श्मशान वीथि पर खिला होने से उसे कोई नहीं अपनाता। चम्पा के भाग्य की यही विडम्बना उसे सुख से वंचित कर देती हैं।

इस उपन्यास में कई घटनाओं का संगुंफन हैं लगभग सारी ही घटनाएं प्रमुख हैं, किसी घटना से समस्याएं बनती हैं, किसी से उनका समाधान मिलता हैं। कोई घटना परम्पराओं के बंधनों की ओर बढ़ती है, तो कोई आधुनिकता की चौखट पर पात्र को खड़ा कर देती है। नारी जगत् की विवशताएं शिवानी के कथाजगत् की प्रमुख संवेदना रही हैं। इस उपन्यास की नायिका चम्पा में अपरुप सौन्दर्य और तीक्ष्ण बुद्धि का समन्वय होने के बाद भी व्यक्तित्व में एक उदासीनता का आवरण है परन्तु फिर भी उसकी चारित्रिक उज्ज्वलता ने उसे अपूर्व सौन्दर्य प्रदान किया हैं।

श्मशान चम्पा में करुण रस ही प्रमुख हैं। प्रसंगवश हास्य रस भी आया हैं। श्रृंगार की भी अभिव्यक्ति इस उपन्यास में हुई । भाषा में तत्सम शब्दों की प्रधानता हैं। परन्तु प्रसंगवश अंग्रेजी, बंगला, पहाड़ी, आदि भाषाओं के शब्दों का भी प्रयोग हुआ हैं।

कैंजा :

इस लघु उपन्यास का प्रकाशन सन् 1973 में राजपाल प्रकाशन द्वारा किया गया। इसका प्रकाशन सरस्वती सीरीज में तथा हिन्द पाकेट बुक्स में

भी समय–समय पर होता रहा था। नारी मन की गुत्थियों तथा नियमों से बंधे पर्वतीय समाज का अनोखा चित्रण इस उपन्यास में हुआ हैं। नायिका नन्दी अत्यन्त सुन्दरी तथा सौम्य सुशील युवती है। कुमाऊँ अंचल पली नन्दी तिवारी तथा सुरेश भट्ट एक दूसरे के प्रति आकर्षित हैं किन्तु नैसर्गिक–सौन्दर्य मंडित कुमाऊँ के लोगों में जो अंधविश्वास घर कर गये हैं उनके दुष्परिणाम भोगती हुई नन्दी भी, इस अंधविश्वास का शिकार बन कर रह गई। उसके पिता शास्त्री जी ज्योतिष शास्त्र जानते हैं और अपनी पुत्री का वैधव्य योग देखकर वह उसकी शादी नहीं करना चाहते थे। उन्होंने निश्चय किया कि पुत्री को डाक्टरी पढ़ाकर अपने पैरों पर खड़ा कर देंगे। किन्तु एक युवती, जीवन भर, किसी पुरुष के कंधे का सहारा लिए बिना सुखी नहीं रह सकती है। शास्त्री जी की ओर से मना किए जाने के बाद सुरेश भट्ट भी बौखला सा गया और तरह–तरह के कुकर्म करने लगा। नन्दी डाक्टरी पढ़ने चली गयी। इसी बीच सुरेश भट्ट की शादी हुई और वह विधुर भी हो गया। नन्दी जब डॉक्टर बनने के बाद एक बार अपने गाँव आई तो संयोगवश सुरेश भट्ट से प्राप्त गर्भ को वहन करती पागल लड़की के पुत्र का जन्म भी नन्दी के हाथों ही हुआ। पागल माँ की मृत्यु हो गई। नन्दी शिशु को पाल–पोसकर बड़ा बनाती हैं। वह बच्चा जब स्कूल में पढ़ता था तो लोगों द्वारा उसके पिता के बारे में पूछे जाने पर बच्चा दुःखी रहता था इसीलिए नन्दी ने फिर से गाँव आने का निश्चय किया। वह पुत्र को लेकर गाँव आई। उसने मरणासन्न सुरेश भट्ट से विवाह भी किया, जिससे पुत्र को यह ज्ञात हो जाए कि उसका पिता कौन था और स्वयं भी उसकी माँ के रुप में ही बनी रहना चाहती थी। उसे कैंजा (विमाता) का सम्बोधन अनचाहा लगा। इसी से वह पूरे गाँव को बतला देती हैं कि कोई उसके पुत्र को यह न बताए कि वह उसकी कैंजा हैं। दुर्भाग्य से पगली की माँ वहाँ पहुँच कर उस बच्चे को बता देती हैं कि यह उसकी सौतेली माँ हैं, कैंजा हैं, माँ नहीं हैं। पुनः नन्दी बच्चे को समझा तो देती हैं कि वह बुढ़िया झूठ बोली थी तथा वह ही उसकी असली माँ हैं, कैंजा नहीं हैं, परन्तु वह स्वयं कभी भी न हँस सकी। उसके इतने त्याग के पश्चात् भी कसुली की माँ द्वारा दिये गये ''कैंजा'' सम्बोधन ने उसे सदा के लिए उदास बना दिया।

नारी संवेदना के जितने भी पक्ष हो सकते हैं उन्हें यथार्थता तथा व्यावहारिकता के साथ चित्रित करने का सफल प्रयास शिवानी ने इस उपन्यास में किया हैं। पुत्री, पत्नी, माँ, प्रेयसी आदि रुप तो एक नारी के स्वाभाविक रुप से हो सकते हैं परन्तु दूसरे की संतान पर एक नारी का

मातृत्व उमड़ना कोई सहज तथ्य नहीं हैं परन्तु शिवानी की लेखनी ने इसे सहज बना दिया हैं। इस उपन्यास में पर्वतीय सौन्दर्य के सुन्दर उदाहरण देखे जा सकते हैं।

रतिविलाप :

राजपाल प्रकाशन द्वारा सन् 1974 में इस उपन्यास का प्रथम संस्करण प्रकाशित हुआ। "रतिविलाप" आत्मकथा--परक कहानी हैं, जिसकी मुख्य नायिका अंनुसूइया हैं। नायिका के द्वारा अपने अतीत का विस्तार पूर्वक वर्णन लेखिका को सुनाया गया हैं। अनुसूइया के आधार पर शिवानी ने समाज, परिवार व मनुष्य में आये परिवर्तनों का संकेत किया हैं। लेखिका की सहपाठिनी अनुसूइया बड़ी हॅसमुख, चंचल एवं अनेकों गुणों से युक्त थी। वह नृत्य, संगीत, नाटकीयता में प्रवीण तो थी साथ ही सौन्दर्य युक्त भी थी। अचानक पिता की बीमारी का तार पाकर अहमदाबाद गई और नहीं लौटी। सहसा लेखिका की यह सखी लखनऊ में आम खरीदती हुई वह उसे अपने विवाह तथा वैधव्य इत्यादि की पूरी कहानी सुनाती है। अनुसूइया के पिता की भी मृत्यु हो जाती है। उसके मामा जी उसका विवाह अमीर पिता के अकर्मण्य पुत्र से करवा देते हैं, जो सुन्दर था किन्तु उन्मत्त था, उसे मिरगी के दौरे पड़ते थे। एक दिन उन्मत्तावस्था में वह छत से कूद जाता है और उसकी मृत्यु हो जाती हैं। उसके श्वसुर घर हवेली बेंचकर दूर चले जाने को कहते हैं। क्योंकि उन्होंने बहू से उनके सम्बन्ध को लेकर अपने ही नौकरों के मुँह से घृणास्पद बातें कहते सुन ली थीं। अनुसूइया ने अनुभव किया कि समाज कितना क्रूर हैं। मरे साँप की आँखे कोंचने में भी उसे आनन्द मिलता हैं। फिर आठ ही दिन के भीतर हवेली एवं सब कुछ बेंचकर दोनों बम्बई आ गये और वहाँ अनुसूइया के ससुर जी ने उसके लिए इन्द्रधनुष नामक बुटीक खोल दी। एक बार अनुसूइया ही अपने साथ एक सांवली सलोनी लड़की को ले आती है। अनुसूइया उससे सगी छोटी बहन जैसा व्यवहार करती हैं। उसने सोचा था, वह उसे कारोबार में मदद करेगी, किन्तु वह हीरा नामक लड़की जो पतिहन्ता भी थी, अनु को एक दिन धोखा दे गयी। वह उसके धन, श्वसुर को लेकर कहीं चली गयी। कुछ समय बाद ससुर की हत्या का भी समाचार उसे मिला। फिर एक दिन किसी होटल में उसने हीरा को किसी व्यक्ति एवं बच्चे के साथ देखा। वह बच्चा अनुसूइया के श्वसुर की शक्ल से मिलता था। इस वजह से वह हीरा से कुछ न बोल पाई और अब वह स्वयं फिर अकेली रह गयी। इस तरह वह अपनी दर्द भरी कहानी सुनाकर चली

जाती हैं।

इस उपन्यास में शिवानी ने यह चित्रित करने का प्रयास किया है कि समाज मनुष्यों का संगठित रुप हैं। आज की स्थिति देखते हुए इसमें बहुत से परिवर्तनों की आवश्यकता हैं। विशेषकर नारी को जब तक अपने अधिकार नहीं मिल जाते, वह परिवार तथा समाज को आगे बढ़ने में सहयोग नहीं दे सकती। इसके अतिरिक्त कथा नायिका अनुसूइया की कर्तव्य परायणता व आत्मनिर्भरता को आदर्शोन्मुखी रुप से उभारा गया है।

सुरंगमा :

सरस्वती विहार प्रकाशन द्वारा "सुरंगमा" नामक उपन्यास का प्रथम संस्करण 1978 में प्रकाशित हुआ। लेखक अपनी रचनाओं में अपनी मान्यताओं को ही व्यक्त करता हैं। शिवानी की रचनाओं के सूक्ष्म अध्ययन से ऐसा प्रतीत होता है कि स्त्री और पुरुष के सहज आकर्षण को वे प्रकृति का नियम मानती हैं, जो सत्य भी हैं। "सुरंगमा" लोभ और पुरुष के सहज आकर्षण को वे प्रकृति का नियम मानती हैं, जो सत्य भी हैं। "सुरंगमा" लोभ और प्रीति के विभिन्न रुपों का चित्रांकन हैं। वह उपन्यास कुमाऊँ अंचल की ही नायिका को लेकर लिखा गया हैं। लक्ष्मी एक संभ्रान्त परिवार की सुशील किशोरी हैं परन्तु उसे अपने संगीत अध्यापक से प्रेम हो जाता हैं। वह घर वालों के विरोध के भय से घर से भाग जाती हैं, उस समय वह नाबालिग थी और गजानन नामक प्रेमी से विवाह कर लेती हैं तभी से उसके दुर्भाग्य की कहानी आरम्भ होती हैं। गजानन मदिरा पान करता था और एक दिन लक्ष्मी उसके दुष्चरित्र से परेशान होकर उसे छोड़कर चली जाती हैं। उसे एक क्रिश्चियन परिवार में आश्रय मिलता है। घर की मालकिन राबर्ट की बहन लक्ष्मी को बहुत सहारा देती हैं और लक्ष्मी को पढ़ाने में मदद करती हैं । वह उच्च शिक्षा प्राप्त करके नौकरी करने लगती हैं। इस बीच उसकी पुत्री का जन्म होता हैं जिसका पिता गजानन था। चूँकि लक्ष्मी गजानन को छोड़ चुकी थी, समाज उसकी संतान को अवैध न समझे इस विडम्बना से बचाने के लिए राबर्ट की बहन लक्ष्मी की शादी राबर्ट से करवा देती है। इस उपन्यास की नायिका सुरंगमा जब लगभग 5 वर्ष की थी तभी गजानन लक्ष्मी को ढूंढता हुआ आ जाता हैं और शराब के नशे में चूर लक्ष्मी के साथ बड़ा बुरा व्यवहार करता हैं। उसे वह घर ले जाना चाहता है। राबर्ट की बहन व राबर्ट कुछ नहीं कर पाते। वह चली जाती हैं। लेकिन फिर गजानन लक्ष्मी को बीमार छोड़कर घर से पैसे चुराकर भाग जाता हैं। इन परिस्थितियों को न झेल पाने

से लक्ष्मी की बीमारी ठीक न हो सकी। सुरंगमा अब बड़ी हो चुकी थी, नौकरी करने लगी थी, साथ–साथ ट्यूशन भी करती थी। उसने अपनी माँ के इलाज में कोई कसर न छोड़ी परन्तु लक्ष्मी का देहान्त हो जाता हैं। सुरंगमा अकेली रह गयी और वह शादी न करने का संकल्प करती है। वह दिनकर नामक मन्त्री की पुत्री को ट्यूशन पढ़ाती थी। मन्त्री सुरंगमा के प्रति आकर्षित होता है। उसके साथ कुमाऊँ अंचल की सुरम्य वादियों में बिताए समय की यादें उसे बेचैन करती रहतीं। उस रुपयौवन सम्पन्न सुरंगमा के शान्त व्यवहार के कारण मन्त्री उसके प्रति विशिष्ट रुप से आकृष्ट थे। सुरंगमा भी स्वाभाविक रुप से मन्त्री की ओर आकृष्ट होती हैं। मन्त्री की पत्नी सुरंगमा के साथ अच्छा व्यवहार नहीं करती, उसे अपशब्द कहती हैं। सुरंगमा अपने लम्बे जीवन पथ पर पुनः थकी, हारी, असहाय, अकेली रह गयी। यह उपन्यास युवावर्ग के पाठकों में विशेष लोकप्रिय रहा हैं।

वस्तुतः यह उपन्यास नारी की आत्मपीड़क मानसिकता को अभिव्यक्ति देता हैं। शिवानी की अधिकांश नायिकाएं स्वयं अपने लिए कंटकाकीर्ण मार्ग का चुनाव करती हैं। यह नारी की स्वाभाविक मानसिकता है। सदियों से पददलित भारतीय नारी आत्मपीड़न में ही सुख का अनुभव करती रही हैं। शिवानी ने इस उपन्यास में नारी के पारम्परिक रुप को ही प्रतिष्ठित किया हैं। नारी मन के रहस्योद्‌घाटन के साथ–साथ लेखिका ने पुरुष के मन की परतों को भी उधेड़ कर रख दिया हैं। प्रसंगानुकूल भाषा का प्रयोग शिवानी ने सर्वत्र किया हैं। पहाड़ी वातावरण का चित्रण करते हुए उन्होंने भाषा के शब्दों का प्रयोग किया हैं।

किशुनली का ढांट :

सरस्वती विहार प्रकाशन द्वारा सन् 1979 में इस उपन्यास का प्रथम संस्करण प्रकाशित हुआ। इस उपन्यास की नायिका ''किशुनली'' हैं जो किशोर वय की उन्मादिनी रुप में चित्रित की गयी हैं। उसके जीवन की मार्मिक कथा को अत्यन्त रोचकता के साथ चित्रित किया गया हैं। लेखिका का कथन हैं कि शास्त्री जी उनके अपने जान–पहचान के व्यक्ति हैं जिनसे वह संस्कृत पढ़ने जाया करती थी। लेखिका उन्हें गुरु जी कहती तथा उनकी पत्नी को काखी कहती थी। वह विद्वान् एवं सरल स्वभाव वाले थे। निःसंतान दम्पत्ति होकर भी बड़े संतुष्ट रहते थे। काखी जब एक किशोर पगली को देखती हैं तो समझती हैं कि इसका रुप ही इसके अभिजात्य का परिचायक है। वह संतान प्रेम से इतनी अभिभूत हो जाती हैं कि वह उस पगली को बड़े

प्रेम से अपने घर रख लेती हैं। शास्त्री जी से कई बार इस बारे में कहा सुनी भी हो जाती क्योंकि वह उसे दुतकारते रहते थे। पगली "किशुनली" एक बार घर छोड़कर चली गई और बाद में वापस आई तो वह गर्भवती थी। उसका एक बहुत ही सुन्दर पुत्र जन्म लेता हैं जिसे काखी पालती हैं। कुछ समय के बाद किशुनली की मृत्यु हो जाती हैं। उसकी मृत्यु से पूर्व शास्त्री जी घर छोड़कर अन्यत्र चले गये थे। किशुनली उन्हें बहुत चाहती थी और अधिक जीवित न रह सकी। शास्त्री जी जानते थे कि वह पुत्र उन्हीं की देन हैं इसीलिए वह घर से दूर चले गये। किन्तु ऐसी पतिपरायणा पत्नी को दिये गये धोखे के लिए उन्हें पछतावा होता हैं। वह एक दिन यह बात लेखिका को बताकर कहते हैं कि मैं मृत्यु से पूर्व अपनी पत्नी से माफी मांगना चाहता हूँ, तुम्हीं उससे क्षमा याचना कर देना और उन्हें सब कुछ बता देना कि यह कर्ण (किशुनली का पुत्र) उनका अपना पुत्र हैं, वह "किशनुली का ढांट" नहीं है। ढांट का अर्थ कुमाऊँनी भाषा में अवैध सन्तान से होता हैं। इसके बाद शास्त्री जी संसार से विदा ले लेते हैं। किन्तु लेखिका जब रुग्ण काखी के पास पहुँचती हैं तो उसे पति परायण स्वभाव तथा पुत्र के प्रति अगाध प्रेम इत्यादि को देखकर इस भेद को भेद ही रहने देती हैं और शास्त्री जी के क्षमा–याचना वाले प्रस्ताव से अच्छा वह इस बात को समझती हैं कि काखी से यह बात छिपा ली जाए ताकि काखी इस कठोर सत्य को सुनकर दुःखी होकर प्राण त्याग न कर दे बल्कि सभी के प्रेम से युक्त तृप्त होकर संसार त्यागे। कुछ ही दिनों में काखी की भी मृत्यु हो गई। उसके बाद ही इस लघु उपन्यास को प्रकाश में लाया गया।

इस प्रकार शिवानी ने "किशुनली" में अविवाहिता पगली की गर्भावस्था के प्रसंग से समाज पर प्रश्न चिहन लगाया हैं । इस उपन्यास में उन्होंने इस बात पर भी प्रकाश डाला है कि यह यौन सम्बन्ध के उस परिणाम की ओर संकेत करता हैं, जिसमें अविवाहितावस्था में स्त्री को ही इस अपराध का दण्ड मिलता है जबकि स्त्री–पुरुष दोनों ही जिम्मेदार समझे जाने चाहिए।

कृष्णवेणी :

सरस्वती विहार प्रकाशन द्वारा सन् 1981 में लघु उपन्यास कृष्णवेणी का प्रकाशन हुआ। "कृष्णवेणी" अतीन्द्रिय बोध की एक सशक्त कहानी हैं। विधाता का रहस्यमय अस्तित्व विज्ञान से बहुत बड़ा हैं। इस बात की अभिज्ञता आज की युवा पीढ़ी को मिले–यही कहानी का उद्देश्य हैं।

"कृष्णवेणी" लेखिका की सहपाठिनी थी। जो बचपन से ही दिव्य दृष्टि

का वरदान धारण करती थी। कई बार ऐसा हुआ कि वह भविष्य की बात सही–सही बता देती थी। उसके पिता आई० सी० एस० ऑफीसर थे। घोड़े की रेस का उन्हें शौक था। जिसने उन्हें मालामाल बना दिया था। उनका घर भी राजमहल की भाँति था। सभी प्रकार की सुख सुविधाएँ उन्हें प्राप्त थी।कृष्णवेणी उनकी एक मात्र संतान थी। जो कृष्णवेणी होकर भी बहुत लावण्यमयी युवती थी। उसकी कुशाग्र बुद्धि से उसके गुरुजन व अन्य सभी बहुत प्रभावित हो जाते थे। वह भास्करन से प्रेम करती थी परन्तु उससे शादी न कर सकी। व्यथित हृदय कृष्णवेणी ने कार का एक्सीडेंट करके मानों आत्महत्या कर ली थी। उसके दुःख से दुःखी पिता की भी मृत्यु हो जाती हैं। माँ पागल सी होकर उस भव्य भवन में नौकरों के भरोसे दिन काट रही थी। लेखिका ने जब कृष्णवेणी को दक्षिण भारत के कपालेश्वर के मंदिर में देखा तो वह पूर्व स्मृतियों में खो गयी और उससे मिलने को व्यग्र हो गयी। तभी कुछ दिनों बाद जब लेखिका मद्रास के समुद्रतट पर बैठी हुई एकांत में शांति का अनुभव कर रही थी, उसी क्षण उस कृष्णवेणी से मिलने का सौभाग्य प्राप्त हुआ जिसने उसे अनेक बातें सुनाई और गायब हो गयी। फिर जब लेखिका बड़ा प्रयत्न करके किसी तरह कृष्णवेणी के घर पहुँची तो उसका सामना उसकी विक्षिप्त माँ से हुआ तो उन्हें अपने अतीत के बारे में बताकर तथा रखी हुई चीजें दिखाकर अपना दुःख भुलाया करती थी। अस्तबल के काल्पनिक घोड़ों के लिए अभी भी चना मंगाकर अपने सामने खिलवाती थी। यह सब देख लेखिका ने अपनी माँ की स्थिति का भी अंदाजा लगाया जो पहले भरे पूरे घर में रहकर जब एकाकी रह गयी थी तो उसे कितना सूनापन लगता होगा। कृष्णवेणी के मामा द्वारा उसे पता चला कि कृष्णवेणी की एक्सीडेंट से मृत्यु हो चुकी हैं। समुद्र तट में कृष्णवेणी अपने चाहने वाले भास्करन के बारे में जो कुछ कह गई वह सचमुच भयावह था। वह कोढ़ का रोगी हो चुका था। साथ में वह कह गयी थी कि अब कभी यदि वह मिली तो भास्करन को साथ लेकर आएगी। लेखिका स्वयं पर आश्चर्य व्यक्त करते हुए सोचती हैं कि क्यों ऐसे मृत पात्रों के दर्शन उसे अक्सर होते हैं इस प्रकार उपन्यास समाप्त हो जाता है।

सम्पूर्ण उपन्यास में शिवानी ने पराचेतना शक्ति, प्रोकाग्नीशन (पूर्वाभास) वरदान, अभिशाप, अतृप्त आत्माओं के मिलन को दिखाकर सिद्धि, शक्ति, योग साधना का वर्णन किया हैं। अतः ''कृष्णवेणी'' में अतीन्द्रिय बोध की शिवानी ने काफी विस्तार से चर्चा की हैं।

चल खुसरो घर आपने :

सरस्वती विहार प्रकाशन द्वारा सन् 1982 में शिवानी का एक अन्य उपन्यास प्रकाशित हुआ–चल खुसरों घर आपने। यह शिवानी का एक हृदय द्रावक लघु उपन्यास हैं। इस कथा का मूल कथ्य कुमुद की दर्द भरी कथा को ही वर्णित करना हैं। कुमुद के पिता नहीं रहे उसकी एक छोटी बहन तथा एक भाई हैं। उसकी माँ कुमुद की नौकरी के सहारे घर गृहस्थी का बोझ ढो रही थी। परन्तु छोटी बहन की नादानी तथा भाई के बिगड़ जाने के कारण घर में सदा कलह पूर्ण वातावरण बना रहता। माँ विवश थी लोगों के ताने भी सुनकर चुप रहती। कुमुद पैसा कमाकर लाती थी। आदर्श आचरण रखकर भी घर के वातावरण में अब उसका दम घुटने लगा था। वह माँ के सारे काम करती थी, फिर भी आए दिन बढ़ते हुए खर्चों को पूरा न कर पाने तथा शांति पाने की कामना से वह किसी अमीर व्यक्ति की पत्नी की सहचरी की नौकरी स्वीकार करके अनजान शहर की ओर चल दी।

वहाँ जाकर पता चला कि राजकुॅवर जी की पत्नी मालती उन्मादिनी थी। उसे संभाल पाने का ख्याल उस सुकोमल कुमुद को कठिन लगा परन्तु अब लखनऊ छोड़कर वह आ चुकी थी। उसने साहस बटोर कर इस काम को बड़े धैर्य पूर्वक किया। माँ को पैसे भेजकर मदद करती रही पर अंत में राजकुँवर सिंह जी भी बीमार हो गये। उसी अवस्था में वह अपनी पूर्व कथा कुमुद को सुना गये। कुमुद को उनके प्रति दया एवं श्रद्धा पूर्ण भाव जागृत हो गये पर अनेक आशंकाओं के कारण वह उन्हें भी बीमारी की अवस्था में छोड़कर अपने घर वापस आ गई। उसे उस घर पर रहते हुए राजकुंवर सिंह के दुष्ट भाइयों व उनकी पत्नियों की दुष्टता का आभास हो चुका था तथा मरियम नामक नर्स का क्या अंत हुआ यह सभी सुन चुकी थी। उसका सरल हृदय उसे अपने सरल गन्तव्य पर पुनः वापस ले आता हैं।

विवर्त्त :

राजपाल प्रकाशन द्वारा सन् 1984 में "विवर्त्त" का प्रथम संस्करण प्रकाशित हुआ। यह एक लघु उपन्यास हैं। उपन्यास की नायिका अत्यन्त रुपवान हैं–नाम हैं ललिता। जो सीधे–सादे कुमाऊँनी परिवार से सम्बन्ध रखती है। उसकी सात बहनें थीं। ललिता सबसे छोटी थी, छः बहनों की शादी साधारण परिवारों में हो चुकी थीं पर ललिता ने डबल एम0ए0 किया, वह छोटे से स्कूल में हेडमास्टर जी बन गयी थी। उसने अनेकों वरों को नापसन्द कर दिया था अन्त में विदेश में बसे अपने ही समाज के युवक के

साथ उसकी शादी हो गयी। उसने ललिता के सौन्दर्य से आकर्षित होकर बिना कुछ लिए उससे शादी की अब ललिता के सौन्दर्य में और भी निखार आ गया। एक बार ललिता लेखिका को किसी शादी में मिली। ललिता की माँ हीरा की मृत्यु हो चुकी थी। ललिता जब पिता द्वारा भेजे जाने पर विदेश में निवास करने वाले पति के पास जाती हैं तो पहले वह अपने इसी जगह रहने वाले मामा के घर जाती है। मामा ही उसे उसके पति के घर पहुँचाते हैं। पति के घर पर वह देखती हैं कि उसके पति की फिलिस नामक विदेशिनी पत्नी हैं और उसका पति ललिता को अपनी चचेरी बहन कहकर उसका परिचय देता हैं। इस प्रकार उसका अपमान करता हैं। ललिता उसे छोड़कर भारत वापस आ जाती हैं। उससे पूर्व वह एक हब्शी परिवार से मिलती हैं जिसने उसे बहुत मदद की थी। ललिता भाई स्वरुप उस आर्थर नामक हब्शी को अपने पति की नौशा बनी फोटों व मंगल सूत्र नदी में विसर्जित करने के लिए दे आती हैं। भारत आकर उसके पिता व सम्बन्धी ललिता की दर्द भरी व्यथा को स्वयं ही समझ जाते हैं। पिता दुःख को न सह सके, वह चल बसे। यह सारी कहानी ललिता लेखिका को सुनाती है। लेखिका ललिता के आग्रह से एक दिन उसके घर रहकर वापस आ रहीं थी। बस स्टाप तक छोड़ने के लिए आई हुई ललिता अब वापस जा रहीं थी तो लेखिका को लगा मानों वह धूल भरे विवर्त्त में धंसती जा रही हैं। लेखिका का नारी हृदय उसकी सहानुभूति से बोझिल हो चुका था परिणामतः यह लघु उपन्यास हम तक आ सका।

इस उपन्यास में लेखिका ने नारी संवदेनाओं तथा नारी मन की व्यथा को उभारने का प्रयत्न किया हैं। नारी तथा पुरुष के शारीरिक एवं मनः सौन्दर्य को भी उत्कीर्ण किया हैं।

पूतोंवाली :

''पूतोंवाली'' उपन्यास का प्रथम संस्करण हिन्द पॉकेट बुक्स द्वारा सन् 1986 में प्रकाशित हुआ। एक नारी के विविध रुपों में सर्वोपरि मातृत्व पक्ष का उद्घाटन इस उपन्यास की मूल कथा हैं। एक माँ जिसके पाँच पुत्र थे परन्तु वृद्धावस्था में सभी उसे विस्मृत कर देते हैं इसी व्यथा से पीड़ित माँ के हृदय की मर्मान्तक पीड़ा को ''पूतोंवाली'' उपन्यास में प्रस्तुत किया गया हैं। सभी पुत्र अपनी सम्पन्नता एवं सुख में लिप्त होकर जीवन का आनन्द उठाते रहे। उन्हें यह भी ध्यान न रहा कि इसी माँ ने उन्हें कितने ही कष्टों को झेलकर पाला–पोसा था। आज पार्वती,पुत्र,–पुत्र वधुओं तथा उनके

बच्चों से भरी पूरी होकर भी अकेली थी। उसके सभी पुत्र अपने बीबी बच्चों के साथ दूर–दूर रह रहे थे। बड़ा बेटा विदेश चला गया। अन्य भाई भी अच्छे पदों पर कार्यरत थे। अपने परिवार के साथ सभी अलग रहते थे। माँ--बाप के पास गाँव में कोई भी नहीं आता था। इस प्रकार पार्वती व उसके पति शिवसागर स्वयं ही अपने दुःख –दर्द झेलते। पार्वती ने अपने अन्तिम समय तक अपने पति के प्रति कर्तव्य निभाया। उसने कभी स्वयं के कष्टों की बात भी न की। उसके दुःखों से मुक्ति उसके मृत्यु ही दे पायी। उसकी मृत्यु का समाचार पाकर घर–घर से बहू–बेटियां उसके पैरों की धूल लेने चली आयीं। सभी बड़ी–बूढ़ियां कहती हैं–पूतोंवाली काकी सुहागन चिता चढ़ रही है, सब पैर छू लो। परन्तु उस पूतोंवाली के अपने पुत्र उसके जीते जी नहीं आए। मृत्यु के समय भी उसका कोई पुत्र साथ में नहीं था। यही उस पूतोंवाली सुहागिन की दर्द भरी कथा हैं। लेखिका के कलम की छुअन से यह कथा सजीव होकर पाठकों को अश्रुसिक्त कर देती हैं। कथा में मातृत्व, पुत्र मोह का चित्रण अत्यन्त कारुणिक हैं।

उपप्रेती :

हिन्द पॉकेट बुक्स द्वारा सन् 1988 में "उपप्रेती" का प्रथम संस्करण प्रकाशित हुआ। इस उपन्यास में कुमाऊँनी युवती रमा की दर्द भरी कहानी हैं जिसका सुहाग जीवित था पर वह उसे दुर्घटना में दिवंगत समझ कर स्वयं को विधवा मानकर पूरा जीवन संसार त्यागी माँ के रुप में बिता देती है। सदा दुःखों को गले लगाकर चुपचाप भाग्य का अन्याय सहती हैं। दूसरी ओर उसका पति उमेश उप्रेती बारात की दुर्घटना में बच जाता है और अपने भाई की नई बहू जो दुर्घटना में जीवित बच गयी थी, के साथ दूर जाकर बस जाता है। वह सोचता है साइबेरिया जैसे सुदूर प्रान्त में उसे कौन देख पाएगा परन्तु समय के अन्तराल में कभी लेखिका अपनी किसी साहित्यिक गोष्ठी के सिलसिले में वहाँ गयी हुई थी और किसी होटल में ठहरी थी। जहाँ उसका सामना उमेश उप्रेती व उसकी पत्नी (भाई की पत्नी जो अब उसकी पत्नी थी) से हो गया। उमेश जानता था कि लेखिका उसकी पत्नी रमा की बचपन की सहेली है और भारत जाकर अवश्य ही इस भेद को खोलेंगी। इसी आशंका से वह पुनः लेखिका के पास जाकर प्रार्थना करता है कि वह इस भेद को भारत जाकर न खोले। वह भी उसे कह देती हैं कि ठीक हैं ऐसा ही होगा। किन्तु इन सबके बीच उसे उप्रेती के प्रति सहानुभूति न थी क्योंकि नन्दी (भाई की पत्नी) को यह भ्रम हो सकता था कि वह उसी का पति हैं

परन्तु रमा को धोखा दे रहा हैं। फिर भी वह अपने सुख को ध्यान में रखकर उसे लेकर दूर चला गया जब कि उसकी अपनी पत्नी दुःख झेलकर मृत्यु को प्राप्त हो गई। लेखिका को उमेश के चरित्र के साथ उसके उप्रेती होने की सार्थकता नजर आई। कहते हैं कि उप्रेती नाम पड़ने का कारण वह शिशु था, जो माँ की मृत्यु के बाद पैदा हुआ और प्रसव पीड़ा न सह सकने से उसके जन्म से पूर्व ही माँ की मृत्यु हो गई।

अतिथि :

हिन्द पॉकेट बुक्स द्वारा सन् 1995 में "अतिथि" का प्रथम संस्करण प्रकाशित हुआ। "अतिथि" में दो व्यक्तियों के परिवारों की संस्कृति का विपरीत दिशा में विश्लेषण हुआ हैं। एक परिवार के मुखिया श्यामाचरण जी की पुत्री जया ही इस उपन्यास की नायिका है। जो सभी गुणों से युक्त एक आदर्श युवती हैं। मुख्य मन्त्री माधव बाबू श्यामाचरण जी के बचपन के सहपाठी थे। एक दिन यूनिवर्सिटी के प्रोग्राम में जया गीत गाती हैं। उसी समय उसके कमनीय चेहरे को देख कर माधव बाबू मुग्ध हो गये। उन्होंने जया को अपनी बहू बनाने का निश्चय किया और जया की शादी अपने पुत्र कार्तिक से कर दी। कार्तिक एक अमीर बाप का बेटा होने के कारण जीवन की वास्तविकता से दूर था। हर वस्तु उसे सुलभ थी फिर वह क्यों किसी जंजाल में पड़कर परिश्रम करता। परिणामतः जो असली चीज हैं स्वयं का कैरियर ही वह बना सका किन्तु जया एक स्वाभिमानी स्वयंसिद्धा युवती हैं। उसे ससुराल वालों के धन के मद में चूर होकर कसे गये तरह–तरह के ताने व दुर्व्यवहार मर्मान्तक पीड़ा दे डालते। उन्हीं से त्रस्त होकर जया दृढ़ संकल्प होकर स्वयं अपने पैरों पर खड़ी रहकर सम्मानित जीवन जीना चाहती है। उसे उस राजनीतिक चक्र में डूबे घमंडी परिवार में नफरत हो जाती है। वह कार्तिक को कभी एक स्वतन्त्र, कुंठामुक्त , स्वाभिमानी, कर्मठ नवयुवक के रुप में देखना चाहती थी, परन्तु सौन्दर्य व धन से युक्त होकर भी कर्मठता के अभाव में व उसे छोड़कर ससुराल वालों को चुनौती देकर चली आती है।

जया आई0 ए0 एस0 की परीक्षा में बैठकर सफलता प्राप्त करके दिखाती हैं। दूसरी ओर माधव बाबू का बेटा, बेटी दोनों ही अत्यन्त लाड़–प्यार से पलकर भी जीवन में असफल रहे। बेटी शादी के बाद खुश न रहकर ड्रग एडिक्ट हो जाती हैं। बेटा भी नालायक निकल जाता हैं अतः अच्छी वस्तु की भी रक्षा न कर पाया। कार्तिक में कुछ आकर्षण अवश्य था, जिसकी वजह से जया प्रयास करके भी उस चेहरे को भूल न पाई। एक दिन जब जया के

बंगले में कार्तिक अतिथि बनकर आया तो जया का धैर्य भी छटपटाहट में बदल गया। वह उस एकांत कोठी में अपने अतिथि को पाकर मन ही मन मुग्ध हो गयी। उसका कार्तिक के प्रति रोष पल भर के लिए न जाने कहाँ चला गया और वह अतिथि उसके हृदय में धृष्टता से अंदर ही अंदर धंसता चला गया।

"अतिथि" में नारी शक्ति जया और मालती के माध्यम से दिखायी गयी हैं। जीवन के विकट क्षणों में भी ये अपनी शक्ति का प्रयोग कर स्वावलम्बी बनती हैं। इसके अतिरिक्त नशा, विदेशों में भारतीय, उनके बच्चे व संस्कार, नारी–शक्ति, मन्दिरों में भ्रष्टाचार आदि विषयों पर शिवानी प्रश्न चिन्ह लगाती हैं। इस प्रकार "अतिथि"युवावर्ग के पाठकों के लिए अत्यन्त रोचक उपन्यास हैं।

कस्तूरीमृगः

हिन्द पॉकेट बुक्स द्वारा सन् 1988 में शिवानी के उपन्यास "कस्तूरी मृग" का प्रथम संस्करण प्रकाशित हुआ। यह एक लघु उपन्यास हैं। यह उपन्यास प्रतीकात्मक हैं, तथा रवीन्द्र–दर्शन के आधार पर इसमें यह सिद्ध करने का प्रयास हुआ हैं कि –"पागल हइया बने–बने फिरी–अपना गंधे मम, कस्तूरी मृग सम। "जिस प्रकार कस्तूरी मृग अपनी ही नाभि में कस्तूरी रहने पर भी उसकी सुगंध से व्याकुल हो, वाह्य संसार में ढूँढ़ता हुआ अपना जीवन समाप्त कर देता हैं, उसी प्रकार मनुष्य सत्–चित् आनंद से युक्त होकर भी, उसकी प्राप्ति बहिर्मुखी होकर संसार में करना चाहता हैं, जो असंभव हैं। भ्रमपूर्वक सांसारिक सुख में असली आनंद समझता हैं और इसे पाने में जीवन लगा देता हैं।

मदहोश कर देने वाली गंध की तलाश में वन–वन भटकने वाले कस्तूरी मृग जैसी जिन्दगी थी इस उपन्यास के नायक नन्हें की, जिसके पिता के कर्मो को श्राप भोगना पड़ा उस सुशील, सुन्दर तथा ऊँचे पद पर नौकरी करने वाले युवक को। उसके पिता अपनी सीधी सादी पत्नी को छोड़कर एक तरुणी रुपसी गायिका की मोहक गंध में डूब कर रह गये। जब बीमारी ने उन्हें घेर लिया तो उनकी दुर्गति हो गयी कि नौकर चाकर भी नौकरी छोड़कर जाने लगे। पुत्र ने उन्हें मिशनरियों के अस्पताल में भर्ती करवाने भेजा तो एंबुलेंस ही में उन्होंने प्राण त्याग दिये। मरते हुए वह अपने पुत्र को श्राप देकर गये कि वह भी गृहस्थ सुख न भोगें। पुत्र जब अपनी मृत माँ के दुःखित चेहरे की याद करता तो बदले की आग से झुलसने लगता था। वह अपने मित्र से

अपनी मनोदशा का बखान करता हैं। जो उसे परामर्श देता हैं कि उसका बदला लेना बड़ा आसान हैं। वह जिसे चाहे मरवा सकता हैं, किन्तु उसे उसका नाम पता बताना होगा। अपने पिता की मृत्यु के बाद वह युवक कनक नाम की बालिका से विवाह करना चाहता हैं। कनक को वह पहले से ही प्यार करता था। वह विवाह का प्रस्ताव लेकर कनक के पिता के पास जाता हैं। कनक के माता–पिता उसे यह कहकर अपमानित करते हैं कि उसके पिता वेश्यागामी थे और बुरे रोग के शिकार थे। तब युवक समझ पाता है कि उसका अतीत कैसे उसके सुनहले सपनों को ध्वस्त करता चला आता है। उसके पद, धन व सौन्दर्य का घमंड चूर होकर बदले की आग को भड़काता हैं। वह सोचता हैं कि जिस वेश्या ने उसके जीवन को इतना शापित बनाया उससे अवश्य बदला लेगा। परन्तु जब वह उसकी खोज में जाता हैं तो वह स्वयं शापित थी, जीवित होते हुए भी निर्जीव के समान दयनीय थी। इस प्रकार वह युवक पुनः कस्तूरी मृग की भाँति सुगंध ढूँढता हुआ थका हारा जीवन व्यतीत करता है। इस उपन्यास में शिवानी ने साध्य–साधक एवं साधन, कर्मफल, प्रतीकात्मकता के आधार पर संसार में मानव की क्या स्थिति होती हैं, इस पर प्रकाश डाला हैं। मनुष्य में काम, क्रोध, मद, मोह व लोभ के विचार जब तक होते हैं, वे उसे सुखी नहीं रहने देते। इसीलिए शिवानी ने इस उंपन्यास के माध्यम से कहा हैं कि मनुष्य को अपने विचार शुद्ध रखने चाहिए।

कालिन्दी :

"कालिन्दी "का प्रथम संस्करण हिन्द पॉकेट बुक्स द्वारा सन् 1991 में प्रकाशित हुआ। शिवानी के शब्दों में –"कालिंदी को लिखना आरम्भ किया, तो पहाड़ी झरने–सी बहती चली गयी। शायद इसका यह स्वच्छन्द प्रवाह इसलिए भी सहज बन गया कि मैंने इसमें अपने कैशोर्य के अनुभवों का भरपूर प्रयोग किया। कहीं–कहीं तो नाम भी नहीं बदले। ...एक बुजर्ग ने मुझे रोककर कहा, 'कालिंदी पढ़ रहा हूँ।... आहा, कैसा चित्र खींचा हैं उन दिनों का। लगता हैं एक बार फिर उसी अल्मोड़े में पहुँच गया हूँ। मुझे लगा, मुझे कुमाऊँ का सर्वोच्च साहित्य पुरस्कार मिल गया।"

यह कथा ब्राह्मण परिवार से सम्बद्ध हैं। अल्मोड़े के ब्राह्मण कुलोत्पन्न रुद्रदत्त भट्ट स्वयं भी विद्वान् व्यक्ति थे। उनकी पुत्री अन्नपूर्णा जो ससुराल पक्ष द्वारा प्रताड़ित होती हैं, उसे उसके कष्टों को देखकर वह अपने घर में रख लेते हैं। उसे वह ज्योतिष आदि की शिक्षा देते हैं। अन्नपूर्णा पढ़ने में

अत्यन्त तीव्र बुद्धि बालिका थी। जब वह अपने ससुराल से पिता के घर आती हैं तो वह गर्भवती थी। कुछ समय के उपरान्त उसे पुत्री रत्न की प्राप्ति हुई। यही बालिका इस उपन्यास की नायिका कालिंदी हैं। नाना की मृत्यु के पश्चात् कालिंदी एवं उसकी माँ अन्ना, मंझले मामा देवेन्द्र के घर पर ही रहने लगे। मामा के कोई संतान नहीं थी। वह कालिंदी को कानूनी कार्यवाही पूरी करके, गोद ले लेते हैं। कालिंदी मेडिकल कॉलेज में डॉक्टरी पढ़ने लगी। उसके लिए एक सम्पन्न घर के सुदर्शन लड़के का रिश्ता ढूँढकर उसकी शादी तय हो गयी, पर दहेज के कारण टूट गई। कालिंदी का हृदय वितृष्णा से भर गया। उसे इस प्रकार के पुरुषों के प्रति विद्रोह की भावना जागृत हुई। उसके लिए प्रेम का स्थान अत्यन्त उच्च था। कालिंदी इस घटना से दुखित हो गयी थी। अन्नपूर्णा भी इस घटना के बाद टूट चुकी थी। देवेन्द्र मामा अपनी नौकरी से अवकाश प्राप्त करके पुनः अल्मोड़े जाकर बसना चाहते थे। कालिंदी अपनी नौकरी के कारण दिल्ली में ही अपने मामा के किसी पुराने मित्र के घर रहने लगी। मामा–मामी और कालिंदी की माँ अल्मोड़ा चले गये। कालिंदी अल्मोड़े आती–जाती रहती थी।

करिए छिमा :

शब्दकार प्रकाशन द्वारा सन् 1971 में इस लघु उपन्यास का प्रकाशन हुआ। शिवानी "मेरी प्रिय कहानियों" की भूमिका में स्वीकारती हैं–"मेरी अब तक प्रकाशित कहानियां में "करिए छिमा" मेरी सबसे प्रिय कहानी हैं।" वस्तुतः इसका निराला कथानक, ऑचलिकता व यथार्थ आदर्श ही पाठक वर्ग को आकृष्ट करते हैं। कथा नायिका हीरावती पतिता हैं हीरावती का चरित्र एवं उसके जीवन की घटना कुमाऊँ की सत्य घटना का रुपान्तर हैं। वह अपने प्रेमी को प्रतिष्ठित रखने में अपने शिशु का गला घोंट, समाज में स्वयं दंडित होने की ठानती है। श्रीधर राजनीति का मंजा हुआ खिलाड़ी होता हैं तथा हीरावती से प्रेम करता है। किन्तु समाज के सम्मुख उसे स्वीकार नहीं करता। अन्त में हीरावती अपने मातृत्व का बलिदान देकर प्रेमी श्रीधर पर ऑच नहीं आने देती हैं।

इस उपन्यास में शिवानी ने नारी की विचित्रता को लक्षित किया हैं। "करिए छिमा" में हीरावती अपढ़ होते हुए भी सत्यवादी, स्पष्टवादिनी, निडर और साहसी है। शिशु हत्या का जघन्य कृत समाज की दृष्टि में अपराध हो सकता हैं, परन्तु नारी की प्रेमी के प्रति भावना आदर्शवादी होने के कारण, यही कृत स्थिति के अनुसार नैतिक और उचित जान पड़ता हैं।

स्वयं सिद्धा :

हिन्द पाकेट बुक्स द्वारा सन् 1994 में "स्वयं सिद्धा" उपन्यास का प्रकाशन हुआ। नारी की प्रकृति को विभिन्न कोणों से चित्रित करने वाला उसकी अटूट वेदना को प्रकट करने वाला लघु उपन्यास तथा अन्य सशक्त और जीवंत कहानियों का संकलन "स्वयं सिद्धा" हैं। यह एक ऐसी युवती की कहानी हैं जो प्रायश्चित की आग में झुलसती रही।

कथा–नायिका माधवी को अपने विवाह के दिन ही फिर मामा जी अपना मकान मरम्मत करवाकर सभी सुविधाएं जुटाकर पुनः अल्मोड़े के शान्त वातावरण में रहने चले गये। अल्मोड़े की हर वस्तु को देखकर उन्हें अपने बचपन–किशोरावस्था की यादें आतीं। इन्हीं यादों के सहारे कुमाऊँ विशेषकर अल्मोड़े की संस्कृति, रीति –रिवाज, रहन–सहन का इस उपन्यास में सजीव चित्रण किया गया है। कुमाऊँ के अंध विश्वासों, पूजा, मेले, रामलीला, शादी ब्याह आदि का वर्णन पढ़कर विशेष रुप से उस स्थान पर रह चुका कुमाऊँनी अत्यन्त प्रभावित होता हैं।

शैक्षिक दृष्टि से अनोखा उदाहरण हैं यह उपन्यास। वस्तुतः यह उपन्यास कुमाऊँ की संस्कृति से ओतप्रोत होते हुए भी भारत के साहित्य रसिक प्रत्येक पाठक को प्रभावित करता हैं। कालिंदी नामक नारी के जीवन की विडम्बना पाठकों के मर्म को छूने में समर्थ ही नहीं हैं वरन् पाठक को उद्वेलित कर डालती हैं।

माणिक :

"माणिक" का प्रकाशन हिन्द पॉकेट बुक्स द्वारा सन् 1995 में हुआ। यह एक लघु उपन्यास हैं। इसमें एक नारी की यौन कुंठा की अद्‌भुत कथा हैं। "माणिक" में धन–लोलुपता का चरमोत्कर्ष, बताया गया हैं। इसके पात्र ललिनी, रंभा, उनके पिता, रमेन्द्र व दीना बाटलीवाला, सभी "माणिक" के इर्द–गिर्द ही चक्कर लगाते हैं। यह कथा विस्तृत न होते हुए भी मानव–मन के स्वार्थ का विस्तार हैं। नलिनी के पिता धन संचय में पड़कर घर के प्रति कर्तव्य की आलोचना करते हैं और नलिनी तथा रंभा उनकी दो पुत्रियां हैं जिन्हें अविवाहित छोड़कर अकाल मृत्यु पा जाते हैं। पिता की सम्पत्ति की स्वामिनी नलिनी के पास स्वार्थियों का जमघट रहता हैं। दीना बाटलीवाला नलिनी की सहेली बन उसके इतने समीप आ जाती हैं कि वह उसके प्रेम में फंस जाए। नलिनी का प्रेम उसके प्रति यौनाकर्षण के चरम बिन्दु तक पहुँच

जाता हैं। किन्तु वास्तव में दीना उसका विश्वास नहीं जीतती, रंभा बहन और नौकरानी के संबध भी उसके साथ काट देती हैं। फिर एकान्त में उसकी हत्या कर सबके आकर्षण व मोह की कारणभूत अंगूठी का माणिक चुराकर भाग जाती हैं। इस प्रकार "माणिक" के इर्द-गिर्द घूमती नलिनी रंभा और दीना की कहानी सजीव बन पड़ी हैं। यहाँ शिवानी ने स्त्री की कमजोरी के दो रुपों को उभारा हैं-यौनाकर्षण तथा आभूषणप्रियता। "राधिका" नामक स्त्री का पत्र मिलना, जिसमें राधिका और उसके पति के सम्बन्धों का वर्णन था। विवाह की प्रथम रात्रि में ही वह उसे सत्य समझकर प्रतिगृह को त्याग आई और पितृगृह से भी निराश्रित होकर उसने अपनी मित्र के घर में एम0ए0 की शिक्षा पूरी की और एक बड़ी अफसर बनी। उस मित्र रेचल की मृत्यु के बाद जब वह अपने शहर वापस लौट रही थीं तभी उसकी भेंट अपने पति व उसकी दूसरी पत्नी से होती हैं। वह समझ जाती हैं कि वह पत्र जिसने उसका सारा जीवन;सुख छीन लिया था, मात्र परिहास ही था। उसका जीवन और भी संघर्षमय हो जाता हैं। एक दिन उसे पिता के पत्र द्वारा अपने पति की बीमारी का समाचार मिलता हैं, वह सात फेरों के बंधन में बंधी उसे देखने चल देती है, परन्तु उसके पहुँचने से पहले ही पति की मृत्यु हो जाती हैं तथा वह अपने वैधव्य के दुःख को ह्रदय में ही समेटे अश्रुओं को कंठ में ही रोके वापस आ जाती हैं एवं उसी रात अपने पतिव्रत धर्म का पालन करते हुए अपने पिता को पत्र लिखती हैं, तथा प्रायश्चित स्वरुप आत्महत्या कर लेती हैं।

गैंडा :

"गैंडा" उपन्यास का प्रकाशन हिन्द पॉकेट बुक्स द्वारा सन् 1994 में हुआ। यह उपन्यास नारी यौन-कुंठा, उसके छलनामय रुप का मनोवैज्ञानिक सत्य प्रस्तुत करता हैं। आज की नारी, अब पहले का-सा आदर्श प्रस्तुत नहीं करती कि वह, चाहे जैसे भी कामी, क्रोधी, रोगी, बदसूरत पति से विवाह हो जाने के बाद, उसी के चरणों में अपना जीवन समर्पित कर दे। वह तो पुरुष के समान अपनी यौन अतृप्ति को तृप्त करने का मार्ग ढूंढ लेती हैं- "गैंडा" का कथ्य यहीं हैं, जिसकी मनोविश्लेषणात्मक व्याख्या हुई हैं। उपन्यास की नायिका राज अत्याधुनिक ऐसी स्त्री हैं, जो यौन-कुंठा के कारण पर पुरुष गमन करती हैं। अपने पति के साथ वह, उसकी असुन्दरता के कारण नहीं रहती। पति के स्थानान्तरण पर वह प्रसन्न हो जाती हैं। राज का पति वेद सदैव अपनी पत्नी की खुशी ही चाहता हैं। वेद निश्छल और दान-प्रवृत्ति का पुरुष हैं। परन्तु गैंडे की खाल के समान-निष्प्रभावी होकर स्वयं को

संसार की मोह माया से दूर रखता हैं। राज रोहित के प्रति आकृष्ट होती हैं।परन्तु चरित्र भ्रष्ट रोहित अन्त तक अनैतिक आचरण करता हैं, वह राज की मृत्यु को सहज स्वीकार नहीं कर पाता हैं।

"गैंडा" उपन्यास का यह शीर्षक प्रतीकात्मक रुप से राज के बदसूरत मोटे व कदर्य पति के लिए, उसी के द्वारा प्रयुक्त हुआ हैं। मिस्टर वेद की बदसूरती ही राज को शारीरिक और मानसिक रुप से दूर करती हैं। पिता की शक्ल पर गई दोनों पुत्रियों से भी वह नफरत करती हैं। पुत्र की इच्छा होने पर भी वह इस पति से "नन्हा गैंडा" नहीं पाना चाहती।

तर्पण :

"तर्पण" के माध्यम से शिवानी ने स्त्री वर्ग के सामाजिक–अस्तित्व पर प्रश्न चिन्ह लगाया हैं। "तर्पण" की पुष्पा पांडे अपने प्रति किये बलात्कार का बदला स्वयं लेती हैं। पुष्पा अपनी तेरह वर्ष की किशोरावस्था में ही भोलादत्त की वासना का शिकार बनती हैं। इस घटना के सदमे को पुष्पा की माँ सहन नहीं कर पाती हैं और मर जाती हैं तथा पिता भी दूसरे ही दिन आत्महत्या कर संसार के अपयश से मुक्त होते हैं। कालान्तर में पुष्पा अपने मृत पिता तथा माँ का "तर्पण" करने भोलादत्त की हत्या कर, उसके रक्त की अंजली देती हैं। भोलादत्त की नीच–वासना, मंत्री बनने पर भी समाप्त नहीं होती, पुष्पा के प्रति दुबारा अनैतिक आचरण मृत्यु का कारण बनता हैं।

शिवानी ने "तर्पण" के द्वारा नारी–जागृति का संकेत दिया हैं। वे पुष्पा पंत के द्वारा अपने अधिकारों की प्रप्ति का मार्ग प्रशस्त करती हैं। पुष्पा पंत दुर्गा शक्ति का परिचय देती हैं, अपराधी भोलादत्त की हत्या करके।

कहानी–संग्रह

कथा लेखिका शिवानी जी की कहानियां समय–समय पर विभिन्न संकलनों के द्वारा प्रकाशित होती 'रही हैं। शिवानी कथ्य के अनुसार कहानी का आकार गढ़ने में सिद्धहस्त हैं। अतः इनकी कहानियां लम्बी भी होती हैं तो छोटी भी, जिनमें अनावश्यक खैंचातानी हैं न संक्षिप्तता। इनकी प्रमुख कहानियां हैं–लाल हवेली, रथ्या, पुष्पहार, मेरी प्रिय कहानियां, उपहार, टोला, क्यों आदि। शिवानी की कहानियों में जहाँ भावात्मक विचारों की सृष्टि हुई हैं, वहीं बौद्धिकता का भी परिचय मिलता हैं। उनकी कहानियों में सृष्टा की तरह वे अपनी सृष्टि में, अपनी रचना में सर्वत्र महसूसी जा सकती हैं, किन्तु दिखाई नहीं देती। आज का उपन्यासकार अपने को कथा के सृजन

तक सीमित रखने लगा और उसके कथन का भार पात्रों पर डालने लगा। शिवानी की कथाएं पूर्णरुपेण विद्यमान हैं, किन्तु उपन्यास का फलक व्यापक होने के कारण उसमें मानव–जीवन की विविध अवस्थाओं का चित्रण, जीवन–पक्षों का मूल्यांकन एवं मानवीय अनुभूतियों की पूर्णात्मक अभिव्यक्ति होती हैं। ये अतिरिक्त गुण कहानी के विविध आयाम प्रस्तुत करते हैं। उनकी कुछ कथा संग्रहों का विवरण इस प्रकार हैं। "पुष्पहार" का प्रथम संस्करण नेशनल पब्लिशिंग हाउस, दिल्ली द्वारा 1969में प्रकाशित किया गया जिसके अन्तर्गत शिवानी की अनेक मनोहारी कथाओं का संग्रह हैं। "करिए छिमा", का प्रथम संस्करण 1971 में शब्दकार प्रकाशन द्वारा निकाला गया। इस संग्रह में अनेक मर्म को छू लेने वाली कथाओं का संग्रह है। हिन्द पॉकेट बुक्स द्वारा सन् 1989 में इस कथा संग्रह का एक और प्रथम संस्करण निकाला गया, जिसके अन्तर्गत "करिए छिमा",जिलाधीश" "दो बहनें" "उपहार", "केया", "चीलगाड़ी" इत्यादि कहानियाँ हैं। विश्वविद्यालय प्रकाशन गोरखपुर ने 1973 में "लाल हवेली" नामक कथा संग्रह का प्रथम संस्करण प्रकाशित किया। 1973 में उनकी "मेरी प्रिय कहानियां" नामक कथा संग्रह का प्रथम संस्करण राजपाल प्रकाशन द्वारा प्रकाशित हुआ जिसके अन्तर्गत उनकी प्रिय कहानियां संग्रहीत हैं। इस संग्रह में दस कहानियां–"करिए छिमा","पुष्पहार","के", "चीलगाड़ी", "सती", "ज्येष्ठा", "शपथ", "अपराधी कौन", "तोप", "मधुयामिनी" का संग्रह हैं जो सभी एक से बढ़कर एक हैं। शब्दकार प्रकाशन द्वारा सन् 1973 ही में उनके एक अन्य कथा संग्रह "चार दिन की", का प्रथम संस्करण प्रकाशित हुआ। 1975 में राजपाल प्रकाशन ने शिवानी की कथाओं का "स्वयं सिद्धा" नामक लघु उपन्यास के साथ उनकी अनेक कथाओं को भी संकलित किया। "अपराजिता", "निर्वाण", "सौत", "तीन कन्या" चन्नी", "तोमार" जे दक्खिन मुख", नामक कहानियां इस संग्रह की अत्यन्त सजीव एवं मार्मिक कथाएं हैं। सरस्वती विहार प्रकाशन ने सन् 1977 में "रथ्या" का संस्करण भी निकाला जिसमें "रथ्या" नामक लघु उपन्यास के साथ ही "अपराधी कौन", "तोप", "मधुयामिनी", "प्रतिशोध", "मरण सागर पारे", आदि कथाओं का संग्रह है। इसी वर्ष (1977) में सरस्वती विहार प्रकाशन द्वारा ही "गैंडा" का प्रथम संस्करण छपा, जिसके अन्तर्गत "गैंडा" नामक लघु उपन्यास तथा "भीलनी", "चलोगी", "चन्द्रिका", "दण्ड", "मन का प्रहरी" आदि कहानियां भी छपीं। 1977 में सरस्वती विहार प्रकाशन द्वारा शिवानी की कहानियों का प्रथम संस्करण "माणिक", शीर्षक से प्रकाशित हुआ। इस कृति में "माणिक" नामक लघु उपन्यास के अतिरिक्त "तर्पण",

"जोकर", आदि कहानियां भी संकलित की गयी हैं। "टोला" नामक कथा संग्रह के अन्तर्गत उनकी कुछ कहानियों का संग्रह है। कल्पना प्रकाशन मेरठ द्वारा इसका प्रथम संस्करण 1982 में प्रकाशित किया गया। "अपराधिनी" नामक कथा संग्रह में जेल बंदिनियों की मार्मिक कथा— "जा रे एकाकी", "छिः मम्मी तुम गन्दी हो", "साधो, ई मुर्दन कै गाँव", "अलख माई", "चाँद", आदि शीर्षकों में छापी गयी हैं। साधो विहार प्रकाशन द्वारा इस कहानी संग्रह का प्रथम संस्करण 1971 में प्रकाशित हुआ। शिवानी की कुछ कथाओं का विवरण इस प्रकार है।

लाल हवेलीः

"लाल हवेली" कहानी नायिका की पिछली जिन्दगी की परतों को, यादों के सहारे खोलने लगती है। यह कथा पाकिस्तान के बँटवारे के समय हुए, हिन्दू—मुसलमान के रक्तपात से सनी युद्ध की विभीषिका में भी मानवता के स्वर सुनाती है। शिवानी की उदात्त दृष्टि ने सुधा और रहमान जैसे पात्रों को चुनकर एक आदर्श प्रस्तुत किया है। मानव—मन पर जो संस्कार अपनी अमिट छाप छोड़ देते हैं, क्या उन्हें भुलाया जा सकता है? —यह असम्भव—सा लगता है। "लाल हवेली" की कहानी इस बात का प्रमाण है। "लाल हवेली" में शिवानी ने मानव धर्म, संस्कार तथा मनोविश्लेषण पर दृष्टि केन्द्रित की है।

सुधा लाल हवेली के मालिक वकील साहब की बहू है। उनका पुत्र अपनी किशोर पत्नी सुधा के प्रेम में पगा हुआ था। सुधा भी अपने पति पर मुग्ध थी। उसे एक विवाह में मुल्तान आना पड़ा। हिन्दू—मुस्लिम दंगों में वह रहमान अली द्वारा बचा ली गई। उसने उसे ताहिरा नाम दिया और शादी कर ली। ताहिरा के पास धन दौलत, प्यार, दुलार, स्नेहपूर्ण सम्बन्धी सभी तो था। किन्तु उसका मन सदा हिन्दुस्तान के होली, दीवाली जैसे त्योहारों में बिताए सुखद दिनों की यादों में खोया रहता। उसने कोशिश करके उन यादों को भुला दिया और अपने वर्तमान पर खुश रहने लगी । उसकी एक पुत्री उत्पन्न हुई। पन्द्रह साल बाद उसे अपने पति के ममेरे भाई की शादी में हिन्दुस्तान आना पड़ा था। उसकी यादें फिर ताजी होने लगीं। वह तीन दिन रहने के लिए वहाँ आयी। एक बार उसने खिड़की से बाहर झांका तो देखती है वही "लाल हवेली" सामने खड़ी थी जिसकी वह दुल्हन थी। उसका मन उसे उसी ओर खींचने लगा। वह अपने पति को एक बार देखना चाहती थी। उसने हिम्मत कर डाली और चुपचाप ईश्वर का नाम लेकर वह अपने पूर्व पति के दर्शन को आती है जो उसी की तस्वीर सामने रखकर गम्भीर मुद्रा में बैठा

था। सुधा अब ताहिरा थी अतः विवश होकर लौट आती है। जिस ईश्वर ने उसे उसके पति के दर्शन करवाए थे। उन्हें वह हीरे की अँगूठी चढ़ा आई थी और ईश्वर से अपने पति के सुख की कामना करती हुई वह दूसरे दिन अपने देश वापस जाने लगी तो उसकी आँखे उस लाल हवेली की ओर थीं जहाँ उसका मन था। वास्तव में यह कहानी अत्यन्त हृदय–स्पर्शी हैं।

अपराधिनी :

शिवानी संवेदनशील कथाकार हैं–उनकी अधिकतर रचनाओं में नारी जीवन की व्यथा के बहुतेरे स्वर खुलते हैं। राजनीति, धर्म समाज, परिवार, व्यवस्था........वीरान और खामोश, त्रासदी में इनकी कथाओं का अन्त होता है। शिवानी ने "अपराधिनी" में इन नारियों की संवेदनाओं को, व्यथाओं को वाणी देने का सफल प्रयास किया है। उन्होंने कारागार के परिवेश जैसे विषयों को भी अपनी लेखनी से अछूता नहीं छोड़ा। लेखिका को जब स्त्रियों के कारागार में जाकर अपराधिनी युवतियों से बातें करने का अवसर मिला तो आपने दर्द भरी कहानियों सुनी। उसी से प्रेरित होकर शिवानी ने अबला के विकट रुपों के शब्द चित्र मार्मिक रुप में प्रस्तुत किये। इन्हीं का संग्रह "अपराधिनी" नामक कृति के अन्तर्गत किया गया है। शिवानी साहित्य में नारी–पात्र समाज को अवांछित बन्धनों को ही नहीं तोड़ते, अपितु वे ऐसा साहस भी करते हैं जिसको समाज भी करते हुए डरता था या हिचकचाता है। "अपराधिनी" इसका प्रत्यक्ष प्रमाण है। इन कथाओं में दिखाया गया है कि जब अबला नारी विद्रोह कर उठे तो उसके इरादे भी दृढ़ हो जाते हैं। ऐसी नारी हत्या जैसे अपराध भी कर डालती है। उस समय वह अबला नहीं रह जाती वरन् रणचण्डी का रुप धारण कर लेती है। अपराधिनी की कथाओं में सम्भवतः बंदिनियां अपने जीवन में अनेक विवशतों का शिकार होकर ऐसे जघन्य पाप कर डालती हैं। आकर्षक चेहरे वाली जानकी, पहाड़िन–षोडशी चनुली, निष्पाप आँखों वाली सुन्दरी, बाला, प्रौढ़ किन्तु रुपवती नायिका हीरा, नवयौवना–मालिन, मुखरा वैष्णवी रजुला, अबोध सी दिखने वाली मग्गी श्यामवर्णा चुलबुली चाँद जैसी बंदिनियों का एक ऐसा हृदय–स्पर्शी चित्रण किया गया है कि पाठक सोचने लगता है कि इन अपराधिनियों द्वारा किये गए अपराधों के मूल में कौन सी विवशता रही होगी? कौन सी परिस्थितियों के वशीभूत होकर वह ऐसे जघन्य अपराध कर बैठी होगी? इत्यादि। इस प्रकार यह कथाएँ पाठक के मन व मस्तिष्क को झकझोर डालती हैं।

उपहार :

उपहार शिवानी की अत्यन्त मार्मिक कथा है। इस कथा के अन्तर्गत भी नारी–जीवन के अभिशाप की ओर ही संकेत मिलता है। उस समय नारी का अस्तित्व एवं जीवन बड़ा ही दुर्वह हो जाता है, जब वह किसी अन्य के अपराध की शिकार बनती है। नलिनी नामक सुसभ्य महिला को रघु नामक सीधा–सादा पति मिला। नलिनी एक डाक्टर थी। एक बार उसके दुर्भाग्य ने उसका जीवन पथ ही बदल डाला। वह रेलगाड़ी में जा रही थी। उसके पहने हुए गहनों के लालच में एक डाकू ने उसका गहना, पैसा, सब कुछ हरण कर लिया। यह खबर ऐसी छपी कि उसके चरित्र पर भी आंच आ गयी। उसके पति रघु ने उसे अविश्वास से देखा। फलतः पति–पत्नी के पथ भिन्न हो गये। विदेश में नलिनी का यह पुत्र हुआ जो रघु का अपना पुत्र था किन्तु उसी के बारे में झूठे शक के कारण ही दोनों के रास्ते अलग हो गये थे। पुत्र धन धान्य के बीच पल रहा है। उसके एक जन्म दिन पर उसकी माँ और बुआ ने जानवरों का अजायब घर उपहार के लिए रखा था। प्रिंस (नलिनी का बेटा) नैनीताल में पढ़ रहा था। लेखिका उसकी संरक्षिका थी तभी नलिनी का पत्र आया कि उसने अपने प्रिंस के लिए अजायबघर उपहार में रखा है तो लेखिका के मन में भाव आते हैं कि वह स्वयं उस प्रिंस को, उसके पिता को वापस लाने का उपहार देगी किन्तु नियति ने साथ न दिया। उसका पिता वही निकला, जिसे लेखिका ने रास्ते में पागल के रुप में देखा था।

बिन्नू :

इस कहानी की नायिका "बिन्नू" है जो सुगंध इत्यादि बेंचकर आजीविका चलाती है। यद्यपि वह एक निम्न वर्ग की स्त्री थी किन्तु उसका रुप व वेशभूषा बड़ी सुघड़ व आकर्षक थी। लेखिका जब बालिका थी चपेटें खेलने के लिए साथिन बनती। बिन्नू से लेखिका अत्यन्त प्रभावित थी। लेखिका को माँ की डांट सहनी पड़ती क्योंकि वह चाहती थी कि "बिन्नू" जैसी बदनाम किशोरी के साथ उनकी पुत्री खेले। बचपन का भोलापन सभी को अपना समझता है अतः बालिका का आकर्षण बिन्नू के प्रति बना ही रहा। बिन्नू ने लेखिका के घर पर आना छोड़ दिया पर वह एक बार उसे उस मेले में मिली जहाँ वह गुदने गुदाया करती थी और अपने सुगंधित पदार्थो को बेंचा करती तथा मेला देखती थी। मेले में एक बार लेखिका की मुलाकात उससे हो जाती है। वह उसे अपने बचपन शादी, गौने और घर छोड़ने की कहानी सुनाती है। जिसमें वह यह बता देती है कि वह किस तरह पराये मरदों के साथ रह कर

उनसे बदला लेती हैं। वास्तविक बात यह थी कि वह अपनी सास के साथ ससुराल में रहना नहीं चाहती थी तो उसे पति को भी छोड़कर आना पड़ा था। किन्तु जब सास की मृत्यु हो जाती है तो फिर वह अपने पति के साथ सुख पूर्वक रह रही थी। उसने बुरे कार्य सब छोड़ दिये थे अब पुण्य कमाने की इच्छा से तीर्थ कर रही थी। लेखिका की दृष्टि में उसका अपराध परिस्थिति–जन्य था, भगवान की अदालत में वह निर्दोष थी।

संस्मरण

स्मरण में "सम्" उपसर्ग जुड़कर जिस शब्द ने आकार पाया वह संस्मरण तो हुआ ही; स्मृतियों का सैलाब भी बनकर रह गया। संस्मरण अतीत से जुड़कर वर्तमान की कहानी बुनता है। उसमें जो अभिव्यक्त होता है वह व्यक्ति, वह सन्दर्भ कलाकार का स्वानुभूत होता हैं और उससे उसका करीबी रिश्ता होता है। शिवानी के संस्मरणों में महत्वपूर्ण व्यक्तियों के रोचक, मधुर, आत्मीय और निजत्व बोधक चित्र देखने को मिलते हैं। निश्चय ही ये संस्मरण न केवल रोचक है, अपितु साहित्यिक मित्रों के व्यक्तित्व, स्वभाव और वृत्तियों के व्यंजक होने के साथ–साथ अनेक अछूते सन्दर्भो को भी व्यक्त करते हैं। इन संस्मरणों में प्रवाहशीलता, गत्वर शैली, नाटकीय कौशल और मधुर आकर्षक बिम्बों के सहारे अनुभूत को वाणी दी गई है। एक सफल संस्मरण लेखक की बड़ी विशेषताः यह होती है कि वह वर्ण्य–विषय को मात्र रेखाचित्र स्वतः ही बिम्ब हो जाते हैं किन्तु कुछ नहीं भी हो पाते हैं। शिवानी की वाक्यावली में ऐसे स्थल कम नहीं हैं जो बिम्बों में बोलते हैं, रेखाचित्रों के सहारे आगे बढ़ते हैं और जिन्दगी की रगों में समाती जाती रसनीयता को चटख रंगों से सजाते हैं। संस्मरण सहृदय की स्मृति कोश की अमूल्य आनन्ददायिनी निधि है। अनुभव से उसका प्रत्यक्ष सम्बन्ध है। इसमें एक ऐसा सात्विक रस है, जो अद्यतन वर्तमान में नहीं होता। इस सात्विक काल का पुनर्भोग ही संस्मरण है, तो संस्मरणों का सुख अलौकिक होता है। शिवानी के कितने ही संस्मरण हमें इस अलौकिक सुख का आनन्द देते हैं। उनकी स्मृतियों के झरोखों से झांकते हुए संस्मरण उनकी विभिन्न शीर्षकों में लिखी गयी रचनाओं में प्राप्त हैं। सन् 1961 में सस्ता साहित्य मंडल प्रकाशन द्वारा "गुरुदेव और उनका आश्रम" नामक रवीन्द्र नाथ टैगोर के आश्रम शांतिनिकेतन में अनेक विभूतियों, आश्रम में गाँधी दिवस, खेल कूद, मनोरंजन, पठन–पाठन, सांस्कृतिक कार्यक्रमों आदि का सजीव चित्रण किया गया है। 1973 में नेशनल प्रकाशन द्वारा "आमादेर शान्तिनिकेतन" नामक संस्मरणात्मक रचना

का प्रथम संस्मरण प्रकाशित हुआ। रवीन्द्र नाथ टैगोर की सर्वोत्तम कृति, ''शान्ति निकेतन'' से ही प्रेरणा पाकर सम्भवतः शिवानी ने भी ''आमादेर शांति निकेतन'' नामक संस्मरण लिखा। यह उनकी अत्यन्त सफल रचना है। इस पुस्तक की भूमिका में बनारसी दास चतुर्वेदी द्वारा कहा गया कथन इस प्रसंग में ध्यातव्य है–''आचार्य श्री हजारी प्रसाद द्विवेदी ने इस विषय पर काफी लिखा है और मैं भी कई बार लिख चुका हूँ। पर अब तक शान्ति निकेतन के विषय में जितने लेख मेरे पढ़ने में आए हैं उनमें श्रीमती शिवानी की यह पुस्तक मुझे सर्वोत्तम जंची।'' इसके अतिरिक्त ''शान्तिनिकेतन'' नामक संस्मरणात्मक कृति का प्रथम संस्करण 1976 में मयूर पेपर बैक द्वारा निकाला गया। इसमें भी शान्तिनिकेतन के भाव भीने संस्मरण प्रस्तुत किये गये हैं। ''झरोखा'' का प्रथम संस्करण सरस्वती विहार प्रकाशन द्वारा 1976 में प्रकाशित हुआ। इसके पश्चात् हिन्द पॉकेट बुक्स द्वारा भी इसका प्रथम संस्करण 1977 में प्रकाशित हुआ। ''बिन्नू'' नामक संस्मरणात्मक कृति में भी लेखिका के अत्यन्त हृदय–स्पर्शी संस्मरण प्रस्तुत किए गये हैं। ''बिन्नू'' का प्रथम संस्करण हिन्द पॉकेट बुक्स द्वारा 1978 में निकाला गया। ''झूला'' नामक संस्मरणात्मक रचना में शिवानी के उत्कृष्ट संस्मरण छपे हैं। ''झूला'' का प्रथम संस्करण 1979 में राजपाल प्रकाशन द्वारा प्रकाशित किया गया। ''मंजीर'' नामक संस्मरणात्मक कृति का पहला संस्करण 1980 में सरस्वती विद्या प्रकाशन द्वारा निकाला गया। 1981 में राजपाल प्रकाशन द्वारा प्रथम संस्करण में प्रकाशित ''क्यों'' भी शिवानी की संस्मरणात्मक रचना है। इस प्रकार शिवानी ने संस्मरण लिखने में उच्च कोटि की सफलता प्राप्त की है।

''आमादेर शान्ति निकेतन'', गुरु रवीन्द्र नाथ ठाकुर जी और उनके शान्ति निकेतन का सजीव चित्रण करती हुई शिवानी की ऐसी कृति है, जिसमें आश्रम का स्वच्छन्द वातावरण वहाँ के अध्यापक, उनका अनुशासन, कायदे कानून, कलाभिरुचि, शिक्षा उत्सव, समारोह कुछ आनन्दप्रद, हास्यपूर्ण घटनाएँ हैं तो करुण व विषाद जगाने वाली घटनाएँ भी हैं। शिवानी साहित्य को नारी केन्द्रित कह सकते हैं। संस्मरण भी इसका अपवाद नहीं हैं। ''दरीचा'' के 18 वें लेख में शिवानी ने ''सती प्रथा'' का जो रुप बताया है, वह न तो वेदों से सम्मत है, और न ही आज की व्यवस्था में नारी के लिए उचित मार्ग दर्शन करने वाली। ''क्यों'' में शिवानी ने ''ज़ूनू तो थयूँ'' नामक संस्मरण में मधुबेन पर लिखा हुआ किस्सा पुनर्जन्म का रहस्योद्घाटन करता है।

यात्रा–संस्मरण :

''यात्रिक'' और ''चरैवेति'' शिवानी के अब तक के दो यात्रा–संस्मरण हैं। यात्रिक में पुत्र की बारात लेकर शिवानी लन्दन गई थी उसका वर्णन किया हैं, उसके प्रस्थान से लेकर स्वदेश वापसी तक का सजीव वर्णन इस पुस्तक में हुआ है। कस्टम्स की परेशानियों, विदेश में भी भारतीय पद्धति से विवाह की सुव्यवस्था, विदेशियों का विवाह भोजन के प्रति आकर्षण, उनके स्वाद व नाम का औत्सुक्य, विवाह मंत्रों के गूढ़ार्थ का उन पर प्रभाव आदि विशेष रुप से उभरा है।

''चरैवेति'' को शिवानी ने मास्को यात्रा से लौटकर लिखा है। इसमें निबन्ध की संक्षिप्तता, विभिन्न स्त्री–पुरुषों के रेखाचित्र –जैसी परिचयात्मकता तथा कहानी की सी मनोरंजकता, आपसी वार्तालाप से नाटकीयता का आनन्द आता हैं। इस संस्मरण के मुख्य पात्र आर्काडी हैं, शेष सभी गौण हैं। शिवानी ने ''चरैवेति'' में दर्शनीय स्थलों, संस्कृति, कायदे कानून, वेशभूषा, आभूषण, खान–पान, दुकानों, अतिथि सत्कार, देश प्रेम भारत व भारतीय संस्कृति के प्रति प्रेम का उल्लेख कर सोवियत को सजीव कर दिया हैं।

आत्मकथात्मक संस्मरण

शिवानी ने सभी विधाओं में लेखन कार्य किया है परन्तु ''आत्मकथा'' उन्होंने नहीं लिखी है। इस सम्बन्ध में उनकी एक नवीन कृति प्रकाश में आयी हैं। पाठकों के अनुरोध पर उन्होंनें जीवनानुभवों को अपने प्रशंसकों के सम्मुख रखा है। वे लिखती हैं कि–''अभी कुछ ही दिन पूर्व मेरी एक प्रशंसिका पाठिका ने मुझसे अनुरोध किया था कि मैं अपनी आत्मकथा लिखूं ''समय आ गया है शिवानी जी, कि आप अपने सुदीर्घ जीवन के अनुभवों का निचोड़ हमें भी दें, जिससे हम कुछ सीख सकें। ''पर यह क्या इतना सहज है? जीवन के कटु अनुभवों को निचोड़ने लगी, तो न जाने कितने दबे नासूर फिर से रिसने लगेंगे; और फिर एक बात और भी है। मेरी यह दृढ़ धारणा है कि कोई भी व्यक्ति भले ही वह अपने अंतर्मन के लौह कपाट बड़े औदार्य से खोल अपनी आत्मकथा लिखने में पूरी ईमानदारी उड़ेल दे, एक न एक ऐसा कक्ष अपने लिए बचा ही लेता है, जिसकी चिलमन उठा ताक–झांक करने की धृष्टता कोई न कर सके। सड़ी रुढ़ियों और विषाक्त परम्पराओं से जूझते–जूझते जर्जर जीवन आसन्न मृत्यु के भय से इतना क्लान्त हो जाता है कि अतीत को एक बार फिर खींच दूसरों को दिखाने की न इच्छा ही शेष रह जाती हैं,

न अवकाश।"[1]

सुनहु तात यह अकथ कहानी :

शिवानी का यह आत्मकथात्मक संस्मरण है। इसका प्रथम संस्करण .सन् 1996 में "हिन्द पाकेट बुक्स" से प्रकाशित हुआ था। इस पुस्तक के अन्तर्गत शिवानी के सात संस्मरणों का संकलन किया गया है। "सुनहु तात यह अकथ कहानी" में लेखिका ने अपनी मार्मिक कहानी लिखी है। इसमें शिवानी ने अपनी ही जिन्दगी में झांक कर देखा है। ये संस्मरण हैं– "निज निज मुखन कहीं", "सुनहु तात यह अकथ कहानी", "बांधीश न आर मायार डोरे", "नदी जो मरुस्थल में खों गई", "पेयेद्दी छूटी", "मत तोड़ो चटकाय", "है धूर्जटे पशुपते।" जो आत्मकथा के रुप में लिखे गये हैं। इसमें उनके घर–परिवार के लोग हैं।" कई पीढ़ियों से सीधा साक्षात्कार हो जाता है। इसमें और भी बहुत से दूसरे लोग हैं, उनसे जुड़ी रोचक और मार्मिक कहानियां हैं। उन्होंने समाज, रीतिरिवाज, संस्कृति, धार्मिक भावनाओं और विश्वासों –अंधविश्वासों को कहानी के साथ ग्रंथ को अधिक सशक्त बना दिया है। अपनी कहानी कहते हुए उन्होंने समाज में फैली विसंगतियों, स्वार्थो, क्रूरताओं और छल–कपट पर जो टिप्पणियों की हैं, वे पाठक मन को कचोट कर रख देती हैं। शिवानी के पति, बड़ी बहन और प्रख्यात साहित्यकार अमृत राय पर भी अनूठे संस्मरणों के साथ एक यात्रा वृत्तान्त और एक प्रेरक प्रसंग इस पुस्तक में संकलित है। निश्चय ही यह कृति शिवानी के सच्चे मानवीय रुप को सामने लाती है और उनके भीतर की अति संवेदनशील नारी को महालोक के विचलित मानव के पक्ष में खड़ा करती हैं।[60]

निबन्ध

शिवानी के निबन्ध विषय–वैविध्य रखते हैं। ये कभी–कभी रेखाचित्र व संस्मरण आदि को स्पर्श करते से लगते हैं। उन्होंने निजी जीवन से जुड़े अनुभवों, सामाजिक–राष्ट्रीय समस्याओं तथा नैतिक शिक्षाओं को अपने निबन्धात्मक लेखों द्वारा पाठकों तक पहुँचाया हैं, जिनका उद्देश्य समाज राष्ट्र, व्यक्ति के चरित्र एवं जीवन में फैली कमियों एवं दुर्व्यवस्थाओं के प्रति ध्यान आकर्षित कर उन कमियों के निवारण के लिए मानव को सतर्क प्रतीत करना है।

---

60. "सुनहु तात यह अकथ कहानी", पृ0 11.

''गवाक्ष'' नामक रचना में इसी प्रकार के निबन्ध संग्रहीत हैं। इस पुस्तक का प्रथम संस्करण पराग प्रकाशन, दिल्ली द्वारा 1995 में निकाला गया है। ''वातायन'' नामक पुस्तक में भी मानव समाज के अनेक पहलुओं की झाँकी दी गयी है। इसका प्रथम संस्करण सन् 1975 में प्रकाशित हुआ। ''वातायन'' से शिवानी ने विस्तृत और रंग–बिरंगे दृश्य–पट दिखाए हैं। बिना पैसा–कौड़ी लिए हड्डी बिठाने वाला, चमचमाती मोटरों पर पोश होटलों में मंहगे डिनर खाते लोग, और बाहर एक–एक दाने को तरसते भिखारी। न जाने कितनी पुरानी यादें, कितने कड़ुए तीते अनुभव, जो हमें रोज होते हैं, और इनके पीछे हैं लेखिका की गहरी संवेदना और अप्रतिम वर्णन शैली। ये सब अनुभव मार्मिकता के साथ शिवानी के ''वातायन'' में मिलते हैं। इनको निबंध की संज्ञा देने से इनका ठीक परिचय नहीं मिलता। यह झांकियों हैं, केवल बाहरी नहीं अन्तर की भी। ''वातायन'' के निबन्ध लखनऊ के दैनिक ''स्वतन्त्र भारत'' में प्रति सप्ताह निकलते हैं। ''वातायन'' हिन्दी–साहित्य की एक निधि है इसलिए इस पुस्तक को सम्मानित भी किया गया।

''जालक'' वास्तव में जीवन प्रसंगों का एक महत्वपूर्ण दस्तावेज हैं। इसके निबन्धों में जिन्दगी की हर धड़कन पूरी संवेदना के साथ अभिव्यक्त हुई हैं। सन् 1979 में सरस्वती विहार प्रकाशन ने इसका प्रथम संस्करण निकाला। इसके अन्तर्गत शिवानी ने देश के कला तथा कलाकारों का गौरव, हिन्दी भाषा का सम्मान, नैतिक शिक्षा, साहित्य–गौरव, देश–सेवा इत्यादि से सम्बन्धित बड़े शिक्षाप्रद निबन्ध प्रस्तुत किए हैं। हिन्दी प्रदेशों के दौरों पर शिवानी अनुभव करती हैं कि हिन्दी जानने पर भी वहाँ के लोग इससे घृणा नहीं करते।

''दरीचा'' का प्रथम संस्करण पराग प्रकाशन द्वारा सन् 1978 में निकाला गया। इसके अन्तर्गढ़ भीः शिक्षाप्रद निबन्ध संग्रहीत हैं। इसके अतिरिक्त भारतीय ज्ञानपीठ प्रकाशन ने ''आकष'' नामक निबन्ध संकलन का प्रथम संस्करण 1984 में प्रकाशित किया। हिन्दी का भविष्य हमें ''हिन्दी को हम कहाँ ले जा रहे हैं''– नामक लेख में दृष्टिगत होता है। इस लेख में शिवानी ने आज के समाज, उसमें प्रचलित साहित्य को लेकर उसकी नियमहीनता तथा अनादर्श की बात कही है। इसमें कतिपय निबन्ध नारी की समस्याओं से सम्बन्धित हैं। कुछ अनेक निबन्ध हिन्दी एवं साहित्य से सम्बन्ध रखते हैं। एवं कुछ भाषा से सम्बन्धित हैं। समाज में फैले भ्रष्टाचार पर भी प्रकाश डाला गया है। साथ ही कुछ निबन्ध ललित कला तथा कलाकारों से सम्बन्धित हैं।

इन निबन्धों में शिवानी ने यथार्थ का बड़ा सशक्त चित्रण किया है। इस प्रकार शिवानी के निबन्धों में कला, साहित्य, संस्कार, धर्म, राजनीति, समाज व संस्कृति के विविध आयाम दृष्टिगत होते है। शिवानी के विचारों की सूक्ष्मता अभिव्यक्ति की सहजता व प्रखरता, उनके साहित्य की प्रौढ़ता की द्योतक है।

रेखाचित्र

शिवानी के रेखाचित्र, महादेवी वर्मा के रेखाचित्रों से होड़ लेते लगते हैं। पात्रों की सजीवता, भाषा की मौलिकता, भाव प्रवणता और सहजता पूर्ण है। "चार दिन की" के रेखाचित्रों में "चन्दन", "ललिता" तथा "तुई जो पुरुष मानुष रे" प्रमुख हैं। "चन्दन" की महक शिवानी से कुछ ऐसे फैलती हैं, कि वे मानवतावादी दृष्टि से सशक्त करती हैं। "चन्दन" का रेखाचित्र खींचते हूए शिवानी ने स्वीकारोक्ति भी दी है कि–"चन्दन" को "स्वामिभक्त" न कहकर "पितृ भक्त" कहें तो उचित हैं।

"ललिता" का रेखाचित्र तो उसका चित्र खींचता ही हैं, किन्तु अभिज्ञाताएं भी थमाता है। अपने पति के घर ललिता की तिरस्कृत मृत्यु का वर्णन, रवीन्द्र की कविता ललिता के रुप में शिवानी ने दिया है।

"तई जे पुरुष मानुष रे" एक नन्हें शहीद का रेखाचित्र है। कुछ ईटें ऐसी भी होती हैं, जो नींव में बिछकर, अपने आपको समाप्त कर देती हैं, जिनका नामोनिशान न तो नज़र आता है, न तो जल्द ही किसी को याद आता है। किन्तु भवन को उसकी सुन्दर कला के साथ सुदृढ़ बनाने में वे ही ईटें योग देती हैं। "ध्रुव–कुंडू" भी स्वतन्त्रता–संग्राम की ऐसी दबी ईट का महत्व रहता है। बारह वर्षीय अल्पायु के इस देश–प्रेमी को कौन जानता हैं? किन्तु शिवानी जैसे साहित्यकारों की दृष्टि में जब यह "नन्हा वीर" आ गया तो उन्होंने अपनी रचना से उसके त्याग तथा महत्व को अमर बना दिया।

रिपोर्ताज

"अपराधिनी" के अन्तर्गत शिवानी ने कई रिपोर्ताज प्रस्तुत किये हैं। जिनमें "अलख माई" विशिष्ट प्रकार का है। रिपोर्ताज के लिए घटना और वातावरण की प्रधानता होती है, किन्तु "अलखमाई" के पात्रों का वर्णन मानसिक वातावरण के आधार पर अधिक हुआ है। वैष्णवी ने ससुराल के अत्याचारों से तंग आकर भैंस, सास और पति की हत्या कर दी थी, इस

घटना के आधार पर ही वैष्णवी का मानसिक वातावरण शिवानी ने उभारा है।

उपन्यास कहानी, संस्मरण, यात्रा वृतान्त, बाल साहित्य के अतिरिक्त समकालीन समाज और राजनीति पर सशक्त ढंग से निबन्धात्मक लेख भी शिवानी लिख रही हैं। लेखिका ने इसके अतिरिक्त अन्य प्रकार का साहित्य सृजन भी किया है। इसमें "है दत्तात्रेय" नामक कृति साहित्य–सांस्कृतिक महत्व की दृष्टि से विशेष स्थान रखती है। इसका प्रथम संस्करण सरस्वती विहार प्रकाशन द्वारा सन् 1985 में प्रकाशित हुआ। इसे लोक संस्कृति व लोक साहित्य की धरोहर के साथ–साथ शिवानी का मातृभूमि के प्रति ऋण चुकाने का प्रयास मात्र है। इसमें कुमाऊँ की व्युत्पत्ति से लेकर उसकी ऐतिहासिक, पौराणिक, सांस्कृतिक, साहित्यिक आदि हर छोटी बड़ी विशेषताओं को उभारा है। इसके अतिरिक्त कुमाऊँ के गौरव की द्विगुणित करने वाले वीरों के शौर्य, धर्म गाथाओं, लोक गीत, प्रचलित कहावतों, पहेलियों तथा लोरियों पर भी साहित्यिक एवं सांस्कृतिक महत्व की दृष्टि से प्रकाश डाला गया है। इस प्रकार रिपोर्ताज जिस परिवेश या घटना पर लिखा जाता हैं, लेखक उसी को सजीव बनाने की चेष्टा करता है; क्योंकि रिपोर्ताज का क्षेत्र मूलतः वातावरण है। वस्तुतः शिवानी के रिपोर्ताज अत्यन्त जीवित हैं। इन्होंने "अपराधिनी" में कारागार के परिवेश को कुछ इस प्रकार चित्रित किया है कि उसका हर बन्दी या बंदिनी का चेहरा साकार हो हमसे सम्पर्क करने लगता है। इसी तरह "है दत्तात्रेय" शिवानी का कठिन और सफल प्रयास समझा जा सकता हैं। शिवानी की इन रचनाओं के माध्यम से उनकी साहित्यिक ईमानदारी व गहन अध्ययन के कारण उनके विचार नये रुपों में प्रस्तुत हुए हैं।

बाल–साहित्य

शिवानी जी ने हर आयु वर्ग के पाठकों को अपनी रचनाओं के माध्यम से आह्लादित किया है। युवा तथा प्रौढ़ वर्ग के साथ ही उन्होंने बाल–साहित्य की भी रचना की। उनकी बेटी की बच्ची यह कहते हुए गर्व का अनुभव करती है कि उनकी दादी कहानियां रचने वाली है न कि सुनाने वाली। शिवानी की साहित्यिक कृतियों में–"अलविदा हर हर गंगे", "राधिकारानी" तथा "स्वामिभक्त चूहा" प्रसिद्ध हैं। उन्होंनें सर्वप्रथम "अलविदा" नामक कहानी लिखी जो नन्दन " में धारावाहिक रुप में निकली। सन् 1978 में उन्होंने अत्यन्त रोचक

बाल–साहित्य रचा। राजपाल प्रकाशन दिल्ली से उनकी "बचपन की याद" नामक पुस्तक सन् 1978 में प्रकाशित हुई, जिसमें उन्होंने बचपन को अत्यंत रोचक ढंग से प्रस्तुत किया है। सन् 1979 में राजपाल प्रकाशन दिल्ली द्वारा ही "राधिका सुन्दरी" का प्रथम संस्करण तथा इसके पश्चात् "हर–हर गंगे" नामक रचना प्रकाशित हुई। जिसमें परनिन्दा द्वारा बच्चों के मस्तिष्क पर क्या प्रभाव पड़ता है। यह दिखाने का उन्होंने प्रयत्न किया है। "स्वामी भक्त चूहा" के अन्तर्गत शिवानी ने कौआ, तीतर, लोमड़ी आदि पशु–पक्षियों की कहानियों को लिखकर जीवन के अनेक सत्यों को उद्घाटित किया है। इन पुस्तकों के अतिरिक्त सन् 1979 में सरस्वती विहार दिल्ली द्वारा "भूत अंकल" का प्रथम संस्करण प्रकाशित हुआ। "आइस्क्रीम महल" नामक बाल साहित्य का प्रथम प्रकाशन सन् 1979 में कल्पना प्रकाशन मेरठ द्वारा किया गया। बच्चों को उन्होंने इन पुस्तकों द्वारा अत्यन्त ज्ञानप्रद बातें बतायी एवं उनका मनोरंजन किया। उनकी दृष्टि बच्चों के प्रति स्नेहपूर्ण रही है इसी कारण बच्चों के लिए भी साहित्य रचकर उन्होंने हिन्दी साहित्य में भारी योगदान दिया।

वस्तुतः शिवानी ने अपनी आत्मानुभूतियों को व्यक्त करने के लिए गद्य–साहित्य की विविध विधाओं का चयन किया है। अपने समकालीन गद्य–साहित्य लेखकों के मध्य शिवानी अग्रगण्य हैं। उन्होंने साहित्य की अनेक विधाओं पर अपनी लेखनी चलाई है। उपन्यास एवं कथा लेखन के अतिरिक्त उनके रोचक संस्मरण, रेखाचित्र, यात्रा वृतान्त गद्य साहित्य को गौरव प्रदान करते हैं। शिवानी की समाज को देन अत्यन्त सराहनीय हैं। शिवानी के विचार, मानव को उनकी रचनाओं में वर्णित विषयों पर गंभीर चिन्तन की ओर अग्रसर करते हैं।

अध्याय 2

शिवानी की रचनाओं में–रस सौन्दर्य, गंध सौन्दर्य, स्पर्श सौन्दर्य एवं ध्वनि सौन्दर्य

आनन्द ही सौन्दर्य है और सौन्दर्य ही दृष्टि। सौन्दर्य अन्तरवासी है उसी में वह आकार–प्रकार प्राप्त करता हैं, सृष्टि की समस्त सौन्दर्य–छवियां जो विभूतिमयी, विविध और विराट् हैं वे सभी कुछ कला की संवेदनशील कृतियों के रुप में प्रकट होती हैं। कला की ये कृतियां–सभी महान् कृतियां मानसी सृष्टि होती हैं। सचमुच ही महान् कृतविद् कलाकार के मानस में कुछ ऐसी रस–संवेदना होती है जिसे उसे व्यक्त करना है, कुछ ऐसी विराट् झाँकी होती है जिसे उसे दिखाना है, कुछ ऐसा प्रेरणास्पद जीवन दर्शन होता है जो उसकी अभिव्यक्ति के लिए उत्प्रेरित करता है। वह उसे रुपायित करता है सचेष्ट होकर, दूसरों के लिए नहीं किन्तु अपने ही लिए। यह अभिव्यक्ति जो कलाकार की आत्माभिव्यक्ति है, वह सब उसकी आत्मा को उस महान् सत्य के बोझ से हल्का करती है। यही सौन्दर्य सृष्टि सब उसकी आत्मा को उस महान् सत्य के बोझ से हल्का करती है। यही सौन्दर्य सृष्टि उसकी आत्मा है, उसकी आत्मा है, उसकी प्रसविनी। सौन्दर्य आन्तरिक अनुभूति ही नहीं, वाह्ययानुभूति भी है। किन्तु वह अनुभूति है अवश्य। मनुष्य की विकास की स्थिति मन पर अवलंबित है। मनुष्य ही से मनुष्यता का विकास संभव है, मन ही में मनुष्य की अनुभूति स्वतः स्फूर्त हो संचरित होती है।

साहित्य मनीषी टालस्टाय का यह कथन अत्यन्त उपयुक्त है कि कला में यह एक विशेषता होती है कि वह जनमानस को सुसंबद्ध करती है। उनके कथन का अभिप्राय यह है कि कला कलाकार के मनोवेगों की प्रतिक्रियाओं को व्यक्तिगत लालसाओं से मुक्त कर देती हैं, उन्हें असम्पृक्त्य बना देती है और कलाकार यह अनुभव करता है कि उसकी उद्दाम लालसा उसकी कला में, उसकी रुप छवि में उसकी निर्विकल्प मानसिक ऊष्मा में पर्यवसित हो सकती है और उसकी आत्म–चेतना को इससे शान्ति मिलती है; उसकी

कलाकृतियां इसीलिए संवेद्य होती हैं–प्रत्येक जन को इससे शान्ति मिलती है। किसी भी महान् कलाकृति की सौन्दर्य विधायिनी ऐसी ही रस–दशा सार्वजनीन सत्य को उसमें उद्घाटित करती है, जिसे पाठक या दर्शक की अनुभूति उससे तादात्म्य कर पाती है–"सहवेदना की दशा को प्राप्त होती हैं।"

शिवानी स्वभाव से अत्यन्त संवेदनशील हैं, ऐसा स्वभाव उनकी प्रकृतिगत है जो नाना–भावों, विचारों, के घात–प्रतिघातों से प्रतिफलित हुआ है। उनकी अनुभूति गहरी हुई है, चिन्तन प्रबुद्ध हुआ है और कल्पना विस्तृत और विस्मयकारिणी। मानव समाज की अनेकानेक कोमलकांत और क्रूर परिस्थितियों के छायालोक, उत्तप, अनुक्रम, अनुशासन और सन्तुलन की मार्मिक परख उन्हें है। उसके रुपायन में जब वह अत्यन्त सजग "तन्त्री" नाद, कवित्त, रस" की सी तन्मयकारिणी दशा की तरह उसमें सर्वांग डूब जाती हैं, भावमय हो जाती हैं, तभी तो वह जीवन की अर्थवती छवियां अंकित कर पाती हैं। अतएव उनका सम्पूर्ण साहित्य व उसका सौन्दर्य उनकी उदार चेतना और संवेदना की परिणति है। मूर्त–अमूर्त जिज्ञासाओं और सूक्ष्म मर्म स्पंदनों से सजीव पात्र तभी आकार प्राप्त करते हैं जब कलावन्त शिवानी उनके अन्तर्बाह्य व्यक्तित्व को युगालोक के छाया प्रकाश से सजाती हैं, संवारती हैं। वस्तुतः साहित्यकार या कलाकार सौन्दर्य कामी या (Aesthet) से भिन्न होता है। कला की सृष्टि निगूढ़ चिन्तन और प्रकृति के मार्मिक संवेदनमय दर्शन से ही संभव होती है। उसका उद्देश्य अनिर्वचनीय भाव–बिम्बों को मूर्तिमान करना है, व्यक्त करना है जो मनुष्य एक दूसरे के प्रति अनुभव करता है–साहित्यकार के मन में उपजने वाली सौन्दर्य –छवि का अन्तर इन बिम्बों द्वारा ही स्पष्ट हो जाता है! बिम्ब में ऐन्द्रिय आधार प्रधान होता है, जिसके कारण उसके पाँच भेद किये जा सकते हैं–(1) दृश्य, (2) श्रव्य, (3) स्पृश्य, (4) घ्रातव्य, (5) रस्य या आस्वाद्य। इस प्रकार बिम्ब–विधान का सीधा अर्थ है साहित्य में चित्रमत्ता या चित्रात्मकता का विधान। शिवानी ने स्वयं "चित्र–विधान" शब्द का व्यवहार किया हैं।

बिम्ब का काम है अनूर्त्त को मूर्त करना, भाव को रुप और आकार देना। प्रायः कविता के क्षेत्र में बिम्ब अप्रस्तुत विधान या शब्द चित्र का रुप धारण कर लेता है। बहुत बार अलंकार–विधान और बिम्ब विधान को एक समझा जाता है, किन्तु वास्तविकता यह है कि दोनों एक नहीं हैं। बिम्ब–विधान का मूल गुण है ऐन्द्रियता, चित्र–प्रस्तुतीकरण। सशक्त बिम्ब वे ही कहे जा सकते

हैं जो वर्णित वस्तु गन्ध, रस, स्पर्श ध्वनि और गति से होता है। कुशल और आधुनिक साहित्यकार बिम्बों का अधिकाधिक विधान करते हैं। बिम्बों के माध्यम से साहित्यकार की भावनाएँ और कल्पनाएँ चित्रमय होती चली जाती हैं। प्रेरक भाव, व्यंजक भाषा और लेखक की कल्पना पर ही बिम्ब–विधान की सफलता और उत्कृष्टता निर्भर करती है। उच्चकोटि का बिम्ब–विधान लेखक की उत्कृष्ट कल्पनाशीलता तथा कारयित्री प्रतिभा की अपेक्षा रखता है। बिम्ब केवल वर्णित वस्तु का मानसिक पुनर्प्रत्यक्ष ही नहीं कराते बल्कि उन्हें किसी गाढ़ी अनुभूति में लपेटकर ह्रदयग्राह्रय भी बना देते हैं और इस प्रकार वर्ण्यवस्तु तथा साहित्य पाठक के बीच रसात्मक तादात्म्य स्थापना में सहायक होते हैं। शिवानी –साहित्य में इस प्रकार के बिम्ब–विधान का सर्वत्र प्रयोग मिलता है। शिवानी–साहित्य एक बड़ी सीमा तक कल्पना जीवी है और कल्पना प्रधान साहित्य में बिम्बात्मक वैशिष्ट्य का होना नितान्त स्वाभाविक है, क्योंकि बिम्ब–विधान का कल्पना से घनिष्ठ सम्बन्ध है। अतएव बिम्ब–विधान लेखिका के व्यक्तित्व के अनुरुप ही हुआ है। लेखिका की स्वानुभूति, उनके संस्कार, उसके जीवन अनुभव, उनका अध्ययन जिस प्रकार का है उनका बिम्ब–विधान उसी पर निर्भर करता है। प्रस्तुत अध्याय में शिवानी–साहित्य के इन्हीं बिम्बों को –रस सौन्दर्य, गंध सौन्दर्य, स्पर्श सौन्दर्य तथा ध्वनि–सौन्दर्य के अन्तर्गत समाविष्ट किया गया है। यहाँ शिवानी–साहित्य के अन्तर्गत घ्राणिक, चाक्षुष, स्पर्शिक, श्रावण आदि विभिन्न प्रकार के बिम्ब समन्वित रुप में सामने आये है। इस प्रकार के सम्मिश्रित बिम्बों से भाषा तथा साहित्य दोनों को ही समृद्धि प्राप्त हुई है। ऐसे संवेदनात्मक या मिश्र बिम्बों में विविध इन्द्रिय–समाविष्ट हैं।

रस–सौन्दर्य

रसनेद्रियग्राह्रय "रस" का सौन्दर्य सापेक्ष स्वरुप :

शिवानी मूलतः रसवादी हैं। इन्होंने रस–सृष्टि के साथ–साथ रस तत्व पर गहन चिन्तन–मनन किया है और उसे ऐन्द्रिय सौन्दर्य बोध रुप में अंगीकार किया है। वस्तुतः पंचेन्द्रियों द्वारा अनुभूत सौन्दर्य में रस सौन्दर्य की अपनी विशिष्ट सत्ता है। यों अन्न रस को रसनेन्द्रिय का विषय माना गया है, जो विभिन्न भोज्य पदार्थो और उनके षट्रस का आस्वाद कराती हुई तद्जन्य आनंद की अन्तः प्रतीति कराती हैं, किन्तु इस स्थूल रस का शिवानी–साहित्य में एकान्त अभाव है। अस्तु, यहाँ रस–सौन्दर्य का तात्पर्य

है : वाग्रस या साहित्य –रस –सौन्दर्य । वस्तुतः शिवानी की रसानुभूति को रसनेन्द्रिय का व्यापार नहीं माना जा सकता, बल्कि इस शब्द की कुछ अर्थ व्याप्ति करते हुए इसे साहित्यास्वाद रुप में स्वीकार करना पड़ता है। लेखक किसी वस्तुगत (विषयगत) सौन्दर्य का मानस साक्षात्कार करता हुआ जब किसी विशिष्ट भावानुभूति से प्रेरित हो उठता है और इस विषयीगत रस को सफलतापूर्वक व्यक्त कर देता है तो इस स्थिति में लेखक को एक विशेष प्रकार की आत्मिक अनुभूति होती है, जिसे रसास्वाद के अन्तर्गत ग्रहण किया जा सकता है। साहित्य की रचना–प्रक्रिया में प्रत्यक्ष अनुभूति जब एक उदात्त रुप धारण कर लेती है तो वह रसानुभूति बन जाती है। आचार्य शुक्ल ने इस प्रत्यक्ष अनुभूति के उदात्त रुप को आत्मिक अनुभूति कहा है और इसे ही रसानुभूति की संज्ञा प्रदान की है।[1] आचार्य भरत ने "न भावहीनोडस्ति रसो, नभावोरस–वर्जितः।" कहकर रस और भाव को एकात्मक कर दिया है। उन्होंने अनुभूति को नहीं, बल्कि उसकी स्मृति के काव्य निबद्ध प्रसंग को रस कहा है, "भाव स्मरणं रसः।[2] अनुभूति को प्रायः साहित्य में "रस और भाव" रुप में स्वीकार किया गया है।[3] शिवानी–साहित्य में अनुभूति प्रधान तत्व है। इनकी रसानुभूति, साहित्यानुभूति, सौन्दर्यानुभूति और आनन्दानुभूति के बहुत निकट है। इनका रसवाद "हृदयवाद" का पर्याय है और इनका रस सौन्दर्य साहित्य–सौन्दर्य का ही प्रतिरुप है। साहित्य में परम्परा से ही साहित्यकारों ने अपना रस–विषयक जो दृष्टिकोण प्रकट किया है, उससे यही स्पष्ट होता है कि वे रस को संकल्पात्मक अनुभूति मानते हैं। इस दृष्टि से पहला तात्विक प्रश्न है रस का स्वरुप निर्धारण । रस विषयीगत है, यह धारणा भारतीय काव्यशास्त्र में चिरकाल से प्रतिष्ठित रही है और "रसानुभूति" शब्द का सामान्य प्रयोग "काव्य–जन्य–अनुभूति" के अर्थ में होता रहा है, किन्तु अर्वाचीन अनुसंधान के फलस्वरुप इस तथ्य की पुष्टि हुई है कि प्राचीनतर धारणा विषयगत रही है। उस समय वह नाट्य रुप ही था जो सहृदय के आस्वाद क़ा विषय बन सके। इसीलिए उसे "आस्वाद्य" समझा जाता था। डॉ0 कान्तिचन्द्र पाण्डेय और श्री बेडेकर ने इस मत की आग्रहपूर्वक प्रतिष्ठा की है। बेडेकर जी ने तो द्वन्द्वमूलक दर्शन का आधार लेकर सम्पूर्ण रस धारण को वस्तुवादी रुप दे दिया हैं।

1. रसमीमांसा, पृ0 275.
2. डॉ0 नगेन्द्र, रस सिद्धान्त, पृ0 105.
3. डॉ0 नामवर सिंह, कविता के नये प्रतिमान, पृ0 45.

अपनी आत्मवादी दृष्टि से रस–स्वरुप का आकलन करते हुए डॉ0 नगेन्द्र भाव और प्रत्यक्षानुभूति से "रस" का व्यावर्तन इन शब्दों में करते हैं: "रस व्यक्ति–बद्ध भाव का आस्वाद नहीं है–साधारणीकृत भाव का आस्वाद है। साधारणीकृत भाव निर्विषय होने के कारण राग–द्वेष के दंश से मुक्त हो जाता हैं, इसलिए वह आनन्दमय ही होता है–वह एक प्रकार से भाव के माध्यम से आत्मा अर्थात् शुद्ध–बुद्ध चेतना का आस्वाद है जो सर्वथा आनन्दमय ही होता है।"[4] आचार्य शुक्ल ने साहित्य में जिस भाव और रस की चर्चा की है वह प्रत्ययबोध, अनुभूति और वेगयुक्त प्रवृत्ति इन तीनों के गूढ़ संश्लेषण पर निर्भर है। स्पष्टतः भाव, रस, साहित्य एवं सौन्दर्यगत अनुभूतियां अन्योन्याश्रित हैं। ये समग्रतः रस–सौन्दर्य के अन्तर्गत ग्राह्य है, क्योंकि रस एक आनन्दमयी सौन्दर्य–चेतना है।

रस आस्वाद रुप है। प्राचीन आचार्यो ने रस का आनन्द रुप मानकर करुणादि दुःखात्मक भावों की अनुभूति (करुण रसानुभूति) भी आनन्दमय स्वीकार की है। नाट्य दर्पणकार रामचन्द्र गुणचन्द्र आदि कुछ आचार्यो ने रस को सुख–दुःख उभयात्मक मानकर कहा है कि "ईष्ट विभावदि द्वारा" प्रकाशित होने के कारण श्रृंगार, हास्य, वीर, अदभुत और शांत–ये पाँच सुख प्रधान रस हैं, और "अनिष्ट विभावदि द्वारा" प्रकट होने वाले करुण, रौद्र, वीभत्स, और भयानक–चार दुःखात्मक रस हैं। इन आचार्यो का मत है कि पिछले चार दुःखात्मक रसों में सामाजिक का हृदय कुछ अवर्णनीय–सी क्लेशदशा को प्राप्त होता है, हृदय–उद्वेग सा होता है।

आधुनिक काल में आचार्य रामचन्द्र शुक्ल ने भी इस सम्बन्ध में एक महत्वपूर्ण प्रश्न उठाया है कि क्रोध, शोक, जुगुप्सा, भय आदि आनन्द का रुप धारण करके ही श्रोता के हृदय में प्रकट होते हैं, अपने प्रकृत रुप का सर्वथा विसर्जन कर देते हैं, उसे कुछ भी लगा नहीं रहने देते? क्या कोई दुःखान्त कथा पढ़कर बहुत देर तक उसकी खिन्नता नहीं बनी रहती........चित्त का यह द्रुत होना क्या आनन्दमय हैं?"[5]

विश्वनाथ आदि प्राचीन आचार्यो ने कहा है कि शोक के आँसू करुण रसानुभूति में सुख के आँसू होते हैं, शुक्ल जी ने इस मत का भी विरोध किया है। निस्संदेह करुणा के आँसुओं को सुख के आँसू मानना भ्रान्ति ही है। वस्तुतः वे आँसू तो शोक के ही होते हैं, परं उदात्त भावना से सम्बन्ध होने

4. डॉ0 नगेन्द्र का रस सिद्धान्त – डॉ0 जयचन्द्र राय, पृ0 117.
5. रस मीमांसा – आचार्य रामचन्द्र शुक्ल, पृ0 101.

के कारण वह शोक और उसके आँसू दोनों स्मृहणीय होते है, हम बार--बार इस तरह रोना चाहते हैं। इसी प्रकार क्रोध, भय और घृणा की अनुभूति में भी क्रोधादि भाव दुःखात्मक ही होते हैं, पर वह दुःख सामान्य लौकिक दुःख से भिन्न उदात्त दुःख होता है और हमें अच्छा लगता है। हम चाहकर उसे अपनाते हैं। अतः साहित्य रस की अनुभूति होती तो अनिवार्यतः आनन्दमय ही है, पर करुण, भयानक, रौद्र, भयानक, रौद्र आदि रसों की अनुभूति में इस आनन्द के साथ स्पृहणीय दुःख की छाया भी लगी रहती है। शिवानी भी इसी सिद्धान्त की अनुगामी हैं। उनकी कथात्मक कृतियां ट्रैजिक संवेदना से ओतप्रोत हैं। जीवन की समग्रता में सुख--दुःख, करुणा—शोक, प्रेम—घृणा आदि भावों को उन्होंने व्यापक चित्र फलक पर उतारा है। भाव पूरे औदात्य के साथ शिवानी साहित्य में आये हैं। उन्होंने भावों को उभारने एवं रस सृष्टि में पूरी ईमानदारी का परिचय दिया है।

भारतीय काव्यशास्त्र में रस की परिकल्पना मूलतः सौन्दर्यपरक हैं। आचार्य भरत ने अपने रससूत्र "विभावानुभाव संचारि संयोगाद्रस निष्पत्तिः" द्वारा जिस रस मत की स्थापना की थी, उनके अनन्तर आचार्य चतुष्टय (भट्ट लोल्लट, शंकुक, भट्टनायक अभिनव गुप्त) ने क्रमशः अपने उत्पत्तिवाद, अनुमितिवाद, भोगवाद और अभिव्यक्तिवाद द्वारा जिस प्रकार रस को नाट्य और काव्य में अंतर्घटित किया, साथ ही पंडितराज जगन्नाथ, आचार्य विश्वनाथ आदि रसवादी विचारकों ने जिस प्रकार ऐन्द्रिय रसानुभूति को काव्य सापेक्ष घोषित किया, वे मूल मंतव्य यहाँ अवधारणीय हैं।

आचार्य भरत की रससूत्र—व्याख्या से कई मौलिक निष्कर्ष प्राप्त हैं। उनके अनुसार, नाट्यरस भोज्यरस का उदात्त रुप है। यह मूलतः रस्य या आस्वाद्य है। जैसे व्यंजन का स्वाद बाह्य्य पदार्थो के संयोग से बन जाता है, वैसे विभावादि से व्यंजित स्थायी भाव का आस्वाद नाट्य रस बन जाता है। इस रसास्वाद की परिणति है। हर्ष या काव्यानंद। तात्पर्य यह है कि आस्वाद और आनंदानुभूति के आधार पर ही ऐन्द्रिय रस की, काव्य रस रुप में प्रतिष्ठा की गई है।" पंडितराज ने इसे आनन्दानुभूति माना है और प्रमाता में वासना रुप में निहित रत्यादि स्थायी भाव को रस कहा है।"[6] आचार्य विश्वनाथ ने इसे सत्वोद्रेकपूर्ण सिद्ध किया है और आचार्य अभिनव ने इसे "संवेदनात्मक चवर्णा गोचरता नीतोऽर्थः" कहा है। यद्यपि इन प्रतिवादों के पीछे अनेक दार्शनिक पूर्वाग्रह भी रहे हैं, फिर भी समग्र रुप से रस को संवेदना, अनुभूति,

6. डॉ0 प्रेमस्वरूप गुप्ता, रस गंगाधर का शास्त्रीय अध्ययन, पृ0 101.

भावोद्रेक, आस्वाद और आनंदानुभूति से सम्बद्ध माना गया है। डॉ0 नगेन्द्र ने इसीलिए अनुभूति को इसका केन्द्र माना है।"[7] और दूसरी ओर सौन्दर्य–विधायिनी कल्पना, बिम्ब आदि को पर्याप्त महत्त्व दिया है। वस्तुतः व्यंजनगत रस और व्यंजनागत रस में भी।

संप्रति यह रस–तत्व सौन्दर्य–तत्व के बहुत निकट प्रतिष्ठित किया जा रहा है। डॉ0 रमेश कुन्तल मेघ ने मध्ययुगीन रस शास्त्र को आधुनिक सौन्दर्यबोध से एकात्म किया है, साथ ही डॉ0 निर्मला जैन ने भी "रस–सिद्धान्त और सौन्दर्यशास्त्र" को परस्पर संबद्ध माना है, क्योंकि सौन्दर्यानुभूति और आनन्द दोनों का साध्य है। अस्तु, रस–चिन्तन की इस दीर्घ परम्परा में रस का जो अनुभूति प्रवण, सौन्दर्य--आनंदपरक तथा काव्यात्मक स्वरुप प्राप्त होता है वही शिवानी–साहित्य में रस–सौन्दर्य का प्रतिपाद्य विषय है। यह ऐन्द्रिय होकर भी एक सूक्ष्म अनुभूति है। अस्तु, इसका पर्यवसान साहित्य–रस सौन्दर्य रुप में किया जा सकता है।

सौन्दर्यशास्त्रियों ने रसानुभूति को स्वयं में सौन्दर्यमूलक सिद्ध किया है। वस्तुतः अनुभूति एक अंर्ततम चेतना है। यह मानस--छवियों का नियमन और एकान्वयन करती है। अस्तु, वह सर्वथा आत्मगत या विषयनिष्ठ होती है। अनुभूतिवादी विचारक सौन्दर्य को एक चेतना मानते हैं और रस को भी । सौन्दर्य की चेतना, यों तो बाह्य या वस्तुनिष्ठ रुप से अनुप्रेरित होकर जाग्रतः होती है, पर है यह एक आत्मनिष्ठ आत्मानुभूति। तात्पर्य यह कि रस और सौन्दर्य की अवस्थिति प्रमाता–प्रमेय दोनों के संयोग से होती है। डॉ0 नगेन्द्र ने वस्तु और प्रमाता की चित्तवृत्ति के तादात्म्य से भागवत–चारुत्व का निर्देश किया है।[8] वस्तुतः भाव का पर्यवसान रस–रुप में आत्मनिष्ठ सौन्दर्य–चेतना के अन्तर्गत होता है।

आचार्य हजारी प्रसाद द्विवेदी ने भी रस को अनुभूति कहा है।[9] वस्तुतः आत्मिक अनुभूति ही रमणीय आकार में अभिव्यक्त होती है। आचार्य नंददुलारे वाजपेयी ने अनुभूति को काव्य का प्रेरक तत्त्व और "कलादर्शन"(एस्थेटिक्स) का मूल स्रोत कहा है।[10] उनके मतानुसार : वह वस्तु जो कल्पना के विविध अंगों और मानस–छवियों का नियमन तथा एकान्वयन करती है, अनुभूति

7. डॉ0 नगेन्द्र, रस सिद्धान्त, पृ0 85.
8. डॉ0 नगेन्द्र, काव्य बिंब, पृ0 67.
9. कालिदास की लालित्य योजना, पृ0 103.
10. नया साहित्य : नये प्रश्न, पृ0 147.

कहलाती है। बाजपेयी जी ने अनुभूति और कल्पना की रुपात्मक अभिव्यंजना को सौन्दर्य का हेतु माना है और इसे ही काव्य का निर्णायक केन्द्रीय तत्व कहा है। शिवानी जी की साहित्यिक–कल्पनाएँ प्रायः अनुभूति संवलित हों, कहीं–कहीं कल्पना–अतिरेक के कारण उनकी अनुभूतियों अनियंत्रित हो गई हैं। कल्पना–अनुभूति का यह असंतुलन मात्र वाग्विलास कहा जाता हैं। सौन्दर्य विधान के अन्तर्गत कल्पना मात्र एक प्रक्रिया के रुप में ही ग्राह्रय हैं। इसका उत्स और इसकी चरम परिणति है, अनुभूति। इसके सामंजस्य द्वारा ही साहित्य की रुपात्मक अभिव्यंजना संभव हैं।

निष्कर्ष यह है कि रस–सौन्दर्य के अन्तर्गत लेखिका की आत्मनिष्ठ सौन्दर्यानुभूति और उसकी काव्योपम अभिव्यक्ति विवेचनीय है। चूँकि प्रमाता की आत्मनिष्ठ सौन्दर्य–चेतना वस्तुनिष्ठ सौन्दर्य से ही प्रायः उत्प्रेरित या उद्भूत कही जाती हैं और वह मात्र लेखक ह्रदय तक सीमित न रहकर बहिर्मुखी भी स्वीकार की जाती है, इसलिए साहित्यगत रस–सौन्दर्य की चेतना आत्मनिष्ठ मानी जाती है। यह भी सहज स्वीकार्य है कि वस्तुगत सौन्दर्य के अभाव में भी भावुक अपने आत्मनिष्ठ सौन्दर्य के अनुकूल रुप–रस की कल्पना कर लेता है और उसे सौन्दर्यपूर्ण अभिव्यक्ति दे देता है, अस्तु, अनुंभूति के साथ–साथ साहित्यगत सौन्दर्य विधान में कल्पना का योग भी उल्लेखनीय है। शिवानी की कल्पनाएँ प्रत्यक्षतः या परोक्षतः जीवनानुभूतियों से उत्प्रेरित है, अस्तु उन्हें रस सौन्दर्य की अनुभूति के अन्तर्गत ग्रहण करना सर्वथा समीचीन है। आलोच्य साहित्य भावुकता और कल्पना पर्याय है। शिवानी–साहित्य में भाव, रस, अनुभूति, कल्पना आदि तत्व परस्पर संबद्ध से हैं। ये सौन्दर्य के करण–कारण है अतः इनकी व्यंजना सौन्दर्यपूर्ण और रसमय है। ये तत्व ही साहित्य –सौन्दर्य के हेतु हैं। समग्रतः इन्हें रस–सौन्दर्य की सीमा में सम्मिलित किया जा सकता है। शिवानी की रसानुभूति में आस्वाद का सौन्दर्य दिखाई देता है। वह स्वयं में सूक्ष्म भी है। इस रस–सौन्दर्य के अन्तर्गत बिम्ब, कंल्पना, रुपक, गूढ़ार्थ व्यंजना आदि तत्व विशेषतः विचारणीय हैं।

शिवानी जी की रस–विषयक अवधारणा

शिवानी की रस–सृष्टि बड़ी विशद् है। शिवानी ने अनेक स्थलों पर पंचेन्द्रिय बोध के अन्तर्गत रस की प्रतिष्ठा की है। उन्होंने ''रस'' को विविध अर्थो में ग्रहण किया है। इन अर्थो में राग–तत्व एवं कल्पना–तत्व अन्तर्भुक्त हो जाते हैं। शिवानी द्वारा राग–तत्व कला–तत्व एवं कल्पना तत्व का

समावेश, रसाभास, भावाभाव आदि की रस में गणना और रस के किसी अवयव की अविद्यामानता में उसके आक्षेप द्वारा रसानुभूति की स्वीकृति आदि तथ्य इस बात के परिचायक हैं कि शिवानी साहित्य में रस को व्यापक अर्थ में ग्रहण करने के पक्ष में रही हैं। अतः शिवानी साहित्य में ''रस'' सौन्दर्यानुभूति का पर्याय हैं। यथा–

> ''जीवन की समग्रता में कहानी की एकात्मकता मेरे लिए सदैव एक अनोखे आनन्द की अनुभूति बन उठती है, किन्तु अपने पात्रों की सृष्टि कर, उनमें भय, विस्मय, हर्ष–विषाद सबको अनुभूत जगत् से रस प्लावित करने पर भी मुझे संतोष नहीं होता। बराबर यही लगता रहता है कि कहीं चूक गयी हूँ। जानकी की जिन मद–भरी आँखों की शरबती शोखी को मेरी कलम हू–बहू उतारना चाहती थी, उसे एक के बाद एक एक कई पृष्ठ फाड़ने पर भी ठीक उतार नहीं पाती। लगता है जिसका चित्र खींच रही थी, या तो वह ही हिल गयी है या मेरी फिल्म ही कहीं एक्सपोज हो गयी है।''[11] इस प्रकार शिवानी ने ''सौन्दर्य की सृष्टि'' में ही रस की सत्ता को स्वीकार किया है। उन्होंने इस तथ्य को भी स्वीकार किया है कि जिस प्रकार सुन्दर भाव भी रुचिकर आह्लादक होते हैं, उसी प्रकार सुन्दर स्पृहणीय या उदात्त भाव हमें आह्लाद प्रदान करते हैं। इनके अनुभव से हमें आनन्द मिलता है। यही सुन्दर स्पृहणीय भाव–जन्य आनन्द ही काव्य रस है। अतः काव्य रस सुन्दर स्पृहणीय प्रेम, घृणा, हास, करुणा आदि भावों की मानसिक अनुभूति का आनन्द है। ''काव्य की इस स्पृहणीय भाव जन्य आनन्दानुभूति (रसानुभूति) के लिए दो शर्ते आवश्यक हैं–एक भावों का सुन्दर, स्पृहणीय या उदात्त होना और दूसरे, हमारे मन का अनुभूति के लिए तैयार होना अर्थात् व्यक्तिगत राग–द्वेष से परे होना।''[12]

शिवानी–साहित्य में रस आत्म रुप इसलिए भी है, क्योंकि यह कहीं बाहर से बाहर उत्पन्न नहीं होता। वस्तुतः यह हमारी आत्मा का ही रस होता है। प्रमाता के ही हृदय में संस्कार रुप से रति, शोक आदि सुन्दर स्पृहणीय उदात्त भाव या स्थायी–संचारी भात विद्यमान रहते हैं जो विभावादि के उपलक्षण से जागृत और पुष्ट हो रस रुप में परिणत या ध्वनित हो जाते हैं। जैसे मिट्टी में ही उसकी गन्ध होती है और जलादि के सिंचन से वह ध्वनित

---

11. अपराधिनी की भूमिका – शिवानी, पृ0 6.
12. काव्यशास्त्रीय निबंध – डॉ0 कृष्णदेव झारी, पृ0 119.

हो उठती है, वैसे ही सामाजिक के हृदयगत भाव ही विभावादि के कारण सुप्तावस्था से जाग्रत होकर पुष्ट होकर रस रुप ग्रहण करते हैं। अतः रस वाच्य नहीं होता, ध्वनित होता है। शिवानी के अनुसार, "साहित्य एक ऋजु कर्म है और उसकी पहली शर्त हैं, उसकी सहजता। कठिन से कठिन बड़ी से बड़ी बात को जो सहजता से परिवेशित करने में समर्थ होगा वही कहा जा सकेगा एक सफल साहित्यकार/रचना का पौधा केवल कल्पना की जलधार से नहीं पनपता, न कोरे यथार्थ से। केवल खरे हॉलमार्की स्पेने से गढ़ा गया आभूषण टिकता नहीं, लचकने लगता है, जब तक उसमें समुचित रुप में तांबा न मिलाया जाए और यदि स्वर्णकार अनुभवी एवं दक्ष हैं तो तांबा भी सोना लगने लगता है। इस संतुलन को बनाए रखने के लिए कठिन तपस्या करनी पड़ती है। उस दुर्गम पथ को स्वयं ढूँढना होता है, कोई उसे ढूँढ कर आपको नहीं थमाता। उस पथ पर स्वयं चले बिना मनुष्य भले ही वह देवदत्त प्रतिभा लेकर क्यों न जन्मा हो, मनुष्य के सुख–दुःख, हर्ष विषाद आशा निराशा को नहीं समझ सकता। जैसा रवीन्द्रनाथ ने लिखा है, "जीवन केवल पथ पर चलना ही नहीं है। शत सहस्र पथों के बीच केवल एक पथ है, उसे ही नाना प्रकार से परख कर खोजना ही मेरी शान्ति का परिणाम होगा; और आज तक मैं यही करता आ रहा हूँ। इस प्रक्रिया में, मैंने दुःख भी पाया है, आनन्द भी, किन्तु अभी भी निःसंशय नहीं हो पाया, यद्यपि भय अब चला गया है। एक बात समझ में आ गई है कि इस पथ को खोजने में ही जीवन की सबसे बड़ी शिक्षा निहित है। यदि इस पथ को खोजना न होता, तो भले ही सब कुछ पा लेता, स्वयं अपने को भी कभी नहीं पा सकता था। कर्म पथ जितना ही सत्य है, कर्म त्याग का पथ भी उतना ही सत्य है।"[13] स्पष्ट है कि पंचेन्द्रियों द्वारा ग्राह्य सौन्दर्यबोध में रस को लेखिका ने पर्याप्त अर्हता दी हैं। शिवानी साहित्य में "रस" शब्द जीवन–सर्वस्व का द्योतक है। इसे प्रायः उन्होंने "जीवन रस" के रुप में ग्रहण किया है। कहीं–कहीं पर तो ऐसा आभास होता है कि उन्होंने सौन्दर्य और आनन्द की अनुभूति को "रस" नाम दिया है। मूलतः शिवानी रस परायण लेखिका हैं। उन्होंने नारी के कोमल अंगों की समिधा तथा लावण्य का घृत अर्पित कर "रस यज्ञ" सम्पन्न किया है। द्वितीय अध्याय में श्रृंगार रस एवं रुप सौन्दर्य से आपूरित शिवानी साहित्य की विस्तार से विवेचना की गई है। रस परिपाक की दृष्टि से शिवानी ने सौन्दर्य–श्रृंगार को रस–रुप स्वीकार किया है और

13. लोकमंगल और आज का साहित्यकार, पृ0 119.

रम्परिक साहित्यकारों का अनुसरण करते हुए उसे प्राणों का राग–रंग भी स्वीकार किया हैं। लेखिका का अमूर्त सौन्दर्य (श्रृंगार) विविध भावोच्छ्वास द्वारा व्यक्त होकर जिस प्रकार उनकी रचनाओं में परिणत हुआ है, वह रस–निष्पत्ति का एक उत्कृष्ट उदाहरण है। शिवानी की रचनाओं में कई ऐसे उदाहरण दृष्टव्य हैं, जो लेखिका की रसमयता के साथी हैं। शिवानी ने साहित्य में इंद्रिय–ग्राह्य षट्–रस को कदापि स्थान नहीं दिया है। अस्तु, रस के अन्तर्गत शिवानी की रचनाओं में साहित्य–रस का आस्वाद करना ही पर्याप्त है।

शिवानी की रस–सृष्टि

उपर्युक्त अभिमतों से स्पष्ट है कि शिवानी ने रस को साहित्य–सौन्दर्य रुप में ग्रहण किया है। उन्होंने विभिन्न साहित्यानुभूतियों द्वारा जो आस्वाद प्राप्त किया हैं, साहित्य की रचना प्रक्रिया में "रस चर्वणा" द्वारा सौन्दर्य का जो संमूर्तन किया है और इस प्रकार अनुभूति, कल्पना, बिम्ब, प्रतीक आदि के माध्यम से जो कलात्मक सौष्ठव प्रस्तुत किया है, वह समवेत रुप से रस–सौन्दर्य के अन्तर्गत ग्राह्रय हैं।

शिवानी ने आत्मानुभूति को बड़ा प्रश्रय दिया है। उन्होंने साहित्य में अपने अंतस् का स्पंदन सुना है और उसे तन्मयतापूर्वक प्रतिध्वनित कर दिया है। लेखिका ने जीवन एवं प्रकृति के प्रत्येक पहलू को देखा–परखा है और उसमें घुल–मिलकर एकाकार हो जाने का यत्न किया है। इन्होंने बाह्रय प्रकृति से विशेष भावयोग या तादात्म्य स्थापित किया है। चतुर्थ अध्याय में प्रकृति–सौन्दर्य की विस्तृत विवेचना की गई है। प्रकृति के साथ लेखिका के अनुभूत्यात्मक भावैक्य का प्रमाण प्राप्त होता है। शिवानी साहित्य में कई उदाहरण इसी प्रकार के प्रस्तुत किये जा सकते हैं, जो समग्रतः इसी मत का प्रतिपादन करते हैं कि लेखिका ने बाह्रय–प्रकृति के साथ विशिष्ट भाव–तादात्म्य स्थापित किया है। उन्होंने अपने सूक्ष्म पर्यवेक्षण और संवेदनशील संस्कारों द्वारा अपनी अनुभूतियों को प्रोद्भाषित किया है, जिससे रस–सौन्दर्य की सफल सृष्टि हुई है।

शिवानी साहित्य में रस–सौन्दर्य के अन्तर्गत कल्पनाओं और बिंबों की छटा विशेषतः अवलोकनीय है। उनकी रचनाओं में कल्पना की तो भरमार–सी हैं। यही कारण है कि कहीं–कहीं ऐसा आभास होता हैं कि उनकी रचनाएँ "कल्पनाओं की कल्पलता" हैं। वस्तुतः ये स्वच्छन्द कल्पनाएँ ही शिवानी–साहित्य की केन्द्र–बिन्दु हैं। कलाशास्त्रियों ने कल्पना को कलाकार

की श्रेष्ठ सर्जना शक्ति कहा है। यह स्मृत चित्रों की पुनरुत्पत्ति करती है। मनोवैज्ञानिकों के अनुसार, इसका अविर्भाव चैतन्य से होता है और यह ऐन्द्रिय अनुभूतियों से युक्त होती है।

नृतत्व के अनुसार, यह एक रचनात्मक, आनुमानिक और आकस्मिक मनःशक्ति हैं/ रस–कल्पना रुप में यही रुप–विधान करती हैं और अतीद्रियबोध का भी संस्पर्श करती है। शिवानी कल्पना द्वारा भावी मानवता के सत्य को वाणी देती हुई कहती हैं–''मैं जो कुछ कहूँगी सच कहूँगी। सच के सिवा कुछ नहीं कहूँगी'', यह कहना तो बहुत सरल हैं, किन्तु लिखना उतना ही कठिन। सत्य की कड़वी औषधि में कभी–कभी काल्पनिक शहद भी मिलाना पड़ता हैं।''[14]

इस प्रकार शिवानी–साहित्य और कल्पना प्रायः समानार्थी हैं। ये कल्पनाएं लेखिका की अचेतन अनुभूतियों की अभिव्यंजनावादी प्रतिच्छवियां हैं। शिवानी मूलतः द्रष्टा और कल्पक लेखिका हैं। अप्रस्तुत विधायिनी कल्पनाओं के प्रतिविधान में उनकी विशेष अभिव्यक्ति अथवा मानसिक पुनरुत्पत्ति कहा जा सकता है। यह रुप विधान चूँकि अर्थबोध से युक्त है अस्तु, इसे ''दूर की कौड़ी'' और ''दिमागी ऐय्याशी'' नहीं माना जा सकता। शिवानी की कल्पनाएं यद्यपि मूलतः सौन्दर्यात्मक हैं फिर भी उनके मूल में व्यावहारिक पृष्ठभूमि भी हैं । आचार्य शुक्ल ने रुप–विधान को प्रत्यक्षं, स्मृत और कल्पित तीन श्रेणियों में विभक्त किया हैं।[15] शिवानी–साहित्य में ये सभी रुप प्राप्य हैं। इनके कल्पना चित्र आत्मचैतन्य तथा पर्यवेक्षण के परिणाम हैं। मनोवैज्ञानिकों के अनुसार, कल्पना–चित्र इन्द्रियानुभूति की मौलिक प्रतिलिपि नहीं है। कला–कल्पना एक स्वप्निल, अचेतन और रुग्ण मनःस्थिति है। अस्तु, ये चित्र ''विशफुलफिलमेंट, फैंटेसी, इल्यूजन'' आदि के अधिक निकट हैं और यथार्थ से कम। किन्तु यह सहज स्वीकार्य है कि शिवानी की कल्पनाएँ विभिन्न कुंठाओं, मानस छवियों और भावचित्रों की संवाहक हैं। इनके पीछे लेखिका की वैयक्तिक सामाजिक चेतना भी प्राप्य हैं। यह साहित्यकार की अर्द्धजागृत मानसिक अवस्था में स्वप्निल आवेशों द्वारा स्वतः निर्मित होती हैं। कलाशास्त्रियों के अनुसार, लेखक अपनी तंद्रा की स्थिति में जब असंबद्ध स्वप्नों को सुलझाकर गतिशील कर देता है तो वहीं साहित्य की सृष्टि हो जाती है। शिवानी ने इसी प्रकार अपने अचेतन की झंकार को प्रत्यांकित

14. नदी जो मरूस्थल में खो गई, पृ0 79.

15. चिन्तामणि, पृ0 243.

किया है। लेखिका ने अपनी संवेदनाओं का उदात्तीकरण किया है और निर्वैयक्तिकता के आधार पर विभिन्न जीवनानुभूतियों को आत्मसात् कर उन्हें साधारणीकृत कर दिया है। यही कारण है कि इनके आलंबनत्व और इनकी अनुभूतियों के साथ विशेष भाव–तादात्म्य अनुभव होता है।

वस्तुतः शिवानी–साहित्य में रस–सौन्दर्य को अनुभूति, कल्पना, बिम्ब आदि के माध्यम से व्याख्यायित किया जा सकता है और इसे साहित्य–सौन्दर्य अथवा भाव–सौष्ठव रुप में स्थापित किया जा सकता है। शिवानी साहित्य में यों तो रस–परिपाक सर्वत्र प्राप्य हैं, फिर भी लेखिका की कैशोर–कल्पनाओं में रस–प्रतीति अपेक्षाकृत अधिक है। विद्वानों के अनुसार, रस–योजना विशेषतः सौन्दर्य–सृष्टि की दृष्टि से किशोर लेखकों की कैशोर भावुकता सर्वाधिक उपयुक्त होती है। अतः शिवानी की वे रचनाएं जिनमें सौन्दर्य का स्वच्छन्द वर्णन हैं, अधिक भावपूर्ण हैं। यह सौन्दर्य मूलतः रस–सौन्दर्य ही है जो शिवानी–साहित्य के सौन्दर्य–विधान का मूलाधार हैं।

उपर्युक्त विवेचन के पश्चात् शिवानी–साहित्य में रस प्रस्तुत है। शिवानी नें अनुभूति और कल्पना इन दोनों दृष्टियों से सौन्दर्य की सृष्टि की है। नारी सौन्दर्य शिवानी–साहित्य में कल्पना तथा अनुभूति द्वारा साकार हो उठा है, उन्होंने "श्रृंगार रस" की वर्षा सी कर दी है। यथा– "मधुमास में जन्मी किसी कलिका–सी उस किशोरी को सौकुमार्य, चापल्य, मार्दव से मंडित करने में विधाता ने, उन वनस्पति जन्य रंगों का प्रयोग किया था जिनका प्रयोग इन दिनों आश्रम के कला गुरू नंदलाल बोस कर रहे थे, पलाश, हरिद्रा, गुलबनप्सा हरीतिकी।"[16] "हाथ में नीला कमल लिए केशों में कुंदकलियों को खोंसे, लोध्रराज मुख में लगाए, चूड़ापाश में नया कुन्तक, कानों में शिरीष खोंसे, मांगों में कदम्ब लगाए, अलकापुरी की सुन्दरियों[17] की कल्पनाएं भी शिवानी–साहित्य में की गई हैं। शिवानी ने इस तथ्य की स्वयं पुष्टि की है कि उनकी लेखनी काल्पनिक नायिका का ही सौन्दर्य निखारती हैं यथार्थ का नहीं। लेखिका को इन कल्पनाओं से भी पूर्ण संतोष नहीं होता। अस्तु वे रुपक की सृष्टि करती हैं और नायिका की अंग–माधुरी में पुष्प सा खिला चेहरा, पिट सोने सा दमकता रंग, वैसी ही सुगठित देह की अबाध मधुरिमा को प्रत्यंकित करती है। शिवानी की ये उक्तियां वास्तव में उनकी कल्पना सौष्ठव की परिचायक हैं। शिवानी–साहित्य में लेखिका की कल्पनाएँ रुपकों

16. लिखूँ?, पृ0 101.
17. कालिंदी, पृ0 9.

में बहुशः व्यक्त हुई हैं। उन्होंने अल्हड़ नायिका की भी भावभंगिमा और आंगिक चेष्टा का यथावत् गोचर प्रत्यक्षीकरण कराया है।

इस प्रकार उन्होंने प्रकृति के परिप्रेक्ष्य में यत्र–तत्र अनेक बिम्ब प्रस्तुत किये हैं, जो विराट् भी है और सूक्ष्म भी। शिवानी ने प्रकृति की कोमलता तथा प्रचण्डता को यथावत् रुप प्रदान करने की चेष्टा की है। यह निश्चय ही एक विदग्ध कल्पना है। इसी प्रकार हिमालयी प्रकृति (हिमसंसृति) तथा उस पर प्रतिबिम्बित उषाकालीन–अरुण आलोक को चित्रित करने में लेखिका की उर्वर कल्पनाशीलता का परिचय मिलता है। इस प्रकार के दृश्य शिवानी–साहित्य में पर्याप्त है।। लेखिका ने संध्याकालीन बहुरंगी घनमाल को, पर्वत–श्रेणियों के तथा निर्झरों के सौन्दर्य को अपनी कल्पनाओं से सजाया है। शिवानी पार्वत्य प्रकृति के प्रति अभिभूत हैं। यही कारण हैं कि उनके अचेतन में संचित सौन्दर्यानुभतियां अथवा मानस छवियाँ मुखर हो उठी हैं। कल्पना तथा अनुभूति का ऐसा मणि–कांचन संयोग अत्यन्त विरल है। शिवानी की ये अनुभूतियाँ जब बिंबविधायिनी कल्पना के सहारे प्रकट होती हैं तो और भी विलक्षण प्रतीत होती हैं। इतनी विशद चित्रपटी और इतने विराट बिंब का सांगोपांग संयोजन कर लेना सहज नहीं है। शिवानी ने इस प्रकार की अनेक उद्भावनाएँ प्रस्तुत की हैं, जिससे उनकी कारयित्री एवं भावयित्री प्रतिभा का प्रमाण मिलता है। उन्होंने प्राची में फैला मधुर राग, नवोदित सूर्य, अरुण आलोक को सुनहला पराग, किरणों को पारदर्शी झिलमिल अंचल और खग–कलरव को हर्षोल्लास की ध्वनि रुप में अंकित किया है। शिवानी के कल्पना–चित्र गूढ़ार्थ–व्यंजना से परिपूर्ण है। उन्होंने प्रायः अप्रस्तुतों द्वारा भाव की तदाकार परिणति की हैं। प्रकृति सौन्दर्यांकन में उन्होंने कहीं–कहीं पर हिमशिलाओं पर प्रतिबिम्बित प्रकाश मणियों के समान जांज्वल्यमान चित्रित किया हैं। वहीं उन्होंने प्रकृति के विभिन्न परिवेशों और विविध रुपों से अनुभूतियों का चयन किया है। शिवानी का अधिकांश साहित्य आत्मबद्ध हैं। अस्तु उसमें अनुभूति की ईमानदारी हैं। वे संवेदनाओं की तह में पहुँचकर भावुक प्रसंगों की सृष्टि करने में विशेष सफल हुई हैं।

वस्तुतः शिवानी पर्वतीय प्रकृति के जिन रुपों के प्रति अभिभूत हैं, वे दृश्य सर्वाधिक रससनात दिखाई देते हैं। वह पर्वत प्रदेश पर लिखे बसंत को देखकर विस्मय विमुग्ध हैं, अस्तु सौन्दर्य की यह अनुभूति साहित्य सौन्दर्य के रुप में फूट पड़ी है। चतुर्थ अध्याय में इसकी विस्तार से चर्चा की गई है। इन चित्रों में जो सूक्ष्मता और चित्रात्मकता है, वही शिवानी के रस–सौन्दर्य

की उपलब्धि है। प्रकृति के भिन्न–भिन्न रुपों के माध्यम से लेखिका ने अपनी सौन्दर्य–चेतना का कलात्मक निदर्शन किया है। उनकी कल्पना प्रवण अनुभूतियां इस परिवेश में सविशेष मुखर हुई हैं। लेखिका सूर्योदय, सूर्यास्त, चन्द्रोदय आदि दृश्यों को देखकर भावाकुल हो उठी है। इस प्रकार अपनी कल्पना प्रियता का परिचय देते हुए लेखिका ने सांध्यकाल और उसके विविध रुपों के प्रति अपनी लेखनी की कुशलता का परिचय दिया है। उन्होंने अस्तोन्मुख सूर्य के अरुण बिम्ब, जल पर पड़ते उसके प्रतिबिम्ब,संध्या समीर और उसकी तरंगों द्वारा वाहित कंपायमान मंदिर की घंटा ध्वनि का जो चित्रण किया है, वह रसात्मक सौन्दर्य सर्जना की दृष्टि से प्रशंसनीय हैं। यथा–

> "हिमाच्छादित पर्वत श्रेणियों पर विदा ले रहा सूर्य......गिरजे के इतवारी घंटे की गूँज के साथ, दूर कड़कते बादलों का गर्जन–तर्जन जैसे जुगलबंदी कर रहा था–वही पखावज तबले की–सी दुगुन–चौगुन –धा तिरकिट तट,धा तिरकटि तट, धा तिरकिट तत तूना कत्ता।"[18]

"हे राम, हे राम!" कहती वह नित्य की भाँति सिकुड़ती धरा पर ढेर हो गयी थी। ठीक जैसे कोई नमक छिड़क पहाड़ी जोंक गोल–मोल घुस सहसा निःश्चेष्ट हो जाती हैं "पार्वती । पार्वती।" कह वे उसकी पलट गई पुतलियों और रक्तहीन चेहरा देख भयभीत हो गये। देही एकदम ठंडी पड़ी थी। कहीं दिल का दौरा तो नहीं पड़ गया उसे, इस उम्र में वह भी उन्हें छोड़ गई तो उनका क्या होगा।"[19]

यहाँ शिवानी ने शोक, करुणा तथा विस्मय तीनों भावों का सम्मिश्रण कर दिया है इसी प्रकार उनके पात्रों की मनोवेदना को उन्होंने विभिन्न बिम्बों द्वारा इस कला–कुशलता के साथ प्रोद्भासित किया है कि उनका औदात्य प्रत्यक्ष हो उठा है। आत्मग्लानि तथा पश्चाताप के भावों का अंकन भी कहीं–कहीं सहृदयी पाठकों को आत्मविभोर कर देता हैं। यथा–

> "शिवसागर अबोध बालक से सिसकते, पत्नी के हिम शीतल पैरों पर गिर पड़े थे– "मुझे माफ कर दे पार्वती, मैंने तुझे बहुत सताया हैं, कसाई हूँ मैं।"[20]

---

18. कालिंदी, पृ0 176.
19. पूतोंवाली, पृ0 21.
20. पूतोंवाली, पृ0 23.

शिवानी–साहित्य में इन पात्रों के इस प्रकार के भाव उनके भीषण मनोद्वेग के परिचायक हैं। उनके विभिन्न पात्रों के अन्तर्मन में जो नैराश्यांधकार हैं, जो दिग्भ्रम हैं, जो स्तब्धता (किंकर्तव्यविमूढ़ता) जो अन्तःक्रन्दन और अंतर्दाह है वह अपने मूल रुप में चित्रित हैं। इसी प्रकार "भयाक्रान्त" पात्रों की मनःस्थिति उनकी अनुभूतिगत भयानकता अविकल रुप से अभिव्यक्त की गई है। उदाहरण दृष्टव्य है–"उसके जी में आ रहा था कि एक बार फिर अपनी अचेतन अवस्था में डूब जाए। एक अज्ञात भय की सिहरन रह–रह कर उसे कंपा रही थी। वह भागना भी चाहेगी तो कैसे भाग पाएगी? चारों ओर गहन वन, सम्मुख बाँह पसारे शिवपुर का महाश्मशान अनजान परिवेश, विचित्र संगी–साथी और फिर इस पंगु अवस्था में पलायन कैसे संभव होगा?"[21]

इसी प्रकार वातावरण की निस्तब्धता में भी भयावहता का साक्षात्कार शिवानी–साहित्य में दर्शनीय है। यथा–"आकाश की नीलिमा मानो उस अरण्य को चीरती हुई झपाटे से नीचे उतर आई थी। प्राचीन वट और अश्वत्थ के धूमिल वृक्ष मौन–साधकों की तरह अचल खड़े थे.......क्या इन वृक्षों की पत्तियाँ भी, अरण्य की मूल भयावहता से सहमकर हिलना भूल गई थीं?"[22] यहाँ व्यक्ति की परिवेशगत असमर्थता तथा प्रकृति की नीरवता, निस्तब्धता का अंकन कर शिवानी ने "भय" को चित्रित करने का सफल प्रयास किया हैं शिवानी का यह विराटबोध गोत्र मनःकल्पित नहीं है इराके पीछे उनकी प्रबल अनुभूति और उनकी महाप्राण चेतना है। इस विराटता बोध का परिणाम शिवानी के बिम्ब–विधान में भी दृष्टव्य है। उन्होंने जो विशद् चित्र–फलक स्थापित किये हैं और उन पर जो विस्तृत रेखाकृतियां अंकित की हैं, वे लेखिका के हृदय की व्यापकता तथा भाव स्फीति की साक्षी हैं। उदाहरणस्वरुप लेखिका का पूरा साहित्य ही विचारणीय हैं।

शिवानी ने यत्र–तत्र श्रृंगारिक चेष्टाओं और सात्विक अनुभवों को प्रकृति चित्रण के ब्याज से, रुपकातिशयोक्ति के सहारे इतनी सूक्ष्मता और वचन–विदग्धता के साथ प्रत्यंकित किया है कि उसकी रसानुभूति साहित्य रस में परिणत हो गयी है। नायिका के यौवनागमन, उसकी वयःसन्धि वेला और उसके सौन्दर्य–सम्मोहन की जो रुपच्छवि उन्होंने अंकित की हैं, तारुण्य की ओर पदक्षेप करती हुई नायिका का सौन्दर्यांकन कर जिस सात्विक

---

21. भैरवी, पृ0 8.
22. भैरवी, पृ0 5.

साहस और जिस सुसंवेद्य, सत्य का संमूर्तन किया है, वह रसानुभूति के सन्दर्भ में सर्वथा श्लाध्य है। उदाहरणार्थ–

> ''लड़की वास्तव में व्यक्तित्व सम्पन्ना थी, कुर्गी थी, इसी से रंग था एकदम चिट्टा सुर्ख, उस पर कुछ ''ब्लशऔन'' की महिमा थी, कुछ ''प्लम कलर्ड'' लिपस्टिक की। उसे देखकर, मुझे वाजिद अली शाह की जोगिया बेगम, सिकन्दर महल का स्मरण हो आया। वयस होगी तेईस–चौबीस के लगभग, किन्तु व्यवहार अल्हड़ षोडशी का था।....... उसकी मैक्सी का गला भी इसी औदार्य से खुला, किसी उत्तुंग पर्वत श्रेणी पर फिसल रहे पहाड़ी झरने के वेग से ही, झरझराता नीचे उतर आया था।''[23]

स्पष्टतः शिवानी का सौन्दर्यबोध और साहित्य बोध रससम्मत हैं। उनके रस–सौन्दर्य में अनुभूति का सौन्दर्य है। ये अनुभूतियों कल्पना, बिम्ब आदि में परिणत होकर भी एक स्वानुभूति मूलक सहज रस का आस्वाद कराती हैं। वस्तुतः शिवानी की कल्पनाएं बौद्धिक चमत्कार मात्र न होकर अंतस् से फूटी विवशकारिणी (कम्पलसिव) भाववृत्ति जैसी प्रतीत होती हैं। ये अनुभूतियां सहृदय को अपने विविध विभावादि से व्यंजित स्थायी भावों का आस्वादन कराकर स्वयं रसत्व की स्थिति प्राप्त कर लेती है। शिवानी–साहित्य में यह रसानुभूति एक भावात्मक परिस्थिति और एक मनोदशा के रुप में व्याप्त है। लेखिका की वेदना, उसका अन्तर्द्वन्द्व और उनके संवेग सह्रदय को एक विशिष्ट भाव का आस्वाद कराते हैं और रस–सौन्दर्य रुप में पर्यवसित हो जाते हैं। शिवानी की अन्य रचनाएँ जिनमें कल्पना और बिम्ब का प्रतिविधान नहीं भी किया गया हैं, अपनी प्रवेगमयी अनुभूतियों के कारण रसस्पर्शी सिद्ध होती हैं। उनके साहित्य में जो ध्वंसक आवेग, क्रान्ति की ऊर्जा और जीवन संघर्ष का ओजस्वी स्वर है, उसमें टूटने का जो दर्द एवं एकाकीपन का जो विषण्ण रोदन हैं और उसके साथ ही उसमें जो अध्यात्मोन्मुखी भावाकुलता, दर्प और दैन्य की जो उदात्तीकरण आत्मविश्रान्ति दिखाई देती है, वह निस्सन्देह रसोद्बोधक हैं। जीवन की कुरुपता को, वीभत्सता को भी उनहोंने रुपायित करने का प्रयास भी किया है। यथा–''जब वह लिज़लिजा लाल मांस का चीखता लोथड़ा उसके हाथों में पहली बार आया, तो नंदी को लगा था, वह स्वयं गिर पड़ेगी। उसे नहला–धुला, साड़ी का आंचल फाड़, उसे लपेट वह उसकी नानी की गोद में थमाने बढ़ी, तो देखा–नानी कहीं नहीं थी।

23. सौत, पृ0 66.

द्वार तो बन्द था। तो क्या वह पुत्री की अमानवीय चीख से स्तब्ध हो, ऊँची खिड़की से कूद गई थी? चीखते शिशु को छाती से लगा उसने रक्त से सनी शान्त पड़ी पगली की देह को ढका और द्वार खोल दिये।"[24]

ये वर्णन वास्तव में रसोद्रेकमूलक हैं। तात्पर्य यह है कि शिवानी का रस सौन्दर्य बिम्बों, कल्पनाओं आदि के माध्यम से भी प्रकट हुआ है और निराडंबर साहित्य की सपाटता द्वारा भी। वस्तुतः स्वानुभूतिमूलक सहज रस (आत्मरस) का सौन्दर्य शिवानी में सर्वाधिक हैं।

रसात्मक–सौन्दर्य की दृष्टि से शिवानी का साहित्य विलक्षण है। वस्तुतः वे "रस" की कुबेर हैं और उनका साहित्य "रस झंकृत" हैं। लेखिका की ये कल्पनाएँ उनकी सौन्दर्यानुभूति की देन हैं और उसकी अनुभूतियां उनके रसबोध से उद्‌भूत हैं। वास्तव में लेखिका की ये कल्पनाएँ मात्र वाग्विलास प्रेरित नहीं हैं। इनके पीछे सघन संवेदनाओं एवं अनुभूतियों का रस है। स्वानुभूत भातृत्व प्रेम सम्बन्ध में हास्य का प्रस्फुरण भी उन्होंने किया हैं। यथा–

> "जब मैं कहती कि मेरे बड़े भाई और पति जिन्हें बुलाने को कह रहे हैं, वे तो कब के जा चुके हैं तो वे कहते, "कहाँ जा चुके हैं? तुम क्यों नहीं जा सकती उन्हें बुलाने?"
>
> "काश, मैं जा सकती।"
>
> "हम हुकुम दे रहे हैं।" उनका पठानी रक्त फिर रगों में दौड़ने लगता।
>
> "वहाँ किसी का हुकुम नहीं चलता, हामिद भाई। 'फाजंदे दिल पजीर दौलते इंगलीशिया का भी नहीं।" मुझे हंसी आ गई और वे बौखला गये।"[25]

इसी प्रकार शिवानी साहित्य में अनुभूति का रस भी है और कल्पना का वैदग्ध भी। लेखिका सांगोपांग रुपकों की रचना में बड़ी प्रवीण हैं। मुख्यतः शिवानी की सौन्दर्य–चेतना बिंबविधायिनी है और प्रायः श्रृंगार प्रसाधन के बहाने व्यक्त हुई हैं। यथा–"प्रत्यंचा–सी भवों के बीच खींची गई तिलकनुमा काजल की बिंदी, लम्बे बालों का ढीला जूड़ा, चेहरे की कान्ति पाउडर की मरीचिका तथा होठों पर लिपस्टिक की रेखा[26] द्वारा सौन्दर्य का जो विराट बिंब प्रस्तुत किया है वह बड़ा विलक्षण हैं।

---

24. कैंजा, पृ0 34.
25. मेरा भाई, पृ0 13–14.
26. तीन कन्या, पृ0 78.

लेखिका की इन कल्पनाओं को बौद्धिकता प्रसूत, ऊहात्मक चमत्कार नहीं कहा जा सकता, क्योंकि इनके पीछे सघन रागात्मक संवेदनाएँ हैं। ये चित्र लेखिका के हृदय में संचित रस और सौन्दर्य की विभिन्न अनुभूतियों की प्रतिकृति हैं। लेखिका जीवन और प्रकृति के विविध रुपों, रंगों को देखकर एक विशेष मनस्तृप्ति का अनुभव करता हैं, अस्तु उनकी सौन्दर्य–चेतना आनंदानुभूति में परिणत हो जाती है और रसत्व की स्थिति प्राप्त कर लेती हैं। यह रस–सौन्दर्य शिवानी के साहित्य में बहुव्याप्त है। वस्तुतः उनका भावबोध और इन्हें पुनः रस–सौन्दर्य में परिणत कर देती हैं। वस्तुतः शिवानी की ये कल्पनाएँ बड़ी हृदय स्पर्शी हैं। वे प्रकृति–सौन्दर्य में प्रायः अंतर्लीन रही हैं अस्तु, उनकी रचनाओं में अद्‌भुत सरसता के दर्शन होते हैं।

स्पष्ट है कि शिवानी की रचनाएं कल्पना, बिम्ब, गूढ़ार्थ व्यंजना आदि से आपूर्ण हैं। ये अभिव्यक्तियां लेखिका की आंतर अनुभूतियों और उनकी मूल संवेदनाओं से सम्पन्न हैं। इनकी सृष्टि बौद्धिक बारीकी द्वारा नहीं, आत्मिक सौन्दर्यानुभति द्वारा हुई है। वे दैनिक जीवन के तथ्यात्मक (स्थूल) यथार्थ से भले ही अनुभूतियों का चयन करने को सहमत न हों, फिर भी जीवन के शाश्वत तत्वों और सार्वकालिक, सार्वभौम अनुभूतियों के प्रति वे ग्रहणशील हैं। इन अनूभूतियों में चूँकि एक सुसंवेद्य सत्य हैं। अस्तु, ये रस–सौन्दर्य की दृष्टि से असंदिग्ध हैं। लेखिका का यह अन्तर–सौन्दर्य सर्वत्र वस्तुगत सौन्दर्य को वरण करता दिखाई देता है और वह अन्ततः सौन्दर्यमयी व्यंजना में परिणत हो जाता है। तात्पर्य यह है कि उनकी ये अनुभूतियां स्वयं में सौन्दर्यमयी हैं। अस्तु, वे सौन्दर्यशाली दृश्यों, रुपों, भावों आदि का संयोजन करती है और प्रायः उसी अनुपात में सौन्दर्य की संरचना करती हैं। यह सौन्दर्य रस का ही एक अंग है और समवेत रुप से यह साहित्य–सौन्दर्य से अभिन्न हैं। अस्तु सिद्ध है कि शिवानी–साहित्य रस–सौन्दर्य से सुस्निग्ध हैं।

"गंध–सौन्दर्य"

शिवानी की गंधानुभूति :

गंध द्रव्य के आस्वाद का हेतु है। नृविज्ञान के अनुसार जिसे रस कहा जाता हैं, वह वस्तुतः उस पदार्थ की गंध ही है। यह एक सूक्ष्म ऐन्द्रियबोध है। वैज्ञानिक इसे ह्रासोन्मुखी मानते हैं, क्योंकि घ्राणेन्द्रिय का प्रयोग दिनोंदिन कम होता जा रहा हैं, इसलिए बिना प्रयोग के नासिका–रन्ध्र छोटे होते जा रहे हैं। इस बोध का साहित्य रस से निकट सम्बन्ध है, क्योंकि यह आस्वाद

का मूलाधार हैं। शिवानी ने मधुर गंध को "रसभीनी" कहा है। वस्तुतः शिवानी की गंधानुभूति बड़ी तीव्र है। इन्होंने विभिन्न प्रकार से गंध–द्रव्यों को अभिव्यक्ति दी है, साथ ही सूक्ष्म (भावात्मक) सौरभ को भी साकार किया है। निस्सन्देह शिवानी–साहित्य आद्योपांत "सौरभ–संयुक्त" हैं। लेखिका की गंधानुभूति भारतीय सांस्कृतिक सुरुचि से सम्पन्न है। भारतीय आरोग्य के अनुसार, गंध–संवेदना बलवर्द्धक तथा सुख–स्वास्थ्यप्रद माना गया है। चरक ने स्पष्टतः गंध–माल्य के सेवन का प्रतिविधान किया है।[27] यह अभिपात्य का लक्षण भी माना गया है। बिहारी ने गंवई–गाँव के गंध–ज्ञान विहीन व्यक्तियों पर व्यंग्य प्रहार करते हुए प्रकारांतर से गंधानुभूति के नागर–संस्कार (आभिजात्य) की पुष्टि की है। प्राप्त प्रमाणों के आधार पर हिन्दी साहित्य में प्रचलित गंध सौन्दर्य की अनेक प्रणालियों (गंध युक्तियों) का उल्लेख किया जा सकता है। जैसे उत्पादन, अनुलेपन, अंगराग, गर्दन, तांबूल, मुखरंजन, कादंब सेवन आदि । इसके साथ–साथ केशों और वस्त्रों को धूमायित करने की परंपरा का भी उल्लेख प्राप्य है। स्पष्ट है कि हिन्दी –साहित्य गंध–सेवन एवं गंधानुभूति से पूर्णतः सुपरिचित है। यहाँ गंध मात्र घ्राणेन्द्रिय का ही विषय नहीं रहा है, बल्कि यह अनुभूतिगत सौन्दर्य का एक महत्वपूर्ण पक्ष है। शिवानी गंध–सौन्दर्य के प्रति पूर्णतः सचेत दिखांई देती हैं। वे गंध विभेदों से परिचित हैं और गंधानुभूतियों के लिए उत्सुक भी। अतः शिवानी की गंधानुभूति एवं गंध सौन्दर्य यहाँ उल्लेखनीय हैं।

शिवानी का गंध–ज्ञान बहुत विशद् है। उन्होंने वनस्पतियों, विशेषतः पुष्पों और विभिन्न पदार्थो की पृथक्–पृथक् सुगंधियों को स्वरबद्ध किया है। लेखिका ने प्राकृतिक सौन्दर्य से अभिभूत होकर सुरभित दिगंत की परिकल्पना की है। प्रारम्भ से ही शिवानी की दृष्टि सौन्दर्यपूर्ण रही हैं, उनकी रचनाओं में प्रायः इस तथ्य की स्वीकारोक्ति कई स्थलों पर मिलती है। यथा–"मनुष्य स्वभाव से ही सौन्दर्य प्रिय है, पशु और मनुष्य में भी यही अन्तर है। पशु–सौन्दर्य के प्रति उदासीन रहता है, मानव की सौन्दर्य भावना ही उसकी विशेषता है। ललित कलाओं का उत्स भी मानव के लिए उसकी यही सौन्दर्य संदर्शन उसके चित्त को आह्लाद से परिपूर्ण करता रहा है। उसकी यह विशेषता उसे अनादिकाल से मनोरंजन की ओर आकृष्ट करती है। मानसिक एवं शारीरिक क्लान्ति के पश्चात् मनोरंजन के कुछ आनन्ददायक क्षण किस मानव के लिए सुखद नहीं होते?"[28] सौन्दर्य के विभिन्न पक्षों को अपनी

27. चरकसंहिता, पृ0 5.

28. दूरदर्शन, वे लोग और हम लोग, पृ0 92.

रचनाओं में उद्घाटित करने का सफल प्रयास शिवानी ने किया हैं। इन्द्रियों के माध्यम से सौन्दर्यानुभूति की सजगता शिवानी–साहित्य को समृद्ध बनाती है। इन्हीं इन्द्रियों में घ्राणेन्द्रियों का अपना पृथक् एवं महत्वपूर्ण स्थान है। गंधानुभूति वस्तुतः उनके साहित्य में भावना का सौरभ हैं, जो अरुप और अगोचर हैं।

शिवानी ने गन्ध–सौन्दर्य को ऐश्वर्य–विलास (आभिजात्य) एवं उल्लास का विषय स्वीकार किया है। प्लेटो और सुकरात दोनों ने उपयोगिता तथा नैतिकता को सौन्दर्य के लिए आवश्यक बताया। शेफ्ट सबरी सौन्दर्य को अलौकिक सत्ता की अभिव्यक्ति मानते हैं। उनके अनुसार कला का कार्य इन्द्रियबोध से प्राप्त भाव, विचार और कल्पना के स्वरुप को मस्तिष्क के समक्ष प्रस्तुत करना है। तत्पश्चात् सौन्दर्य–बोध में दीक्षित नयन और श्रवण सौन्दर्य एवं सौन्दर्येतर का निर्णय करते हैं। शिवानी ने अपनी रचनाओं में देव सृष्टि एवं अनुकूल पात्रों को सुगंधित प्रसाधनों, गंध–द्रव्यों विशेषतः सुमन–सुरभि और मदिरा से सुवासित किया हैं। वस्तुतः वे कृत्रिम प्रसाधनों के प्रयोग की ओर विशेष रुप से ध्यान आकृष्ट कराती हैं। जैसे : "उसे लगा, जैसे क्षंण–भर को उससे लिपटी हुई काँपती लड़की उसके शरीर पर तेज सुगन्ध की कोई अदृश्य सेण्ट की बोतल ही उड़ेल गयी हैं। ऐसे सुगन्धित प्रसाधनों का उसे अभ्यास नहीं था, इसी से तेज़ खुशबू उसे और भी तेज लगी।"[29] लेखिका ने अनेक स्थलों पर काया की गंध, अंचल की गंध, अलकों की गंध और यौवन की गंध के घ्राण बिम्ब प्रस्तुत किये हैं। यथा–"उसकी देह की कस्तूरी मृग की सी सुगन्ध तो अब भी आँखें बन्द कर स्मृति के नथुने भींचते ही सूंघ सकती थी।"[30] कहीं–कहीं उन्होंने गंध–प्रसाधन की अपेक्षा काया की सहज प्राकृत गंध के प्रति अधिक अनुरक्ति व्यक्त की है। संभवतः इसके पीछे रीतिकालीन कवियों अथवा क.लिदास तथा प्रसाद का प्रभाव हो। साहित्यिक–परम्परा रुप में उस पद्मिनी नायिका की परिकल्पना की गयी है, जिसको गंध–अंध भौंरे घेरे हुए हैं, जिसके पीछे–पीछे अंधेरी रात जैसी "भंवर भीर" चली आ रही है और भ्रमरों से उत्पीड़ित हो रही है। इस अवधारणा का उदगम "अभिज्ञान शाकुन्तलम्" के भ्रमर बाधा प्रकरण से भी संबद्ध प्रतीत होता है। शिवानी साहित्य में "सौरभ तथा पराग" का वर्णन जिस भाव बोध के साथ किया गया है, वह प्रतीकात्मक है। गंध अनुभूत्यात्मक

29. कृष्णकली, पृ0 146.

30. केया, पृ0 68.

है। उन्होंने सौरभ को सौन्दर्य–विलास का सूचक स्वीकार किया है और सुषमा का स्रोत भी। लेखिका ने गन्ध को विलास का उपकरण मानकर रसस्निग्ध अथवा स्खलनशील सिद्ध किया है। उन्होंने कायिक गंध से आक्रान्त यौवन को कामोत्तेजक एवं उन्मद सिद्ध किया है। लेखिका ने विभिन्न स्थलों पर "देह परिमल की सी परिचित प्यारी–प्यारी कस्तूरी की–सी महक"[31] तथा "शरीर से आती मदिर मादक सुगंध"[32] को सुधातुल्य घोषित किया है और उसके मंद गंधवाही स्रोत की कामना की है। स्पष्ट है कि शिवानी विभिन्न गंध बिम्बों के प्रति सचेत है और आकृष्ट भी।

शिवानी के गंध–सौन्दर्य में बड़ा वैविध्य हैं। उन्होंने अंगज एवं सज्जागत गंध के अतिरिक्त नैसर्गिक शोभा का भी यथेष्ट रुपांकन किया है। प्राकृतिक पदार्थो से प्रातः गंध–रुपों में उन्होंने पुष्पों का अनेक उल्लेख किया है। लेखिका "पहाड़ी जंगली अनामा पुष्प की सुगंध[33] से विशेष अभिभूत हैं। उन्होंने जूही, बेला के गजरों की गमक[34] की मनोमयी परिकल्पना की है। उन्होंने अपनी रचनाओं में पात्रों के माध्यम से पुषों की गंध तथा उनके सौन्दर्य का वर्णन किया है। यथा–"रजनी गंधा की सुगंध है, डॉ0 जोशी। मेरी माँ ने ही पूरी कोठी को कभी इन्हीं फूलों से घेर कर रख दिया था। वैसे मेरी पत्नी को इस तीव्र सुगंध से बेहद नफरत है। अब तीन चार ही पेड़ रह गये हैं, पर देखिए न, कैसी तेज़ खुशबू है।"[35] यही नहीं "गुलाब के ताजा फूलों की सुगन्ध"[36] का वर्णन भी शिवानी की गंध रुचि का ही परिणाम है। इस परम रचित कलेवर में श्री सौन्दर्य, सुकुमार और भाव–सौरभ की पराकाष्ठा है। नारी सौन्दर्य के अन्तर्गत भी लेखिका ने नारी की सुकुमारता, लावण्य, इत्यादि का वर्णन करते हुए नारी देह की सुगन्ध को अपनी कई रचनाओं में प्रतिभासित किया है। इस ओर शिवानी की दृष्टि अत्यन्त सूक्ष्म है। कुछेक उदाहरण दृष्टव्य है। "नारी के अक्षत कौमार्य की मादक सुगंध–महुआ की मदीली पुष्पगंध के समान"[37] तथा देह की कस्तूरी मृग की सी सुगंध को

---

31. अपराधी कौन, पृ0 51.
32. विवर्त, पृ0 25.
33. कैंजा, पृ0 23.
34. मौसी, पृ0 132.
35. श्मशान चम्पा, पृ0 47.
36. अतिथि, पृ0 192.
37. श्मशान चम्पा, पृ0 110.

यथावत बिम्बित किया गया है। पुरुष का नारी देह सुगन्ध पर होना ही शिवानी की रचनाओं में स्पष्ट रुप से अंकित किया गया है। यथा–"कैसी अद्‌भुत सुगन्ध थी उसकी देह की। नारी देह परिमल तो उसके लिए कोई अजूबा नहीं थी। न जाने कितनी सुकोमल, सुडौल, गोरी–सांवली कलाइयां आज तक उसके हाथों में आकर सरक गयी थी, और कैसी–कैसी सुगंध क्रिरचीन डियौर, गुच्ची, जौय, लौरे किन्तु ऐसी दिव्य सुगन्ध से क्या इति पूर्वक उसके पारखी नथुने ऐसी विवश फड़कन में फड़के थे।"[38]

इसी प्रकार "भीगे सुगन्धित, केशपाश की मन्द परिमल सुगन्ध"[39] का उन्होंने अपनी रचनाओं में बारंबार उल्लेख किया है। शिवानी ने "भूमि की सौंधी–सौंधी गंध से संयुक्त सुमन संकुलित गंध की संस्तुति की है। जैसे–"माली ने मेंहदी की झड़ियों में अभी –अभी पानी डाला था। भीगी मिट्टी की सोंधी गमक से मिली मेंहदी की सुगन्ध ने, नशे की जाल की तरह फैलकर कोठी को घेर लिया था।"[40] इन पुष्पों के साथ लेखिका ने "बाग के विदेशी पुष्पों की सुगन्धि"[41] तथा "वर्षासिक्त धरणी की सोंधी गमक"[42], "भीगी मेंहदी की खुशबू"[43] "क्राटेन की पुष्ट शाखाओं की गलबहियाँ देती रक्तजवा चन्द्रमल्लिका गंधराज। दूर–दूर तक सुवास की पिचकारियां छोड़ती बेला और जूही"[44] की भी प्रकल्पना की है। प्रकट है कि शिवानी का गंध–बोध वैविध्यपूर्ण है। उनकी गंधानुभूति का एक उल्लेखनीय वैशिष्ट्य यह है कि उन्होंने तीव्र गंध के स्थान पर भीनी–भीनी (मंद–सुगंध) गंध को वरीयता दी है। कहीं–कहीं उन्होंने तीव्र विदेशी परफ्यूम की सुगंध"[45] का भी उल्लेख किया है फिर भी उन्होंने अनुपातः हल्की, भीनी, मृदु–मंद एवं अनुत्तेजक गंध को प्रश्रय दिया है। शिवानी ने अन्याय गंध द्रव्यों में धूप, चन्दन, अगरबत्ती तथा गुग्गल की सुगन्ध आदि की भी आयोजना की है। उन्होंने धूप तथा चन्दन की सुगन्धि को ईश्वरोपासना की सामग्री रुप में कई स्थलों पर प्रयुक्त किया है। यहाँ इन सुगन्धियों का उल्लेख कर शिवानी ने अपनी अध्यात्म चेतना का परिचय

---

38. अतिथि, पृ0 187.
39. मायापुरी, पृ0 68.
40. चौदह फेरे, 68.
41. वही, पृ0 27.
42. नदी जो मरूस्थल में खो गई, पृ0 80.
43. भूल, पृ0 114.
44. बदला, पृ0 48.
45. वही।

दिया है। निर्गुण साधना में जिस प्रकार यौगिक क्रियाओं का महत्वपूर्ण स्थान है सगुणोपासना में उसी प्रकार साधना के उपकरणों में दीप, आरती और नैवेद्य के साथ धूप, चन्दन, अगरबत्ती या गुग्गल का प्रयोग किया जाता है। भक्त अपने आराध्य के प्रति भावों को समर्पित करते समय इन्हें एक साधन के रुप में प्रयुक्त करता है। इनमें से गुग्गल विशेषतः क्षुद्र तामसिक पराशक्तियों को प्रसन्न करने के लिए विशेषकर मानवेतर योनियों को प्रसन्न करने के लिए मुल्ला मौलवी या वामपंथी साधक प्रयोग में लाते हैं। अगरबत्ती में बांस की फर्चियां प्रयुक्त होने के कारण कहीं–कहीं इसका प्रयोग देवस्थानों में निषिद्ध है। किन्तु धूप और चन्दन प्राचीन काल से ही पूजा के साधनों में अग्रगण्य हैं। शिवानी–साहित्य में इन गंधों का वर्णन पर्याप्त मात्रा में प्राप्त होता है। कुछ उदाहरण दृष्टव्य हैं:– "यह वही दिव्य सुगन्ध थी–अगरु केसर चन्दन तुलसी दल की वह सुगन्ध जो दिव्य विभूतियों के शरीर से स्वतः स्फूर्त हो, स्वयं उनके सन्त होने का प्रमाण दे जाती हैं।"[46] मानव जीवन के विभिन्न दृश्यों को अनेकानेक कोणों से जीवन के सूक्ष्म से सूक्ष्मतम स्पन्दनों को देखने में समर्थ शिवानी ने यहाँ पर सुधा सम साधु की पावनता को, उसके दैविक वैभव के गंध के माध्यम से रुपायित किया है। धार्मिक कृत्यों के बिम्ब उकेरते समय शिवानी सुगंध का चित्रण करती हैं तो मन अनायास ही अपनी घ्राण चेतना के किंवाड़ खोल देता है। कथा आरम्भ होने के दृश्य को "गुग्गल धूप की मंडराती सुगन्धि गोल चक्र सा बनाकर उठ रही थी"[47], कहकर" चित्रित किया गया है। यह दृश्य बाहर से आने वाले लोगों को अन्दर के आँगन के कृत्यों से परिचित कराता है। पूजा ग्रहों में प्रयुक्त होने वाले संसाधनों से उत्पन्न सुगन्ध के कई मनोहारी चित्र हमारे सम्मुख आते हैं। यथा–"धूप दीप नैवेद्य की अगरु चन्दन मिश्रित मदिर सुगन्ध धूप की धूम्र रेखा से एकाकार हो पूरा कमरा सुवासित कर रही थी।"[48] पूजन ग्रह से आती अगरबत्ती की सुगन्धि से कमरा सुवासित हो उठा[49] ये गंध बिम्ब कहीं पर व्यक्ति के मनोभावों को प्रगाढ़ रुप से बताते हैं और कहीं पर परिवेश की विशिष्टता के सौन्दर्य में श्रीवृद्धि करते हैं। मनोभावों के चित्रण के समय धार्मिक कृत्यों के ये बिम्ब व्यक्ति को सुसंस्कृत, मर्यादित और ईश्वरीय आस्थाओं के प्रति समर्पित रुप में हमारे सम्मुख लाते हैं। ये गंध बिम्ब व्यक्ति की अभिरुचियों

46. उपप्रेती, पृ0 73.
47. मायापुरी, पृ0 27.
48. कालिंदी, पृ0 30.
49. मायापुरी, पृ0 24.

को विभिन्न श्रेणियों में वर्गीकृत करते हैं। जब पात्र नागर या अभिजात्य होता है तो ये गंध–बिम्ब आयातित तीखे, तेज, सुगन्धियों के भभके के समान बहुत दूर तक पीछा करते हैं। "विदेशी सुगंध की तीव्र गंध से मेरे नथुने भर गये और फिर क्या शैनेल की सुगंध भी छिपाए छिपती है।[50] यहाँ पर अभिजात्य वर्गो की तीक्ष्ण पसन्द को देखकर शिवानी ने अपनी अरुचि का प्रदर्शन किया है। जैसे यह सुगन्ध न होकर दुर्गन्ध हो। इस दृष्टि से उनके समूचे साहित्य में गंध चतुर्दिक व्याप्त है और उनका तन–मन एवं समग्र अस्तित्व सौरभ–स्नात है।

काव्य शास्त्रीय परम्परा में सर्वाधिक लुहावनी पद्मिनी नायिका की गंध विशेष को निम्न शब्दों से "अपनी कौन सी परफ्यूम बताएं उसे। वह तो पद्मिनी नायिका की भाँति, माँ के गर्भ से ही विचित्र सिद्ध सुगन्ध लेकर जन्मी थी। अम्मा भी यही कहती थीं, "अरी कभी तू मेरे साथ सोती है, तो पूरा बिस्तरा मह–मह महकता रहता है। कोई इत्र फुलेल लगाती हैं क्या?"[51] अभिव्यक्त करती हैं। यद्यपि यहाँ पर वर्णात्मक शैली में चित्रण किया है तदापि भाव बोध को सफल रुप से अभिव्यक्त किया गया है। यहाँ पर विचित्र सुगन्ध नारी के बाह्रय सौन्दर्य के मानकों से विलग एक नवीन सौन्दर्य की भूमि उपस्थित करता है जो उसे अन्य नारियों से विलग करता है। इस सृष्टि से विलग भावुक संवेदना या संयोग के किसी क्षण विशेष को गंध के माध्यम से किस प्रकार जीवित रखा जा सकता है कि उस गंध के माध्यम से अतीत में बीतें हुए स्वर्णिम सुखद क्षण हमारे सम्मुख जीवन्त हो जाते हैं– "मेरे पास सबूत है परिचित खुशबू से तर छोटे से केम्ब्रिज के रुमाल का। संसार ऐसी कमजोर दलील पर विश्वास नहीं करता। फिर उस खुशबू ही को भला कब तक सहेज पाऊँगी? हिना और खस की खुशबू अब चन्नी के रहस्यमय अस्तित्व की भाँति धीरे–धीरे उड़ती जा रही है। जिस दिन वह बिल्कुल ही उड़ जाएगी, उस दिन शायद मैं भी मान लूंगी कि चन्नी सचमुच ही मर गई।"[52] यहाँ जीवन के मार्मिक संवेगों को अभिव्यक्त करने वाले स्मृति के साधन के रुप में गंध बिम्ब हमारे सम्मुख आता हैं। मिलन के क्षणों का मूक साक्षी गंध के माध्यम से अपनी सशक्त उपस्थिति दर्ज कराके उन क्षणों की स्मृति ताजी कर देता है जो नायिका के जीवन के सर्वोत्कृष्ट क्षण हैं।

---

50. कृष्णवेणी, पृ0 81.
51. अतिथि, पृ0 56.
52. स्वयंसिद्धा, पृ0 96.

नायक के प्रवास की स्थिति में वह मदिर, मनभावन और स्वप्निल गंध सायास संयोग के सुख के पाठकों को अभिभूत कराती है। कालान्तर में जिस तरह स्मृति क्षीण होती जाती हैं, इसे उसकी गंध से जोड़कर बताया है कि स्मृति, अतीत के वे मधुर क्षण इसी गंध के साथ क्रमशः विस्मृत होंगे । इस प्रकार स्पष्ट है कि शिवानी की गंधानुभूति और उससे प्रेरित –प्रभावित सौन्दर्यानुभूति भी सराहनीय हैं। वे गंध–सौन्दर्य के प्रति अत्यन्त सचेत हैं। कहीं–कहीं पर शिवानी ने नारी देह की गंध तथा दुर्गन्ध दोनों का ही उल्लेख किया है। यथा–"माँ की देह परिमल नित्य विदेशी सेंट सी–ही मेरी आँखें मुंदा देती और सोना मासी, लगता था सौ गंधाती मछलियों ही पोखर से निकल, मेरे बगल में पसर गई हैं, कैसी दुर्गन्ध थी उनके पसीने में।"[53] नारी देह के अतिरिक्त उन्होंने अन्य स्थलों का, वहाँ के परिवेश का चित्रण करते हुए भी गंध बिम्ब उभारने का भरसक प्रयत्न किया है। उदाहरणार्थ–"कैसा आश्चर्य था कि वही चन्दन, जो कभी सड़क निकलती अर्थी की रामनामी सुनकर माँ से चिपट जाती थी, रात भर भय से थरथराती रहती थी, आज महाश्मशान के बीचों बीच जा रही सड़क पर निःशंक चली जा रही थी। कहीं पर बुझी चिताओं के घेरे से उसकी भगवा धोती छू जाती, कभी बुझ रही चिता का दुर्गन्धमय धुंआ हवा के किसी झोंके के साथ नाक–मुँह में घुस जाता। ऐसी दुर्गन्ध, जो कभी उसकी पड़ोसिन के भोटिया चौके से आकर उसकी माँ के सात्विकी नथुनों को क्रोध से फड़का देती थी।"[54] इस प्रकार ऐसे कई स्थल हैं जहाँ पर उन्होंने अपवाद स्वरुप विपर्यस्थ गंध चेतना का भी संकेत दिया है। शिवानी की गंध चेतना अपनी विविधता के साथ अभिव्यक्त हुई है। कहीं पर उन्होंने मरी हुई गंधाती मछलियों का, कहीं पर चिता का दुर्गन्धमय धुँआ तथा कहीं पर दवाओं की दुर्गन्ध को भी सहजता के साथ अपनी रचनाओं में अंकित किया हैं। उदाहरण दृष्टव्य हैं– "कैसा भुतहा बंगला था, हिले दरवाजों की दरार से आती सांय–सांय करती हवा, जनशून्य अरण्य और एक अजीब दमघोंटू उदासी, लगता था दीवारों में भी दवाओं की दुर्गन्ध ईंट–गारे चूने के साथ रस–बस गई है।"[55] फिर भी समग्र रूप से यही कहा जा सकता है कि उन्हें सुरूचि सम्पन्न सुगंधियाँ ही अभीष्ट हैं और इस गंध–सौन्दर्य से युक्त ऐन्द्रिय बोध के रूपांकन में वे सिद्ध हस्त हैं।

---

53. पाथेय, पृ0 106.

54. भैरवी, पृ0 28.

55. पाथेय, पृ0 113.

शिवानी–साहित्य में गंध बिम्बों द्वारा पूरे परिवेश तथा सम्पूर्ण वातावरण को उभारने का सफल उपक्रम किया गया है। जैसे– "क्या, अपने इस "मस्क " आफ्टर शेव लोशन से मिलती जुलती, नानी के उस हिरन की खाल मढ़े पिटारे की सुगंध से उनके नथुने नहीं फड़क रहे थे, जिसमें घर भर के गरम कपड़े बन्द रहते थे और जिन्हें निकालते ही पूरे कमरे में कस्तूरी के बीड़ों की सुवास महमह महकने लगती थी।"[56] इसके अतिरिक्त लेखिका ने सुमनों के सौरभ से भावाकुल हो मृदु–मंद सुरभि के प्रति विशेष आत्मैक्य व्यक्त किया है। जैसे– "अतीत की स्मृतियों ने वर्षो पूर्व बिछुड़े यौवन की जंग–लगी बंद कुंडी झनझना कर खोल दी थी। खिड़की से आती प्रिमरोज की मंद–मदिर सुगंध की लोबानी मह–मह महकती सुवास जिसका प्रथम आभास पाकर मैंने उससे पूछा था, "अदभुत सुगंध है यह वेणी, जैसे हमारे यहाँ के मजारों से आती हैं, आस–पास कोई मजार है क्या?" "प्रिमरोज की बेल है इडियट", उसने कहा था। आज वही सुगन्ध किस सहज सुगमता से अतीत का रुद्ध कक्ष खोल गई थी। रवीन्द्रनाथ कैसी अद्‌भुत जीती जागती पंक्तियां लिख गये हैं– "फुलेर गंध बंधुर मत, गलाए जड़ाए अरछे।" फूल की सुगंध सचमुच बिछड़े मित्र की भाँति मेरे गले से लग कर खड़ी हो गई थी।"[57] यह कल्पना शिवानी की गंधप्रियता की परिचायक है। यद्यपि लेखिका ने "अंधेरे सीलन भरे कमरे में एक अजीब–सी दुर्गन्ध का भभका असहाय होने।"[58] का भी वर्णन किया है, फिर भी गंधनित सौन्दर्यानुभूति शिवानी–साहित्य में यथेष्ट परिमाण में उपलब्ध है। शिवानी ने मुख्यतः सुरभित वातावरण पर ही सर्वाधिक अवधान केन्द्रित किया है। उन्होंने सौरभ–श्लथ वातास को मदोन्मत्तकारी सिद्ध किया है। लेखिका की प्रकृति के कण–कण में राशि–राशि सुगंध बिखरी–सी प्रतीत हुई है।

लेखिका ने कई स्थलों पर धरती से प्रस्फुटित सौंधी–सुगंध का वर्णन किया है। साथ ही स्वर्णिम शस्य अर्थात् पकवान से निकली गंध का भी। बावर्ची खाने से मदमस्त मसालों में पकते नाना व्यंजनों की खुशबू की लपटें चली आ रही थी तथा "कहीं बड़े–से हण्डे में अण्डे उबाले जा रहे हैं। एक विचित्र आकार की विराट् शिला पर मसाले पीसे जा रहे हैं।......उधर मादक मसालों की खुशबू; जिबह होते बकरे की मिमियाहट टर्की का करुण विलाप मुझे वर्षो पूर्व के उन रियायती अटालों के प्रांगण में खींच ले जाता, जहाँ ऐसी

56. विवर्त, पृ0 60.

57. कृष्णवेणी, पृ0 38.

58. विवर्त, पृ0 71.

ही मादक खुशबू थी।"[59] इस प्रकार शिवानी ने अनुभूत–गंध को राग–रंजित कर चाक्षुष बना दिया है। स्पष्ट रुप से कहा जा सकता है कि लेखिका की गंधानुभूति और उससे प्रेरित–प्रभावित सौन्दर्यानुभूति सराहनीय है। कहीं–कहीं पर उन्होंने "विदेशी सुगंध के तीव्र झोंके।"[60] अंग्रेजी साबुन की बट्टी की महक।"[61] 'परफ्यूम स्प्रे।"[62] तथा विदेशी युडीकोलेन की मधुर सुगन्ध की गमक।"[63] के साथ 'सेंट की तीव्र सुगंध।"[64] जो क्षण भर में बीहड़ पंथ को भी महका सकती हैं, का उल्लेख किया है। स्पष्ट है कि शिवानी ने प्रायः सुरभि से संयुक्त जीवन की मनोमयी कल्पना की है। यही सुरभि वेदना–विषाक्त जीवन में मादकता और सरसता का सन्निवेश कराती है। इस प्रकार सुगन्ध की विभिन्न ऐन्द्रिय अनुभूतियों के प्रति शिवानी जी यथेष्ट सजग हैं। उन्होंने अनेक गंध–द्रव्यों, उनके अन्तः प्रभावों और विविध प्रारुपों का सौन्दर्यांकन किया है, जो निश्चय ही श्रेयस्कर है।

शिवानी की गंध चेतना अत्यन्त सशक्त है। उन्होंने गंध की अनुभूति को मात्र घ्राणेन्द्रिय का ही विषय न बनाकर चाक्षुष भी बना दिया है और इस प्रकार उसे सूक्ष्म सौन्दर्य बोध में परिणत कर दिया है। इस गंध–रुचि के कारण ही शिवानी ने सुरभित पुष्पों (विशेषतः गुलाब, रजनीगंधा) प्रसाधन सामग्रियों (जैसे–अंगराग, कर्पूर, चंदन–तांबूल, इत्र –आसव–तेल, अगरु, कस्तूरी) और अन्यान्य गंध द्रव्यों की आयोजना की है। इनकी गंधानुभूति प्रायः अमूर्त, अगोचर एवं सूक्ष्म है। इसलिए इन्होंने भाव–सौरभ, सुधि गंध, स्वप्न–सुरभि, यौवन गंध आदि तक की कल्पना की है। लेखिका ने तीव्र गंध के स्थान पर प्रायःमृदु–मंद गंध अर्हता दी हैं। शिवानी–साहित्य में व्याप्त वह सौरभ प्रायः प्रतीक रुप में प्रयुक्त हुआ है। यह गंध–बोध मुक्त–विचारणा (स्वच्छन्दता) पवित्रता, स्फूर्ति, सूक्ष्मता और भाव सौष्ठव का द्योतक है। सामान्यतः इन गंध की अंतर्व्याप्ति केशों तथा वस्त्रों (अंचल की गंध) के रुप में की गई है, साथ ही लेखिका ने युवा शरीर में सहज "देह गंध" यौवन की गंध तथा सांसों की गंध की प्रस्थापना की है। इसके अतिरिक्त उन्होंने मिट्टी की सोंधी गंध, अन्न की गंध, तैलाक्त गंध, पराग सिक्त मलयज गंध आदि

59. चौदह फेरे, पृ0 25.
60. मधुयामिनी, पृ0 71.
61. रथ्या, पृ0 71.
62. तोप, पृ0 60.
63. श्मशान चम्पा, पृ0 106.
64. चौदह फेरे, पृ0 23.

द्वारा इस गंध सौन्दर्य की बहुमुखी अभिवृद्धि की हैं। वस्तुतः शिवानी का गंध–ज्ञान एवं उसका स्वरुपांकन स्तुत्य हैं। इनके अनुसार गंधानुभूति स्वास्थ्य, ऐश्वर्य–विलास, अभिजात्य सुरुचि आदि की द्योतक है। लेखिका ने गंध के विभिन्न रुपों को सूक्ष्मता के साथ प्रत्यंकित किया है, फलतः उन्होंने गंध सौन्दर्य की उत्कृष्ट सृष्टि की है। उनके घ्राण–बिम्ब प्रायः भौमी अनुभूतियों में केन्द्रित हैं। गंध धरती का गुण है और इसका प्रत्यक्ष संबंध देहात्मबोध से हैं, इसीलिए वह श्रृंगार का उपकरण है। वस्तुतः शिवानी की मांसलता गंधानुभूति रुप में व्यक्त हुई है। हाँ, ऐन्द्रियता के साथ–साथ वह वायवीयता से भी प्रभावित रही है इसीलिए स्थूल न होकर सूक्ष्म है।

यह भी उल्लेखनीय है कि गंधानुभूति के विभिन्न रुपों की सफल आयोजना करके शिवानी जी ने कुछ नये कीर्तिमान स्थापित किये हैं। शिवानी के समकालीन लेखक इस गंध–चेतना से इतने सुपरिचित नहीं रहे हैं। छायावादी कवियों के अतिरिक्त शिवानी के पूर्ववर्ती लेखकों ने कहीं–कहीं कतिपय गंधों का उल्लेख अवश्य कर दिया है, पर वे गंधानुभूतियां इतनी सूक्ष्म, भावमयी नहीं हैं। निश्चय ही शिवानी की गंध योजना का अपना वैशिष्ट्य है। इनका गंध–सौन्दर्य स्वयं में महनीय है, परिणाम स्वरुप आलोच्य साहित्य सूक्ष्मातिसूक्ष्म गंधों से स्वयं सुरभित सा प्रतीत होता है।

"स्पर्श–सौन्दर्य"

शिवानी में स्पर्श–बोध के विभिन्न–रुप :

संस्पर्श सबसे स्थूल एवं आदिम ऐन्द्रिय बोध है। नृतत्व के अनुसार, त्वचा सर्वप्राचीन इन्द्रिय है। यही अन्तर श्रवण–दर्शन आदि संवेदनाओं में विकसित हुई है। यही कारण है कि दृष्टि हमें छू जाती है एवं रंगों में हमें ठंडे, गरम स्पर्श की अनुभूति होती है। स्पर्श एक स्थूल क्रिया है, पर शिवानी ने इसे अत्यन्त सूक्ष्म रुप प्रदान किया है। लेखिका को कुछ संस्पर्शजन्य अनुभूतियां पुलक–परिरंभण, रोमांच, सिहरन आदि विशेष प्रिय हैं। इन्होंने स्पर्श–बोध से प्रेरित होकर प्रायः सौकुमार्य की आयोजना की है और इस प्रकार कोमल, सरस –स्निग्ध भावों–रुपों एवं तत्वों को प्रश्रय दिया है। इनकी स्पर्शानुभूति वस्तुतः सौन्दर्यानुभूति की पूरक है। भारतीय काव्यशास्त्र में लालित्य और आंगिक सौकुमार्य को पूर्नापरसापेक्ष माना भी गाया हैं–'लालित्यम् अङ्गाना सुकुमारत्वम्।''[65] पश्चिम के रोमांटिक कवियों ने भी सुकुमारता के प्रति

65. आचार्य विश्वनाथ, साहित्य दर्पण, पृ0 1–95.

अगाध आकर्षण व्यक्त किया हैं। बायरन के सम्बन्ध में ऐसी जनश्रुति है कि वह सोत्साह आमिष भक्षण करती हुई अपनी प्रेयसी को देखकर और भयावह भोजन–भट्टता से क्षुब्ध होकर उससे विरक्त हो गया था, क्योंकि प्रकृत्या सुकुमारी उस तथाकथित कोमलांगी नारी का यह कूर कर्म उसके लिए असह्य था। कवि शेले के सम्बन्ध में भी कहा जाता है कि वह अपनी अतिशय सुकुमारता के कारण पानी से रोटी खा लेता था और प्रायः बिना खाये रह लेता था। खाद्यान्न का चर्वण एक अमानुषिक कर्म प्रतीत होता था।''[66] वस्तुतः सौन्दर्य सुकोमल होता हैं। शिवानी इस स्पर्शजनित अनुभूतियों–सुकुमारता, स्निन्धता आदि के प्रति आद्यंत लालायित दिखती हैं। इन्हीं गुणों से आकृष्ट होकर लेखिका ने आलिंगन, चुंबन, पुलक, सिहरन, कंपन, रोमांच आदि चेष्टाओं, सात्विकों एवं भावानुभावों का बहुशः वर्णन किया है, साथ ही मृदु–सुकोमल, मृदुल जैसे शब्दों की सार्थक–निरर्थक (शब्द रुढ़ि रुप में) शताधिक आवृत्तियों भी की हैं। संस्पर्श बोध द्वारा वस्तुतः इन्होंने विभिन्न प्रकार की मनोनुभूतियां अर्जित की हैं, जो इस विचार क्रम में ग्राह्य हैं।

शिवानी चर्मेन्द्रिय के विविध स्पर्शानुभवों से अवगत हैं। उन्होंने इस ऐन्द्रियबोध के सभी रुपों– (शीतल, उष्ण, खुरदरे, चिकने, गुदगुदे आदि) का वर्णन किया है और स्पर्श को प्रतिध्वनित तथा प्रतिबिंबित करने का प्रयत्न भी किया है। इनके स्पर्श–सौन्दर्य की एक उल्लेखनीय विशेषता यह है कि ये स्पर्श–क्रिया के विभिन्न ध्वनि–रुपों से परिचित हैं। साहित्यकारों ने टच एवं 'स्पर्श' जैसे शब्दों के अनुभूत्यात्मक अन्तर पर विचार–विमर्श करते हुए अपने इस सूक्ष्म स्पर्श–बोध का प्रमाण दिया हैं। शिवानी का यह स्पर्श–बोध बड़ा विलक्षण और वैविध्यपूर्ण है। प्रमाणार्थ उनके स्पर्श बोध के कुछ रुप विचारणीय हैं।

1. ऐन्द्रिय–स्पर्श : आंगिक सुकुमार्य एवं स्पर्श–सुख के उद्देश्य से लेखिका ने प्रायः मृसण–सुचिक्कण' चर्म–स्पर्श को वरीयता दी है। शिवानी ने अंग–स्पर्श को ''नवदुर्वादल तुल्य देह कान्ति''[67] रुप में चित्रित कर कोमलता का भाव उद्घटित किया है। इसी के साथ 'सफेद मक्खन सा गोल चिकना शरीर।''[68] आंगिक सौकुमार्य के साथ–साथ स्पर्शानुभूति का ऐन्द्रिय

66. दिनकर, शुद्ध कविता की खोज, पृ0 19.
67. पाथेय, पृ0 109.
68. कृष्णकली, पृ0 63.

बिम्ब प्रस्तुत करता है।

लेखिका ने 'नर्मभय उपचार, आलिंगन, चुंबन आदि स्थूल स्पर्शानुभूतियों का भाव–विभोर वर्णन किया है और उन्हें श्रेयस्कर भी सिद्ध किया है।

रस्किन के विचार में "सौन्दर्य केवल रुप सुख अथवा अन्वीक्षामूलक मनन, मात्र नहीं हैं, अपितु विषयालम्बन जन्य मनः आहलाद के फलस्वरुप हमें भगवान का कर्तव्य–बोध होता है उसके प्रति हमारा मन भक्ति और कृतज्ञता से भर जाता है। इसी पूर्णता का नाम है सौन्दर्य।"[69] इस प्रकार प्रत्येक वस्तु जो केवल भावना करने पर या अपने अनुकूल परिणामों के कारण ही नहीं वरन् प्रत्यक्ष रुप से और तत्काल प्रीति (सुख) का संचार करती हैं सुन्दर मानी जा सकती है। ग्रान्ट ऐलेन के अनुसार–"सुन्दर वह है जो हमारी अंतवृत्तियों को अधिक से अधिक उत्तेजित करे और जिसमें कम से कम क्लान्ति और क्षय का अनुभव हो।"[70] शिवानी–साहित्य में नायिका के रुप में उस रम्य नारी मूर्ति की कल्पना की है जो स्पर्श के आकर्षण से पूर्ण है। लेखिका ऐन्द्रिय स्पर्श में एक मीठी गुदगुदी की अनुभूति अभिव्यक्त करती हैं। उन्होंने इस स्पर्श को कामोत्तेजक भी सिद्ध किया है। यथा–

"पाल बड़े दुस्साहस से कली के कान के पास झुक आया और फुसफुसाकर कहने लगा,.........फुसफुसाहट के साथ ही क्षुधातुर अधरों के स्पर्श से कली का कान सिहर उठा।"[71]

प्रवीर भी कली की "बर्फ की ठण्डी हथेलियों।"[72] का कोमल स्पर्श पाते ही वासना विह्वल हो जाता है। इस स्पर्शजन्य उत्तेजना तथा कंपन, सिहरन, रोमांच आदि सभी को लेखिका ने स्वर दिया है। उन्होने कंपन–सिहरन की कई आवृत्तियाँ की हैं एवं रोमांच का सुन्दर रुपांकन किया हैं। इस दृश्य को उन्होंने अनेक बिम्बों के माध्यम से चित्रित किया है। प्रेमी के स्पर्श मात्र से नायिका की अंगलता प्रहर्षित होने का रुपांकन शिवानी साहित्य में दृष्टिगत होता है। जैसे –"वर्षा की पहली बूँद उसकी छाती पर पड़ी फिर कपोल पर, ललाट पर और फिर वेगवती वृष्टि सहस्र धाराओं में बरसती, किसी दुःसाहसी अधीर प्रेमी के उन्मत्त चुम्बनों की सी बौछार से उसे विह्वल

69. मार्डन पेंटर्स भाग 2, पृ0 16.

70. फिजियोलोजिकल ऐस्थेटिक्स हर ऐस्थेटिक (1877), पृ0 39.

71. कृष्णकली, पृ0 191.

72. कृष्णकली, पृ0 231.

कर गई।"[73] शिवानी ने कई स्थलों पर प्रिय के अंग–स्पर्श कर आई वायु तरंगों को छूकर सिहरन की अनुभूति का चित्रण भी किया है।

ऐन्द्रिय स्पर्श में शिवानी ने सुकुमारता, स्निग्धता–सुचिक्कणता आदि को बड़ा महत्व दिया है। लेखिका ने रुपप्रमदा नारी की सुकोमल अंगलता को स्निग्धता से भी सुचिक्कण कहा है। 'दुबली पतली नाजुक देह।"[74] गदराई देहयष्टि।"[75] तथा नव दुर्वादल तुल्य दे कान्ति का चित्रण स्पर्श की सुकुमारता को लक्षित करने के लिए किया गया है। उनके अनुसार आंगिक स्पर्श क्रूर कर्मा व्यक्तियों को करुण कोमल बना देता है। स्पर्श–सौन्दर्य के ये उत्कृष्ट प्रमाण हैं। लेखिका के अनुसार यह कोमलता मानवता का मूल मधुभाव है। उन्होंने इसीलिए दुर्वृत्त पुरुषों को अपने संस्पर्श मात्र से करुण कोमल. बना देने वाली नारियों के हृदय को कोमलता से युक्त चित्रित किया है। वस्तुतः शिवानी की लेख्रिका स्पर्शबोध से आक्रान्त रही है। उनके अधिकांश पात्र पुलकित प्रेमालिंगन के लिए व्यग्र–उदग्र प्रतीत होते हैं। तात्पर्य यह है कि शिवानी स्पर्श–सुख से भावान्दोलित होकर भी संयत हैं। स्पर्शालिंगन उनका एक रुढ़ मानस बिम्ब है। लेखिका ने विभिन्न स्थलों पर उसकी आवृत्ति की हैं। जैसे–

"कुन्नी पति के पार्श्व में बैठी मीठे स्वर में गुनगुना रही थी।.......हवा में उड़ती चंचल अलकावलि दोनों हाथों पर फैल गयी, क्षुधातुर तप्त अधरों के स्पर्श ने जैसे प्रवीर के हाथों पर दहकते अंगारे धर दिये ऐसे ही एक बिखरे केश–गुच्छ और हिमशीतल अधरपुट की स्मृंति उसके दोनों हाथ कँपा गयी।"[76] स्पष्ट है कि यह शिवानी के स्पर्श–सौन्दर्य का एक महत्वपूर्ण पक्ष है। स्पर्शालिंग की ये अनुभूतियां शिवानी–साहित्य में बहुव्याप्त है। उन्होंने स्पर्श में प्राणोन्मुखी अनुभूति का संकेत दिया है और स्पर्शगत लज्जा भी। वस्तुतः ये आंगिक स्पर्श के प्रति सम्मोहित सी दिखाई देती हैं। इन्होंने अपनी रुपसी को इतना कोमल बना दिया है कि वह सुकुमारता के भार से दबी जा रही है। कोमलता में बल खाती है और उसकी हरीभरी अंग–भंगिमा कोमलता के भार में भरी प्रतीत होती है। निश्चय ही यह स्पर्शगत सुकुमार्य शिवानी–साहित्य में सौन्दर्य–विधान का एक महनीय प्रदेय है।

---

73. सुरंगमा, पृ0 148.
74. विवर्त, पृ0 6.
75. विवर्त, पृ0 30.
76. कृष्णकली, पृ0 276.

2. अतीद्रिय (सूक्ष्म) स्पर्श : शिवानी का स्पर्श–बोध स्वयं में सूक्ष्म भी हैं। उन्होंने "पूस माघ की बर्फीली हवा।"[77] के स्पर्श को अनुभूत किया है। इन अनुभूतियों को उन्होंने अपने साहित्य में विभिन्न स्थलों पर चित्रित करने का प्रयास किया है। उदाहरणार्थ–"द्रेवद्रुमों की हिमशीतल बयार का स्निग्ध स्पर्श, जैसे कोई रह–रह कर माथे–कपोल, स्कन्धों पर आईसबैग रख रहा हो।"[78] इसके समक्ष शरद् के एकांत शुभ्र प्रभात के झरते हरसिंगार, बुरुंश के पुष्प, सौन्दर्य को भी निंद्य घोषित किया है। लेखिका ने सूक्ष्मतावश शिरीष पुष्प को स्पर्श–सुख (अर्थात् मृदुलता) का चरम स्वीकार किया है और उसे सुकुमारी के अंगों पर आरोपित किया है। वस्तुतः शिरीष तथा बुरुंश सुकुमार्य और सूक्ष्म स्पर्श का रुढ़ प्रतीक है। शिवानी ने प्राकृतिक सौन्दर्य के दृश्य की परिकल्पना में 'मोहक–हरीतिमा।"[79] का कई स्थलों पर वर्णन किया है। शिवानी को सूक्ष्म स्पर्श तथा उससे उत्पन्न सौन्दर्य की अनुभूति श्वास स्पर्श, वनपवन स्पर्श, ओसबिन्दु, सुगन्धित मलय, मखमली दूब, हिमशीतल हवा।"[80] और ऐसे ही अन्य अनेक पदार्थों से प्राप्त हुई है। पुष्पों को लेखिका ने कोमलता का प्रियातिप्रिय प्रतीक स्वीकार किया है और उसकी बारंबार पुष्टि की है। शिवानी की कोमल लेखिका सुकुमार कल्पना–कौतुक में अपेक्षाकृत सर्वोपरि रहा है। वस्तुतः स्पर्श की सुकुमारता के कई उद्धरण शिवानी की रचनाओं में देखे जा सकते हैं।

समग्रतः सूक्ष्म स्पर्श–सौन्दर्य, विशेषतः सुकुमार्य के प्रति लेखिका पर्याप्त सचेष्ट है। शिवानी ने यद्यपि उदात्त सौन्दर्य के प्रति अधिक अभिरुचि प्रदर्शित की है, फिर भी उनके साहित्य में यत्र–तत्र स्पर्शजनित सुकुमारता के अनेक सूक्ष्म संकेत प्राप्त हैं। इनके स्पर्श बिम्ब अत्यन्त प्रभावोत्पादक हैं। स्पष्ट है कि शिवानी–साहित्य में मर्मस्पर्श की अपेक्षा सूक्ष्म स्पर्श का सौन्दर्य अधिक उद्घाटित हुआ है। लेखिका ने दृष्टि से छुए जाने तक की कल्पना की हैं और इस प्रकार भावात्मक (एब्सटैक्स) अमूर्त एवं वायवीय स्पर्श–सौन्दर्य की आयोजना की हैं।

"खुले कांच से आती तराई और पहाड़ के संगम की सुहावनी हवा उसे वर्षों की बिछुड़ी जननी के स्पर्श–सी ही मीठी लगी। कल्पनालोक की अदभुत

77. माई पृ0 72.
78. विवर्त : शिवानी, पृ0 12.
79. मणिमाला की हंसी, पृ0 35.
80. करिए छिमा, पृ0 25.

धरणी पर पग धरती वह फिर नयी दुल्हन बनी, हल्द्वानी की अली–गलियों से गुजर रही थी। बीच–बीच में वर्षो पूर्व नौशा बने पार्श्व में बैठे कल्पित कौस्तुभ का स्पर्श भी उसे गुदगुदाता जा रहा था।"[81]

इन्होंने यत्र–तत्र अपनी श्रृंगारिक प्रवृत्ति के कारण देह स्पर्श के प्रति भले ही लालसा व्यक्त की हैं, पर प्रायः अपनी सौन्दर्य वृत्ति के कारण ये सौन्दर्य की ही स्थापना करती रही हैं। यही कारण है कि लेखिका ने वायु–स्पर्श, पुष्प पराग स्पर्श और भाव–स्पर्श को ही प्राथमिकता दी है।

3. तापपरक स्पर्श : वैज्ञानिकों के अनुसार, शीतोष्ण ताप की अनुभूति त्वचा स्पर्श द्वारा प्राप्त होती है। अस्तु, इस सन्दर्भ में शीतलता एवं उष्णता का स्पर्शबोध विचारणीय है।

1. शीतलताः स्पर्शानुभूति के अन्तर्गत शिवानी ने शीतलता और उष्णता, दोनों का न्यूनाधिक उल्लेख किया है और इन्हें क्रमशः संताप एवं सुख शान्ति का प्रतीक मान लिया हैं। शिवानी ने उष्णता को यौवनोन्माद और शीतलता को सौहार्द का सूचक माना है। वे शीतलता के प्रति विशेष आग्रहशील हैं। उन्होंने इसका सार्वजनिक अंतर्भाव किया है। लेखिका ने कई स्थलों पर नायिका को साक्षात् शीतलता के रुप में ही चित्रित किया है। मस्तक पर रोली की शीतलता तथा उसके स्पर्श की सिहरन को लेखिका ने इन शब्दों में अभिव्यक्त किया हैं–"घुटने टेक कर बैठी कली के ललाट पर पाण्डे की मलय–रोली की कटोरियों में डूबती तूलिका चिड़िया के पंख से दी गयी गुदगुदी की–सी सिहरन देने लगी। कैसा विचित्र अनुभव था यह।"[82] कहीं–कहीं पर यह शीतलता शांतिमयी जीवन की अभिव्यक्ति करती है। शिवानी ने प्रकृति एवं जीवन में शीतलता का भरसक समावेश किया है। प्रकृति में मानव ने एक अलौकिक सौन्दर्य को देखा है। मानव ने प्रकृति कें सौन्दर्य को सराहा है और उसकी पूजा की है। वैदिक काल से ही प्रकृति की पूजा की जाती रही है। उसके कोमल एवं कठोर रुपों का वर्णन भी साहित्य में प्राप्त होता है। शिवानी ने प्रकृति के प्रति सदैव आत्मीय भाव रखा है। लेखिका ने कई स्थलों पर प्रकृति का आलम्बन रुप में चित्रण किया है। इन दृश्यों में शीतलता सर्वत्र विद्यमान रही है। "वन प्रान्तर की हरियाली, उस पर वर्षा का दृश्य, उन्हें ही नहीं, पाठकों को भी सुखद लगता है–"उधर वन

81. स्वयंसिद्धा, पृ0 26.

82. कृष्णकली, पृ0 138.

प्रान्तर की रेंगती हरीतिमा स्वयं ही आकर आंखों में धूप का सुशीतल चश्मा लगा देती, और फिर निरंतर झर–झर बरसती जलधारा। लगता किसी कच्ची छत सा टपकता आकाश हमारे साथ–साथ चला आ रहा है।"[83] लेखिका अत्यन्त मनोहारी चित्रण करती हैं चारों ओर की हरियाली वास्तव में आँखों को शीतलता प्रदान करती है। शिवानी का मन संसार के स्तर में अगाध शीतलता का अनुभव करता है। उन्होंने हिम शीतल लहर, शीतल झरनों की धाराएँ, शीतल शत–शत निर्झर, शीतल जल, शीतल पवन, शीतल मलय, शीतल छाया, शीतल ह्रदय आदि शब्दों के प्रयोग द्वारा इसके प्रति अपना आकर्षण व्यक्त किया है। यद्यपि प्रकृति में शीतलता की विशेषानुभूति होती है इसीलिए शिवानी ने प्रकृति के विभिन्न उपादानों के द्वारा इसको अभिव्यक्ति दी है। इसी प्रकार कितने प्रकृति–रुपों एवं भावों का आयोजन कर तापमय जीवन को शीतल करने तथा शीतलता को भी ठंडक पहुँचाने का प्रयत्न किया गया है। लेखिका ने हिमशीतल अधरों को चित्रित कर शीतल स्पर्श के प्रति सुखानुभूति व्यक्त की है। वस्तुतः इस शब्द की आवृत्तियाँ एक विशेष मनोग्रंथि की सूचक हैं। एक ओर ये शिवानी के मनस्ताप के परिचायक हैं और दूसरी ओर उनके कुछेक पुरुष पात्रों के कामोष्माहीन विरति की भी। स्पर्श–बोध से सम्बन्धित ये उद्धरण शिवानी की सौन्दर्यानुभूति की साक्षिणी हैं। सौन्दर्य की साधक शिवानी का शीतल स्पर्श–[illegible] बड़ा स्वाभाविक है।

2. उष्णता : वैज्ञानिकों के अनुसार, उष्मा, जीवन एवं जिजीविषा का लक्षण है और शीतलता मृत्यु का सूचक है। समाजशास्त्रियों के अनुसार, मृत्युपरान्त शव का दाह करने की परंपरा इसी जिजीविषा के कारण प्रचलित हुई है। शिवानी–साहित्य में जीवन की प्रखर विलासमयी लालसा विद्यमान हैं, अस्तु वे उष्णता के प्रति भी ग्रहणशील हैं। वस्तुतः उष्णता स्पर्शानुभूति का एक महत्वपूर्ण पक्ष है। शिवानी ने इस उद्देश्य से ताप, विशेषतः आग्नेय ज्वाला का वर्णन किया है। उनके साहित्य में इस पावक बिंब का अनेक प्रयोग हुआ हैं। उदाहरणार्थ "सूर्य की प्रखर किरणों।"[84] तथा "चारों ओर चिलचिलाती धूप।"[85] उषा का पावक अरुण ज्वाल आदि का वर्णन बहुशः उपलब्ध है।

शिवानी में न्यूनाधिक उष्णता बोध प्राप्त है। उष्णता की यह अनुभूति

83. शिवानी, माणिक, पृ0 130.

84. पुष्पहार, पृ0 128.

85. घूमने और घूमने का दर्शन शास्त्र, पृ0 63.

प्रायः ऐन्द्रिक है। लेखिका ने इसका समाहार प्रायः कामाग्निवर्द्धक रुप और यौवन के संदर्भ में किया है। यह अनुभवगम्य भी है और अनुभवातीत भी। शिवानी ने इसके माध्यम से अपना विराटता बोध व्यक्त किया है, वेदना–व्यथा पूर्ण अंतर्दाह प्रकट किया है और ऐन्द्रिय स्पर्शानुभूति से ऊपर उठकर इसे प्राणों के स्तर पर भी घटित किया है।

उपर्युक्त विवेचन द्वारा स्पष्ट है कि स्पर्शेन्द्रिय द्वारा ग्राह्रय शीतलता एवं उष्णता की अनुभूति के प्रति शिवानी पूर्ण प्रस्तुत है। शीतलता के प्रति शिवानी अपेक्षाकृत अधिक आकर्षित दिखती हैं। यह संभवतः भौगोलिक तथ्य भी है। इन्होंने दोनों प्रकार के स्पर्श–बोध को प्रतिबिम्बित करने का यत्न किया है, फलतः स्पर्श–सौन्दर्य की सफल सृष्टि हुई हैं। स्पर्श–बोध के अन्तर्गत लेखिका ने मार्दव को सर्वाधिक महत्व दिया है, इसलिए आलोच्य–साहित्य में मृदु, मृदुल, सुकोमल, सुकुमार आदि शब्दों की भरमार है। ये उन्होंने प्रायः समस्त प्राकृतिक उपकरणों, अंगों–प्रत्यंगों और भावानुभावों में मृदुता का सन्निवेश और तदर्थ उस शब्द का प्रयोग किया है। उन्होंने मृदु अवमय, मृदुल आकार, मृदु अंग, फूलों की मृदु पलकों, मृदु अधर, मृदुल कल्पना, मधुर स्मृतियों, मृदुल अनुभव, कोमल सांस, मृदु–स्पंदन, मदु कोमलता, जैसे शब्दों द्वारा अपनी विशिष्ट मानसिकता का संकेत किया है।

"ध्वनि–सौन्दर्य"

शिवानी–साहित्य में प्रयुक्त ध्वनियां :

शिवानी ने रुपात्मक जगत् को अनेक श्रोत बिम्बों द्वारा अंकित किया है। शिवानी–साहित्य में ध्वनि की व्यंजना कई प्रणालियों द्वारा की गई है। लेखिका ने अन्तर्वाह्रय प्रकृति के विभिन्न रुपों से निःसृत ध्वनियों को सतर्कतापूर्वक ग्रहण किया है, और उन्हें प्रायः ध्वन्यात्मकता के सहारे प्रतिध्वनित भी कर दिया हैं। वस्तुतः शिवानी की नाद–व्यंजना बड़ी विलक्षण है। इन्होंने यदि एक ओर प्रलय–जलद, उल्का एवं झंझा की भीषण गुरु–गर्जना को कर्णगत किया है तो दूसरी ओर सपनों की निःशब्द आहट भी सुनी है। कई स्थलों पर तो लेखिका ने नयनों और श्रवणों को एकाकार कर दिया है। यहाँ पर शिवानी ने छायावादी कवियों का ही अनुकरण किया है। पंत जी के शब्दों में : "गिरा हो सकती है सनयन, नयन करते नीरव भाषण", श्रवण तक आ जता है मन, स्वयं मन करता बात श्रवण।"[86] और महादेवी जी के

86. पल्लव, पृ0 11.

कथनानुसार : 'नयन श्रवणमय श्रवण नयनमय।''[87] अथवा 'मेरे श्रवण आज बैठे हैं इन पलकों की ओट।''[88] यहाँ रुप और ध्वनि का जो समात्मभाव परिलक्षित होता है, वह छायावाद के नाद–सौष्ठव का निजी वैशिष्ट्य है। शिवानी–साहित्य में बहुत से बिम्ब ऐसे भी हैं जो नाद सौन्दर्य के द्वारा अपना बिम्बात्मक प्रभाव उत्पन्न करते हैं। जैसे–

''माघ का महीना था। ठंड से दांत से दांत बज रहे थे। सामान्य सी बूंदाबांदी अब गर्जन–तर्जन पूर्ण शिलावृष्टि के रुप में चट्टानों पर किसी कुशल तबला–वादक की दक्षता से त्रिताल के–से टुकड़े बजा रही थी।''[89]

ध्वनि सौन्दर्य के प्रति शिवानी बड़ी सचेष्ट रही हैं। वस्तुतः नाद तत्व द्वारा इन्होंने अमूर्त भावों को रुपायित करने का उपक्रम किया है। इस कार्य में भाषा बड़ी सहायक रही है। भाषा और ध्वनि परस्पर अविभाज्य है। साहित्य में भाषा को संसार का नादमय चित्र कहा गया है। साहित्यकारों ने ऐसी भाषा की कामना की है, जिसके शब्द सस्वर हों, जो झंकार में चित्र और चित्र में झंकार हों, साथ ही अपने हत्कंपन द्वारा जो प्राणों के संगीत को निनादित कर सकते हों।''[90] लेखिका ने जीवन की विडंबना प्रदर्शित करते हुए घनों की प्रचण्ड ध्वनि और रमणी–कंठ की स्वर संगीत–माधुरी को एकरथ कर दिया है। फिर भी कोमल कंठों के प्रति शिवानी अपेक्षाकृत अधिक लालायित रही हैं। यह ध्वनि–माधुर्य प्रकृति के कण–कण में व्याप्त है; अस्तु शिवानी ने प्राकृतिक ध्वनियों जैसे : कोकिल की काकली, भ्रमर के गुंजार, झिल्ली की झनकार, मेघों की गुरु–गर्जना, निर्झर के झर–झर नाद, पावस की फुहार, पत्रों के मर्मर, पक्षियों के कलरव, सागर–सरिता एवं तरंगों के कल कल–छल–छल स्वर आदि को विशेष प्रश्रय दिया है। इस ध्वन्यांकन की सर्वाधिक उल्लेखनीय विशेषता यह है कि इन ध्वनियों को प्रायः ध्वनियंत्र की तरह यथावत प्रतिध्वनित कर दिया गया है। प्रमाण स्वरुप इनकी कुछ नैसर्गिक ध्वनियाँ प्रस्तुत हैं।

खग–कूजन :

शिवानी साहित्य में कोमल कंठ के अर्थ में कोकिल तथा अन्य पक्षियों के समवेत कलरव (खग–कूजन) का ध्वन्यांकन किया गया है। शिवानी ने

87. नीरजा, पृ0 74, 30.
88. वही।
89. करिए छिमा, पृ0 17.
90. पल्लव : प्रवेश, पृ0 14.

नैसर्गिक ध्वनियों मे कोकिल कंठ को विशेष महत्व दिया है। साहित्य में पिककूजन को आकंठ सुख्र का हेतु माना गया है। लेखिका ने भी यथास्थल कोकिलालाप और उसके ध्वनि माधुर्य की बारंबार पुष्टि की है। उन्होंने विहगों के स्वर–संगीत एवं नाद–सौन्दर्य का आत्मलीन होकर ध्वन्यांकन किया है। लेखिका के अनुसार कोकिल की काकली ध्वनि सौन्दर्य की चरमोपलब्धि है। यह स्मरणीय हैं कि उन्होंने कोकिल–कंठ की तुलना में रमणी कंठ तक की तुलना की है यथा–"एक कविता के माध्यम से उन्होंने कोयल से उसकी स्वर लहरी का आवाह्न किया हैं–"कोकिल बोलों तो। प्राणों में मधु घोलो तो.....।" फिर यहाँ शिवानी कोयल के मधुर कंठ स्वर को कथा नायिका के कंठ की मधुरता से जोड़ कर कहती है कि "अब कोकिल है.....कौवा तो है नहीं, जो काँव–काँव होगी। कुहू–कुहू कर रही होगी।"[91] स्पष्ट है कि नैसर्गिक ध्वनियों में लेखिका ने कोकिल की काकली को सर्वाधिक वरीयता प्रदान की है। अन्य पक्षियों के कलरव में "लाल–मुनैया, पुट्टैया और श्यामा की चहचहाहट।"[92] "चमगादड़ों की चीं ची।"[93], कौए की काँव–काँव" "टिट्टिभ का चीखना।"[94] ऊँचे देवदार के वृक्षों पर चहकती चिड़िया।"[95] आदि का वर्णन "वन कोट में लौट रहे क्लान्त वन पाखियों का कलकूजन।"[96] के साथ–साथ ही किया है। यह कलरव–कूजन मात्र उपचार पूर्ति के रुप में ही नहीं आया है, बल्कि इसे श्रवण व्यापार द्वारा प्रतिध्वनित करने का उपक्रम भी किया गया है।

भ्रमरों का गुंजन तथा झींगुर ध्वनि शिवानी का एक प्रिय श्रौत (श्रव्य) बिंब हैं। झींगुर–स्वर को ध्वनि–सौन्दर्य, विशेषतः संगीतपूर्ण कंठ–काकली को आदर्श माना है। शिवानी को झींगुरों के उन्मन गुंजन और उसके नाद–सौष्ठव को प्रतिध्वनित करने में विशेष सफलता मिली है। उन्होंने कहीं–कहीं तो इसका अविकल ध्वन्यांकन किय. हैं। जैसे सिद्ध सितार वादक, सितारों के तारों पर मिजराब फेर रहा हो।"[97] इस प्रकार "झींगुर की

91. भूली कहाँ हूँ, पृ0 21.
92. पाप कलुष और भ्रष्टाचार के बावजूद, पृ0 122.
93. कौन, पृ0 73.
94. पूतोंवाली, पृ0 40.
95. मायापुरी, पृ0 63.
96. अतिथि, पृ0 179.
97. पथेय, पृ0 140.

लयबद्ध झंकार।"[98] का सुरुचिपूर्ण वर्णन करके भ्रमर तथा झींगुर के प्रति अपना मनोराग व्यक्त किया है। वस्तुतः ये जीवन माधुर्य, उन्मुक्त रस चयन आदि भावों के प्रतीक हैं। अस्तु शिवानी भाव–जगत् के अत्यन्त निकट हैं। इन पक्षियों के कलरव के अतिरिक्त शिवानी ने उलूक की ध्वनि का भी ध्वन्यांकन किया हैं, उसे निकृष्ट पक्षी तथा अशुभ लक्षणों के अन्तर्गत ही लिया हैं।

उदाहरण दृष्टव्य हैं–"बाबू कल मेरी खिड़की के बाहर उल्लू कई बार बोलता रहा, डरी–सहमी अन्ना ने पिता से कहा था तो उन्होंने तब उसे आश्वस्त किया था–"चिन्ता मत कर अन्ना, हमारे शास्त्रों में हर अमंगल निवास का समाधान हैं, ऋग्वेद में इसी उलूक ध्वनि के अमंगल नाश के लिए एक अचूक नुस्खा हैं, उसे दुहराती रह– "यदुलूको वदति मोघमेतद्। "अर्थात "हैं भगवान, इस उल्लू का कथन मिथ्या हो।"[99] प्रस्तुत उदाहरण में शिवानी ने उलूक ध्वनि का संकेत रुप में ही वर्णन किया है उसका ध्वन्यांकन नहीं किया है इससे स्पष्ट होता है कि शिवानी–साहित्य में पक्षी –रव में भी शुभ तथा अशुभ लक्षणों का व्यवस्थापन किया गया है। कहीं–कहीं पर उन्होंने "टिट्टिभ का करुण स्वर।"[100] भी प्रतिध्वनित किया हैं, परन्तु इन ध्वनियों के प्रति शिवानी ने अपनी अरुचि ही व्यक्त की है। समग्र रुप से उन्हें कोयल, मैना, शुक, तथा झींगुरों की ध्वनि ही अभीष्ट है।

पत्रों का मर्मर :

शिवानी ने "पत्तों की खड़खड़।"[101] "पत्रों की मर्मर।"[102] अर्थात् खड़खड़ाते पत्तों की ध्वनि को सतर्कतापूर्वक अंकित किया है। शिवानी को इस मर्मर से अचेतन भाव स्रवित होते ज्ञात होते हैं। लेखिका ने मर्मर ध्वनि हेतु विशेष देश–काल की भी आयोजना की है। साहित्य में संध्याकाल में मर्मर ध्वनि के शान्त हो जाने का वर्णन किया है यथा–निराला के शब्दों में "पत्रों के आनत अधरों पर सो गया निखिल वन का मर्मर।"[103] ऋतुचक्र के अन्तर्गत शिशिर और बसंत में मर्मर ध्वनि की योजना अपेक्षाकृत अधिक प्राप्त होती है।

98. विवर्त, पृ0 12.
99. कालिंदी, पृ0 .29.
100. तर्पण, पृ0 92.
101. मायापुरी, पृ0 121.
102. चौदह फेरे, पृ0 81.
103. परिमल, पृ0 224.

शिवानी ने पर्वतीय प्रकृति के अन्तर्गत हिमभार से दातौन से तड़ाक–तड़ाक टूटने लगे।''[104] इस प्रकार पत्रों की खड़खड़ाहट के साथ वृक्षों की टूटन को भी शिवानी ने सहजता से चित्रित किया है। इसके अतिरिक्त ''भांय–भांय करते जन शून्य बीहड़ जंगल।''[105] को भी शिवानी–साहित्य में रुपायित किया गया हैं।

पवन श्वसन :

शिवानी ने वायु की गति का चित्रण करते हुए उसकी ध्वनि–प्रतिध्वनि का निरुपण भी किया है। इन्होंने समस्त दिग्मंडल को सतत ध्वनि स्पन्दित अनुभव किया हैं और वायु मंडल में पवन की विविध ध्वनियों का समायोजन भी किया हैं। इन्होंने एक ओर श्वास–प्रश्वास, स्पन्दन को स्वर दिया है दूसरी ओर प्रभंजन के वेग को भी। उदाहरण दृष्टव्य हैं–

''अन्मनस्क पथिक यदि राह चलते, तारों और खिले फूलों को नहीं देख पाता तो क्या उन्हें भूल जाता है? वे ही तो उसके प्राणों की निःश्वास वायु को सुमधुर बनाते हैं।''[106] शिवानी साहित्य में स्पन्दन की ध्वनि का मात्र वाचिक वर्णन ही नहीं हैं, बल्कि उसे अविकल रुप से प्रतिध्वनित भी किया गया है। कहीं–कहीं पर वृक्षों के मर्मर और वायु के श्वसन को ध्वन्यात्मक शब्दों द्वारा प्रस्तुत किया गया है। यथा–''गहन अंधकार को भेदती देवद्रुमों की सी सीटी बजाती बयार, सुदूर पाषाण देवी के डोरी में बंधे घण्टों को हिलाती बही चली जा रही थी।''[107] इस प्रकार उन्होंने ध्वन्यात्मक शब्दों द्वारा पवन की गति और ध्वनि को अंकित किया है। स्पष्ट है कि शिवानी ने विभिन्न नैसर्गिक ध्वनियों को शब्दबद्ध करके उन्हें प्रतिध्वनित करने में यथेष्ट सफलता प्राप्त की है और इस प्रकार ध्वनि–सौन्दर्य की सफल सर्जना की है।

घन–गर्जन, वर्षण एवं जल प्रवाह की ध्वनियांः

शिवानी ने यों तो विभिन्न ध्वनियों के प्रति आकर्षण व्यक्त करते हुए उनको यथासंभव प्रतिध्वनित करने का उपक्रम किया है, पर पावस–ध्वनियों के प्रति अपेक्षाकृत अधिक अनुराग व्यक्त किया हैं। इन्होंने बादलों की

104. करिए छिमा, पृ0 20.
105. पाप कलुष और भ्रष्टाचार के बावजूद, पृ0 122.
106. भूली कहाँ हूँ, पृ0 26.
107. खुदा हाफिज, पृ0 104.

गड़गड़ाहट को द्वित्व वर्णो एवं ध्वननशील, गतिमय, महाप्राण स्वरों द्वारा प्रतिध्वनित करके बादल राग तक को सशब्द किया है। जैसे : "दूर कड़कते बादलों का गर्जन–तर्जन।"[108] "दूर–दूर तक बिखरे मेघखण्डों का एकत्र होकर डमरु बजाना।"[109] "घन कृष्ण मेघ की भयावह गर्जना।"[110] के साथ ही उन्होंने बिजली की कड़क को भी ध्वनित करने का उपक्रम किया है। शिवानी को मेघों की गड़गड़ाहट और उनका वज्र स्वर विशेष प्रिय है। साथ ही, लेखिका ने वायु के श्वसन, कंपन क्रिया की थरथराहट, ध्वनन, जल प्रवाह–ध्वनि आदि को भी प्रतिध्वनित किया है। उदाहरण द्रव्टव्य हैं–"कहीं जोर से बिजली कड़की कड़.......कड़.......कड़.......कड़ाक और कान में पर्दे फाड़ता आग का एक ज्वलन्त गोला राकेट की तेजी से न जाने कहां जा धंसा। दीनबन्धु का धड़कता कलेजा ज़िह्वाग्र पर आकर धड़कने लगा।" यहाँ शिवानी द्वारा यह चित्रण मूसलधार वर्षण, घोर वज्र हुंकार एवं विप्लव रव द्वारा ध्वनियों को आतंकित कर देता है। शिवानी ने इन ध्वनियों को अपने वाक्यों द्वारा अविकल रुप में उतार सा लिया है। उन्होंने कई स्थलों पर मेघों की गुरु गर्जना को प्रतिध्वनित करके ध्वन्यात्मकता का सफल निर्वाह किया है। लेखिका को मेघों की गड़गड़ाहट और उनका वज्र स्वर विशेष प्रिय है। घन–गर्जन, जल वर्षण का चित्र उन्होंने इस प्रकार उकेरा है कि –मूसलाधार वृष्टि टीन की ढालू छतों पर नगाड़े सी बजा रही थी...... ।"[112] उन्होंने झंझा, मेघ, वृष्टि, जल प्रवाह आदि को भी यत्र–तत्र निनादित करने का यत्न किया है। शिवानी के ये शब्द लघु–लोल लहरियों जैसे ही संगीतात्मक और सस्फूर्त हैं। यथा–'प्रपात का गर्जन।"[113] जल प्रपात का मधुर निनाद।"[114] 'कल–कल बहती गोमती।"[115] तथा 'जल तरंग की सी मीठी रुनझुन।"[116] आदि ध्वनियों को लिपिबद्ध किया हैं। स्पष्ट है कि इन्होंने ध्वनि–सुकुमार्य के साथ–साथ ध्वनि –गाम्भीर्य को भी प्रश्रय दिया है और उसे प्रायः घन–गर्जन से संयुक्त कर दिया है। निःसन्देह घनों तथा वृष्टि का यह घोष उनके औदात्य एवं विराट् व्यक्तित्व का द्योतक है।

मानवीय ध्वनियाँ :

1. रमणी कंठ : नैसर्गिक ध्वनियों को साथ–साथ शिवानी को कंठ काकली हंसी, पदध्वनि,

---

108. कालिंदी, पृ0 176.

109. कालिंदी, पृ0 40.

110. गैंडा, पृ0 11.

नूपुर आदि की मानवीय ध्वनियों भी प्रिय हैं। शिवानी को रमणी की कंठकाकली अभिप्रेत हैं, जिसमें निर्झर की सी ध्वनि–तरंगें हिल्लोलित हो रही हों, जिसमें श्रुति–माधुर्य और स्वर चांचल्य हो और जिसमें नित–नूतन लावण्य–लीलाएँ नृत्य कर रही हों। उदाहरणार्थ–शिवानी कहती है–"यह मेरा सौभाग्य है कि जिस जादुई कंठ की स्वर लहरी ने मुझे तीस वर्ष पूर्व मंत्र मुग्ध किया था, उस कंठ का आकर्षण आज भी मेरे लिए वैसा ही बना मेरी लेखनी को गतिशील बना रहा है। जहाँ गजल, ठुमरी एवं दादरा का प्रश्न है, स्वर लय की ऐसी उत्कृष्ट, सम्पन्न गायकी का परिचय अन्य कोई भी गायिका शायद आज तक नहीं दे सकी है। ऐसी सहज स्वाभाविकता, स्वर लय का ऐसा अपूर्व समन्वय सर्वोपरि उनके कंठ की एक सर्वथा निजी मौलिकता, प्रस्तुतीकरण के बीच स्वयं ही आकर छिटक गया एक मीठी टहूक–सा स्वर भंग जो शायद अन्य किसी भी गायक या गायिका के लिए उसकी गायकी का दोष बन सकता था, उनकी गायकी का एक अनूठा नगीना बन गया है।"[1]

इस प्रकार स्पष्ट है कि कोमल कंठों की रसीली तानें शिवानी को प्रिय हैं। शिवानी ने संगीत के प्रति अनुरक्ति व्यक्त की है। यथा–"बद्रेश्वर की रामलीला की तब विशेष ख्याति थी। वहाँ का संगीत अल्मोड़ा के कई संगीत पक्ष सम्हालते थे, अल्मोड़ा के कई संगीत–रसिक, वायलिन, तबला, हारमोनियम और फिर स्वयं राम के मधुर कंठ से, बिना किसी नेपथ्य की प्रौम्पटिंग के निःसृत धारा प्रवाह चौपाइयों दोहे और और छंद।"[1] कंठ की मिठास को उन्होंने विभिन्न स्थलों पर दर्शाने की चेष्टा की है। पुरुष कंठ स्वर को भी शिवानी साहित्य में प्रमुखता दी गयी है। यथा –"कार्तिक कभी धीर–मंथर गति से कार चला रहा था, कभी हवा के तूफानी वेग से न जाने किन–किन वन–वीथिकाओं से उसे भगाये लिये जा रहा था। सहसा स्टियरिंग बोल पर ही तबले का ठेका बजाता, वह सुरीले स्वर में गाने लगा झन–झन झन झन पायल बाजे, सास ननद मोरी.......उसके सधे स्वर में अनोखी मिठास थी।"[1] शिवानी ने "आर्केस्ट्रा के करुण आर्त स्वर।"[1] तथा तान–आलाप के साथ रामधुन गाते।"[1] हुए लोगों के प्रति भी अनुराग व्यक्त किया है। इसके अतिरिक्त अन्य वाद्य यन्त्रों में लेखिका ने अंचल विशेष से सम्बन्ध वाद्य यन्त्रों का चित्रण उल्लासपूर्ण वातावरण के रुप में ही किया है। उदाहरणार्थ–"रामगढ़ के सीमान्त पर बसे छोटे से नैक ग्राम में जिस दिन रजुला का जन्मा हुआ, दिशाएँ पहाड़ी दमुवे की चोट और ततुरी की ध्वनि से आनन्द विभोर हो उठीं।"[1] इस प्रकार समग्रतः कहा जा सकता है कि शिवानी ने रमणी

नायिकाओं के कोमल कंठों के साथ संगीत पक्ष की भी प्रधानता अपनी रचनाओं में समान रुप से बनाये रखी है।

तरल हंसी :

शिवानी ने उन्मुक्त अट्टहास, खिलखिलाहट से भरी हंसी और किलकारी की ध्वनि को बड़ी सतर्कता के साथ अंकित किया है। हंसी की एक मदिर गूंज उस विचित्र संगीत में डूब गई, जैसे पहाड़ के किसी प्राचीन मन्दिर में तुरही, ढोल, नगाड़े, बज रहे हों।"[1] इसके अतिरिक्त 'हंसती खिलखिलाती रमणी।"[1] तथा तरल–उच्छल और खिलखिलाहट भरी ध्वनियों को अति प्रिय हैं। लेखिका के अनुसार, यह अट्टहास उल्लास–भाव का सूचक है और ध्वनि सौन्दर्य का भी। उन्होंने मृदु मंद स्मित का तो उल्लेख किया है, पर उन्मुक्त हंसी को अपेक्षाकृत अधिक प्रश्रय दिया है। प्रायः ऐसा माना जाता है कि तरल हंसी व्यक्तित्व के खुलेपन एवं उसकी जीवंत (सरस) भाव–धारा का वाहक भी है। यही कारण है कि लेखिका ने इसे द्रव रुप में प्रवहमान और प्रतिध्वनित होते चित्रित किया है वस्तुतः यह शिवानी का एक रुढ स्रोत–बिम्ब हैं। अस्तु, शिवानी उन्मुक्त हंसी के ध्वन्यांकन हेतु पर्याप्त सचेष्ट हैं।

किंकिणी–ध्वनि :

ध्वनि सौन्दर्य के सन्दर्भ में शिवानी ने नूपुर–ध्वनि का बारंबार उल्लेख किया है। सामान्यतः किंकिणी अलंकरण एवं प्रसाधन से सम्बद्ध है, पर शिवानी–साहित्य में इसे ध्वनि–सौष्ठव का आदर्श माना गया है। कुछ उदाहरण अवलोकनीय हैं–"वह बेसुध होकर नाचती रही, नृत्यरत गौर, आलता रंजित चरण युगल, जैसे मंच पर होकर भी नहीं थे। उसके आधूर्णन वेग से तरंगित, कटि की करधनी छन–छन कर इस प्रकार भ्रमित हो रही थी, मानों किसी पहाड़ी देवालय में पतली रस्सी में बंधी नन्हीं–नन्हीं वटिगाँ चात्याचक्र से उद्धेलित हो ढुगढुगा रही हो।"[1] यहाँ यह स्पष्ट है कि विविधी ध्वनि का एक प्रियश्रावणिक बिम्ब है। लेखिका ने यहाँ पद–गति का भी मुग्ध भाव से चित्रण किया है। शिवानी ने आभूषणों की ध्वनि को प्रतिध्वनित करने में पूरी सफलता प्राप्त की है। वे "नन्ही घंटियों में टुनकती चाँदी की पतली करधनी।"[1] के प्रति भी आकृष्ट हैं। उन्होंने रुपात्मक पद्धति से, प्रतीक प्रणाली द्वारा इस ध्वनि का आयोजन किया है। इसी प्रकार कई स्थलों पर उन्होंने किंकिणी–ध्वनि का समावेश किया है। शिवानी की इस किंकिणी ध्वनि में बड़ा वैविध्य है। उन्होंने ध्वनि को आंगिक सौन्दर्य से एकात्मक कर

दिया है और उसमें नृत्य संगीत का समावेश भी किया है। उन्होंने किंकिणी और उसकी रुपहली ध्वनि का उल्लेख किया है। यथा–"पतली कमर में रत्न जटिल मेखला प्रत्येक पदचाप के साथ छन–छन बजना।"[1] भी शिवानी–साहित्य में ध्वनि–सौन्दर्य के सन्दर्भ में ही विचारणीय है। इसके अतिरिक्त उन्होंने "चाँदी के घुंघरुदार संथाली कांटों का चित्रण भी ध्वनि सौन्दर्य के अन्तर्गत किया है यथा– "क्या अद्‌भुत परिपाटी से जूड़ा बाँधा गया था। बंदगोभी से अंटे ठसे जूड़े में, चाँदी के घुंघरुदार संथाली कांटे लगे थे, जो उसकी गर्वीली ग्रीवा के इधर–उधर होते ही बज उठते –छन्न छन्न।"[1] इसके साथ लेखिका ने "चूड़ियों की मीठी खनक।"[1] का भी उल्लेख किया है जो उनकी श्रृंगारिक मनोवृत्ति का द्योतक है। इन आभूषणों की अनुगूंज, मृद–मंद और लय युक्त स्वर संगीत लेखिका को विशेष प्रिय है। वस्तुतः लेखिका ने अपनी सहज सौन्दर्यप्रियता के कारण ही सौन्दर्य–सज्जा एवं सौभाग्य के प्रतीक इन आभूषणों और उनकी अनुनादात्मक ध्वनियों के प्रति आकर्षण व्यक्त किया हैं।

अन्य ध्वनियों में शिवानी ने वाद्य ध्वनियों, विशेष ढोल, वंशी आदि की लय–ताल युक्त ध्वनियों का मनोमुग्धकारी वर्णन किया हैं शिवानी का ध्वनि बोध अत्यन्त विस्तृत है उन्होंने झाड़ फानूस की ध्वनि का भी अंकन किया है। उदाहरण दृष्टव्य है–रियासतों को वैभव दर्शनीय था–सबसे दर्शनीय छटा थी–उन झाड़ फानूसों की असली झाड़ फानूसी टनक–टनक की मधुर झंकार।"[1]

अन्य ध्वनियों के अन्तर्गत मानवीय स्वर सौन्दर्य में शिवानी ने "मन्दिर में आरती की संयोजना के साथ मंद स्वर में नाद स्वर की मीठी गूंज।"[1] का भी सौन्दर्यांकन किया है। ये ध्वनियां मानवीय स्वर–सौन्दर्य और सौख्य की सूचक हैं तथा शिवानी–साहित्य के समृद्धि की भी द्योतक हैं।

निःशब्द एवं अमूर्त ध्वनियां :

शिवानी की ध्वनि–योजना अपनी सूक्ष्मता के कारण निःशब्दता की सीमा तक पहुँच गयी है। इनके ध्वनि–सौष्ठव का प्रमुख वैशिष्ट्य है : सुकुमार्य। इस दिशा में शिवानी अग्रगण्य हैं। उन्होंने प्रकृति के शान्त नीरव तथा मौन वातावरण में भी ध्वनि की निस्तब्धता को चित्रित किया है। यथा–"आकाश की नीलिमा मानो उस अरण्य को चीरती हुई झपाटे से नीचे उतर आयी थी। प्राचीन वट और अश्वत्थ के धूमिल वृक्ष मौन साधकों की तरह अचल खड़े थे। वह उस खुली खिड़की से, बड़ी देर से इन्हीं वृक्षों को देख रही थी। क्या

इन वृक्षों की पत्तियां भी अरण्य की मूल भयावहता से सहमकर हिलना भूल गई थीं?"[1] निश्चय ही शिवानी ध्वनि–सुकुमार्य की श्रेष्ठ साधक है। ध्वनि की यह अमूर्तता शिवानी साहित्य में अपनी अति पर है। अकस्मात हो गये सन्नाटे का दृश्य दृष्टव्य है–"आज तीव्र काल प्रवाह में वे समग्र कर्मकांड बह कर न जाने कहाँ खो गये थे। सिटौली और बल्ढौटी के वे खेल के मैदान जो कभी बांके गुरखा खिलाड़ियों के बूटों की ठोकर से धूलि म्लान हो, धूल के अंबार में खिलाड़ियों तक को पल–भर के लिए अदृश्य कर देते थे, आज वहाँ श्मशान का सन्नाटा था। गिरजे की वे घंटियों, जो अपनी गुरु गंभीर ध्वनि से बानड़ी से ले कर सैदेवी की चोटियों तक गूंजती चली जाती थीं, आज किसी मरणासन्न रोगी की क्षीण सांसों–सी ही धीमी पड़ गई थीं–क्या घण्टा ही घिस गया था या घण्टा बजाने वाला ?"[1] वस्तुतः सांसारिक कोलाहल से पीड़ित शिवानी ने निस्तब्ध, नीरव एवं एकान्त प्रकृति तथा उसकी अमूर्त–अश्रव्य ध्वनियों की विलक्षण अवधारणा की है। ध्वन्यांकन के अन्तर्गत लेखिका ने अमूर्त–अलक्ष्य स्वरों को श्रावणिक बिम्बों में परिणत करने का प्रयत्न भी किया हैं। शिवानी–साहित्य में प्रातः, संध्या (द्वाभा) और अर्धरात्रि के वातावरण की विभिन्न ध्वनियों को भी स्वरबद्ध किया गया है जिनका उल्लेख प्रकृति सौन्दर्य (अध्याय–चार) में किया जा चुका है। शिवानी–साहित्य की ये ध्वनि–योजनाएं निश्चय ही उल्लेखनीय हैं।

समग्रतः शिवानी का यह ध्वनि–सौन्दर्य स्वयं में महत् हैं। इन्होंने विभिन्न नैसर्गिक ध्वनियों : खग–कूजन, कोयल की काकली, भ्रमर गुंजार, पत्रों का मर्मर, पवन–श्वसन, घन गर्जन, वर्षण, तरंगानुकूल प्रवाह, कल–कल छल–छल नाद, झंझा झंकोर, वज्रपात, भूकंप अर्थात् सभी रौद्र तथा सुकुमार ध्वनियों को प्रतिध्वनित किया है। मानवीय ध्वनियों में लेखिका ने कंकण, किंकिणी, नूपुर–पायल आदि की अनुरणनात्मक ध्वनियों, नारी की कंठ काकली, किलकारी, अट्टहास, स्पन्दन आदि की सूक्ष्म मंद–ध्वनियों और साथ ही स्वर संगीत, वाद्य ,गायन, रोदन, शस्त्रों की झंकार, टंकार आदि विभिन्न ध्वनियों को लिपिबद्ध किया है। यही नहीं अपनी सौन्दर्य वृत्ति के अनुरुप लेखिका ने पद ध्वनि निर्जन, मध्यान्ह, निस्तब्ध–निशीथ की सनसनाहट, प्रातः संध्या, ज्योत्सना आदि की वर्ण ध्वनियों, निःशब्द तथा अमूर्त्त ध्वनियों को लक्ष्य किया है। इन्होंने इस ध्वनि योजना द्वारा भाषा तथा साहित्य को जिस प्रकार समृद्ध किया है, वह भाषिक सौन्दर्य (संगीत भाषा) में पुनरवलोकनीय है।

---

111. रस मीमांसा, पृ0 38.

इनकी वाक्यावली में जो ध्वन्यात्मकता है, वह रस–सौन्दर्य के सन्दर्भ में प्राप्य है। यहाँ तो मात्र शिवानी की श्रवणेन्द्रिय व्यापार और ध्वन्यात्मकता ही चिंत्य है।

वस्तुतः शिवानी का ध्वनि–बोध विलक्षण है। इनका बिम्ब विधान प्रायः नाद चित्रों पर आधृत है। इन्होंने मौन को भी मुखर किया है और अकथिल–अगदित रंगों, गंधों एवं संवेगों को स्वर तथा इन्द्रियों को भाषा दी है। आवेश–जनित आधिक्य के कारण इन्होंने विस्मय–बोधक ध्वनियों ओह, ओफ! आदि की बहुशः आवृत्ति की है। इनकी रचनाओं में जो लालित्य सुघड़ता मधुरता एवं श्लक्षणता दिखाई देती है उसका मूल आधार है : नाद व्यंजना। निःसन्देह शिवानी का स्वर बाहुल्य और इस कोटि का ध्वनि–सौन्दर्य अत्यल्प है। आचार्य शुक्ल के मतानुसार "नाद सौन्दर्य से कविता की आयु बढ़ती हैं।"[1] वास्तव में शिवानी–साहित्य के स्थायित्व का एक बहुत बड़ा अवलंब उसका ध्वनि सौन्दर्य ही है।

वस्तुतः शिवानी साहित्य के सौन्दर्य–विधान में "रस, गंध, स्पर्श एवं ध्वनि की अवस्थिति महत्वपूर्ण है। लेखिका ने अपने मनः संस्कारों और कलात्मक अभिरुचियों के अनुकूल इन बिम्बों की सुरम्य रचना की है। इन्होंने अपनी चित्रधर्मी कल्पना द्वारा अमूर्त का संमूर्तन किया है और इस प्रकार अपने मनोमय सौन्दर्य को आकारबद्ध किया हैं। शिवानी–साहित्य में रस, गंध, स्पर्श और ध्वनि सौन्दर्य को अत्यधिक समृद्धि प्रदान करता है। सौन्दर्य वृत्ति मुख्यतः एक भाव बोध है। यह पंचेन्द्रियों की आंतर अनुभूति पर आधृत है। शिवानी ने इसके अन्तर्गत रुप, रस, गंध, स्पर्श शब्द की प्रतिष्ठा की है। रसबोध के अन्तर्गत इनका भावबोध भास्वर हुआ है। वस्तुतः यह समस्त सौन्दर्य–साक्षात्कार ऐन्द्रियबोध का विषय है। समग्रतः कहा जा सकता है कि शिवानी ने इन बिम्बों को उभारने में एक नया भावोत्कर्ष, स्वतः स्फूर्त आवेग एवं औदात्य भर दिया है। शिवानी–साहित्य सामान्यतः सौन्दर्य–सुकुमारता का साहित्य है। उन्होंने विराटताबोध का वरण कम ही किया है, फिर भी ऐन्द्रियबोध के उदात्तीकरण के लिए वह सर्वथा सचेष्ट हैं।

अध्याय 3

शिवानी की रचनाओं में प्रकृति–सौन्दर्य

शिवानी साहित्य और प्रकृति का सह–सम्बन्ध :

शिवानी साहित्य और प्रकृति का बड़ा घनिष्ठ सम्बन्ध रहा है। वस्तुतः प्रकृति ही इसकी सौन्दर्य–सर्जना का मूलाधार है। यों तो प्रत्येक साहित्य–धारा, जिसका उद्गम राष्ट्र की धरती से होता है, प्रायः प्रकृति प्रेम से ओत–प्रोत रहती है, पर शिवानी साहित्य कुछ अधिक ही प्रकृति–परायण है। यह प्रकृति–प्रेम देश–प्रेम का हेतु भी है। राष्ट्र के भौमिक स्वरुप से मुग्ध शिवानी प्रकृति के प्रति प्रलुब्ध रही हैं और राष्ट्रीय सांस्कृतिक चेतना के प्रतिबद्ध भी। अरस्तू ने काव्य को अनुकरण माना है। अनुकरण में सौन्दर्य नहीं होता है। उनके अनुसार प्रकृति में सौन्दर्य होता है, और जब उसका वर्णन साहित्य में होता है तो अनुकरण होने के नाते वह सौन्दर्य–मय होता है। अरस्तू से प्रभावित कुछ विचारकों ने भी प्रकृतिं में सौन्दर्य का अभाव देखा है। यों प्रकृति सौन्दर्य–हीन नहीं अपितु श्री–युक्त है। मानव के समान प्रकृति के कुछ व्यापार होते हैं। इन व्यापारों के आधार पर ही अप्रस्तुत की योजना की जाती है। लतिका के संचरण और कामिनी की अंग–भंगिमा, शफरी के उद्वेलन और कटाक्ष पात में समानुरुपता दिखाई पड़ती है। इसके अतिरिक्त किसी वस्तु के संसर्ग में जो अनुभूति उत्पन्न होती है, वह भाव रुप में अन्तस्तल में विद्यमान रहती है। ये भाव एकत्र होकर हमारी चेष्टाओं पर नियंत्रण स्थापित करते हैं। इस प्रकार हमारे भावों के निर्माण में प्रकृति का बहुत बड़ा हाथ है। इसके अतिरिक्त मानव की चेष्टाओं के सदृश प्रकृति में भी हम चेष्टाएं देखते हैं। इससे यह सिद्ध है कि प्रकृति में सौन्दर्य है। हीगेल के अनुसार, मनुष्य कृत रचनाओं में ही सौन्दर्य है। प्रकृति के यथार्थ से पृथक् होते ही कला सौन्दर्य–हीन हो जाती है। किन्तु लता–गुल्म, नदी–निर्झर आदि प्रकृति के नाना रुपों में सौन्दर्य देखने के लिए हममें सहृदयता अपेक्षित है।

अधिकांश सौन्दर्यशास्त्रियों के मतानुसार, प्रकृति सौन्दर्य की सर्जना का मूल स्रोत हैं।"[1] शिवानी का भी यही मत है। इसी कारण उन्होंने यह स्पष्ट

रुप से स्वीकार किया है कि साहित्य सर्जना की मूल प्रेरणा उन्हें प्रकृति–निरीक्षण से प्राप्त हुई है। अस्तु, शिवानी प्रकृति–सौन्दर्य से अभिभूत रही हैं। शिवानी –साहित्य में प्रकृति के सौन्दर्य–बोध का यही मूल हेतु है। पारम्परिक रुप में साहित्य की मानक कसौटी रुप में प्रकृति को उसके आवश्यक अंग के रुप में स्वीकार किया जाता रहा है। वास्तव में प्रकृति विहीन साहित्य श्रीहीन प्रतीत होता है। प्रायः ऐसा समझा जाता रहा है कि साहित्यकार जब प्रकृति को : जनभीरुता, निष्क्रियता, अति सहिष्णुता और अस्वास्थ्यकर सामाजिक जीवन वृत्ति मानकर उससे पराड़मुख हो जाते हैं तो उनका साहित्य–सौन्दर्य भी क्षीण हो जाता है, अंततः उन्हें विवश होकर प्रकृति की ओर प्रत्यावर्तित होना पड़ता है। वस्तुतः शिवानी–साहित्य में वाह्य–प्रकृति "चमत्कृत चित्र" जैसी दिखाई देती है। प्रकृति लेखिका की "सौन्दर्य–लिप्सा की पूर्ति" बनकर प्रकट हुई है। प्रकृति के साहचर्यवश ही वे सौन्दर्य–स्वप्न–द्रष्टा तथा कल्पना–जीवी बन सकी हैं। प्रकृति–निरीक्षण, रुप–चित्रण, और उसके सौन्दर्य–सम्मोहन के कारण ही वे तत्व–चिंतन की ओर अग्रसर हुई है। प्रकृति प्रेम ने शिवानी–साहित्य में अनेक रुप धारण किये हैं। उनकी आरम्भिक रचनाओं में यह प्रकृति सौन्दर्य–प्रधान दिखाई देती हैं, फिर भाव प्रधान हो जाती है। शिवानी–साहित्य से प्रकृति आद्यंत एकात्म और एकाकार दिखाई देती है। लेखिका के अनुसार, प्रकृति अद्‌भुत रस की जन्मदात्री है, वह अनंत वर्ण–रंजित है और मनोहारिणी रुप छटा से विभूषित है। शिवानी–साहित्य में प्रकृति–सौन्दर्य के ये तीन मुख्य उपकरण हैं। वे प्रकृति के रुप–रंग पर मुग्ध हैं और उसके रहस्य–दर्शन से आंदोलित भी। विभिन्न स्थलों में प्रकृति प्रेम को दिखाते हुए लेखिका ने उसके नूतन स्वरुप के प्रति अगाध आकर्षण प्रकट किया है। उन्होंने प्रकृति की अनेक रुपाकृतियां अंकित करते हुए प्रकृति के मृदु–उग्र सभी रुपों को उभारा है। शिवानी प्रकृति को रुपमयी एवं भावनामयी मानती हैं। अस्तु, उन्होंने प्रकृति को जीवन में भी अंतर्घटित किया है। उनका यह प्रकृति–बोध उनकी सौन्दर्य–चेतना का हेतु भी है।

शिवानी जी का यह प्रकृति–दर्शन अनुभूति का विषय है। लेखिका ने प्रत्यक्ष पर्यवेक्षण द्वारा यह प्रकृति–ज्ञान किया है। सामान्यतः शिवानी–साहित्य में प्रकृति–चित्रण परंपराबद्ध न होकर प्रयोगशील है। उन्होंने प्रकृति का मात्र कौतुकी दर्शन ही नहीं किया है, बल्कि प्रकृति–सौन्दर्य को आत्मिक–आध्यात्मिक

1. सुरेन्द्र वारलिगे, सौन्दर्य तत्व और काव्य–सिद्धान्त, पृ0 32.

उन्नयन का साधन माना है। इन्होंने प्रकृति–रुपों के अनेक स्वप्न–दृश्य भी अंकित किये हैं और इस प्रकार कुरुप का सौन्दर्यीकरण किया है। प्रकृति को इन्होंने प्रायः आलंबन रुप में स्वीकार किया है, जिसे आचार्य शुक्ल ने "रसानुभावी" कहा है।"[2] यहीं एक और प्रश्न विचारणीय है। बच्चन जी का मत है कि "जिनके दिल का पौधा मुरझा जाता है, वे ही प्रकृति को सींचते हैं।"[3] किन्तु यह सहज स्वीकार्य नहीं है। शिवानी जी ने जीवन तथा प्रकृति दोनों को अन्योन्याश्रित माना है। उन्होंने प्रकृति का वैविध्य एवं वैचित्र्य चित्रित कर जीवन–सौन्दर्य का वैशिष्ट्य चिंहित किया है।

प्रकृति के सम्बन्ध में शिवानी जी की चर्चा करते हुए कई बातों पर ध्यान जाता है। प्रारम्भिक युग में प्रकृति या तो आध्यात्मिक भावों के प्रकाशन के लिए प्रयुक्त होती थी, या उससे उपदेश दिलाये जाते थे, या फिर उद्दीपन और अलंकरण के रुप में वह आती थी। लेखिका ने इन रुढ़ियों को छिन्न–छिन्न करके प्रकृति की स्वतन्त्र सत्ता घोषित की। उसे आलंबन के रुप में स्वीकार किया। इससे भी महत्वपूर्ण दूसरा काम उन्होंने यह किया कि उसमें चेतना का आरोप किया, उसे वाणी दी। उनकी विभिन्न रचनाओं के अनुशीलन से यह ज्ञात होता है कि यह रचनाएं उनकी प्रकृति–प्रेम की परिचायक हैं। उनका प्रकृति–प्रेम यहाँ तक बढ़ा हुआ है कि एक–एक विषय पर उन्होंने भिन्न–भिन्न दृष्टिकोणों से अनेक बार लिखा। छाया–प्रकाश, संध्या–प्रभात, नक्षत्र–चाँदनी, सूर्य–चन्द्र, पशु–पक्षी, निर्झर–सरिता, लहर–सरोवर, ओस–हरीतिमा, लता–सुमन, बादल–पवन, सावन–शरद, पतझर–बसन्त, पर्वत–समुद्र पृथ्वी–आकाश, सब उनकी दृष्टि–परिधि में खिंच आये हैं। केवल वर्णन की दृष्टि से भारी प्राकृतिक निधि उनकी रचनाओं में सुरक्षित है। वस्तुतः लेखिका प्रकृति के रुप पर अवश्य मुग्ध हुई है और इतने वेग से मुग्ध हुई हैं कि जिस सौन्दर्य ने उनके प्राणों को भर दिया है उसे वह अपने तक ही सीमित नहीं रखना चाहतीं, एक–एक प्राणी के उर में उतारना चाहती हैं। उन्होंने प्रकृति के अक्षय भण्डार से हृदय खोल मुक्त–हस्त सौन्दर्य लुटा रही हैं, आनन्द की वर्षा कर रही हैं। वह फूलों के हास को, तरल तुहिन वन के उल्लास को, बसन्त में वन की डाल–डाल पर विचरण करने वाली कोकिल के कोमल बोल को, लोल लहरियों को, जलज पटों को खोल कर फूटने वाली शरद की रजत मुस्कान को लिए प्राणियों के नयनों और हृदयों को रस के

2. चिन्तामणि, पृ0 2.
3. नीड़ का निर्माण फिर पृ0 342.

स्रोत में डुबा–डुबा देता हैं।

चेतना प्रकृति :

चेतना प्रकृति के अन्तर्गत पशु, पक्षी, कीट, पतंगे, जलचर, थलचर, पेड़ पौधे इत्यादि के सौन्दर्य का वर्णन किया जाता है। प्रकृति में विभिन्न प्रकार के सुन्दर–सुन्दर पशु–पक्षी अपनी मोहक छटा से मानव का हृदय आकर्षित करते हैं। चिड़ियों का चहचहाना, भ्रमरों का पुष्पों पर मंडराना, तितलियों का फूलों से रस लेना सभी मानव को आकर्षित करता है। बादलों को देखकर मोर का नाचना, हरे भरे शुकों का चहकते हुए पेड़ों पर बैठना प्रकृति की शोभा को और भी मनोहारी बनाते हैं। जंगलों में विचरण करते हुए हिरण तथा अन्य जानवर सभी का मन मोहित कर लेते हैं। बाघ, शेर के भयंकर रुप को देखकर भी मानव एक आनन्द का अनुभव करता है। इन सभी वर्णन जब साहित्य के अन्तर्गत आता है तो उसमें और भी सौन्दर्य भर जाता है। इस प्रकार का सौन्दर्य चित्रण शिवानी साहित्य में भरपूर मात्रा में पाया जाता है।

लेखिका कुमाऊँ के अंचल के भरपूर प्रकृति सौन्दर्य की गोद में पली हैं। कुमाऊँ के इस सौन्दर्यपूर्ण अंचल में उन्हें अनेक प्रकार की अनुभूतियां हुई हैं। उन्होंने कुमाऊँ के प्राकृतिक सौन्दर्य के विषय में स्वयं कहा है–"यह प्रदेश प्राकृतिक सौन्दर्य की मंजूषा है, जिसमें जितनी ही बार हाथ डालों, उतनी ही बार नवीन रत्न हाथ लगते हैं। कुमाऊँ, सर–सरिताओं, पशु–पक्षियों, पुष्पों, ऐतिहासिक देवालयों और हिमाच्छादित श्रेणियों का प्रदेश है।"[4] यही कारण है कि उनके साहित्य में प्रकृति अत्यन्त महत्वपूर्ण स्थान रखती है। किसी भी स्थान के चित्रण में पृष्ठभूमि के रुप में प्रकृति का अपना विशेष स्थान होता है। किसी मानव के हृदय के भावों को उद्‌दीप्त करने में भी प्रकृति का अपना स्थान होता हैं। किसी चित्रण को अभिव्यक्ति देने में प्रकृति का मानवीकरण, उपमा, उत्प्रेक्षा इत्यादि सभी प्रकार से उल्लेख होता है। शिवानी ने मानव के सौन्दर्य चित्रण में भी प्रकृति के फूल, फल, पशु–पक्षी, रंग इत्यादि को लेकर उपमाएँ दी हैं तथा रुपक बांधे हैं। मन की प्रफुल्लता एवं दु:ख को प्रकृति की अवस्थाओं से मिलाकर उसमें अत्यन्त सजीवता भर दी है। इस प्रकार शिवानी जी ने आवश्यकतानुसार प्रकृति के सौन्दर्य को चित्रित किया है जिसके अन्तर्गत आलम्बन, उद्‌दीपन, मानवीकरण, अलंकार, पृष्ठभूमि आदि रुपों में प्रकृति–चित्रण पाया जाता है जिसमें शिवानी के साहित्य में

---

4. शिवानी, "हे, दत्तात्रेय" – 'दो शब्द' के अन्तर्गत।

अतिशय का सृजन हुआ है।

पार्वत्य प्रकृति :

वाह्य प्रकृति के शत सहस रुपों में पर्वत–प्रदेश का सौन्दर्य शिवानी जी को अत्यधिक प्रिय है। भारतीय साहित्य युग–युग से इसकी परिक्रमा करता आ रहा है। लेखिका इस पर निरन्तर अपनी भावना का अर्ध्य अर्पित करती रही है। शिवानी जी ने पर्वतीय प्रकृति में विश्व–सौन्दर्य का अन्तर्दर्शन किया है। इन्होंने प्रकृति (पर्वतीय), अर्थात् गिरि–प्रान्तर, स्वर्णिम निर्झर, वनस्पति, पशु–पक्षी और अन्य सम्बद्ध तत्वों का मनोयोग पूर्ण चित्रण किया है।

शिवानी जी पार्वत्य प्रकृति सौन्दर्य के प्रति अतीव आकृष्ट हैं। इन्होंने इसकी विभिन्न रुप–छवियों को प्रत्यंकित किया है। शिवानी जी ने पर्वतीय प्रकृति को विभिन्न रुपों और विभिन्न दृश्यों सहित प्रतिस्थापित किया है। उन्हें पर्वतों का प्रत्यूषकालीन सौन्दर्य विशेष प्रिय है। उदाहरणार्थ कुछ पंक्तियां दृष्टव्य हैं– "बर्फ से ढकी चोटियां, देवदार के सतर सिपाहियों–से खड़े वृक्ष, बुरुंश से रक्ताभ बनी डालियां, कौसानी का डाक बंगला, किसी आसन्न प्रसवा युवती–सी अलस पड़ी गरुड़ की घाटी–।"[5] शिवानी जी के अधिकांश रहन–सहन, रीतिरिवाजों और वहाँ के परिवेशगत सौन्दर्य को लेखिका ने बड़ी कुशलतापूर्वक अंकित किया है। लेखिका जिस परिवेश से सम्बद्ध रही हैं, उन्होंने जिस परिवेश में जीवन यापन किया है, उसका उल्लेख उनकी कृतियों में अनायास हो ही जाता है। अतः पहाड़ी जीवन से सम्बन्धित होने के नाते शिवानी के कथानकों में पहाड़ी–जीवन का विशेष उल्लेख मिलता है। "चौदह फेरे" पहाड़ी जीवन का जीवन्त उदाहरण है। यथा–"रानीखेत की हरीतिमा से गौरवपूर्ण गौफ कोर्स, छोटा सा बाजार और लाल–लाल छत के तस्वीर से बॅगले सबको वह मुग्ध होकर आँखों ही आँखों में पी रही थी। कहीं के मोड़ उसे शिलाँग की धान खेती का स्मरण दिला रहे थे, कहीं पर गौहाटी की–सी परिचित पर्वतश्रेणियों थीं और कहीं सुई सी पतली पगडंडियों पर घास के गुरुतर बोझ के नीचे दबी कुमाऊँ की गठे शरीर की लावण्यमयी घसियारिनें.......।"[6] इसी प्रकार "किशुनली का ढांट", "कैंजा", "कृष्णकली", "मायापुरी", "सुरंगमा", "रथ्या", "भैरवी" तथा "श्मशान चम्पा", आदि में पहाड़ी जीवन विशेष उभरकर आया है। शहरी जीवन का भी विस्तृत

5. कालिंदी, पृ0 11.

6. चौदह फेरे, पृ0 43.

उल्लेख उन्होंने किया है। किन्तु इसे उनके उपन्यासों तथा समूचे साहित्य का वैशिष्ट्य नहीं कहा जा सकता। वैशिष्ट्य है उनके कथानकों के अन्तर्गत कुमाऊँ अंचल की सुकुमार आंचलिकता। उदाहरणार्थ "चारों ओर पर्वत मालाओं से घिरी होने पर भी वह एक विचित्र–सी घाटी थी जिसके ओर–छोर पहाड़ी परिजात, मदार और कुन्दपुष्पों से ऐसे सुवासित हो रहे थे जैसे कहीं अगरु चन्दन की ढेर सारी धूपबत्तियां जल रही हों। सीढ़ी से बने खेतों पर नई फसल का तारुण्य गदरा रहा था।"[7]

उपर्युक्त उद्धरण में लेखिका ने पार्वत्य प्रकृति का दृश्यांकन विभिन्न प्रकार के वानस्पतिक सौन्दर्य द्वारा किया है। शिवानी जी यहाँ मदार, पारिजात और कुन्दपुष्पों से अभिभूत है। पार्वत्य प्रकृति के कतिपय अन्य उद्धरण दृष्टव्य हैं–"आश्रम की सुरम्य स्थिति ने सचमुच ही शेखर को बाँध लिया था। कालाढूंगी की टेढ़ी–मेढ़ी घुमती नई मोटर रोड किसी बलखाती नदी–सी पर्वतों की हरीतिमा में खो गयी थी, दूसरी ओर क्रमशः तराई के उतार में उतर रही काठगोदाम की सड़क पर पल–पल में दिख–दिखाकर छिपती मोटरें, विराट् कलेवर की बसें, दूर से खिलौनों सी फिसलती चली जातीं।"[8]

X X X

"कुर्माचल का अस्ताचलगामी प्रौढ़ जाते–जाते भी डूबती किरणों को अद्भुत उज्जवल जाल बिछाता पर्वत श्रेणियों की अनोखी आभा से आलोकित कर जाता है।"[9]

"बर्फ से ढकी त्रिशूल की चोटी पर लाल–लाल बुरुंश के फूल बिखरे थे।"[10]

"डाक बंगला होने से ही शायद वह चारों ओर से खुला था, जिससे अल्मोड़ा और नैनीताल से दौरे पर आये, कमिश्नर उसी बरामदे में बैठे–बैठे ही प्रकृति का सजा–सजाया गुलदस्ता सूंघ सके। सामने हिमाच्छादित चोटियों पर रंगीन मेघों का उत्तरीय क्षण–क्षण में बदलता था। काली मिट्टी का एक भीम भूधर डाइनामाइट की चोटों से क्षत–विक्षत हो, किसी मृत दानव

7. वही, पृ0 64.
8. अभिनय, पृ0 77.
9. ज्येष्ठा, पृ0 60
10. चिरस्वयंवरा, पृ0 8.

की भांति बंगले का अहाता घेरे पड़ा था– सामने गर्ब्यांग की घाटी फैली थी।"[11]

"तिब्बत की घाटी की अपूर्व सौन्दर्य–सुषमा ... कहीं चारों ओर खड़ी नीली–ऊदी हरी पर्वत प्राचीरें थी, कहीं एकदम सपाट मैदान........।"[12]

X X X

"डूबते सूर्य की रक्तिम आभा में चारों ओर से गिरि शिखरों से घिरी हयात सिंह की मायापुरी की शोभा वास्तव में दर्शनीय हो उठी।[13]

X X X

"बुन्देलखण्ड की सुरम्य पृष्ठभूमि में कंकरीली छोटी–मोटी ऊबड़–खाबड़ पहाड़ियों के बीच खड़ा ऐतिहासिक दुर्गद्वार।"[14]

"कुर्मांचल का अस्ताचलगामी प्रौढ़ सूर्य, जाते–जाते भी डूबती किरणों का अद्भुत जाल बिछाता पर्वतश्रेणियों की अनोखी आभा से आलोकित कर जाता है।"[15]

शिवानी जी ने पर्वत–प्रदेश के जो वृत्त चित्र प्रस्तुत किए हैं, वे प्रकृति–सौन्दर्य की दृष्टि से अतुलनीय हैं– यथा– "पहाड़ी वनस्पतियों से परिपूर्ण शिलाखण्डों पर धूप आँख मिचौली कर रही थी, कभी सहसा घिर आया मेघखण्ड सूर्य को ढक लेता है, और कभी स्वयं उसे मुक्त कर, उजली धूप से पूरे वन खण्ड को उजला छोड़ देता।......बर्फ से ढके धवल पर्वत और सीढ़ियों पर बने घरौंदे ने नन्हें–नन्हें घर ये सब, हिमालय के कितने विराट् सौन्दर्य को अपने में समेटे हैं।'[16] शिवानी जी की ऐसी मान्यता रही है कि हिम–श्रृंगों पर प्रतिबिम्बित सूर्य की स्वर्णित किरणों, विद्युत का क्षण स्थिर आलोक, रजत पूर्णिमा का सिंधु–ज्वार, उषा–सन्ध्या की वर्ण छवि इसे सदैव सौन्दर्यमण्डित रखती है। लेखिका को हिमालय की नीलम ढाल, मरकतवर्णी घाटियाँ, मधु मर्मर रजत समीर, फूलों के झरने, रेशमी सुरधनु, धूपछाहीं वीथिकाएं, सघन–निहारिका, द्वाभा, ज्योत्सना आदि के दृश्य बहुत प्रिय हैं। उन्हें पार्वत्य प्रकृति सौन्दर्य में

11. मास्टरनी, पृ0 21.
12. मास्टरनी, पृ0 22.
13. ठाकुर का बेटा, पृ0 106.
14. आपबीती, पृ0 132.
15. ज्येष्ठा, पृ0 60.
16. कालिंदी, पृ0 144.

हिमालय के ताम्र हरित, नीलारूण शिखर सौरभ और पंखों से रोमांचित उड़ती घाटी भावांदोलित कर देते हैं। निश्चय ही लेखिका ने पर्वतीय सौन्दर्यबोध से तादात्म्य स्थापित किया है। उन्होंने इस प्रकृति सौन्दर्य का सूक्ष्म निरीक्षण किया है और उसे अनुभूति एवं कल्पना के सहारे उतारने का स्तुत्य प्रयास किया है। शिवानी जी ने कई–एक स्थलों पर पर्वतीय प्रकृति के अन्तर्गत ही वहाँ की अनिश्चितकालीन वर्षा का चित्रण भी कर दिया है, यथा–

"बाहर काले बादलों ने न जाने किस अरण्य से आकर पूरे आकाश को घेर लिया था, पर्वतमाला को घने कुहरे ने निगल लिया था और हल्की–हल्की बूँदें पड़ने लगी थीं।"[17] "उस दिन भी 25 दिसम्बर का हिमपात होकर उदार क्षणिक धूप से गलकर पिघल गया था। कई दिनों की अनवरत वर्षा के बाद पहली बार निरभ्र आकाश चमका था... आकाश फिर धूसर मेघखण्डों से घिरने लगा था–– नैनीताल की वर्षा बिना किसी पूर्व सूचना के आ गये अतिथि की भांति, कभी भी आकर सहमा देती है।"[18] "कुमाऊँ की वेगवती वर्षा"[19] तथा "वर्षास्नातपर्वत श्रेणियां"[20] आदि शिवानी साहित्य में कई स्थलों पर चित्रित हैं। स्पष्ट है कि लेखिका का प्रकृति–सौन्दर्य विशेषतयाः पार्वत्य प्रकृति सौन्दर्य सर्वोपरि है। उन्होंने यत्र–तत्र अपनी दृष्टि पर्वत श्री की ओर केन्द्रित की है तथा पर्वतों का विराट बिम्ब प्रस्तुत किया हैं।

समग्रतः कहा जा सकता है कि शिवानी जी हिमालयी प्रकृति के सौन्दर्यांकन में अधिक प्रवृत्त हुई है। लेखिका ने पर्वतीय चित्रांकन में प्रायः रहस्य, दर्शन, अध्यात्म तथा संस्कृति को मूलतः स्थान नहीं दिया है, सामान्यतः पर्वतों का सौन्दर्यांकन ही किया है। शिवानी जी दूर–दूर तक फैली अक्षितिज हरित नील–धूमिल कूर्मांचल की छायांकित पर्वत–श्रेणियों के शुभ्र रजत शिखरों, उनकी आकाशभेदी आवक् नीलिमामयी ऊँचाई और उसकी वानस्पतिक शोभा से विस्मय विमुग्ध दिखाई देती हैं। वस्तुतः यह हिमालयी प्रकृति शिवानी–साहित्य में सौन्दर्य विधान की मूलाधार, मूल प्रेरणा और मूल हेतु है।

---

17. चौदह फेरे, पृ0 79.
18. लिखूं, पृ0 110.
19. फिरबे की? फिरबे?, पृ0 39.
20. कैंजा, पृ0 58.

उषाकाल एवं सूर्योदय :

प्रकृति के इन रूपों का सौन्दर्यांकन करते हुए शिवानी ने बालारूण और उषा के अरुणिम प्रकाश को बड़ी वरीयता प्रदान की है। लेखिका ने प्राची में फैले दिवालोक, उषा की सजल गुलाली, अरुणोदय का रस रंग, झिलमिल हेमाभ रश्मि, आलोक रश्मि बुना उषा का आँचल, सुनहरे पराग से भरे "कमल" का मधुर राग, सुदिनमणिवलय, और प्राभातिक दृश्यों का सर्वांगीण चित्रण किया है। विशेषतः पर्वतीय सौन्दर्यांकन में लेखिका ने बड़ी कुशलता का परिचय दिया है। यथा– "कुमाऊँ – वहाँ की सर्पिल पगडंडियाँ, वहाँ का प्रभात, मध्यान्ह, सन्ध्या, ज्योत्स्नाप्लावित रात्रि, प्रखर ग्रीष्म में भी तुषारावृत शीत का समावेश सब कुछ ही तो एक सा था। यहाँ तक कि विश्वविख्यात बेकाल झील की नील–हरित द्युति झलकता जल भी मुझे ऐनमैन नैनीताल की झील का सा ही विचित्र वार्णी लगा था। दोनों की ही अतुल जलराशि में विधाता ने मुट्ठियों भर नीलम–पन्ना बिखेर दिये क्या।"[21]

X X X

"नवोदित सूर्य की पांडुवर्ण किरणों का जाल वन–वनान्तर चीरता उस अरण्य को रंगा गया। वट वृक्ष की मौन शाखा–प्रशाखाएं पक्षी रव से मुखरित हो उठी।"[22] तथा बाल सूर्य की अरुण रश्मियाँ[23] आदि। इन दृश्यों में अरुणोदय का सूक्ष्म–सौन्दर्य–विधान किया गया है। उषा का उदय लोक–मंगल और नवजागरण का प्रतीक "है, अस्तु, लेखिका ने इसे "अतिरंजित" एवं रागानुरागी सिद्ध किया है। प्रायः साहित्यकार भोर (प्रातःकाल) को "स्वर्ण–श्री–सुख–सौरभ" तथा अरुणोदयकालीन लालिमा को नवचेतना का प्रतीक, जीवन जावक, उषा का पावक, चेतना का रुधिर अरुणज्वाल, स्वर्ण निर्झर, हिमपोषित अंगराग, स्वर्णिम नवल–प्रवाल आदि संज्ञाएं देकर चित्रित करते हैं। इसके साथ–साथ कनक छाया से पूर्ण सकाल को "आकाशता के नव–पल्लव, कपोलों के किसलय जाल, नील इंदीवर (गगन) के स्वर्ण मकरंद, शयन शिथिल उन्मीलित सरोज (नेत्र) से झलकती मदिरा, व्योमकुंज के पाटल मुखारविंद की लज्जा, त्रिवेणी के उभरे रक्त–पलास आदि उपमाओं द्वारा सूर्योदय के सौन्दर्य का साहित्यकार नवीनता के साथ छायांकन करते हैं। शिवानी जी ने भी इन्हीं साहित्यिक उपमानों एवं सूर्योदय के प्रति अनुरक्ति

---

21. उपप्रेती, पृ० 20–21.
22. जिलाधीश, पृ० 34.
23. मायापुरी, पृ० 76.

प्रकट की है। इन्होंने भी "उपासना गृह के रंगीन हरे लाल कांचों से आती माघो सूर्य की इन्द्रधनुषी किरणें[24] तथा "खिड़की से आती सूर्य की नवरश्मियाँ"[25] लेखिका को आकर्षित करती हैं। उन्होंने उदीयमान सूर्य को मंगल कनक कलश एवं पावक घट के रूप में चित्रित किया है। लेखिका ने प्रायः तूलीरंगों से युक्त नव प्रकाश के प्रवहमान स्वर्णिम निर्झर की रूपकात्मक कल्पना की है। उन्हें "पौ फटने"[26] पर स्वर्णाभा मंडित निभृत क्षितिज बड़ा नयनाभिराम प्रतीत होता है। वस्तुतः शिवानी अरुणोदय के दृश्य से अत्यन्त अभिभूत हैं। उदाहरणार्थ– "उगते सूर्य की अरुण रश्मियों का जाल स्वयं ही खिड़की की सलाखों से तर कर उसके चौड़े आँचल पर बिखर गया।"

सूर्यातप एवं मध्यान्ह

दिवालोक और सूर्य मंडल के प्रति आकर्षण होते हुए भी शिवानी जी ने मध्यान्ह के तमतमाते हुए भाद्री सूर्य का प्रखर उत्ताप[27] का वर्णन किया है। इन्होंने धूप को प्रायः स्वर्णतप रूप में देखा है। जैसे– "पहाड़ी वनस्पतियों से परिपूर्ण शिलाखण्डों पर धूप आँख मिचौली कर रही थी, कभी सहसा घिर आया मेघखण्ड सूर्य को ढक लेता और कभी स्वयं उसे मुक्त कर, उजली धूप से पूरे वनखण्ड को उजला कर छोड़ जाता।"[28]

शिवानी जी ने चंपई धूप को रजत प्रसारों की स्वर्णिम अंगड़ाई भरने वाली, आकाश की नीलिमा से सनी, धरती की हरीतिमा से लिपटी उजली धूप के रूप में चित्रित किया है। उपर्युक्त उद्धरण में लेखिका ने स्पष्ट किया है कि उन्हें प्रखर धूप नहीं, बल्कि धूपछांहीं आभा प्रिय है। साहित्यगत संस्कार के कारण लेखिका ने जहाँ–कहीं धूप का वर्णन किया है, वहाँ तलवर्ती छाया का उल्लेख अवश्य किया है। कुछ उदाहरण दृष्टव्य हैं–

"प्रशंस्त लॉन की हरीतिमा पर सतरंगी आभा बिखेरती धूप की बहुत रंगीन छतरी हवा में नाव के पाल–सी झूम रही थी।"[29]

X X X

---

24. कालू, पृ0 120.
25. कैंजा, पृ0 9.
26. उपप्रेती, पृ0 25.
27. गैंडा, पृ0 9.
28. कालिंदी, पृ0 144.
29. सुरंगमा, पृ0 5.

"चारों ओर चिलचिलाती धूप में अबरख–से चमक रहे, नीलवर्णी आकाश के चंदोवे के नीचे मौन स्तब्ध अचल खड़ी वे पाषाण भित्तियाँ जैसे निर्जीव पत्थर नहीं, किसी प्राचीन देवालय में खड़ी विराट मूर्तियाँ लग रही थीं।"[30]

इस प्रकार वृक्षों के झुरमुट में छन–छन कर आती हुई छाया विशेष प्रिय हैं। यद्यपि इस छाया की रूप रचना धूप और ज्योत्स्ना दोनों के परिप्रेक्ष्य में की गयी है, फिर भी आतप– छाया का विधान अपेक्षाकृत अधिक किया गया है।

शिवानी जी ने अपने विराट् व्यक्तित्व के अनुरूप प्रचण्ड, मार्तण्ड, वात्याचक्र और झुलसती हुई धूप के साथ "सूर्य की प्रखर किरणें"[31] अंकित की है। इस प्रकार दिनकर के "खर किरण जाल, तथा सूर्य का प्रखरतर रूप, एवं उत्तप्त दिग्मंडल विशेष अभीष्ट है।

लेखिका ने वातावरण चित्रण, और आत्म संताप परिताप का प्रक्षेपण करते हुए इस दृश्य की कई आवृत्तियाँ की हैं। शिवानी–साहित्य में यह चित्रण यत्र–तत्र विवश भाव से किया गया है, न कि तादात्म्य बोध स्थापित करने के उद्देश्य से किया है। यथा– "गर्मी के दिन थे बाहर तप्त लू के झोंके चल रहे थे। ऐसी गर्मी में मृतदेह हिमखंड में दाबकर भी रख दी जाती, तब भी शायद एक दिन से अधिक सुरक्षित नहीं रखी जा सकती थी।"[32]

स्पष्टतः इन्हें मध्यान्ह का प्रखर तथा ज्वलनशील प्रकाश बड़ा तीक्ष्ण अथच–अप्रिय लगा है। शिवानी कुछ अपवादों के अतिरिक्त प्रायः उषा–ज्योत्स्ना, संध्या के मंद आलोक में ही प्रवृत्त दिखती हैं।

स्पष्टतः इन्हें मध्यान्ह का प्रखर तथा ज्वलनशील प्रकाश बड़ा तीक्ष्ण अथच–अप्रिय लगा है। शिवानी कुछ अपवादों के अतिरिक्त प्रायः उषा–ज्योत्स्ना, संध्या के मंद आलोक में ही प्रवृत्त दिखती है।

सूर्यास्त एवं सन्ध्याकाल

शिवानी को अपनी अभिरुचि के अनुकूल गोधूलि अथवा सांध्यवेला विशेष प्रिय है। पारस्परिक साहित्यकारों ने धूसर संध्या, गोधूलि की धूसर छवि, गोधूलि के धूमिल पट आदि से संबंधित रूप रंगों तथा दृश्यों की

---

30. घूमने और घूमने का दर्शनशास्त्र, पृ0 63.
31. पुष्पहार, पृ0 128.
32. गैंडा, पृ0 9.

मनोमुग्धकारिणी रचना की है। लेखिका ने सांध्य गगन की सुनहली आभा, अस्तोन्मुख सूर्य के अरुण बिंब और उसमें टिमटिमाते हुए एकाकी तारक की सद्यः स्फुट छवि का अनेकत्र उल्लेख किया है। जैसे– "नीलाकाश एकदम स्वच्छ, निर्मल था। दूर–दूर तक बादल का एक टुकड़ा भी नहीं था फिर देखते ही देखते, सूर्यास्त से पहले ही घटाटोप अंधकार छा गया।[33]

X X X

"हिमाच्छादित पर्वत श्रेणियों पर विदा ले रहा सूर्य, मुट्ठी भर अबीर बिखेर गया था।"[34] तथा "सामने की कामेत और नन्दादेवी की चोटियों से बादल हट गये थे। आकश धुलकर उजला नीला छिटक आया था। सन्ध्या की धूमिल छाया चारों ओर अपनी कूंची फेर रही थी।"[35] शिवानी जी संध्या की मंदारूण ज्योति, उसकी कोमल काया और उसकी पार्श्वच्छवि से विशेष अभिभूत हैं। शिवानी साहित्य में सूर्यास्त का एवं उसके विविध रूप–रंगों का उत्कृष्ट चित्रांकन हुआ है। "सुरमई सांझ की म्लान छाया"[36] और डूबते सूर्य की समग्र लालिमा[37], "अस्तगामी सूर्य की रश्मियाँ" एवं निरभ्र आकश की द्यौत चन्द्रिका "अस्तगामी सूर्य का अस्तप्राय तेज", "डूबते सूर्य की रक्तिम आभा" का मनोमुग्धकारी रूपांकन किया है। लेखिका ने अपनी विभिन्न रचनाओं मे दिन के ढलने और संध्या के रात्रि रूप मे पर्यवसित होने का चित्रण किया है। उन्होंने दृश्य –परिवर्तन की इस प्रक्रिया को बड़े मनोयोग के साथ प्रत्यंकित किया है। यथा– "उसका सौन्दर्य संध्या होते ही किसी पेशेवर बनी–ठनी कोठेवाली के सांध्यकालीन सुभग–सौन्दर्य की ही भांति और अधिक मोहक बन उठता था। उस दिन भी, चीना पार्क से छन–छन कर आती डूबते सूर्य की प्रौढ़ लालिमा उसे आपादमस्तक रंग गई थी।"

शिवानी जी ने यहाँ संध्या के आलोक में अंधकार का समायोजन कर एक छायालोक का सृजन किया है। इसी प्रकार सन्ध्या के बाद दिवसावसान का सुन्दर दृश्य–विधान शिवानी–साहित्य में अनेक स्थलों पर दृष्टव्य है।

---

33. कालिंदी, पृ0 144.

34. वही, पृ0 176.

35. चौदह फेरे, पृ0 81.

36. वही, पृ0 23.

37. विवर्त, पृ0 13.

लेखिका ने सांध्य–प्रकृति की एक–एक भाव–भंगिमा का रूपांकन किया है। अस्तोन्मुख सूर्य की अंतिम किरण, अस्तगत रवि–मंडल उसका हिल्लोलित जल बिम्ब, वंशी रव, विलीयमान कलरव, घनसंकुल आकाश, उदीयमान एकाकी तारक और फैलता हुआ अंधकार अर्थात् संध्या की सारी गतिविधि का सर्वांगीण वृत्त–चित्र–सा शिवानी साहित्य में उपस्थित हुआ है। शिवानी को "संध्या के झुटपुटे आलोक" तथा "गागर के शैल–शिखर के पीछे धुँधले तारे" विशेष प्रिय हैं। उन्होंने संध्या के साथ–साथ रात्रि का भी वर्णन किया है। यथा–

"कैसी नीरव निस्तब्ध रात्रि थी। एक तो उस निर्जन सड़क पर संध्या होते ही सन्नाटा छा जाता था, उस पर आज ऐसी वर्षा में कौन घूमने बाहर निकलता?"

स्पष्टतः कहा जा सकता है कि लेखिका इस प्रकृति परिवेश में मनोमग्न हैं। शिवानी ने कई स्थलों पर गगन मण्डल पर नक्षत्र का वर्णन कर सांध्य कालीन प्रकृति के अनेक प्रतीक चित्र अंकित किये हैं– उदाहरण दृष्टव्य हैं–

"वह हमेशा निरभ्र आकाश में चमकती–बुझती मेहताब की ही भांति अदृश्य हो जाती है– नक्षत्र खचित गंगन मण्डल में उसके अस्तित्व का कोई भी चिन्ह मुझे दृष्टिगोचर नहीं होगा। खिली चन्द्रिका को आकाश में छिपी किसी अज्ञात मेघवाहिनी के मेघखण्डों ने गुरिल्ला सैनिकों की फुर्ती से दबोच लिया है. . . .गहन अंधकार को भेदती देवद्रुमों की–सी सीटी बजाती बयार।"[38]

उपर्युक्त उद्धरण द्वारा स्पष्ट है कि खगोल–सौन्दर्य का रूपांकन करते हुए लेखिका ने तारकों पर भी अपनी दृष्टि केन्द्रित की है। इन्हें चूंकि ज्योतिष्पिंडों का प्रखर प्रकाश बहुत मनोनुकूल नहीं लगा है, अतएव इन्होंने नक्षत्रों की मंद–मंद झिलमिल ज्योति को प्रश्रय दिया है। शिवानी जी ने तारों से भरे जगमगाते आकाश को अतिशय सौन्दर्यशाली सिद्ध किया है। समग्रतः तारकों के प्रति लेखिका ने आसक्ति व्यक्त की है और उनके दृश्यगत–सौन्दर्य का विलक्षण रूप–विधान किया है। इस प्रकार शिवानी ने सांध्य–प्रकृति का सूक्ष्म सौन्दर्यांकन किया है, जो हिन्दी साहित्य की सुदीर्घ परम्परा में अद्भुत एवं अप्रतिम है।

---

38. खुदाहाफिज, पृ0 104.

सायंकालीन प्रकृति सौन्दर्य के अतिरिक्त नैश–गगन, निविड़ अंधकार और रात्रिकालीन वातावरण भी शिवानी के मनोनुकूल है। ये दृश्य स्वप्न, विस्मय, एवं रोमांच के हेतु हैं। लेखिका में रात्रि तथा अंधकार की बहुव्याप्ति है। शिवानी जी ने प्रायः ज्योत्स्नाशाली रात्रि का ही वर्णन किया है। यथा–

"चतुर्दशी की धवल चंद्रिका"[39] उन्हें ऐसी आभासित होती है जैसे "आप ईश्वर ने ही बत्ती जली दी है– पूर्णिमा की थाल भर चाँदनी पूरे कमरे में फैल गयी।"[40]

इस प्रकार शिवानी ने रात्रि के वर्णन क्रम में नक्षत्रों के अपलक उन्मेष, किमाकार जीवों की गतिविधियों, निस्तब्ध सनसनाहट पूर्ण स्थितियों और तन्द्रा आदि क्रियाओं का उल्लेख किया है। शिवानी–साहित्य में ज्योत्स्ना की अपेक्षा तमिस्रा का उल्लेख कम हुआ है, फिर भी उसका एकान्त अभाव नहीं है।

अर्द्धरात्रि

शिवानी ने अपेक्षाकृत अर्द्ध रात्रि का वर्णन अधिक नहीं किया है, फिर भी कुछेक स्थलों पर अर्द्धरात्रि का चित्रण किया है। मनोवेत्ताओं का मत है कि आधी रात तनाव के बीच की स्थिति है। बच्चन जी के शब्दों में– "जीवन में जो भी करूण है, कातर है, रहस्यपूर्ण है, रोमांचकारी है, वह प्रायः आधी रात को ही घटित होता है.........।"[41] संसार के साहसिक कार्य प्रायः अर्द्ध रात्रि में ही सम्पन्न हुए हैं। जैसे– लक्ष्मण की मूर्च्छा, सिद्धार्थ का महाभिनिष्क्रमण, रोमियों जूलियट का प्रणय, हेमलेट का प्रेतात्मा के दर्शन, आक्रमण–प्रत्याक्रमण आदि। शिवानी ने अर्द्ध–रात्रि की भीषणता की पुष्टि की है। यथा– "सारी रात वह सो नहीं पाता। जरा सी झपकी लगती तो चौंककर उठ बैठता...... ....हाथ की घड़ी जैसे कछुए की गति से चल रही थी। राम–राम करते तीन बजे और वह चुपचाप चाबी का गुच्छा लेकर निकल गया। आकाश में अभी भी तारे ही थे। अलबत्ता इक्की–दुक्की कार और रिक्शा का आवागमन आरम्भ हो गया था।"[42] वस्तुतः अर्द्ध–रात्रि की प्रकृति गोपनशीलता (गुह्येश्वरी) और ऐन्द्रजालिक मानी गयी है। यही कारण है कि यह कालखंड अभियान, अभिचार और अंतर्मुखी साधना के लिए उपयुक्त कहा गया है। इसी प्रकार

39. पाथेय, पृ0 107.
40. चौदह फेरे, पृ0 165.
41. नीड़ का निर्माण फिर, पृ0 17.
42. कृष्णकली, पृ0 214.

अहोरात्र के इन काल खंडों में रात्रि का अंतिम प्रहर भी शिवानी–साहित्य में बहुप्रयुक्त है। स्पष्टतः सौरमंडल अथवा अंतरिक्ष के रूप रहस्यों के सौंदर्यांकन हेतु शिवानी तत्पर दिखाई देती हैं।

सागर, सरिता एवं निर्झर

शिवानी साहित्य के अन्तर्गत प्रकृति–सौन्दर्य में जलाशयों, विशेषतः सागर, सरिता, और निर्झर का महत्वपूर्ण स्थान है। शिवानी जी ने सागर के अक्षितिज विस्तार, उसकी उत्ताल तरंगों और उसकी अनंत गहराइयों का भाव विमुग्ध वर्णन किया है। शिवानी जी सिन्धु–सौन्दर्य से बहुत अभिभूत है। सांसारिक संघर्ष से छुटकारा पाने के लिए साहित्यकार जिस देश–काल का स्मरण करता है, उसमें सागर सर्वोपरि है। लेखिका ने कथा–साहित्य में नदी के सौन्दर्य के कई पक्ष प्रस्तुत किये हैं। यथा उदाहरण दृष्टव्य हैं– "विश्वविख्यात बेकाल झील की नील–हरित–द्युति झलकाता ऐनमेन नैनीताल की झील सा ही विचित्रवर्णी लगा था। दोनों ओर की अतुल जलराशि में विधाता ने मुट्ठियाँ भर नीलम–पन्ना बिखेर दिये हों।"[43]

X X X

"गंगा की लहरों में लहराता एक आटे का जलता प्रदीप–तीव्र तरंगों और तेज हवा की चपेटों में भी वह निष्कंप तैरता आ रहा था।"[44]

इस प्रकार लेखिका ने सरिता की सबल तरंगघातों एवं उसके विराट् आलोड़न का वर्णन किया है। विशेष रूप से शिवानी ने मर्यादाहीन उदधि और उसकी विक्षुब्ध तरंगों का विशेष रूपांकन किया है। उदाहरणार्थ– "आश्रम एक गहरी घाटी में नन्हें घरौंदे–सा उभरा धरा था। शायद गहन घाटी की वही गहराई, लम्बी–लम्बी शाखाओं के प्रत्येक श्वास–प्रश्वास को दुगने वेग से गुंजा कर पूरे वातावरण को एक अनोखी गरिमा से मण्डित कर जाती थी। कुछ ही दूरी पर अनामा नदी गोल–गोल पहाड़ी गल्डाणो को तोड़ती–तोड़ती, एक ऊँची चट्टान से फिसलती किसी बहुरूपिया की भांति वेश बदलती, जलप्रपात बन जाती थी।"[45]

X X X

43. उपप्रेती, पृ0 21.

44. चाँचरी, पृ0 42.

45. अभिनय, पृ0 77.

''अविरल गति से बहती क्षीण कलेवरा बेतवा, अडिग खड़ी विंध्याचल की पर्वतमाला..........।'' ''उत्तुंग चट्टानों के बीच बह रही किसी क्षीण पहाड़ी नदी की ताम्रवर्णी धारा।'' ''लता गुल्मों से आच्छादित, कहीं प्राकृतिक जलप्रपात का मधुर निनाद कहीं आँख मिचौनी–सा खेलता समुद्र तट.......'' आदि।

उपर्युक्त उद्धरण शिवानी जी के सरिता–सौन्दर्य की उदात्तता को अभिव्यक्त करते हैं। उन्हें सरिता के चन्द्र ज्योत्स्नाशाली झिलमिल दृश्य और उसका नाद सौन्दर्य अभीष्ट है।

लेखिका ने सरिता, सरोवर, और निर्झर का भी न्यूनाधिक उल्लेख किया है। इन्हें तरंगों से विशेष मोह है। इसके अतिरिक्त ''लतागुल्मों के तोरण द्वार से अस्पष्ट दिखती एक पान के पत्ते के आकार की हरी नीली झील'' एवं ''ताल का नीलाभ जल'', ''किशोरी सी कृशोदरी 'सुंआल' नदी'' ''पहाड़ी गल्डोलों को तोड़ती–फोड़ती बह रही वेगवती पहाड़ी नदी का तीव्र स्वर'' तथा ''गंगा की लहरों का सामीप्य'' शिवानी जी को भावविभोर कर देता है। सरिता की लहरों के इन चित्रों में लेखिका ने आन्तरिक वृत्तियों के पारदर्शी बिम्बों को भी प्रत्यक्ष रूप से उद्घाटित किया है। शिवानी जी को हाहाकारपूर्ण धारा अभीष्ट नहीं है। शान्त नीरव वातावरण की सृष्टि करते हुए ही उन्होंने नदी की नीरवता भी अभिव्यक्त की है यथा– ''दिन डूबने लगा था। एक ओर था तीव्र धारा में बहती गंगा का चौड़ा पाट और दूसरी ओर थी गहन वन की हृदय–भेदी निःसीम शून्यता।

यह भी उल्लेखनीय है कि सरोवर, कूप आदि के बंधे जल का वर्णन इन्होंने नहीं किया है, क्योंकि इन्हें जीवन–प्रवाह प्रिय है, अवरूद्ध धारा नहीं। यथा–

> ''गंगा के उस पार गाजीपुर की कुछ बत्तियाँ अभी भी टिमटिमा रही थीं। सामने मृदुस्वरा गंगा की उफनती तरंगों पर आताभ्र सूर्य की अरुण आभा चाँदी की मेखला पर जड़े मूँगे–सी चमक रही थी।''[46]

''गुलाब की क्यारियों से सटा मधुकुंज। लाल पत्थर की नीची बेंच से सटी छोटी सी झील। अधमुंदे कमलों की सतर हरी डंडियों के बीच नारंगी सुनहली नन्हीं–नन्हीं मछलियाँ सर्र से तैरती निकल जाती।[47]

---

46. कस्तूरी मृग, पृ0 24.

47. माणिक, पृ0 26–52.

"पहाड़ से निकलती निर्झरिणी"[48], "हरी–हरी घास के बीच पहाड़ी झरने की क्षीण धारा।"[49] आदि।

समग्रतः कहा जा सकता है कि शिवानी–साहित्य में सागर एवं सरिता–निर्झर के जो दृश्य प्रस्तुत किये गये हैं वे भू–सौन्दर्य को द्विगुणित करते हैं वे कल्पित नहीं वरन् यथार्थता से ओत–प्रोत है।

"शिवानी–साहित्य में वानस्पतिक सौन्दर्य"

प्रकृति–सौन्दर्य के अन्तर्गत पादप–पुष्प, वृक्ष, लता अर्थात् समस्त उद्भिज संसार का रूपांकन किया जाता है। शिवानी–साहित्य में प्रकृति वस्तु–विषय की सापेक्षता में चित्रित हुई है। लेखिका ने अधिकांश वनस्पतियों के प्रति अनुरक्ति प्रकट की है। कथा–प्रवाह के आग्रह के कारण मुक्त प्रकृति का विस्तृत वर्णन प्रभूत मात्रा में उपलब्ध नहीं हो पाता है। लेखिका ने घटना की पृष्ठभूमि के रूप में प्राकृतिक–सुषमा को स्वीकार किया है और उसे भावानुकूल अंकित किया है। प्रकृति के ये सभी रूप अपनी सीमा में स्पृहणीय हैं। शिवानी ने भावानुकूल सम्पन्न और विपन्न दोनों रूपों में प्रकृति की परिणति की है। उन्होंने वर्ण, रूप, गंध, रस एवं स्पर्श की दृष्टि से पुष्पों की नैसर्गिक सुषमा का मुक्त कंठ से स्तवन किया है। शिवानी जी को पुष्पाभरणा वनश्री प्रिय है। वनस्पति सौन्दर्य वर्णन में लेखिका ने स्वच्छन्द शैली अपनाई है। उन्होंने विभिन्न स्थलों पर गेंदे, गुलाब, बुरुंश, कमल तथा हरसिंगार के पुष्प, शिरीष के फूलों से प्रकृति का श्रृंगार कर उसे पुष्पालंकृत किया है। यथा "क्राटेन की पुष्ट शाखाओं की गलबहियाँ देती रक्तजवा चन्द्रगल्लिका गंधराज। दूर–दर तक सुवास की पिचकारियाँ छोड़ती बेला, जूही।"[50] "दश्मिक के से गुलाब"[51], "गुलमोहर का लाल–लाल फूलों से लदा वृक्ष"[52] तथा लाल–लाल बुरुंश फूल।[53]

शिवानी साहित्य में शताधिक वृक्षों और पादप–पुष्पों का उल्लेख हुआ है, किन्तु मुख्यतः निम्नलिखित पुष्पों के रूप–रंग एवं गंध की उद्धत रचनाओं

48. माणिक, पृ0 26–52.
49. चौदह फेरे, पृ0 72.
50. बदला, पृ0 48.
51. फिरबे की? फिरबे?, पृ0 39.
52. नदी जो मरूस्थल में खो गयी, पृ0 80.
53. तर्पण, पृ0 82.

में बारंबार आवृत्ति की गयी है: जैसे– "एक विचित्र घाटी जिसके ओर–छोर पहाड़ी पारिजात, मदार और कुन्द पुष्पों से ऐसे सुवासित हो रहे थे जैसे कहीं अगरु, चन्दन की ढेर सारी धूपबत्तियाँ जल रही हो। सीढ़ी पर बने खेतों पर नई फसल का तारुण्य गदरा रहा था। कहीं स्तूपाकार सूखी सुनहली घास के गट्ठों पर अस्तगामी सूर्य की रश्मियाँ उन्हें तपे सोने सा दमका रही थीं।"[54]

इसके अतिरिक्त "वन्य पुष्प–चाय बागानों की मोहक हरीतिमा"[55], "नागफनी और मटकैया के गुच्छे"[56], "भीगी पिरूल की सुनहली घास"[57], "देवदार, बाज और बुरुंश के वृक्षों की लम्बी कतार", "अधमुंदे–कमलों का सतर– हरी डंडियाँ", "सुन्दर जंगली फूलों से गदराई झाड़ी", "टाइगर, लिली", "गुलाब की क्यारियाँ", क्रोटन "गुड़हल का फूल", "नारंगी फूलों की छितरी झाड़ी", "दाड़िम के फूलों से लदी डालिया" तथा "छोटे से बाग में हवा में झूमते हरे नीले पुष्प, फल भार से गदराई सेब आड़ू के वृक्षों की नतमुखी टहनियाँ, एवं हृदयाकार जलाशय में खिले कमल, सौंदर्य–प्रेमी लेखिका के तत्पर हृदय पर जगत की अनेकानेक छवियाँ लगातार अंकित होती रहती हैं जो प्रकृति के रूप–विशेष से सम्पर्क प्राप्त करने पर एक भाव–सूत्र में ग्रथित होकर खिल उठती है। शिवानी–साहित्य में ऐसे केन्द्रीय रूप–विशेष है जिनके सहारे सौन्दर्यानुभूतिमूलक अनेकानेक संवेग वस्तु–रूप में जीवित हो उठे हैं। विभिन्न स्थलों पर उन्होंने इन्द्रिय–बोध, और भाव–बोध के स्तर पर प्रकृति के अन्तर्गत वनस्पति के सुन्दर चित्र अंकित किये हैं, वे अतुलनीय हैं। यथा– "बड़े–बड़े प्रहरी से खड़े दैत्याकार देवदार, द्रुम, अखरोट स्यूँत के विराट् छतरीदार वृक्ष, उस पर सुनहली पिरूल घास", "भांय–भांय करते जनशून्य बीहड़ जंगल, चारों ओर झूमते अरहर और देवद्रुमों, अंयार, बाज के वृक्ष, चले के खेत, मौलिसिरी सहजन, धामोन, कांकेर के वृक्ष", प्राचीन वट और अश्वत्थ के धूमिल वृक्ष, निस्संग शून्यता में पीपल के पेड़, बरगद की धूमिल जटाएं, हरावा (हर्र) और बराड़ा (बहेड़ा) की शीतल छाया में, रक्तिम पुष्पों की चादर बिछाए दाऊ के वृक्ष, आदि। शिवानी–साहित्य में प्रकृति के इन कोमल सौन्दर्य–चित्रों में जो ताजगी, जीवन्तता और भावोद्रेक क्षमता है

54. चौदह फेरे, पृ0 64.
55. मणिमाला की हँसी, पृ0 35.
56. फिरबे की? फिरबे?, पृ0 75.
57. सुरंगमा, पृ0 150.

उसका प्रतिस्पर्धी हिन्दी–साहित्य में कोई नहीं। इसी क्रम में कुछ उद्धरण दृष्टव्य हैं: मौसमी फलों के वृक्ष तथा अनार से मीछे दाड़िम, सेब, नाशपाती, खुबानी, ''दाड़िम का पेड़'', ''जामुन, कटहल, शिरीष, कदम्ब के वृक्ष[58], दीर्घ दैत्याकार अश्वत्थ, नीम, अर्जुन का पेड़[59], तथा ''जामुन का पेड़''[60], ''प्रहरी से कदम्ब, शिरीष, कटहल के वृक्ष, कामिनी, टगर, गोलोक, चम्पा, स्थल पद्म पारिजात[61], ''नाशपाती और खुबानी के पेड़ों का घना जाल[62], ''देवदार–सी सतर सिपाहियों से खड़े वृक्ष, बुरुंश से रक्ताभ बनी डालियां[63] ''उपत्यकाओं में प्रहरी से खड़े चीड़, देवदार, बांज, बुरुंश, भोज, कैल, खरसू और शाल के भव्य वृक्ष[64], ''भीमकाय, मिहिल, मदार, और देवदारू के वृक्ष[65], आदि। निर्जन वनस्थली में खड़े दैत्यकार वृक्षों[66], को लेखिका ने विशालता के साथ चित्रित किया है। उदाहरण दृष्टव्य हैः– ''आर–पार प्रहरी से खड़े दो विशाल जामुन के पेड़ थे और उनकी घनी शाखाएँ बड़ी दूर जा आधे पोखर तक पहुँच एक दूसरे से हाथ मिलाते–मिलाते ठिठककर रूक गई थीं। नीले बड़े–बड़े जामुनों की नीली छाया में पोखर को भी नीलकंठ बनाकर रंग दिया था। तट पर खड़े दो ही जामुन के भीम वृक्षों ने तरणि तनूजा तट तमाल तरूवरों की शोभा भी फीकी कर दी थी।[67]

X X X

''तिब्बत की घाटी की अपूर्व सौन्दर्य सुषमा–कहीं चारों ओर खड़ी नीली–ऊदी हरी पर्वत प्राचीरें थीं, कहीं एकदम सपाट मैदान, कहीं नागफनी के झुरमुट, विषैले पहाड़ी काँटों की झाड़ियाँ और कही सर्पगन्धा फन उठाए बल खाते पौधे। बायीं ओर लता–गुल्मों के तोरणद्वार से अस्पष्ट दिखती एक पान के पत्ते के आकार की हरी नीली झील थी।''[68]

---

58. श्मशान चम्पा, पृ0 41.
59. अतिथि, पृ0 46.
60. विषकन्या, पृ0 50.
61. पाथेय, पृ0 126.
62. शिबी, पृ0 57.
63. कालिन्दी, पृ0 11.
64. कालिन्दी, पृ0 144.
65. करिए छिमा, पृ0 20.
66. जिलाधीश, पृ0 30.
67. विषकन्या, पृ0 51.
68. मास्टरनी, पृ0 22.

X X X

"गरुड़ की घाटी–बस टेढ़े–मेढ़े सर्पिल रास्ते से नीचे उतरती जा रही थी– बांज के वृक्षों के झुरमुटों को पीछे छोड़, उनका स्थान अब चीड़ के वृक्षों ने ऐसे कौशल से ग्रहण कर लिया था जैसे एक को ड्यूटी से मुक्त कर, दूसरी टुकड़ी उसका स्थान ग्रहण कर लेती है।"[69]

लेखिका ने प्राकृतिक सौन्दर्य को वातावरण तथा माहवार चित्रित किया है। माह विशेष में लिखे पुष्पों, वृक्षों आदि के संश्लिष्ट चित्र उपस्थित करने में शिवानी जी सिद्धहस्त हैं। शिवानी–साहित्य कहीं–कहीं पर प्रकृति की चित्रकला प्रतीत होता है। एक उदाहरण दृष्टव्य है:– "बर्दवान के सीमान्त से लेकर, वीरभूमि तक फैली उनकी जमींदारी के कारण, उनकी गणना कभी बंगाल के प्रसिद्ध जोतदार में की जाती थी। जामुन, कटहल, शिरीष, कदंब फूलों के वृक्षों से घिरा उनका अंभ्रलिहाग्र प्रासाद दूर से देखने पर किसी भव्य जहाज सा ही लगता था।"

शिवानी जी के प्रिय पशु–पक्षी

प्रकृति के ही परिवेश में पशु–पक्षियों और विविध वन्य जीवों के रूपांकन में लेखिका ने सुरूचि प्रदर्शित की है। वस्तुतः शिवानी जी का हृदय अपने अंतंस्थ नीड़ में चहचहाते रहने का अभिलाषी है। शिवानी–साहित्य में अनेक पक्षियों का वर्णन उपलब्ध होता है। इंसमें कोकिल, कीर, चातक, चकोर, हंस, मयूर, बुलबुल, खंजन, कपोत आदि मुख्य हैं। लेखिका ने "नीड़ पर चहकते पक्षी, वन पाखियों का कलकूजन के प्रति विशेष तादात्म्य अनुभव किया है। पशु–पक्षियों का सौन्दर्य उस व्यापक सौन्दर्य का एक अंग मात्र है जो सारी प्रकृति में बिखरा पड़ा है। शिवानी प्रारम्भ से ही प्रकृति प्रेमी रही है और उन्होंने अपने साहित्य में उसके सौन्दर्य को चित्रित करने का प्रयत्न किया है।

शिवानी जी ने कोकिल के प्रति विशेष तादाम्य अनुभव किया है। उन्होंने इसे सौन्दर्य का प्रतीक स्वीकार किया है। लेखिका ने कोकिल के उन्मद गायन और उसके रूप–रंग पर स्वयं को भावमुग्ध बताते हुए "आम्रकुंज में कोकि़ल, के सौन्दर्य को चित्रित किया है। पारम्परिक रूप में साहित्यकार कोकिल को प्रायः बसन्त में ही बोलते चित्रित करते हैं तथा "बसन्त के दूत" कहकर उसके रूढ़ वर्ण के अनुरूप उसे "श्यामा' नाम देते हैं। शिवानी जी

69. कालिंदी, पृ0 146.

ने इसे "श्यामा" कहकर विभिन्न स्थलों पर चित्रित किया है। यथा "श्यामा की चहचहाहट का चित्रण कर उसके प्रति समात्मभाव प्रदर्शित किया है।

कोकिल के अतिरिक्त चातक, चकवी, शिखी, तितली, भ्रमर, आदि पक्षियों–प्राणियों, की गतिविधियों का सूक्ष्म रूपांकन किया गया है। शिवानी जी ने उन्मुक्त आकाश में निरायास संतरण करते हुए पक्षियों की गतिविधियों का बड़ा मर्मस्पर्शी दृश्यांकन किया है। वस्तुतः लेखिका का कल्पना प्रेमी मन विहंगों की भाँति अंतरिक्ष को छू लेना चाहता है। यही कारण है कि इन्होंने पक्षियों से तादात्म्य बोध किया है। यथा– "लाल मुनैया, पुट्‌टैया, तोता, मैना, "भ्रमरावली, कमालिया क्रीड़ा, "बगुले के पंख, ललमुनिया, "शतसहस्र झींगुरों की ध्वनि एवं नीड़ में लौट रहे विहंगों का कलकूजन, आदि अनेक परंपरित पक्षी–जगत की गणना शिवानी साहित्य में दृष्टव्य है। शिवानी जी ने इनके अतिरिक्त अनेक क्षेत्रीय एवं काव्येतर पक्षियों का नामाल्लेख किया है। "झाड़फानूस पर उलटी लटकी चमगादड़ों की मनहूस चीं–चीं"[70] का चित्रांकन जो शिवानी जी ने किया वह अपवाद स्वरूप है। क्योंकि भुजेल, पिड़की, बया, सतभैये, रूकमिन, टेख, महोख, सवन, सुरखाब, मगरौठी, सामुद्रिक टिटहरी, कौड़िल्ला, चहा और पनेवा आदि साहित्येतर पक्षी के रूप में स्वीकार किये गये हैं, परन्तु शिवानी–साहित्य में "टिटहरी" का उल्लेख विभिन्न स्थलों पर हुआ है उदाहरणार्थ– "दूर–दूर तक फैले बियाबान अरण्य को एक टिट्‌टिभ अपनी बेमौसमी चीत्कार से चीरता सन्न से निकल गया।"[71] इसी प्रकार "उलूकों की भयावह धूत्कार[72], एवं शिवालों की चीत्कार[73] "चील, गिद्धों की चक्राकार टोली, कांव–कांव करते काक"[74] आदि का वर्णन अनेक स्थलों पर शिवानी जी ने किया है। इसका एक मुख्य कारण यह था कि लेखिका प्रकृति की विराटता का बोध कराना चाहती थीं, इसलिए पक्षियों के सौन्दर्य के साथ ही उनकी विरूपता का अंकन भी लेखिका ने मुक्त रूप से किया है। इन्होंने अपरूपता के प्रतीक रूप में अथवा लोक–जीवन (संस्कृति) के सन्दर्भ में कौआ, चील, सारस, बत्तख आदि का यत्र–तत्र संकेत भले ही कर दिया है। पर अधिकांशतः इन्होंने रूपवान पक्षियों की ही चर्चा

70. फिरबे की? फिरबे?, पृ0 73.

71. जा रे एकाकी, पृ0 22.

72. मणिमाला की हंसी, पृ0 28.

73. वही, पृ0 28.

74. वही, पृ0 38.

की है। एक तरफ शिवानी जी ने ''झींगुर की लयबद्ध झनकार,[75] को रूपायित किया है तो दूसरी तरफ चील, गिद्ध और उलूकों की भयावह घूत्कार को भी चित्रित किया है।

पशु–जगत में लेखिका ने ''जंगली हिरनी''[76], ''शेर, शेरनी और गर्भिणी सिंहिनी''[77] आदि का उल्लेख किया है। शिवानी जी ने बिरूपन के ही ध्येय से ''लोमड़ी, भैंस, बिच्छू, हाथी, छिपकली, चीता आदि का भी वर्णन किया है। यह वर्णन लेखिका के आंचलिक पर्यवेक्षण का भी सूचक है। यथा– ''खूंखार पहाड़ी भालू''[78], ''शाही काकातुआ''[79], ''कस्तूरी मृग[80], घोड़े[81], पहाड़ी चीता[82], हिंसार की भैंस[83], आदि। शिवानी जी ने पालित पशुओं का यथास्थल पर्याप्त वर्णन किया है और सभ्यता के विकास क्रम में पशुपालन की उपयोगिता का विश्लेषण भी किया है। लेखिका ने पालित पशु–परिवार के प्रति ममता व्यक्त करते हुए साहित्य जगत में उनको प्रवेश दिया है। सामान्यतः शिवानी साहित्य–वर्णन, विवरणविहीन होने के कारण इस दिशा में बहुत प्रगल्भ नहीं है, फिर भी प्रकृति पर्यवेक्षण करते हुए लेखिका ने यत्र–तत्र इन प्राणियों की ओर दृष्टिक्षेप कर दिया है। जैसे एक स्थल पर उदाहरण दृष्टव्य है– ''उजाला अभी ठीक से हुआ भी नहीं था सड़क से गले की टन–टन मीठी–मीठी घंटियाँ बजाता, एक तिब्बती लामा भेड़ों को हंकाये लिए जा रहा था।...........और कहीं दूर मुर्गा बॉग दे रहा था।[84]

अन्य जीव जन्तुओं में शिवानी–साहित्य के अन्तर्गत तितली, खद्योत, और भ्रमर का सर्वोपरि स्थान है। लेखिका ने ''रंगीन मछलियाँ''[85], ''सॉप''[86], ''मोरों

---

75. विवर्त, पृ0 12.
76. अतिथि, पृ0 179.
77. फिरबे की? फिरबे?, पृ0 42.
78. वही, पृ0 44.
79. कौन, पृ0 73.
80. विवर्त, पृ0 22.
81. मणिमाला की हँसी, पृ0 40.
82. विवर्त, पृ0 53.
83. फिरबे, की? फिरबे?, पृ0 51.
84. चौदह फेरे, पृ0 49.
85. विवर्त, पृ0 54.
86. फिरबे की? फिरबे?, पृ0 56.

के विचित्र नृत्य[87], साँड़ गाय[88], "लिजलिजी छिपकली[89], "बल्ली के क्रूर पंजों में दबी चुहिया"[90], "साही के कांटे"[91], "शेषनाग के फन"[92], "बिच्छू मृग[93], "गैंडे की खाल"[94] आदि का वर्णन किया है। शिवानी जी को भ्रमरावली एवं भ्रमरों की लयबद्ध झंकार बहुत प्रिय है। लेखिका ने "नीड़ में लौट रहे विहंगों के कूलकूजन के प्रति भी सम्मोहन व्यक्त किया है।

उपर्युक्त पशु–पक्षियों एवं प्राणियों में कुछ जीवों (प्रायः झींगुर, छिपकली, कमालिया कीड़ा) के प्रति इन्होंने कुरूचि प्रकट की है। पर इनकी संख्या कम ही है। शिवानी ने कैवल घोर कुरूपता बोधक जीवों की ही अवहेलना की है, शेष समस्त गोचर प्रकृति को इन्होंने उसकी परिपूर्णता में ग्रहण किया है। इन्हें वन्य प्रकृति का प्रायः प्रत्येक साहित्योचित पशु–पक्षी प्रिय हैं, अतएव उसके सहज सौन्दर्य को इन्होंने मनोयोगपूर्वक उभारा है।

ऋतु–सौन्दर्य

प्रकृति के वाह्य सौन्दर्य मुख्यतः ऋतु–सौन्दर्य के प्रति शिवानी बहुत सचेष्ट हैं। लेखिका ने विभिन्न स्थलों पर ऋतु–सौन्दर्य की आयोजना की है। इन्होंने ऋतु–विज्ञान के अनुकूल विभिन्न ऋतुओं के दृश्य–सौन्दर्य का सूक्ष्म पर्यवेक्षण किया है। इन्हें यद्यपि सभी ऋतुएँ रूचिकर हैं, फिर भी अपेक्षाकृत शरद् बसंत और पावस अधिक प्रिय हैं। शिवानी को चूँकि प्रकृति के कण–कण से अनुराग है, अस्तु इन्होंने प्रत्येक ऋतु की न्यूनाधिक गणना कराई है। लेखिका ने प्रकृति के वैविध्य और वैचित्र्य का उल्लेख करते हुए उससे सौन्दर्य की प्रेरणा ग्रहण की है। शिवानी साहित्य में "ज्योत्स्नाप्लावित रात्रि, प्रखर ग्रीष्म, तथा तुषारवृत्त शीत"[95] आदि सभी का समावेश देखा जा सकता है। इन्होंने ग्रीष्म, शीत तथा वर्षा इन तीनों ही ऋतुओं का सौन्दर्य इंगित किया है। पारस्परिक रूप से साहित्यकारों ने इस ऋतुत्रयी का आरम्भ

87. श्मशान चम्पा, पृ0 30.
88. वही।
89. अलखमाई, पृ0 83.
90. श्मशान चम्पा, पृ0 5.
91. पूतोंवाली, पृ0 12.
92. वही।
93. कौन, पृ0 62.
94. दो पत्रो की वेदना, पृ0 127.
95. उपप्रेती, पृ0 21.

ग्रीष्म से किया है, क्योंकि वहीं से नववर्ष का आरंभ माना जाता है। शिवानी जी ने कुछ स्थलों पर शरद् हेमंत, शिशिर पिकमय बसन्त का नामोल्लेख करते हुए अनेक ऋतुओं की उपचार पूर्ति की है। पर उनकी दृष्टि मुख्यतः तीनों ऋतुओं (ग्रीष्म, पावस, शीत) में ही केन्द्रित दिखाई देती है। लेखिका ने इनका प्रायः सरस–सुकुमार रूप ही प्रदर्शित किया है, हाँ कहीं–कहीं उन्होंने प्रचंड प्रकृति के प्रति भी अभिरूचि प्रकट की है। जैसे– "पहाड़ी आषाढ़ की वेगवती–वर्षा के तीव्रतर अंग में सिहरती शर्वरी को चीरती, डॉ0 पैट्रिक सहसा एक रूद्ध कण्ठ की चिहुँक सुनकर ठिठककर खड़ी रह गयी।"[96]

शिवानी–साहित्य में ऋतुओं की भीषणता का विराट्–सौन्दर्य समाविष्ट किया गया है। इसके विपरीत साहित्य में प्रायः षड्ऋतु का सौकुमार्य ही दृष्टिगत होता है। शिवानी ने परम्पराबद्ध या बारहमासा का वर्णन न करके प्रत्येक ऋतु को उसके व्यापक परिवेश में अंकित किया है। ये दृश्य–चित्र उपचार पूर्ति या प्रौढ़ोक्ति मात्र न होकर सौन्दर्यानुभूति से उदभूत हैं। इन चित्रों में बड़ा वैविध्य है। एक ही ऋतु के कई दृश्य–फलक यहाँ प्रयुक्त हुए है।

पावसः

प्रकृति सौन्दर्य के अन्तर्गत पावस को पर्याप्त प्रश्रय प्राप्त हुआ है। लेखिका ने बादलों की उमड़–घुमड़, अमृतोपम रस–दृष्टि, बिजली की चकाचौंध, इन्द्रधनुषी आभा, दादुर, मोर, चातक आदि की अनुगूंज और अन्य विविध दृश्य प्रिय हैं। उन्हें पावस से संबंधित रूप–रंग प्रिय हैं, अतएव उन्होंने पावस–प्रकृति की सर्वांगीण सुषमा को स्वरबद्ध किया है। शिवानी जी पावस की प्रकृति से एकात्म हो गयी हैं। यथा– "उस दिन मूसलाधार पानी बरस रहा था रह–रह कर बिजली की चमक से पूरा कमरा चमक रहा था।........सहसा कहीं दूर बिजली गिरी और पूरे कमरे की बिजली चली गयी।"

X X X

"वट प्ररोहों को भेदती निर्जनता क्रमशः प्रगाढ़ होती जा रही थी। अचानक दूर–दूर तक बिखरे मेघखण्ड एक बार फिर एकत्रित हो डमरू बजाने लगे थे– नीलाकाश में संभावित वर्षा की कालिमा फैलने लगी थी, लग रहा था जोर से पानी बरसेगा।"

---

96. कृष्णकली, पृ0 15.

लेखिका ने वर्षा ऋतु को प्रकृति का आदिगंत व्याप्त यौवन रूप में चित्रित किया है, जिसमें श्यामल घन (उन्मद भाव) अनवरत गर्जन करते हैं। उन्हें पावस का मेघाच्छादित नभमंडल विशेष प्रिय है। शिवानी ने पर्वतीय पावस का रूपांकन करते हुए सूक्ष्म कल्पनाएं की हैं और घन–गर्जन की कामना की है। जैसे–

"गिरजे के इतवारी घंटे की गूंज के साथ, दूर कड़कते बादलों का गर्जन–तर्जन जैसे जुगलबन्दी कर रहा था– वही पखावज तबले की–सी दुगुन तिगुन–चौगुन–

धा तिरकिट तट, तिरकिट तट, धा तिरकिट तत तूना कत्ता
ता तिरकिट तट, ता तिरकिट तट, ता तिरकिट तट पूना
कत्ता।"

X X X

"बिजली की कड़क के साथ ही फिर वर्षा का वेग पूर्ववत हो गया। आकाश एक विराट् काले बादल से घिर गया था। लग रहा था यह मेघ खण्ड नहीं कोई उन्मत्त–कामोन्मत्त विराट–वृषभ ही आकाश पर गरजता–दहाड़ता भागा जा रहा है, पर उस गर्जन–तर्जन के बीच भी कैसी अद्भुत शान्ति थी।"

शिवानी पावस–सौन्दर्य के प्रति प्रलुब्ध हैं। इस कारण कहीं–कहीं पर उन्होंने पावस का प्रचण्ड रूप प्रदर्शित किया है। कई स्थलों पर उन्होंने मेघों के अनेक आकार अंकित किए हैं और उन्हें यथावत् प्रतिध्वनित तथा प्रतिबिम्बित भी किया है। कहीं–कहीं तो उन्होंने मेघों को प्रायः विप्लव का वाहक माना है। इस प्रकार शिवानी का पावस प्रेमी हृदय वर्षाकालीन वात्याचक्रों जलधाराओं और विद्युद्दाम का बारंबार स्मरण करता है। निःसन्देह शिवानी का पावस–पर्यवेक्षण और तत्संबंधी सौन्दर्य–विधान स्तुत्य है। पावसकालीन दृश्यों में लेखिका ने घटाटोप, इन्द्रधनुष, विद्युतक्रीड़ा, वज्रपात, खद्योत आदि की बहुशः आयोजना की है। एक स्थल पर "ओलो" का चित्रण उन्होंने विनाशकारी रूप में किया है, यथा–

"मौसमी फलों के शत्रु ओलों के आकार के सफेद दूधिया आले, जिनका एक गोला बर्फ़ डाले हिम शीतल पानी में डालते ही कलेजा ठंडा करने वाला, सुपेय शरबत तैयार हो जाता था।"[97] निश्चय ही लेखिका

97. नथुनिया ने हाय राम..........., पृ0 93.

ने पावस को उसकी परिपूर्णता में ग्रहण किया है। अस्तु स्पष्ट है कि शिवानी ने पावस–दृश्यों के रूपांकन से सर्वाधिक रूचि प्रदर्शित की है और सर्वोपरि सिद्धि भी प्राप्त की है।

शरदः

ऋतु चक्र का चित्रण करते हुए शिवानी ने शरद् का यथेष्ट समायोजन किया है। भारतीय संस्कृति में शरद् ऋतु ही काल–गणना की सुमेरू मानी गई है: "जीवेत शरदः शतम्" आदि वैदिक ऋचाएँ इसी कथन की साक्षी हैं। शिवानी ने इसी दृष्टि से शरद् द्वारा नई सृष्टि का समारंभ कराया है। यथा–

"सामने गुलमोहर का लाल–लाल फूलों से लदा वृक्ष, कामोन्मत्त वृषभ सा मस्ता रहा है। आषाढ़ आधा बीत गया है, बाहर सामान्य वर्षा से तप्त धरणी की प्यास ऐसी बढ़ा दी है कि धरित्री निर्धूम अग्निकुंड बनी आग फूंक रही है।"[98]

"कृष्णकली' उपन्यास में लेखिका ने वर्षा को प्रलयंकारी रूप में चित्रित किया है इसके साथ ही शरद को सृष्टि का प्रथम उन्मेष भी माना है। शिवानी के अनुसार, शरद् का नव कोमल आलोक, हिम संसृति (हिमाच्छादित प्रकृति) और शुभ्र शारदीय ज्योत्स्ना बड़ी नयनाभिराम है। उन्हें शरद् का सुन्दर नीलाकाश तथा निर्मल जल से युक्त शान्त, सुस्थिर, नदी विशेष प्रिय है। शिवानी ने शरद् को सौन्दर्य का प्रतीक घोषित किया है। उन्होंने शरदागम, उसके तुहिन बिंदु और स्वच्छ चांदनी का भावभीना अभिनंदन किया है। शरद् ऋतु तथा उसके सौन्दर्य–संसार का विस्मय–विमुग्ध रूपांकन शिवानी साहित्य में बहुशः उपलब्ध है। लेखिका के अनुसार हित, धौत, निरभ्र आकाश, पवित्रता का प्रतीक है। "हरी दूब से संवरे मखमली लॉन"[99], हिमाच्छादित पर्वतश्रेणियाँ[100], "लाल–लाल बुरुंश के फूल"[101], 'बर्फ को रौंदती, पहाड़ी पाले से जूझती निर्झरणी"[102] का वर्णन उन्हें सौन्दर्य सम्मोहनपूर्ण लगता है। लेखिका के अनुसार रंग–बिरंगे फूल शरद् की चितवन और इन्द्रधनुषी छटाएं ही इसका सूक्ष्म तन हैं। शिवानी ने शरद् के इस स्वर्गिक सौन्दर्य–विधान द्वारा

---

98. नदी जो मरूस्थल में खो गई, पृ0 80.
99. कृष्णकली, पृ0 122.
100. मास्टरनी, पृ0 21.
101. चिर स्वयंवरा, पृ0 8.
102. माणिक, पृ0 54.

शारदीया की साक्षात् सम्मूर्त्तन किया है। स्पष्ट है कि शिवानी का शरत्–सौन्दर्य सर्वथा विशिष्ट है।

हेमंतः

इसी क्रम में हेमन्त एवं शिशिर का विवेचन करना समीचीन होगा। शिवानी को हेमन्त के शीत की अधिकता प्रिय है। वे पर्वतीय जलवायु की अभ्यस्त हैं, अस्तु यह ऋतु–प्रकृति उसके विशेष अनुकूल है। शिवानी ने हेमंत का चित्रण नारी पात्रों के कॉपते हुए अधरों, वाष्पार्द्र और थरथराते अंगों की मंद कांति के कई सांकेतिक चित्रों द्वारा किया है। उदाहरणार्थ– "पहाड़ी हवा का एक धृष्ट झोंका आकर उसके चेहरे पर बालों का गुच्छा फैला गया था। जंगली घाटी के वनफूलों की सुगन्ध से मत्त बनी मयूरी, सहसा नवीन सहचर के अमानवीय गाम्भीर्य की चुनौती देने, बिजली की तड़प से मुड़, कील पर धरे दो चौड़े पंजों पर झुक गयी थी। हवा में उड़ती चंचल अलकावलि दोनों हाथों पर फैल गयी, क्षुधातुर तप्त अधरों के स्पर्श ने जैसे प्रवीर के हाथों पर दहकते अंगारे धर दिये ऐसे ही एक बिखरे केश–गुच्छ और हिमशीतल अधरपुट की स्मृति उसके दोनों हाथ कँपा गयी।"[103] अन्यन्त्र उन्होंने पूस की बरसाती हुई स्निग्ध ा धूप को स्वर्गिक आशीर्वाद के रूप में स्वीकारा है। "धूप" तथा देवद्रुमों की हिम–शीतल बयार एवं झींगुर की लयबद्ध झंकार"[104] शीत लहरी और कुहरे का उ़ल्लेख कर शिवानी ने शरद् की भीषणता का प्रभावशाली वर्णन किया है। इस प्रकार लेखिका ने शीतलता को पर्याप्त प्रश्रय दिया है। इन्होंने एक ओर मौसमी शीत की अधिकता अथवा हिमशीतल जड़ता, पाला, तुषारापात तथा तुहिन कणों का दृश्य–विधान भी किया है।

शिशिरः

शिवानी को शिशिर अपेक्षाकृत सर्वाधिक अप्रिय है। वे इसे प्राकृतिक अपरूपता की अवस्था मानती हैं। लेखिका शिशिर के पीले झरते पत्तों और धूल के आवर्त्तों के प्रति क्षुब्ध सी है। उन्होंने बसंत के विलोम के रूप में शिशिर की अवधारणा की है और उसे विरूपन का लक्षण घोषित किया है। जैसे "उस दिन कड़ाके की सर्दी पड़ रही थी। केवल 3,500 फुट ऊँचाई की वह घाटी, जिसे हल्द्वानी की तराई की भांति गर्म होना चाहिए था, कभी–कभी

---

103. कृष्णकली, पृ0 267.

104. विवर्त, पृ0 12.

गर्मियों में भी आश्‍चर्यजनक रूप से हिमशिला–सी बन उठती थी।"[105]

इसके अतिरिक्त शिशिर के प्राकृतिक उपकरणों, विशेषतः शिशिर–कणों (ओस–बिन्दुओं) के प्रति अनुरक्ति भी प्रकट की हैं। शिवानी को शिशिर कणों से सिक्त पवन प्रिय है। फागुन की कुमाऊँनी बयार[106] तीव्र बर्फीली हवा[107] पहाड़ी हिमपात[108] तथा तरल शीतल जल बिन्दुओं, उनमें प्रतिबिंबित पारदर्शी दृश्यों और इन तुहिन गणों से विजड़ित प्रकृति रूपों का उन्होंने बहुल वर्णन किया है। शिवानी ने शिशिरागमन का दृश्यांकन भी किया है। यथा– 'साल, शीशम और नीम के पत्ते, रमना की चौड़ी सड़क पर धीरे–धीरे मंद गति से उड़ते फिर रहे थे वातावरण में हल्की सी ठंड आ गयी थी। पगडंडियों पर गिलहरियाँ दौड़ रही थीं।"[109]

शिवानी ने शिशिर के प्रति विकर्षण करते हुए उसकी कुरूपता का जो वर्णन किया है वह बड़ा सजीव है। वे शिशिर को एक खलनायक के रूप में अंकित करती हैं। यथा– "हरी भरी वाटिका सहसा ऐसे उजड़ जाएगी, यह कभी किसी ने सोचा भी नहीं था। दूर से ही जिसके पाटल प्रसूनों की सुगंध राह चलते को भी मोह कर पल भर को ठिठका देती थी, उसी की सूखी झाड़ियों के झंखाड़ पर धूल उड़ रही थी। क्राटेन के गमलों पर लगी धूल की मोटी परत पर फागुनी बयार एक ताजी दोहरी परत जमा गयी थी।"[110]

उपुर्यक्त उद्धरण में शिशिरकालीन प्रकृति और उसके अंतर्बाह्य प्रभावों जैसे धूलि के आवर्त्त, पतझर आदि का दृश्यांकन किया गया है। शिवानी की उत्तरकालीन रचनाएँ शिशिर से भावेक्य स्थापित करती दिखती हैं। उनकी युवा लेखिका शिशिर से जितना विक्षुब्ध रही है, उतना ही उनकी प्रौढ़ लेखिका पतझर से तादात्म्य बोध कर रहीं हैं। इस प्रकार से दृश्यांकन चाहे वयोवृद्ध लेखिका के आत्म प्रक्षेपण की सूचक हो, या उसके सौन्दर्य विरूपण की परिचायक हो, इतना स्पष्ट है कि शिवानी पतझर के प्रति मानसिकं दृष्टि से प्रस्तुत है। स्पष्टतः लेखिका तुहिन सौन्दर्य से भाव–विभोर हो अभिभूत सी है। वस्तुतः शिवानी शिशिर प्रकृति के प्रति विकर्षण अनुभव करते हुए भी

105. भैरवी, पृ0 72.

106. कैंजा, पृ0 58.

107. उपप्रेती, पृ0 27.

108. वही, पृ0 27.

109. का सखि साजन, पृ0 82.

110. माणिक, पृ0 9.

शिशिर कणों के सौन्दर्य से आकृष्ट रही है। इसके मूल में इनकी सौन्दर्यवृत्ति ही कारणभूत है। शिशिर कणों एवं शिशिरकालीन पवन की तरल छवि इन्हें सर्वतोभावेन अभीष्ट है। अस्तु लेखिका ने इसका सुरूचिपूर्ण सौन्दर्यांकन किया है।

बसन्तः

हिन्दी साहित्य कानन के बासंतिक वैभव की विधायक शिवानी को बसन्त का ऋतु–सौन्दर्य अत्यन्त प्रिय है। इन्होंने बसन्त को हर्षोल्लास की पराकाष्ठा सिद्ध किया है। लेखिका ने बसन्त की नैसर्गिक सुषमा को अपनी कल्पना से और भी सौदर्यभिमण्डित कर दिया है। यद्यपि कविवर निराला के मतानुसार यह बासंतिक सौन्दर्य वस्तुगत न होकर प्रायः मनःकल्पित अर्थात् कवि कल्पना कृत होता है।[111] फिर भी वे बसन्त–सौन्दर्य के प्रति प्रलुब्ध दिखते हैं। प्रकृति सदैव मानवी भावों की सह वर्त्तिनी है। वस्तुतः बासन्ती प्रकृति चिरंतन आकर्षण की प्रतीक मानी गयी है। शिवानी को बसंत की शोभा अर्थात् नवल पत्र–पुष्पों से अलंकृत वनस्पतियाँ परिमल से बोझिल मलयानिल, कोकिल की काकली और भ्रमरों का गुंजार प्रिय है। साहित्यकारों ने बसंत की सद्यः सौन्दर्य–सृष्टि को "मंजरित प्रकृति", "स्वर्गिक सुन्दरता का प्रवाह" "वसुधा का यौवन भार" आदि संज्ञाओं से अभिहित किया है। बासंती प्रकृति में कुसुमों का विकास और सौरभ का संचार लेखिका को सर्वाधिक प्रिय है। "लाल–लाल कंदील से लटक रहे बुरुंश पुष्प[112], क्राटेन की पुष्ट शाखाओं की गलबहियाँ देती रक्तजवा चन्द्रमल्लिका, बेला, जूही[113] नारंगी फूलों की छितरी झाड़ी[114] एवं मधुपों के गुंजार आदि का वर्णन कर शिवानी ने बसंत की रूपच्छवि को अवतरित किया है। यथा– "वन प्रदेश मोरों के विचित्र नृत्यों से शोभित हुए हैं। कदम्ब के वृक्ष शाखाओं से भर गये हैं। सांड़ गायों के प्रति काम–वासना से आसक्त हैं और धरती खेतों तथा वनों से हरी–भरी, रमणीय दिखाई देती है।"[115]

लेखिका को बसंत में रंगबिरंगे, पुष्प, फूलों की गंध आदि दृष्टिगत होते हैं। उन्होंने "बसंत श्री" को फूलों के मृदु अवयवों से अवगुण्ठित, वन सौरभ

111. परिमल, पृ0 193.
112. पुष्पहार, पृ0 131.
113. बदला, पृ0 48.
114. स्वप्न और सत्य, पृ0 107.
115. श्मशान चम्पा, पृ0 30.

की सांसों से समुच्छ्वसित सौन्दर्य की अँगड़ाई रूप में प्रदर्शित किया है। इस प्रकार बसंत श्री का सर्वांगीण सौन्दर्यांकन किया है।

समग्र रूप से कहा जा सकता है कि शिवानी बसंत सौंदर्य के प्रति विस्मय–विमुग्ध सी हैं। उन्होंने जहाँ कहीं भी प्रकृति के चरम सौन्दर्य की परिकल्पना की है, उसे बसन्त–विभा में परिणत कर दिया है। फलतः शिवानी–साहित्य इस माधुर्य से मंडित होकर एक "मधुलोक" सा बन गया है।

ग्रीष्मः

इस ऋतु–चक्र में ग्रीष्म शिवानी के सौंदर्य–संस्कारों के अनुकूल नहीं है। लेखिका ने तापत्रय के अर्थ में उग्र निदाघ, प्रचंड मार्तंड जलती दोपहरी और झुलसाती लू का वर्णन किया है। शिवानी ने मात्र प्रतिकूल परिस्थितियों की सर्जना हेतु "लू" से झुलसाने वाली "दुपहरी" का उल्लेख किया है। ग्रीष्म का चित्रण लेखिका ने अल्प मात्रा में ही किया है उन्हें "लू के थपेड़े" निदाघ और धूलि–धूसरित प्रचण्ड रूप धारण किये हुए ग्रीष्म ऋतु अरूचिकर है। निश्चय ही यह प्रकृति की कुरूपता की सूचक है। लेखिका के हृदय में इसके प्रति आसक्ति नहीं है। वर्णन प्रकृति–वैविध्य प्रदर्शित करने के प्रयोजन से उपचार पूर्ति रूप में किया गया है। शिवानी ने पात्रों के संतप्त जीवन को ग्रीष्म में एकात्म कर दिया है। ग्रीष्म का चित्रण उन्होंने दारूण सौंदर्य के प्रति आकृष्ट होकर किया है। अपनी सौन्दर्य–वृत्ति के कारण उन्होंने ग्रीष्म ऋतु के प्रति आकर्षण उत्पन्न करने की चेष्टा की। उदाहरणार्थ– जेठ का महीना था, पर मौसम की तुनक–मिजाजी देखकर लग रहा था कि अवांछित अतिथि बना पर्वतवासियों का बैरी माघ का महीना ही घाटी में उतरकर असमय ही नाचने लगा है।"

X X X

"मई का महीना था, नैनीताल अपने पूर्ण यौवन पर था।............।"

शिवानी साहित्य में ग्रीष्म की विराटता कई स्थलों पर दृष्टव्य है। उन्होंने इस प्रचंड ऋतु से अपने पात्रों का भाव–साम्य स्थापित किया है। ग्रीष्म के प्रति यद्यपि शिवानी के स्फ़ुट उद्‌गार व्यक्त हुए हैं, पर वे अपेक्षाकृत नगण्य से हैं। कारण, यह ऋतु सौंदर्यविधायिनी न होकर विरूपन पूर्ण मानी गई है।

निष्कर्ष

शिवानी जी ने प्रकृति को उसकी परिपूर्णता में ग्रहण किया है और उसके

समवेत सौन्दर्य को स्वर दिया है। प्राचीन एवं मध्यकालीन साहित्य से अभिभूत होकर शिवानी जी ने "प्रकृति" को "आशा का सुन्दर स्वप्न नीड़" ही स्वीकार किया है। इन्होंने प्रकृति के समस्त उपादानों को चित्रित किया है। लेखिका ने सौन्दर्योपासक कलाकार के रूप में प्रकृति की वंदना की है और उसे आध्यात्मिक उन्नयन का साधन घोषित करते हुए अनेक मंगलाशाएं भी की हैं। शिवानी साहित्य में प्रकृति का नानाविध वर्णन देखकर यह कहना पड़ता है कि शिवानी–साहित्य प्रकृतिमय है। भिन्न–भिन्न रूपों में प्रकृति ही रचनाओं को पूर्णरूपेण अनुरंजित किये हुए है। इस साहित्य की भावना और भाषा दोनों का ही निर्माण प्रकृति के उपकरणों से हुआ है। शिवानी जी ने प्रकृति को सभी रूपों में अंगीकार किया है। कभी वह मनुष्य की सहायिका है और कभी वह उसकी जीवन प्राण, कभी वह मनुष्य का पोषण करने वाली है और कभी वह मनुष्य की भावनाओं से अनुरंजित है, कभी वह मनुष्य की सहधर्मिणी है, उसका मनोरंजन करती है, उसे आभूषित करती है और कभी वह उसके भावों को उद्दीप्त भी करती है। इस तरह प्रकृति शिवानी साहित्य के अन्दर और बाहर सभी जगह परिव्याप्त है।

शिवानी जी ने उषा की ज्योति रेखा, कुसुम विकसित प्रात, सरस–बरसात आदि सबके प्रति अनुराग व्यक्त किया है। साथ ही लेखिका ने श्यामल–सजल प्रकृति के सुन्दर–असुन्दर सभी रूपों के प्रति आकर्षण व्यक्त किया है। शिवानी जी ने ज्योति, अंधकार, सतरंगी इन्द्रधनुष, पर्वत आदि प्रकृति के सर्वस्व का साक्षात्कार किया है। इनका प्रकृति पर्यवेक्षण मात्र एक मुद्रा नहीं है, बल्कि जीवन संस्कार है। इन्होंने परम्परा निर्वाह के लिए नाम–गणना ही नहीं कराई है, वरन् प्रकृति से समात्मभाव स्थापित किया है। यही कारण है कि इनकी प्रकृति सुन्दरी की विधात्री है।

अध्याय 4

शिवानी की रचनाओं में शिल्प–सौन्दर्य

शिवानी ने साहित्यिक रचना के निर्माण में जिन उपादानों द्वारा साहित्य का ढांचा तैयार किया है, वे सभी साहित्य शिल्प के आवश्यक तत्व हैं। "अत्यधिक स्पष्ट एवं आत्यंतिक रूप में तत्वों का गिनाना अत्यन्त दुष्कर कार्य है, क्योंकि काव्य मनुष्य की अत्यन्त जटिल रचना है।"[1] लेखिका ने शब्द–योजना, भाषा, उपमान, बिम्ब, प्रतीक आदि शिल्प के तत्वों पर वैचारिक दृष्टिकोण अपनाया है। शिल्प क्षेत्र उनके साहित्य में अत्यन्त विस्तृत रूप में प्रकट हुआ है। शिल्प को समझने की प्रौढ़ समझ लेखिका के पास है। इसी समझ के कारण ही उन्होंने विचारों के जंगल के बीच से सार्थक मन्तव्यों को चुनकर उन्हें सही परिप्रेक्ष्य में नियोजित करने का कठिन कार्य कुशलतापूर्वक किया है। शिवानी–साहित्य के अनुशीलन से कभी–कभी यह अभिव्यक्त होता है कि उनकी रचनाओं में नये विषयों के साथ–साथ, उपमान, प्रतीक, चित्र, भाषा और शब्द–योजना के नवीन प्रयोग स्थिर हुए हैं। लेखिका की शैलीगत विभिन्नताओं में समान तत्वों की खोज करते हुए दृष्टिगत होता है कि भाषा, गति आदि के गुण धर्म को एक विशेष शक्ति निर्धारित करती है; जो इन सबके सामंजस्य से उत्पन्न होती है, किन्तु फिर भी इनसे स्पष्ट अस्तित्व रखती है। "बहुधा कथानक की व्याख्या करते समय यह कहा जाता है कि कथानक घटनाओं या कार्य–कलापों के संकलन के संचयन मात्र को कहते हैं।"[2] यह धारणा भ्रामक है। किसी भी कथानक की पूर्णता उसके कथाकृति में उपस्थित किये गये रूप पर निर्भर होती है जिसके निर्माण के लिए उसका सुगठित होना पहली शर्त है। अस्तु, शिवानी ने कथानक की परिस्थिति–योजना में स्वाभाविक और कृत्रिम प्रणाली, दोनों का प्रयोग किया है। भारतीय संस्कृति में 'शिल्प' को सौन्दर्य–भावना का मूल संस्कर्ता और चित्र, मूर्ति, नृत्य, गीत, वाद्य (संगीत) आदि कलाओं का समाहर्ता माना गया

---

1. आधुनिक हिन्दी कविता अभिव्यंजना–शिल्प, डॉ0 हर दयाल, पृ0 5–6.
2. साहित्य का साथी, डॉ0 हजारी प्रसाद द्विवेदी, पृ0 90.

है।[3] वस्तुतः यह प्रतिरूपात्मक अनुकृति या सादृश्य विधायिनी वृत्ति है। अस्तु काव्य आदि कलाओं से अभिन्न है।[4]

शिवानी की रचनाओं में शिल्प

किसी भी लेखक के विषय वस्तु एवं उसके प्रस्तुतीकरण की कला कौशल को शिल्प कहते हैं। प्रस्तुत शोध प्रबन्ध के अन्तर्गत शिवानी के साहित्य के शिल्प पक्ष पर विचार करने हेतु हमें उनके साहित्य की अनेक विधाओं की विषय वस्तुगत एवं भावगत सौन्दर्य के साथ–साथ अभिव्यक्तिगत शिल्प सौन्दर्य पर भी प्रकाश डालना होगा इस दृष्टि से अपनी सुविधा के लिए इसे दो भागों में विभाजित किया जा सकता है। विषय वस्तुगत शिल्प तथा प्रस्तुतिकरण शिल्प।

विषय वस्तुगत शिल्प :

शिवानी ने अपने साहित्य की विषय वस्तु सर्वप्रथम स्वयं के व्यक्तिगत अनुभवों से ग्रहण की है। इसके अलावा लेखिका ने सभी मानवों के अनुभवों अर्थात् जीवन के अनेक सत्यों से अपने विषय–वस्तु को चुना। जीवन में प्रत्येक मनुष्य के साथ, जन्म, मरण, भाग्य को अपने साहित्य में अभिव्यक्ति देकर गौरव प्रदान करवाने का अथक कार्य लेखिका द्वारा किया गया। अपने चारों ओर के समाज और साथियों से व्यक्ति के सम्बन्धों, उसके कार्यो एवं समस्याओं को भी शिवानी ने अपनी विषय वस्तु रुप में लिया है। प्रकृति के साथ मानव का कितना घनिष्ठ सम्बन्ध रहा है इसका भी उन्हें आभास हुआ इसकी अभिव्यक्ति उनके साहित्य के अन्तर्गत होती है। साहित्य एवं कला के विभिन्न रुपों, अपने देश एवं अंचल की धार्मिक भावना, कला, संस्कृति, रीतिरिवाज के प्रति झुकाव ने भी उन्हें एक ठोस विषय वस्तु दी है। समाज, देश, विश्व भर में फैली प्रवृत्तियों की कमियों में सुधार की भावना ने भी उनके साहित्य बोध को जाग्रत किया। इस प्रकार पारिवारिक वातावरण, शिक्षा, साहित्य, कला, संस्कृति, समाज, देश विश्व के प्रति संवेदनशीलता ने ही उन्हें अपने–अपने साहित्य सृजन की प्रेरणा एवं विषय वस्तु प्रदान की।

लेखिका की मानव मन के प्रत्येक कोने को झांक सकने की अपूर्व क्षमता

---

3. डॉ0 जगदीश गुप्त, वैदिक साहित्य में शिल्प का स्वरूप : भारतीय कला के पदचिह्न, पृ0 80.
4. डॉ0 जगदीश गुप्त, वैदिक साहित्य में शिल्प का स्वरूप : भारतीय कला के पदचिह्न, पृ0 80.

ने उसे भावों का चित्रण कर सकने की योग्यता प्रदान की। उनकी कुशाग्र बुद्धि जीवन के प्रत्येक कदम पर विचारों के पुष्प चुन लेती है फिर यथा स्थान उसे सजाने में उनकी अपूर्व लेखन क्षमता पीछे नहीं रहती है। इन संचित विषय वस्तु को उन्होंने उपन्यास कथा, संस्मरण, यात्रावृत्त, निबन्ध, बाल साहित्य, कला–संस्कृति एवं लोक–साहित्य आदि अनेक विधाओं के रुप में अभिव्यक्ति दी है। उन्होंने अपने उपन्यासों की विषयवस्तु अपने समाज से ही ली है। परिवारिक सम्बन्ध, समस्याएँ, सुख–दुःख, रीति–रिवाज, नारी की स्थिति, आर्थिक विषमता, पुरुषों में फैली कुरीतियां, अंधविश्वास, बेमेल विवाह, प्रेम्सम्बन्धी विषय वस्तु पर आधारित उपन्यास एवं कथाएँ अत्यन्त यथार्थता लिए हुए हैं। उन्होंने अपने आँखों देखे, भागे हुए सत्य घटनाओं से ही विषय वस्तु ली है। उनकी कल्पना की उड़ान ने इन सत्यों के साथ मिलकर रोचकता प्रदान की। रोचकता के कारण ही उनके उपन्यास अत्यन्त लोकप्रिय बने हैं। उनमें धारा प्रवाह भी प्रचुर मात्रा में पाया जाता है।

अपने साहित्य के लिए विषय वस्तु का चुनाव उन्होंने अपनी ही अनुभूतियों अनुभवों एवं कल्पनाओं से किया। कभी–कभी नारी होने के कारण उन्हें इस कार्य में अनेक संकटों का सामना करना पड़ा। "बिन्नू" की भूमिका में लेखिका स्वयं स्पष्ट करती हैं–"किसी भी लेखक का परिवेश उसके अनुभव का दायरा, उसके लेखन को प्रभावित किये बिना नहीं रह सकता किन्तु नारी यदि लेखिका है तब भी उसका एक सामाजिक अस्तित्व है उसे यह बराबर स्मरण रखना पड़ता है तब भी उसके इस अस्तित्व पर कहीं आंच न आये। दूसरी कठिनता जो एक लेखिका के सम्मुख आती है, वह है उसका नारी सुलभ संकोच। जो वह पल्ले नहीं पड़ सकता, उसे क्या वह निःसंकोच आड़े मुँह लिपिबद्ध कर सकती है.......एक तीसरी समस्या भी उसके सम्मुख बड़ी स्वाभाविकता से ऊपर उठती है। वह है जीवन मूल्यों का द्वन्द्व।......एक पुरुष की दृष्टि में जो कोरी भावुकता है, वह एक नारी की दृष्टि में कोरी भावुकता नहीं है, यदि वह भावुकता है भी, तो एक ईमानदार सहज–भावुकता है।"[5] इससे स्पष्ट है कि नारी होने के नाते अपनी विषय वस्तु चुनने एवं उसे अभिव्यक्ति देने से पूर्व अनेक बातों से बाध्य होना पड़ा। उनके अपने जो धर्म सम्बन्धी विचार, ईश्वर सम्बन्धी धारणाएँ, जन्म मृत्यु, पुनर्जन्म, विवाह, साधना सिद्धी, पाप, पुण्य, आत्म परमात्म जैसे जीवन दर्शन का भी उनके साहित्य पर गहरा प्रभाव प्रतिलक्षित होता है।

5. शिवानी, "बिन्नू" की भूमिका से, पृ0 8–9.

उनकी रचनाओं में केवल विषय वस्तु का ही सौन्दर्य नहीं वरन भाव सौन्दर्य भी प्रचुर मात्रा में दृष्टिगत होता है। मानव मन की गहराई में डुबकी लेकर वह अत्यन्त महत्वपूर्ण रहस्यों का उद्‌घाटन करती चली जाती है। किस समय उनका कौन पात्र क्या सोचेगा और किस प्रकार उसे व्यक्त करेगा, वह खूब जानती हैं। शिवानी के साहित्य में कोमल एवं मधुर मनोभावों की व्यंजना उसी के अनुरुप भाषा शैली का प्रयोग कर की गई है एतदर्थ भावों एवं विचारों को सफलता पूर्वक वहन करती हुई दृष्टिगत होती है, जो साहित्य के भाव पक्ष को अपूर्व सौन्दर्य से अनुप्राणित करती है। मधुर –भावों की व्यंजना से उत्पन्न भाव सौन्दर्य का यह उदाहरण दृष्टव्य हैं–"पतली कमर से नीचे उतरी नीली शिफॉन की पारदर्शी नीलाभ आभा में सफेद सपाट पेट निरभ्र उज्ज्वल आकाश सा चमक रहा था, उस पर नन्हीं घंटियों में टुनकती चाँदी की पतली करधनी, चौथ की चन्द्रिका–सी रुपहली हंसिया के आकार में मुड़ी कितनी आकर्षक लग रही थी। न चाहने पर भी आँखे क्षीण कटि के उस किंकिणी जाल में उलझ जातीं और फिसलती चली जातीं।"[6] यहाँ मनोहारी सौन्दर्य के प्रति मनुष्य के सहज आकर्षण के मधुर भाव का सुन्दर चित्रण हुआ है इसमें शिवानी के मानव मन के भावों की गहराई तक झाँक सकने की क्षमता व्यक्त होती है। इस प्रकार विषय वस्तु एवं भाव सौन्दर्य का सुगठित शिल्प, साहित्य में अपूर्व सौन्दर्य की सृष्टि करता दृष्टिगत होता है।

शिवानी के कथा एवं उपन्यासों के कथानकों की सजीवता उन्हें लोकप्रियता के उच्च शिखर तक पहुँचा चुकी है। एक साक्षात्कार के अन्तर्गत उनके द्वारा कही गई निम्न पंक्तियों से, उनके साहित्य के इस पक्ष पर स्वतः प्रकाश पड़ता है जब वह कहती हैं–"यदि किसी कृति में जान है तो उसकी चर्चा की आवश्यकता कहाँ रह जाती है? रचना की शाश्वतता की कसौटी, में उसे मानती हूँ जिसमें कसे जाने पर उसकी एक ही खरी लीक उद्‌भासित हो.. .....पाठक के मर्म के छूने की क्षमता की खरी लीक, यहीं पर मैं आलोचक से अधिक महत्व पाठक को देती हूँ–मेरे सच्चे भावक सदा मेरे पाठक रहे हैं, मेरी कौन सी रचना, इस कसौटी पर खरी उतरी है, यह कहना तो कठिन है, विधाता यह लिपि पीठ में लिखता है जहाँ दृष्टि नहीं पहुँचती, किन्तु जब कोई पाठक सुरंगमा का पता पूछ बड़े भोलेपन से मुझे माध्यम बना, उस तक संदेश भेजता है कि–"शिवानी जी सुरंगमा से कहे, मैं बिना किसी शर्त के उससे विवाह करने को तैयार हूँ, भले ही वह अब भी मन्त्री जी को प्यार करती हो,

6. शिवानी, "गैंडा", पृ0 38.

मैं स्टेट बैंक में........के पद पर हूँ, माता–पिता कोई नहीं, केवल एक विधवा बहन है, मैं विश्वास दिलाता हूँ, कि मैं सुरंगमा को जीवन भर सुख से रखूंगा, सुरंगमा के भविष्य की, फिर मुझे चिंता नहीं रहती, इस जीवन में तीन पुत्रियों के कन्यादान तो किये हैं लगता है यत्न से पाली पोसी गई, चौथी पुत्री का कन्यादान कर रही हूँ और उसे अच्छा घर, वर मिल गया, मेरे लिए इससे बढ़कर संतोष की बात भला और क्या हो सकती है?।"[7] इससे शिवानी के कथानकों की सजीवता पर स्पष्ट प्रकाश पड़ता है। उनके उपन्यास एवं कहानियों के कथानक एवं उसमें वर्णित पात्रों की सजीवता आर्थर कैनन्डोइल के चरित्र शैरलैक होम्स की भाँति ही सजीव हैं। इस प्रकार शिवानी का विषय वस्तुगम शिल्प उच्च कोटि का है।

प्रस्तुतिकरण शिल्प :

जिस प्रकार शिवानी ने अपने गद्य साहित्य के लिए विषयवस्तु को चुना उसे कथा, उपन्यास, निबन्ध संस्मरण आदि अनेक विधाओं के माध्यम से साहित्य का रुप प्रदान किया और इस कार्य में उन्होंने अपनी कुशलता दिखाई उसी प्रकार उन्होंने विषय एवं भावों को अभिव्यक्त करने के लिए अनुकूल भाषा एवं शैली का भी चुनाव बड़ी दक्षता के किया। फलतः उनका प्रस्तुतिकरण शिल्प उच्चकोटि का बन पड़ा है।

इस प्रकार शिवानी के शिल्प सौन्दर्य के अन्तर्गत उसके साहित्य में प्रयुक्त विषय–वस्तु एवं भावों के साथ–साथ उन्हें अभिव्यक्ति प्रदान करने वाली भाषा एवं शैली का भी समावेश होता है। वस्तु पक्ष पर प्रकाश डाला जा चुका है सम्प्रति उनके अभिव्यक्ति पक्ष की भी विवेचना कर लेना समीचीन होगा। लेखिका के शिल्प में विषय वस्तु गत सौन्दर्य के साथ ही प्रस्तुतिकरण शिल्प का सौन्दर्य भी अनूठा बन पड़ा है। यथार्थ एवं कल्पना का सुन्दर सामंजस्य कर रचना को सजीव, रोजक एवं मर्म स्पर्शी बनाने में शिवानी का जोड़ नहीं है। इस प्रकार शिवानी के साहित्य का शिल्प अत्यन्त, सुगठित, सुनियोजित, स्वाभाविक, आकर्षक, मौलिक एवं हृदयग्राही बन पड़ा है।

उपन्यास की सृजन–भूमि :

साहित्य की सृजन–प्रक्रिया को समुचित रुप से प्रकट करना प्रायः असंभव सा है। कारण–सृजन–प्रक्रिया एक संश्लिष्ट प्रक्रिया है और इस

---

7. 16 अप्रैल, 1980/सारिका/पृ0 16 (के अन्तर्गत एक साक्षात्कार में)

प्रक्रिया में कलाकार की अनुभूति कल्पना, भाव–विचार और युग–बोध जैसे विभिन्न तत्व विभिन्न अनुपात और योग से एक ही समय में उसके मानस में गुँथे रहते हैं। उल्लेखनीय यह है कि इस संश्लिष्ट मानसिक प्रक्रिया से अभिव्यक्ति के तत्त्वों का भी मिश्रण रहता है। 'सृजन' कैसे होना चाहिए इसे जानना या बतलाना विश्लेषणात्मक प्रक्रिया है और यह सर्वमान्य धारणा है कि सृजन के क्षणों में विश्लेषण और विश्लेषण के क्षणों में सृजन नहीं हो सकता है।"[8] साहित्य के मूल्यांकन और आलोचना में सृजन प्रक्रिया को समझना आवश्यक तो है किन्तु इसका रहस्य तभी उद्घाटित हो सकता है जबकि उसमें निहित सौन्दर्य को समझा जाये और तदनुकूल विचार करके कोई निष्कर्ष निकाला जा सके। राबर्ट लिडील का मत है कि आलोचक तथा साधारण पाठक कुछ उपन्यासों की निर्माण प्रक्रिया देखकर उपन्यास के सम्बन्ध में कुछ सीखने की आशा कर सकते हैं। अच्छे लेखकों की सृजन–प्रक्रिया का अध्ययन करके एक लेखक कम दोषपूर्ण होने की आशा कर सकता है। उसके अनुसार उपन्यास की सृजन प्रक्रिया का अध्ययन उपन्यास आलोचना में एक अन्य योगदान बनाया जा सकता है।"[9] मेरी धारणा है कि सृजन–प्रक्रिया उपन्यास को मूर्त आकार देने की प्रक्रिया है जिसका सीधा सम्बन्ध उपन्यास के शिल्प–विधान से है। शिल्प–विधान के अन्तर्गत हम उपन्यास की व्यवस्था अथवा प्रबंध का अध्ययन करते हैं और इस व्यवस्था के करने में सृजन–प्रक्रिया का महत्वपूर्ण योग होता है। ऐसी स्थिति में यह स्वतः ही स्पष्ट हो जाता है कि सृजन–प्रक्रिया शिल्प–विधान का महत्वपूर्ण और उल्लेखनीय बिन्दु है किन्तु तभी जब हमें उपन्यास की सृजन–प्रक्रिया ज्ञात हो। सृजन–प्रक्रिया का ज्ञान ही हमें उस रहस्य को समझने में सहायता दे सकता है कि अमुक शिल्प ही किसी भी उपन्यास सर्जक ने क्यों ग्रहण किया है? यों यह भी स्पष्ट हो जाता है कि उपन्यास की व्यवस्था अथवा प्रबन्ध के अध्ययन का सीधा और प्रत्यक्ष सम्बन्ध शिल्प–विधान से है। सृजन–प्रक्रिया के दो रुप होते हैं–मानसिक और भौतिक। मानसिक–सृजन वास्तविक सृजन से पूर्व की स्थिति है। इसके अन्तर्गत पक्ष में सर्जक अपनी मानसिक सृष्टि को मूर्त आकर देता है। उपन्यास के सम्बन्ध में इसे ही 'लेखन प्रक्रिया' माना जा सकता है।

---

8. डॉ0 हरिवंशराय बच्चन, नये पुराने झरोखे, पृ0 147–48.

9. A Treatise on the Novel, pp. 29 & 31.

शिवानी जी की शिल्प–विषयक अवधारणाएँ :

शिवानी जी ने शिल्प को एक सुन्दर साधन मानकर अपने साध्य मानव धर्म की स्थापना की है। उनकी साहित्य रुचि और उसमें निहित लक्ष्य ने साहित्य–शिल्प को अभिनन्दनीय बना दिया है। क्योकि उनकी सृजन प्रतिभा अन्ध–विश्वासों, उथली मान्यताओं और अविकसित तथा हानिप्रद रुढ़ियों के प्रति विद्रोह करती है। उनके अनुभवों की प्रचुरता और भोगे हुए यथार्थ ने उनके शिल्प को परिमार्जित किया है। उनकी अवधारणा है कि विभिन्न वातावरणों को देखना, घूमना–भटकना बहुश्रुत एवं बहुपठित होना भी बहुत कम आता है। उनका विचार है कि कथा लेखक को केवल साहित्यिक वातावरण में ही नहीं रहना चाहिए अपितु उसे विभिन्न वातावरणों से अपना सीधा सम्पर्क निःसंकोच स्थापित करना चाहिए। ये विविध वातावरण जहाँ अनुश्रुतियों का सूक्ष्म पर्यवेक्षण करवाते हैं, वहीं देशकाल संस्कृति के साथ–साथ विविध वेशभूषा, भाषा–बोलियों आदि की विविधता का ज्ञान भी। उसमें कलाकार की गहरी और सूक्ष्म पकड़ ही रचना को स्थायित्व देती है। शिवानी जी कलावाद और मानववाद के बीच मध्यमार्ग में विश्वास करते हैं। कोरा–शब्द विलास उन्हें अभीप्सित नहीं। निश्चय ही रचना–प्रस्तुतीकरण के मूल में लेखक के उद्‌देश्य और दृष्टिकोण की तीव्रता निहित है। उसी के अनुसार शिल्पगत अभिव्यक्ति समर्थ बन जाती है।

शिवानी जी ने अपनी रचनाओं में (भूमिका) सृजन–स्फुरण क्षणों के संकेत दिये हैं। भोगे हुए यथार्थ और परिवेशगत कटुताओं के मानस मंथन द्वारा 'कृष्णकली', 'चौदह फेरे', 'श्मशान चम्पा' और 'सुरंगमा' की सर्जना स्फूर्त हुई है। लेखिका की आन्तरिक शक्ति अनायास हर मानस में अनुकूल क्षण साधकर इच्छित फल दे जाती है। उनकी कल्पना स्वतः ही उस स्थिति तक पहुँच जाती है जहाँ भाव और विचार समस्थिति पाकर रचना करने लायक बन जाते हैं।

औपन्यासिक शिल्प :

"जीवन के सत्यों को गहन और विस्तृत रुप से प्रस्तुत करने के लिए उपन्यास सर्वाधिक उपयुक्त माध्यम है। एक प्रकार से उपन्यास के द्वारा ही जन–जीवन के हर आयाम को सुगमतापूर्वक स्पर्श किया जा सकता है।"[10] शिवानी जी ने भावों और अभावों के चरम उत्कर्ष की सीमा का स्पर्श करते

10. Pehlp : The Advance of the English Novel, p. 5.

हुए भारतीय समाज, संस्कृति के अतीत और वर्तमान को अपने उपन्यासों द्वारा स्पष्ट कर दिया है।

'कृष्णकली', 'सुरंगमा' शिवानी की सृजन–प्रक्रिया का एक अछूत और ईमानदार प्रयास है। इनके कथा–शिल्प में एक उपन्यासकार की सम्पूर्ण आन्तरिकता अपनी ब्रिम्ब-ध्वनियों के साथ साकार हुई है। "वातायन की भूमिका" में "अशोक जी" ने इनकी प्रशंसा करते हुए कहा कि–"शिवानी जी की प्रतिभा का यह एक नया आयाम है। इनमें वही गहरी पकड़ है जो उनकी कहानियों व उपन्यासों में मिलती है। साथ ही इनमें लेखिका के प्राचीन संस्कृत साहित्य के ज्ञान और सुसंस्कृत व्यक्तित्व का भी पुट है। इनसे हिन्दी पत्रकारिता का स्तम्भ लेखन का स्तर ऊँचा हुआ है।"[11]

कथा शिल्प :

साहित्य कला के अन्तर्गत शिवानी का कथा–शिल्प भी विचारणीय है। वस्तुतः कथावस्तु ही वह केन्द्रीभूति आधार है जिस पर अन्य तत्वों का आवरण रुपाकार ग्रहण करता है। उपन्यास क्षेत्र में होने वाले नये–नये प्रयोगों ने वस्तु तत्व को झीना और अमूर्त तत्व बना दिया है। केवल शिल्प ही शिल्प में बाँधने वाले उपन्यासकारों ने कथानक के बन्धन को सर्वथा अस्वीकार किया है; किन्तु उपन्यासकार जो भी प्रस्तुत करे, उसमें जीवन के छोटे या बड़े अंशों का ऐसा चित्र होना चाहिए जो निर्जीव न होकर मानव की चेतना को व्यंजित कर सके।

कथा संगठन के प्रमुख तत्वों का कुशल संगुफन शिवानी की कहानियों में नवीन प्रयोग सहित दिखाई देता है। एक ओर विविध प्रसंगों की उदभावना, सम्बद्ध गठन, मौलिकता, निर्माण गुणवत्ता, यथार्थता और रोचकता से भरपूर है तो दूसरी ओर उपन्यास के बंधे बंधाए ढांचे को नूतन तकनीकों में भी प्रस्तुत किया गया है। लेखिका ने 'कहानीपन' को सकारात्मक परिप्रेक्ष्य में दृष्टिबद्ध किया है। उनके अनुसार 'कहानी' इन्सान की घुट्टी में पड़ी आदत है। साहित्य की कोई भी विधा 'कहानी तत्व' के बिना नींव हीन है। उन्होंने नवीन प्रयोग भी किये हैं यथा 'अतिथि' और 'चौदह फेरे' एवं 'कृष्णकली' उपन्यासों तथा कहानियों की आत्मविश्लेषणात्मक यथार्थ पद्धतियों में भी, किन्तु प्रयोगात्मक होने पर भी सभी रचनाएँ यथार्थ के कठोर धरातल का स्पर्श करती है। शिवानी जी ने अपने उपन्यासों को सामाजिक कथानकों

---

11. 'वातायन की भूमिका', पृ0 5.

से बुना है। 'अतिथि', 'कालिन्दी', 'सुरंगमा', 'कृष्णकली', 'गैण्डा', 'चौदह फेरे' उपन्यास विशाल कैनवास पर अंकित हैं, 'रतिविलाप', 'पूतोंवाली', 'उपप्रेती', और 'पाथेय', उपन्यासों के कथाफलक मध्यम प्रकार के हैं, साथ ही कहा जा सकता है कि लघु आकार के हैं। सभी उपन्यास विशिष्ट वस्तु और समस्याओं से पोषित हैं। युगीन प्रभाव के कारण वस्तु तत्व में मानवीय संवेदनाओं ने शिल्प को नयी गति दी है। भाव–सौन्दर्य व्यंग्यार्थ में फलित हुआ है। लेखिका के उपन्यासों के शीर्षक, उपन्यासों की कथावस्तु अपनी समस्याओं एवं उद्देश्यों को प्रतीकात्मक रुप में प्रस्तुत करती है। शिवानी विवरणात्मक प्रणाली को अधिक महत्व देती हैं। कथानक के गठन में आकार के साथ–साथ प्रस्तुत करने का विधान रचना को सौष्ठव और सौन्दर्य प्रदान करती हैं। उनके पास कहने को इतनी अधिक पूँजी होती है कि वे अपने आक्रोश और लक्ष्य की प्रस्तुति के निमित्त अपने समस्त अनुभव उड़ेल देना चाहती हैं। शिवानी के उपन्यास विविध कथा प्रसंगों से युक्त हैं। उन्होंने रचना में केन्द्रित समस्या को प्रभावी और प्रवाहपूर्ण बनाने के लिए ही वस्तु को प्रस्तुत किया है। लघु आकार वाले उपन्यास कथा गठन की दृष्टि से अधिक सशक्त बन पड़े हैं। उनमें मुख्य कथा प्रमुख समस्या को लेकर अन्त तक प्रवहमान रही है। कथा को रोचक बनाने के लिए उन्होंने अनेक उपायों की योजना की है। कहीं गप्प गोष्ठियों का बतरस है, कहीं गली–मुहल्लों की आन्तरिक दास्तानें हैं, कहीं रोमानी दृश्यों और बातों के अनुरुप वातावरण की सर्जना है, और कहीं राजनीति के खुले चित्र और चुनावों के ढिंढोरे हैं–इस प्रकार हर रंग को उन्होंने सजीवता दी है; उसे समझा है; भोगा है। लोक जीवन और संस्कृति उनकी कलम की नोक से फोटोग्राफी के रंगों में निखरी है, यह अकृत्रिम अभिव्यक्ति एक ओर लखनऊ के रेशे–रेशे को चित्रित कर गई है, दूसरी ओर भारत का शहरीपन साकार हो गया है।

'मायापुरी' सामाजिक लोक संस्कृति का प्रौढ़ रुप है, जो प्रयोगशील रुप में अधिक सशक्त और प्रभावी है। इसी प्रकार 'कृष्णकली' दोहरे कथानक से युक्त है। दोनों ही कथानक अपनी सम्पूर्णता से युक्त हैं एक चिन्तन प्रभाव धीमी गति वाला है तो दूसरा घटना बहुल जीवन की तीव्र गति का परिचायक है। ये दोनों रचनाएँ लेखिका के प्रौढ़ लेखन की नई उपलब्धियाँ हैं। वस्तुतः शिवानी जी का समूचा साहित्य रोमानी कल्पनाओं से दूर जीवन को सच्चा अर्थ देता है किन्तु साहित्य की सभी शर्तों से मण्डित होकर।

औपन्यासिक शिल्प के आकर्षण को द्विगुणित करने के लिए शिवानी जी ने अनेक प्रयास किये हैं–अनेक शैलियों और पद्धतियों की नियोजना की है।

वस्तुतः अपने औपन्यासिक शिल्प को सुन्दर और कलात्मक बनाने के लिए विविध पद्धतियों से कथा का विकास किया जाता है। इनके प्रयोग से वर्णन वैचित्र्य की सृष्टि होती है। शिवानी जी ने अपनी रचनाओं में प्रायः इन पद्धतियों को किया हैः–

1. कथात्मक अथवा वर्णनात्मक पद्धति
2. नाटकीय अथवा संवादात्मक पद्धति
3. मनोविश्लेषणात्मक पद्धति
4. काव्यात्मक अथवा भावात्मक पद्धति

प्रमुख रुप से शिवानी ने वर्णनात्मक पद्धति का उपयोग किया है किन्तु उनकी कला ने उत्तरोत्तर पद्धति प्रयोग किये हैं और निस्सन्देह इसमें उन्होंने सफलता भी प्राप्त की है।

1. कथात्मक अथवा वर्णनात्मक पद्धति : प्रसंगों की इतिवृत्तात्मकता में और वातावरण–सर्जना में इस पद्धति का सुन्दर निर्वाह हुआ है। प्रेमचन्द परम्परा के प्रायः सभी उपन्यासकारों ने इसी पद्धति का प्रयोग किया है। शिवानी जी ने भी प्रसंग और आवश्यकतानुसार ही इस पद्धति का प्रयोग किया है। यथा–'सुरंगमा' का यह वर्णन रोचक और सुन्दर हैः–

"कैसी भीड़ थी, लग रहा था मिलने वालों की भीड़ बढ़ती ही जा रही है। देखते ही देखते कितनी ही रंग–बिरंगी कारें, वर्दीधारी पुलिस अफसर, महिलाएं बरामदा घेरकर खड़ी हो गई, कोई चादर ओढ़े निपट देहातिन, कोई मलिन बुर्काधारिणी, कोई ओंठो को रंगे बटुआ झुलाती अधैर्य से घड़ी देख रही थी, कोई झकाझक स्वच्छ बगुला के पंख–सी श्वेत साड़ी में समाज सेवा का जीवन्त विज्ञापन बनी बड़े अन्तरंगतापूर्ण अधिकार से पी0ए0 से पूछ रही थी, "अरे भई, कब मिलेंगे दिनकर जी? कल तो फोन पर सुबह ही चले आने को कहा था उन्होंने.........।"[12]

वर्णनात्मकता के द्वारा वस्तुओं, घटनाओं, स्थानों, पात्रों की विशेषताएँ साकार रुप पा गई हैं।

2. नाटकीय या, संवादात्मक पद्धति : रचना को कौतूहल और गति प्रदान करने के लिए इस पद्धति का प्रयोग किया जाता है। पात्र ही संवादों के सहारे कथा को विकास देते हैं और कथाकार परोक्ष रुप से ही अपना मन्तव्य स्पष्ट कर देता है। नाटकीयता से रचना में संघर्ष की सृष्टि होती है,

12. 'सुरंगमा', पृ0 6.

सामाजिक, ऐतिहासिक आदि उपन्यासों के पात्रों का बहिर्जगत प्रभावित होता है जबकि मनोविश्लेषणात्मक उपन्यासों के अन्तर्जगत का द्वन्द्व परिलक्षित होता है। यथा–

"ऐसे क्या देख रहे हो?

"तुम्हें ।"

"क्यों ?"

"मुझे तिरुपति ले चलोगे ना ? तुमने वादा किया था।"

"क्यों ? कुछ मनौती माँगी थी क्या ?।"[13]

3. मनोविश्लेषणात्मक पद्धति : पानी के अन्तर्द्वन्द्व और परिचालन के लिए उनके मनोभावों का चित्रण मनोविश्लेषण द्वारा स्पष्ट किया जाता है। शिवानी जी ने अपनी अनुभूतियों और संवेदनाओं द्वारा पानी की सजीवता और तीक्ष्णता देने के लिए अन्य धारणाओं और इस स्पन्दनों का उद्घाटन किया। उन्होंने समाज के सभी पहलुओं और समस्याओं के उठाने के साथ–साथ वैयक्तिकता को भी प्रमुखता दी है। मनोविश्लेषण द्वारा व्यक्तिवादी जीवन दर्शन अथवा वैयक्तिक समस्याओं का सूक्ष्म चित्रण किया है। यथा– "शैव जिसे शक्ति कहकर पुकारते हैं, सांख्य परा प्रकृति, सूर्यपूजक महारजनी, बौद्ध, तारा, जैनी श्री ब्रह्म ज्ञानी स्वधा, वैदिक गायत्री और अज्ञानियों की मोहिनी, वही हो तुम महामाया, महाविद्या। उधर मायादी की उस दिन अपूर्व रुप छटा थी काले छिटके केश, कपाल में चढ़ी आँखें, ललितासन में बैठी देवी की मूर्ति–सी ही जगमगा रही थीं–कहने लगीं–तुम्हीं मेरे शिव हो गोसाई और मैं तुम्हारी शिव शक्ति।"[14]

1. कलात्मक अथवा भावात्मक पद्धति : रोमानी वातावरण में अथवा भावों के उच्छ्वास के समय स्वतः ही भावना आकुल और उद्भ्रान्त हो उठती है। भावों के स्पन्दन तथा सजीवता के लिए कला काव्य रुप में निखरती है। नारी का सुहाग दर्प और भावोच्छ्वास में दीपित हो शिवानी के उपन्यासों में निखरा है–"बसंती का पीला चेहरा हल्दी के पीलेपन से रंगकर और भी पीला लग रहा था। शरीर पर एक गहना भी नहीं था, एकमात्र पीली धोती में वह रत्न सी चमक रही थी। कन्या के निराभरण रहने पर विवाह की बेला में आभूषणों से सहसा लद जाने पर उसका सौन्दर्य द्विगुणित हो उठता

13. 'अतिथि', पृ0 150.

14. शिवानी, भैरवी, पृ0 38.

है, ऐसी कुमाऊँ की परम्परा है।"[15]

कथा संगठन की विशेषताएँ

शिवानी ने शिल्पगत प्रयोग भी किये हैं। 'चौदह फेरे' यदि उनकी कथात्मक शैली का सफल निदर्शन है तो 'कृष्णकली' में एक प्रौढ़ कलाकार की वैचारिक परिपक्वता, गाम्भीर्य और ताजगी है। लेखिका अपनी रचनाओं में पारिवारिक परिवेश, चिन्तन, सम्पर्क आदि का परिचय समानान्तर रुप से देती चलती है। उनके कथानक अलग होते हुए भी उपन्यासकार की मानस सृष्टि से तारतम्यता जोड़े रखते हैं। उनके उपन्यास वर्णनात्मक शैली में अनूठा चित्रण और एकान्विति प्रस्तुत करते हैं।

शिवानी जी की शैली का एक प्रमुख आकर्षण है उनकी किस्सागोई पद्धति। वे किस्सों का प्रयोग अनेक रुपों में करती हैं। कहीं दृष्टान्तों के रुप में, कहीं चारित्रिक विशिष्टताओं रुचियों के रुप में, कहीं उपदेश और आदर्शों के रुप में। 'गैण्डा', 'अतिथि', 'कालिन्दी', 'चौदह फेरे', 'कृष्णकली', 'श्मशान चम्पा' और 'सुरंगमा', उपन्यासों के किस्से विशेष प्रयोजन सिद्ध करते हैं। शिवानी जी के उपन्यासों में केवल कौतूहल और रोचकता बढ़ाने के लिए कई बार वर्णनात्मक प्रसंगों की अवधारणा सहज प्रवाह में बाधक लगती है। शिवानी–साहित्य की खासी विशेषता है–नारी मन की गहराइयों, उनके सुख–दुःख, मोह–ममता और त्याग–विराग में रची–बसी अनेक मार्मिक कथाएं, तथा नारी मन की पीड़ा के तार को ऐसी रिद्म में छेड़ती कथाएँ कि पाठक अभिभूत हो जाता है।

शिवानी जी के प्रायः सभी उपन्यास दृढ़ कथा संगठन से युक्त हैं। 'कृष्णकली' और 'सुरंगमा' विस्तृत भूमि पर अवस्थित होने के कारण शिथिल गठन के उपन्यास हैं। परन्तु साथ ही व्यापक कथाफलक पर आधारित होते हुए भी सघन, सगुंफित एवं चुस्त कथा प्रवाह युक्त है। 'कृष्णकली' अपनी अत्यधिक सघनता में गहुसूत्रीय हो जाता है, परन्तु लेखिका की कुशलता उसमें आयें विश्रंखलन को एक श्रंखला में बाँध देती है। कुल मिलाकर यही कहा जा सकता है कि शिवानी जी के उपन्यासों का कथा शिल्प मात्र कथावृत्त नहीं है। उसमें आदि, मध्य, अन्त, घटना, संघटन और प्रसंगौचित्य के समस्त गुण विद्यमान हैं, जिनसे लेखकीय प्रतिभा उजागर होती है।

---

15. चौदह फेरे, पृ0 58.

चरित्र शिल्प :

वस्तु और चरित्र–निर्माण परस्पर पूरक कार्य है। चरित्रों के अभाव में न तो उपन्यास की कथा का निर्माण हो सकता है, न संवादों की योजना ही हो सकती है, न किसी समस्या को ही उठाया जा सकता है, न कल्पना के लिए भूमि ही मिल सकती है, न कथावस्तु का ही गठन हो सकता है और न उपन्यास का मूल उद्देश्य ही सिद्ध हो सकता है। वास्तव में चरित्र उपन्यास के सभी तत्वों को अस्तित्व प्रदान करता है। अतः उपन्यास में चरित्र–चित्रण का भी अपना एक शिल्प होता है। कथानक की अभिव्यक्ति पात्रों द्वारा ही होती है। कोई भी कथा अथवा घटना व्यक्तियों की क्रियात्मकता के बिना अस्तित्वहीन एवं निर्जीव है। वस्तुतः वस्तु एवं पात्रों को अलग कर देखना बेमानी है।[16] साहित्य के पात्र कल्पना प्रसूत होते हुए भी काल्पनिक नहीं कहे जा सकते, क्यों साहित्यकार यथार्थ जगत की घटनाओं द्वारा यथार्थ जगत के पात्रों को परिचित बना देता है। डॉ० श्याम सुन्दर दास के अनुसार यह 'वास्तविकता का परिधान' ही किसी उपन्यासकार की सफलता की कसौटी है।[17] मनुष्य और समाज का वैविध्यपूर्ण चित्रण, देश परिवेश–संस्कृति के अनुसार उसकी वैयक्तिकता एवं विश्वजनीन सामूहिक प्रवृत्तियों की व्याख्या रचनाकार की सूक्ष्मदर्शी संवेदना से अंकित हो जाती है। इसी विषमता, संकुलता के कारण ही मानव–चरित्र कौतूहलवर्द्धक और जटिल हो गया। व्यक्ति–निष्ठ वैविध्य और वैविध्यगत एकता का चित्रण–उपन्यासकार का ध्येय होता है, जिससे उसका लक्ष्य, वस्तु का मन्तव्य वांछित सिद्धि पा सके। डॉ० गुलाब राय ने कहा है– "यही उपन्यास का सबसे महत्वपूर्ण तत्व है, क्योंकि मनुष्य का अस्तित्व उसके चरित्र में है। चरित्र के ही कारण हम मनुष्य को दूसरे से पृथक् करते हैं। चरित्र के द्वारा हम मनुष्य के आपे (पर्सनेल्टी) को प्रकाश में लाते हैं। चरित्र में मनुष्य का बाहरी आपा और भीतरी आपा दोनों ही आ जाते हैं। बाहरी आपे में मनुष्य का आकार–प्रकार, वेश–भूषा, आचार–विचार, रहन–सहन, चाल–ढाल, बातचीत के विशेष रूप (तकिया

16. The characters are not part of the mechinery of the plot merely a rough frame lock round the characters, on the contrary both are inseperatably knit together. The given qualities of the characters determine the actions, and the action in turn progressively changes the characters and thus everything in borne towards an end."

- Kdwin Muir, Structure of Novel, p. 41.

17. साहित्यलोचन, पृ0 150.

कलाम, संबोधन आदि) और कार्यकलाप भी आ जाते हैं। भीतरी आपा इन सब बातों से अनुमेय रहता है। पात्र के भीतरी आपे का चित्रण बाहरी आपे के चित्रण से कहीं अधिक कठिन होता है''।[18]

उपन्यास में पात्र ही कथा को संप्राण बनाते हैं और उनके क्रिया–व्यवहार एवं विविध दृष्टिकोण ही कथा को गति देते हैं। उपन्यास मानव चरित्रों का आगार है। प्रेमचन्द के अनुसार– ''मैं उपन्यास को मानवीय चरित्र का चित्र मात्र समझता हूँ। मानव चरित्र पर प्रकाश डालना और उसके रहस्यों को खोजना ही उपन्यासकार का मूल तत्व है।''[19]

शिवानी की संवदेनशीलता पात्रों के अन्तर्मन की गहराइयों को नापती है तथा अनुभूति और कल्पना के सामंजस्य से वैविध्यपूर्ण व्यक्तित्व का अंकन करती है। मनुष्य को अपने स्वतन्त्र व्यक्तित्व विकास के लिए संघर्ष करना पड़ता है। वैयक्तिक अस्तित्व और सामाजिक अस्तित्व दोनों ही अपने महत्व का अध्ययन प्रस्तुत करती है। ''उपन्यास कला की सजीवता पात्रों के निर्माण में कल्पना और अनुभूति के सम्मिश्रण की अपेक्षा करती है। तभी ऐसे पात्रों का सृजन सम्भव हो सकता है, जो मानव मन को स्पर्श करने में समर्थ हैं।''[20]

उपन्यास के अन्तर्गत चरित्र–चित्रण चाहे प्रत्यक्ष विधि से किया जाए अर्थात् रचयिता स्वयं इसकी प्रकृति, प्रवृत्तियों का ब्यौरा पेश करे अथवा अप्रत्यक्ष विधि से, जिसमें पात्रों के क्रियाकलाप एवं संवाद आदि के द्वारा ही उनकी विशेषताए उभर आये– पात्र हर अवस्था में यथार्थ जगत् की संभावनाओं से युक्त होने चाहिए। सामान्यतया उपन्यासान्तर्गत पात्र दो विशिष्ट श्रेणियों में बँट जाते हैं– व्यक्ति प्रतिनिधि पात्र–वैयक्तिक गुणों से युक्त ऐसे पात्र अन्तर्मुखी उपन्यासों का विश्लेषण करते हैं, दूसरे वर्ग प्रतिनिधि जो एक समूह विशेष की सामान्य प्रवृत्तियों से युक्त होते हैं और अन्तर्मुखी उपन्यासों को गति देते हैं। वर्गीकरण के ये विभिन्न आधार पात्रों को वैविध्य के साथ–साथ विषयैक्यता भी देते हैं। आधारों की भिन्नता के कारण पात्र–स्वरूपता की भिन्नता उपस्थित होगी। अतः इसमें सार्वभौमता न तो सम्भव है और न काम्य है। औपन्यासिक पात्रों का वर्गीकरण आधारों

18. डॉ0 गुलाब राय, काव्य के रूप, पृ0 178.
19. साहित्य का उद्देश्य, पृ0 54.
20. डॉ0. सुरेन्द्र नाथ तिवारी, प्रेमचन्द और शरदचन्द्र के उपन्यास : हिन्दी की बिम्ब, पृ0 130.

की इस भिन्नता का प्रतिफलन होगा।"[21]

शिवानी जी की पात्र योजना जगत् से पूर्णतया सम्बद्ध है। उनके सभी मुख्य पात्र सामाजिक समस्याओं के विश्लेषण से जुड़े हुए हैं और गौण पात्र भी पृष्ठभूमि में मुख्य पात्रों को प्रभावी बनाने में सहायक हैं। इन पात्रों को हम समाज में बड़ी सरलता से ढूँढ सकते हैं। शिवानी जी पर प्रेमचन्द, निराला के सशक्त पात्रों की सप्राणता का निश्चय ही प्रभाव पड़ा है। इनकी रचनाओं में यथार्थ का अहसास होता है, किसी गढ़े हुए किस्से का नहीं। शिवानी जी के पात्र जिन्दगी की गहरी छानबीन करते हैं और बनावटी पात्रों की सृष्टि से बचते हैं, किसी पूर्व धारणा या विचार को वे पात्र रचना का मूलाधार नहीं बनाते। उनके लिए जीवन प्रमुख है, परिस्थितियाँ प्रधान हैं और उनमें जन्म लेने और विकसित होने वाले पात्र अपनी–अपनी परिधि के अनुकूल अपने विचारों भावों और कल्पनाओं का विकास करते हैं। लेखिका के साहित्यिक पात्र सहज प्रवाह से विकास को प्राप्त करते हैं तथापि कुछ पात्र आदर्शवाद की सृष्टि के लिए रचित किये गये हैं जो लेखिका के आदर्शों और सिद्धान्तों के सीधे वाहक हैं। 'पूतोंवाली' के 'शिवसागर मिश्र' और 'चौदह फेरे' के कर्नल ऐसे ही पात्र हैं। शिवानी जी ने व्यक्ति चरित्र को सामाजिक प्रतिबद्धता के लिए उत्तरदायी ठहराया है। शिवानी के आदर्शवादी चरित्र मनुष्य की उदात्त चेष्टाओं के प्रतिरूप हैं और यथार्थवादी चरित्र दुर्बलताओं से सम्बद्ध है। 'रथ्या' के विमलानन्द के उदात्त मनोभाव और 'कृष्णकली' के कली की चारित्रिक दुर्बलताओं का उल्लेख हमारे मन्तव्य का प्रमाण है।

"इस प्रकार यह बात सिद्ध हुई कि लेखक के दृष्टिकोण और सामाजिक ज्ञान का चरित्र–चित्रण पर बड़ा प्रभाव पड़ता है। हंसराज रहबर ने उचित ही कहा है कि लेखक का काम अपने पात्र के रंग रूप और उनके वाह्य आचरण का वर्णन करना ही नहीं बल्कि उसका मुख्य और कठिन कार्य पात्र के अन्तर्द्वन्द्व को व्यक्त करना भी होता है।"[22] महाकाव्य के समान "केवल सर्वगुण सम्पन्न उच्च कुलोत्पन्न ही नायक हो" की मान्यता अब कल्पना जीवी हो गयी है। यथार्थ की मान्यता है नायक मनुष्य ही सभी अच्छाइयों–बुराईयों से युक्त इसी जगत् का जाना पहचाना व्यक्ति हो। शिवानी जी पात्र सृष्टि के विषय में प्रतिनिधि परिस्थितियों में प्रतिनिधि पात्रों की सृष्टि में समर्थ हैं।

21. आलोचना (उपन्यास विशेषांक) अंक 13, पृ0 143.

22. हंसराज रहबर, 'प्रेमचन्द : जीवन, कला और कृतित्व", पृ0 221.

शिवानी जी ने विविध पक्षों के अंकन के लिए पात्रों के विविध रूप, विविध प्रतिनिधियों को चित्रित किया है। सामान्यतः उनका प्रत्येक पात्र इतना सजीव और प्रत्यक्ष लगता है कि उसका चरित्रांकन एक मूर्ति काया सा स्पष्ट लगता है। 'कृष्णकली' में कली का चरित्र तथा 'रथ्या' में बसन्ती का चरित्र बहुत ही यथार्थ और सजीव है, जिसमें कृष्णकली अन्त में आदर्श रूप में सामने आती है, लेकिन 'कैंजा' पहला उपन्यास है, जिसमें चरित्र–चित्रण और मनोगत भावों को व्यक्त करके शिवानी ने हिन्दी जगत् से अपना लोहा मनवाया। शिवानी के कतिपय सर्वाधिक सजीव सशक्त मनोबिम्बों से युक्त पात्रों में 'मायापुरी' के 'पीले बाबा', 'श्मशान चम्पा' में मधुकर, 'भैरवी' का 'विक्रम' एवं 'चौदह फेरे' उपन्यास की प्रमुख नारी पात्र 'अहल्या' है। सघन मनोविश्लेषण से युक्त इस चरित्र की एक–एक रेखा सजीव विरोधाभासों से अंकित की गई है। नारी की विवशता और सशक्तता, ममता और निर्ममता, कठोरता और स्निग्धता के सुदूर ध्रुवों की एक डोरी से बंधी ''अहल्या' तथा 'कृष्णकली' सहज ही शिवाजी के साहित्य की अमर पात्र बन गयी है। 'कृष्णकली' के अतिरिक्त शिक्षित विद्रोही आधुनिक नारी चेतना की प्रतीक 'अहल्या', 'रथ्या' की यथार्थवादी नारी 'बसन्ती' स्वावलम्बिनी संवेदनशील 'सेनगुप्ता', पतिव्रता नारी 'पगली', रूढ़ संस्कारों से बंधी हुई पारम्परिक भारतीय नारी चम्पा, आधुनिकता में स्वयं को खो देने वाली जूही और उनके अतिरिक्त नन्दी का चरित्र, (कैंजा) 'श्मशान चम्पा' की शोभा का चरित्र, 'सुरंगमा' की लक्ष्मी का चरित्र स्वयं में अनूठा है। ये सभी नारी पात्र अपनी–अपनी विशेषताओं से युक्त रेखाचित्रों सी प्रतीत होती हैं। इतना सब होते हुए भी शिवानी के नारी चरित्र इतने दुर्बल नहीं है, वे प्रत्येक स्थिति का सामना करने वाले आधुनिक पात्र हैं। राजनीति, समाज, धर्म, परिवार, व्यवसाय और यहाँ तक कि स्वयं नारी ही इन तमाम करूण त्रासद बनावटों की हिस्सेदार है। खूबसूरत चेहरों, निष्कपट आस्थाओं, पवित्र आचरणों और अनोखी दृढ़ता से युक्त ये नारियाँ शिवानी में अनन्त अभिशाप भोगती हैं। जाने क्यों सारे द्वन्द्व, भीषण संघर्ष, घटनाओं के घात–प्रतिघात और रचनात्मक सामर्थ्य के बावजूद एक निष्क्रिय, वीरान और खामोश त्रासदी में शिवानी के उपन्यास का अन्त होता है। रूढ़ियाँ, पूँजीवाद शिकंजे और वैयक्तिक स्वार्थ सबको शिवानी स्पष्ट दृष्टि के अभाव में इतना वायवीय और अस्पष्ट बना देती है कि वास्तविक अपराध के लिए किसी को भी उत्तरदायी नहीं ठहराया जा सकता। 'किशुनली की ढांट में पगली' जो उन्मादावस्था में अपना सर्वनाश करवा बैठती है, प्यार पाने के बाद एकदम शान्त हो जाती है। इसी

में कारवी का जो चरित्र है वह तो अविस्मरणीय है। सन्तानहीनता, मातृवत्सला, उदार उस पतिव्रता नारी का बड़ा ही उज्जवल चरित्र प्रस्तुत हुआ है। वह आज की पत्नियों का आदर्श है। वह किशुनली को समाज से बैर मोल लेकर अपने घर पर रखती है। वह नारी की विवशता को इस प्रकार प्रस्तुत करती है–

> "क्या अपनी इस अवस्था के लिए अकेली किसना ही अपराधिनी है? किशुनली कहीं नहीं जाएगी, मैं पालूँगी उसकी सन्तान को।"[23]

शिवानी जी के लक्ष्य की सिद्धि उनके नारी और पुरुष दोनों वर्गों के पात्र एक ही सच्चाई और सक्षमता से करते हैं। प्रत्येक नारी पात्र अपनी सामाजिक, आर्थिक और नैतिक, बौद्धिक स्थिति के साथ बिन्दुओं से उभरकर पूर्ण आकार पा गया है। सामान्य मध्यवर्गीय गृहस्थ नारी के साथ ही जिस शक्ति से उन्होंने वेश्याओं का पूर्वापर चित्रण किया है, वह बहुत ही मार्मिक है। वेश्याओं के प्रति पूर्ण सहानुभूति, उनकी सामाजिक स्थिति का दायित्व और उनके व्यक्तियों की भीतरी परत का एक–एक रेशा उन्होंने पूरी हार्दिकता से खोला है और उनके अधिकारों को वाणी दी है। 'कृष्णकली' की पन्ना का अन्तर्द्वन्द्व, आक्रोश और तपन, विक्षोभ द्वारा प्रस्फुटित उद्‌गार समस्त वेश्या वर्ग का प्रतिनिधित्व करते हैं।

पात्रों के व्यक्तित्व को प्रभावी बनाने के लिए लेखक चरित्र–चित्रण की विविध विधियों का आश्रय लेता है। उपन्यासकार की प्रतिभा पात्रों को सजीवता और स्वतन्त्र प्रवाह देती है। पात्रों के साथ स्वयं परिचय प्राप्त करने वाले पाठक उन्हें अनुभव जन्य संवेदना प्रदान करते हैं जबकि लेखक द्वारा पात्रों का परिचय उनके व्यक्तित्व को मूर्त्त नहीं कर पाता। शिवानी जी ने पात्रों का चित्रांकन केवल वर्णनों द्वारा ही नहीं किया, सम्पूर्ण व्यक्तित्व को मूर्तता देने के लिए अनुभवों के साथ–साथ व्यंजनात्मक रूप में उनकी अन्तः प्रक्रियाओं की झाँकी भी प्रस्तुत की है। दैनिक जीवन के साधारण कार्यों और व्यवहारों को चित्रित कर वे अपने पात्रों की प्रकृति को रूप दे देते हैं। पात्रों की क्रिया–प्रतिक्रियाएं, उनकी आंगिक चेष्टाओं एवं अनुभवों द्वारा सार्थक होती है। विवशता की एक सशक्त अनुभूति को 'भैरवी' उपन्यास में शिवानी ने चित्रित किया है,– 'उसके जी में आ रहा था कि एक बार फिर अपनी अचेतन अवस्था में डूब जाए। तब अज्ञात भय की सिहरन रह–रह कर उसे कंपा रही थी। वह भागना भी चाहेगी तो कैसे भाग पाएगी? चारों ओर गहन

---

23. शिवानी, किशुनली का ढाँट, पृ0 27.

वन, सम्मुख बांहें पसारे शिवकपूर का महाश्मशान अनजान परिवेश, विचित्र संगी–साथी और फिर इस पंगु अवस्था में पलायन कैसे संभव होगा?"[24] शिवानी जी के उपन्यासों में सपाट चरित्र नहीं है। परिस्थितियों के अनुसार ही उनके व्यक्तित्व के मोड़ विकसित हुए हैं।

पात्रों के पारस्परिक विचारों, मतों एवं संवादों द्वारा नाटकीय स्थिति में पात्रों के चरित्र विकास को बल मिला है।

निष्कर्षतः पात्रों के चरित्रों का विश्लेषण और स्पष्टीकरण करने में शिवानी जी ने अपनी प्रतिभा का पूर्ण परिचय दिया है। परिस्थितियों और संघर्षों के बीच से गुजरते हुए पात्रों के क्रियाकलापों ने उनके चरित्र विकास को कलात्मकता दी है और लेखिका की टिप्पणियों और विवरणों ने उन्हें विश्वसनीयता दी है; किन्तु कहीं–कहीं पात्रों के विषय में अनावश्यक वक्तव्य उनकी चरित्र–व्यंजना की स्थूल पुनरावृत्ति ही करते हैं। कतिपय तथ्यों को छोड़कर शिवानी जी के पात्र जीवंत, सक्रिय एवं स्वतंत्र अस्तित्वशाली है। उल्लेखनीय तथ्य यह है कि पात्रों के चरित्र–गठन में लेखिका का चरित्र–शिल्प वर्णनों, विवरणों, मनोविश्लेषणात्मक पद्धतियों और निष्कर्षों का परिणाम है।

संवाद शिल्प :

पात्रों की क्रियाओं को नाटकीय और प्रभावी बनाने के लिए वार्तालाप रचना का एक अविच्छिन्न अंग होता है। "सार्थक कथन मनुष्यता का सबसे उत्तम जन्मतः अभ्यास–सिद्ध अधिकार है। उपयुक्त अभिव्यक्ति का वाहक शब्द चाँदी के कलश के ऊपर सुवर्णफल जैसा शोभायमान होता है।"[25]

मनुष्य जो कुछ विचारता है, वही कहता है और जो कहता है, वही प्रायः करता भी है। इस दृष्टि से हम वार्तालाप को चरित्र की कुंजी कह सकते हैं। वार्तालाप ही चरित्र का प्रकट रूप है।

"वार्तालाप प्रायः पात्रों के व्यक्तित्व के उद्घाटन और कथा–क्रम के विकास के लिए होता है। वार्तालाप में भी चुनाव की आवश्यकता है। जो वार्तालाप कथानक को अग्रसर नहीं करता या चरित्र पर प्रकाश नहीं डालता वह चाहे जितना सजीव हो, उपयुक्त न होगा।"[26]

रचना का वातावरण विधान एवं पात्रों की मनोवैज्ञानिकता के साथ–साथ

---

24. शिवानी, भैरवी, पृ0 16.
25. हडसन, एन इंटरोडक्शन टू इंगलिश लिटरेचर, 1949, पृ0 202.
26. बाबू गुलाबराय, काव्य के रूप, पृ0 175.

पात्रों की विचार प्रक्रियाओं का दायित्व वार्तालाप पर ही निर्भर है।

कथोपकथन के चारे में डॉ० मिश्र जी का कथन है, "उपन्यासकारों को नाटकीय भाषा में आवश्यक काट–छाँट के बाद कथोपकथनों को प्रस्तुत करना चाहिए, जिससे अनावश्यक विस्तार से बचना तो होगा ही साथ ही कलात्मकता में भी वृद्धि होगी। किन्तु कलात्मकता लाने के लिए इतना प्रयत्न भी न किया जाए कि कथोपकथन में बोझिलता आ जाए और स्वाभाविकता नष्ट हो जाए।"[27]

इस प्रकार स्पष्ट रूप में कहा जा सकता है कि– "किसी भी चरित्र के मुँह से निकले हुए प्रत्येक वाक्य को उसके मनोभावों और चरित्र पर कुछ प्रकाश डालना चाहिए। बातचीत का स्वाभाविक परिस्थितियों के अनुकूल और सूक्ष्म होना आवश्यक है।"[28]

यह ठीक है कि संवाद नाटकों के प्राण होते हैं, किन्तु उपन्यासों में भी नाटकीयता लाने के लिए सशक्त संवादों की स्थिति अनिवार्य एवं अपरिहार्य होती है। कथोपकथन के द्वारा रचना कलात्मक एवं रोचक बनती है। शिवानी में नाटकीय प्रतिभा भरपूर है, और उनके भीतर के नाटककार ने कथा–साहित्य के संवादों को विविध–रंग, आकार, स्वरूप भाषा बोलियों का वैचित्र्य–वाग्वैदग्ध य ध्वनियों की लयात्मकता और लहजा आदि से सम्पूर्ण रूप से संगुफित किया है। उच्च वर्गों से लेकर सामान्य भूमिका तक के न जाने कितने प्रकार के पात्र हमें शिवानी जी के उपन्यासों में दिखाई पड़ते हैं। उनमें शहर के भी पात्र हैं और गाँव के भी शिक्षित पात्र भी हैं और अल्प शिक्षित या अशिक्षित भी, विचारक भी है, कलाकार भी, लेखक, अध्यापक, दुकानदार, व्यवसायी, दफ्तर के बाबू। तात्पर्य यह है कि अनेक भूमिकाओं के नारी और पुरुष पात्रों का एक बहुत बड़ा जमाव–उनकी कृतियों में है, शिवानी जी की विशेषता इसी बात में है कि प्रत्येक पात्र को अपनी मानसिक भूमिका के अनुरूप उसकी बोली–बानी, शिक्षा–दीक्षा संस्कार आदि का ध्यान रखते हुए ऐसे कथोपकथनों की योजना की है, जो मनोवैज्ञानिक तथा सजीव हो।

कथोपकथनों के अनुसार कथा का विकास करने में औपन्यासिक शिल्प सौष्ठव में वृद्धि होती है, किन्तु केवल शिल्प सिद्ध को लक्ष्य मान लेने से अधिक संवादों का प्रयोग लेखक के जीवन–दर्शन के मार्ग को बोझिल बना

27. डॉ० उमेश शास्त्री, हिन्दी साहित्य का उद्‌भव और विकास, पृ० 66.

28. प्रेमचन्द–कुछ विचार, भाग, पृ० 55.

देगा। अतः पात्रों की अनुभूतियां, विचार एवं घटनाओं की प्रतिक्रियाएँ जानने के लिए ही कुशल रचनाकार कथोपकथनों का उपयोग करता है। शिवानी जी कथा को सक्षम अभिव्यक्ति देने में प्रवीण है। उन्होंने अपने लक्ष्य की सिद्धि को यथार्थ धरातल की स्वाभाविकता के साथ प्रस्तुत किया है। वातावरण निर्माण में उनके कथोपकथन अनुकूल एवं सार्थक हैं। कई बार राजनीति, संस्कृति, समाज, साहित्य आदि विषयों पर लम्बे संवाद अधिक स्थान घेर लेते हैं, किन्तु सरलता सर्वत्र उन्हें दुरूह होने से बचा लेती है।

शिवानी के अधिकांश कथोपकथन स्वाभाविक, सरल, और चुस्त है, किन्तु कुछ स्थानों पर उन्होंने लम्बे–लम्बे कथोपकथन प्रस्तुत किए हैं। जैसे– 'कृष्णकली' में कथोपकथनों का रूप प्रायः अधिक विस्तार लिए हुए हैं। फिर भी उनका यह रूप पाठकों को इसलिए नहीं अखरता क्योंकि उनकी शैली व्यंग्यात्मक है और पात्रों का मानसिक उद्घाटन करने वाली है।

शिवानी जी ने प्रायः दीर्घ संवादों की भी योजना की है किन्तु ये संवाद आयासजन्य न होकर स्वाभाविक प्रवाह से युक्त है। इन लम्बे संवादों द्वारा उपन्यास लेखिका शिवानी ने पात्रों की भावनाओं और उनके मानसिक–क्रिया व्यापारों का मार्मिक अंकन किया है। यथा– "आज वही अकृतज्ञ मुझे दूध की मक्खी–सी निकालकर दूर फेंक रही है। . . एक बार जी में आता है, साफ–साफ कह दूँ, छोकरी अपने को हूर समझती है, इठलाती फिरती है– तेरा पिता कोढ़ी है, और माँ कोढ़िन। जाने किन गलियों में भीख मांगते फिर रहे होंगे। क्या पता वहीं नैनादेवी कें मन्दिर के बाहर बैठी कोढ़िन की पंगत में ही तुझे तेरा पिता अंगुलियों के ठूंठ चमकाता मिल जाए..... कैसी मूर्खता कर बैठी हूँ मैं? ऐसे माता–पिता की इस दुर्दमनीय सन्तान को क्या कभी सुधार पाऊँगी।"[29]

'श्मशान चम्पा' में भी कहीं–कहीं कथोपकथन लम्बे हो गये हैं, जैसे सेनगुप्त का अपनी पत्नी की बीमारी के सन्दर्भ में चम्पा को दिया गया बयान"[30], और मिनी का चम्पा के सामने सेनगुप्त की आदतों का रहस्योद्घाटन करने वाला कथोपकथन पौने दो पृष्ठ तक चलता है।"[31]

इसी प्रकार शिवानी के अन्य उपन्यासों में भी स्वाभाविक और कलात्मक लघु कथोपकथनों के अनेक उदाहरण प्राप्त हैं। संक्षिप्त संवाद

29. शिवानी, कृष्णकली, पृ0 62.
30. शिवानी, श्मशान चम्पा, पृ0 59–60.
31. शिवानी, सुरंगमा, पृ0 78, 79.

योजना–कलात्मकता की वृद्धि करती है। छोटे शब्दों और छोटे वाक्यों की गहरी अर्थवत्ता और व्यंजना अभिव्यक्ति कौशल की परिचायक है। शिवानी साहित्य के लघु संवादों में न कृत्रिमता है और न इनसे वार्ता–प्रवाह में व्याघात पड़ता है। यह कथोपकथन के समन्वित विधान का सफल प्रयोग है। कहीं–कहीं तो वे लघु कथोपकथनों द्वारा पात्रों के अतीत जीवन की कहानी भी व्यक्त करती है। जैसे–

"मेरे मां नहीं है।"

"ओह, तब क्या पिता ने तुम्हारा विवाह किया था?"

"नहीं, मैंने स्वयं ही अपना विवाह किया था।"

"कहाँ कोर्ट में? पर तुम तो कभी बालिग नहीं लगती, क्या उम्र है तुम्हारी?"

"अठारह वर्ष"।[32]

शिवानी जी की सुघढ़ अभिव्यंजना शैली सर्वत्र झलकती हुई सरिता सी प्रवाहमान रहती है। कथा को अप्रत्याशित मोड़ देकर अभिव्यक्ति को अधिक प्रभावी बनाने के लिए पात्रों के नाटकीय संवाद बिना लेखक के स्पष्ट संकेत दिये अप्रकट घटनाओं को प्रकट कर देते हैं। शिवानी ने नाटकीय तत्व को उपन्यासों में बखूबी निभाया है। अतः संवाद बड़े ही रोचक और पात्रानुकूल बन पड़े हैं। संवादों की यह स्वाभाविकता चरित्र–चित्रण और रस निष्पत्ति में विशेष रूप से सहायक सिद्ध हुई है। पात्र के सरल, स्वाभाविक और सहज सम्भावित प्रश्न और अनुकूल जिज्ञासा और मनोभाव पाठकों को सीधे प्रभावित करते हैं। सेविका 'चरन' सहज प्रश्न करती है, "अच्छा, अब बताओ जी, तुम रेलगाड़ी से खुद ही कूद गई थी या किसी ने ढकेल दिया था? कदली ग्रास सहसा चन्दन के गले में अटक गया।"[33]

रात्रि में सबके सो जाने के बाद पर्वतारोही दल का एक सदस्य ग्यारह बजे दरवाजा खुलवाकर राजेश्वरी से कहता है, "क्षमा कीजिएगा माँ जी, मुझे असल में बहुत पहले ही कह देना चाहिए था– कैन आई स्लीप विद अवर डॉटर?"[34]

इन नाटकीय संवादों से चरित्र की व्याख्या सहज ही हो जाती है क्योंकि

---

32. शिवानी, सुरंगमा, पृ0 37.

33. 'भैरवी', पृ0 21.

34. वही, पृ0 93.

बातचीत में पात्रों की मनःस्थितियाँ, मनोवेग, क्रोध, प्रेम आदि भावनाएँ मुखर हो जाती हैं। शिवानी जी की यह संवाद–योजना की एक मुख्य विशेषता है कि पात्र की भाषा, बोली और शैली से ही उसके चरित्र की अन्तर्वाह्य रेखाओं को आकार मिल जाता है।

कहने की आवश्यकता नहीं कि शिवानी के साहित्य का संवाद–शिल्प उपन्यासों को गत्वर और नाटकीय बना गया है। यही कारण है कि शिवानी जी के उपन्यासों में संवादों का बिखरा हुआ रूप तो मिलता ही है, वे सशक्त सम्बद्ध, उद्देश्यपूर्ण, नाटकीय, ध्वन्यात्मक और प्रभावी बन पड़े हैं। लेखिका के मन्तव्यों के हर रंग को उनके पात्रों के वार्तालाप ने मूर्त किया है।

शिवानी ने अंग्रेजी संवादों का भी छूट से प्रयोग किया है क्योंकि उन्होंने दैनिक बोलचाल में अपना महत्वपूर्ण स्थान बना लिया है। 'भैरवी' उपन्यास में सोनिया चन्दन की मित्र बन जाने के बाद भाई विक्रम से उसका विवाह कराने के लिए अपनी माँ को दिखाने लाती है और तब कहती है, "लुक एट हर ममी, कहा था न मैंने। इजन्ट शी ए ब्यूटी?"[35]

वास्तविकता यह है कि शिवानी अभिजात वर्ग की बोलचाल की भाषा में लिखती हैं। इसलिए इस वर्ग द्वारा व्यवहृत अंग्रेजी के पूरे–के–पूरे वाक्य भी वे पूर्ण स्वतन्त्रता से काम में लेती है। साथ–ही–साथ अंग्रेजी–हिन्दी–मिश्रित बातचीत वाले वाक्य उन्होंने बड़ी स्वाभाविकता से अपने उपन्यासों में प्रस्तुत किये हैं। स्वाभाविकता की दृष्टि से 'चौदह फेरे' 'श्मशान चम्पा', 'रथ्या', 'किशुनली' का ढाँट' और 'कैंजा' आदि के ग्रामीण पात्रों के कथोपकथन उल्लेख्य हैं। उनकी प्रभावात्मकता का स्रोत उनकी पात्र एवं परिस्थिति जन्य स्वाभाविकता ही है।

शिवानी के संवाद–शिल्प की एक और भी विशेषता है कि वे व्यंग्यात्मक कथोपकथन की सृष्टि बड़ी दर्शनीय छटा के साथ करती है। निम्नलिखित संवाद में चरन की दयनीय स्थिति के संकेत के साथ–साथ मायादी के व्यंग्यात्मक उपहास की छटा दर्शनीय है:

"क्यों जी ऐसे क्या देख रही हो? खाओगी क्या? आज तो खूब होश में हो क्यों? "फिर उसने व्यंग्यात्मक हँसी से उसे छेद किया और एक रोटी ऐसे थमाई जैसे दीन भिक्षुक की झोली में बड़ी अनिच्छा से अपने मुख का ग्रास डाल रही हो, किन्तु चन्दन की क्षुधा के विकराल सर्वभक्षी रूप के सम्मुख

35. 'भैरवी', पृ0 105.

आत्मसम्मान किसी कायर मित्र की भांति दुबक कर अदृश्य हो गया था। उसने लपक कर रोटी थाम ली।''[36]

उपन्यास–सम्राट प्रेमचन्द जी का कहना है कि 'उद्धरण चिन्ह लगा देने से ही कोई वार्ता कथोपकथन नहीं बन जाती। कथोपकथन की कलात्मकता उसकी चुस्ती, स्वाभाविकता और सूक्ष्मता में है। किसी विचार सिद्धान्त या ज्ञानप्रद बात को लिखकर उद्धरण चिन्ह में बन्द कर देना कथोपकथन नहीं है। कथोपकथन की कलात्मकता के निर्वाह के लिए वार्ता में निरर्थक वाद–विवाद और सिद्धान्त–प्रचार न किया जाए।''[37]

शिवानी ने अपने उपन्यासों के कतिपय स्थलों में यह त्रुटि की है जिनमें उनकी कथोपकथन कला अथवा संवाद–शिल्प का सौन्दर्य कहीं–कहीं कम हो गया है। वैसे, शिवानी के कथोपकथन चुस्त और दुरुस्त हैं।

भाषा :

भाषा पारस्परिक सम्भाषण का माध्यम है, सांस्कृतिक रुचियों के विकास की ज्ञापक है, कलात्मक सम्पन्नता एवं बौद्धिक प्रगति की मापक है और मानवीय सम्बन्धों की सुनियोजित संवृद्धि का साधन है। साहित्य सबसे पहले शब्द है। शब्द का ज्ञान–शब्द की अर्थवत्ता की सही पकड़– ही कृतिकार को कृती बनाती है। ध्वनि, लय, छन्द आदि के सभी प्रश्न में से निकलते हैं और इसी में विलय होते हैं। सारे सामाजिक सन्दर्भ भी यही से निकलते हैं।''[38] पश्चिम में भी साहित्य के सन्दर्भ में भाषा तत्व को सर्वोपरि माना गया है। भाषा की अनुपस्थिति में जीवन बिल्कुल शुष्क एवं नीरस होता। वास्तव में भाषा सांस्कृतिक जीवन की प्रतिच्छाया है। उसमें विभिन्न मानवीय अनुभूतियों के इन्द्रधनुषी रंग प्रतिबिम्बित होते हैं।

भाषा का आधार शब्द हैं जो शाश्वत है और मानव–विकास–क्रम में सर्वाधिक उपयोगी है। कुमारिल भट्ट ने 'तन्त्रवर्तिका' में शब्द की उपादेयता के सम्बन्ध मे समुचित ही लिखा है–

''सर्वो हि शब्दोऽर्थपत्ययनार्थम प्रयुज्यते''[39]

प्रत्येक साहित्यकार सामाजिक रूप से व्यवहृत भाषा को ही

---

36. शिवानी, भैरवी, पृ0 22.
37. प्रेमचन्द्र, 'कुछ विचार', भाग–एक, पृ0 55.
38. अज्ञेय (सं0), तारसप्तक, पृ0 301.
39. मीमांसा सूत्र, पृ0 1.

अभिव्यक्ति का माध्यम स्वीकारता है। वह साहित्य–सृजन की भाषा में अभिव्यंजना शक्ति की सबलता एवं भाव सम्प्रेषण की क्षमता को अभीष्टतर तक बढ़ाने के लिए समकालीन देशी एवं विदेशी भाषाओं और विभाषाओं तथा पूर्व प्रचलित भाषाओं से समुचित सहायता लेता है।

शब्द का धातुगत अर्थ आविष्कार करना है[40], वह अपनी सांकेतिक ध्वनि द्वारा साधारणतया वस्तुओं का ज्ञान कराता है।''[41] कुन्तक भी अनेक वाचकों के होते हुए भी विवक्षित अथवा अभिलक्षित अर्थ के एकमात्र वाचक को 'शब्द' स्वीकारते हैं। किसी कृति का गोचर अस्तित्व, जो भाषा के बिना सम्भव नहीं है, केवल भाषिक रचना नहीं है। डॉ0 नगेन्द्र के अनुसार, ''सामान्य समीक्षा शास्त्र साहित्य के समस्त मूर्त विधान को केवल भाषिक नहीं मानता, उसकी निश्चित मान्यता है कि साहित्य कृति का रूप विधान जो उसका गोचर अस्तित्व है।, केवल भाषिक रचना नहीं है। इसलिए वह साहित्य के मूर्त्त विधान के सन्दर्भ में शैली के अतिरिक्त रूप (फार्म), शिल्प, कला आदि उच्च पारिभाषिक शब्दों का भी प्रयोग करता है।

पल्लव की भूमिका में पन्त जी ने शब्द–विधान के लिए चार विशेषताएं इंगित की हैं– शब्द के सम्बन्ध का ज्ञान, व्याकरणसम्मत शब्दावली, रागमय होना और शब्द की आत्मा का बोध। भाषा में स्वच्छन्द, स्वाभाविक प्रवाह के लिए, अर्थोद्योतन के लिए इन निविशेषताओं का होना अपेक्षित है। शिवानी जी का शब्दकोष समृद्ध, व्यापक एवं अक्षय है। उनके शब्द ससन्दर्भ, भाव एवं अर्थ गर्भित और चित्रमय है। साहित्य की भाषा को कल्पना लोक की भूल भुलैया से निकलकर जन भाषा से, सामान्य बोलचाल की भाषा से सम्बद्ध करने में लेखिका सफल रही है। उनकी भाषा बोलचाल की भाषा होते हुए भी साहित्यिक गरिमा से अभिषिक्त है। यद्यपि उन्होंने उसमें देशी–विदेशी भाषाओं, विभाषाओं एवं बोलियों के शब्दों को समुचित मात्रा में स्वीकारा है तथापि सर्वत्र उन्हें हिन्दी खड़ी बोली की प्रकृति, ध्वनि परम्परा एवं व्याकरणिक व्यवस्था के अनुमन्य बनाए रखा है। भाषा को यदि साहित्य का शरीर मानें तो शैली को उसके शरीर का गठन मानना होगा। इसलिए उपन्यास के तत्वों में भाषा शैली के अध्ययन का महत्व अन्य साहित्यिक विधाओं की शैली के अध्ययन के महत्व से कहीं बढ़कर है। इस प्रकार शैली उपन्यास–कथा साहित्य का मुख्य अंग है। इसकी वस्तुगत विशेषता है और तदनुरूप

40. सिद्धान्त कौमुदी, पृ0 402.

41. वक्रोक्ति जीवितम्, पृ0 1/9.

आवश्यकता भी। बाबू गुलाबराय इसके महत्व को यों दर्शाते हैं–

"खाद्य सामग्री चाहे किसी ही मूल्यवान क्यों न हो, किन्तु जब तक उसको सदा सम्हालकर न रखा जाएगा, वह ग्राह्य न होगी। काव्य में शैली का वही स्थान है, जो मनुष्य में उसकी आकृति और वेश–भूषा का है।"[42]

यद्यपि यह आवश्यक नहीं कि जहाँ सुन्दर आकृति हो वहाँ सुन्दर गुण भी होते हों, तथपि आकृति और वेश–भूषा गुणों के मूल्यांकन को बहुत कुछ प्रभावित करते हैं। चित्त का प्रसादन जितना कथा की मौलिकता और रोचकता से होता है, उतना ही शैली से। पद–पद पर प्रसन्नता प्रदान करना और उत्सुकता को कायम रखना, जो कथावस्तु की आवश्यकता में से एक है, बहुत कुछ शैली पर निर्भर करता है। इस विषय में डॉ0 श्री नारायण अग्निहोत्री का कथन है, "जहाँ तक उपन्यास की कलात्मकता का सम्बन्ध है वह उसका अलंकरण नहीं है, वरन् आवश्यकता है। उपन्यास में शैली बाहर का 'जामा' न बनकर स्वस्थ शरीर की ऊपरी सतह के समान होती है, जिसमें सब अंग अपने सुडौलपन के साथ प्रकट होते हैं।"[43]

लघु उपन्यास की शैली

शैली एवं वर्ण्य–विषय का सम्बन्ध लघु उपन्यासों के रचना–कौशल की संक्षिप्त भावभिव्यक्ति के सूक्ष्म रहस्य द्वारा अधिक स्पष्ट होता है। जहाँ रचनाकार की अभिव्यक्ति संक्षिप्त एवं सांकेतिक होगी, वहाँ उसकी रचनाशैली भी समास–प्रधान होगी।

"लिखने या बोलने का ढंग लेखक के मस्तिष्क की विषय–वस्तु एवं रुचि–वैचित्र्य का प्रदर्शन करता है, इसलिए शैली मनुष्य की प्रतिच्छाया है। मनुष्य का मस्तिष्क ही उसका व्यक्तित्व है और जिस प्रकार उसका मस्तिष्क विविध गुणों एवं विशेषताओं से युक्त होता है, वैसी ही उसकी भाषा एवं भाषण होंगे। अपने स्व की अन्तर्मुखी अनुभूति उसके मस्तिष्क की वह सामग्री, है, जिससे वह बना है और भाषण की विधि उसकी स्वानुभूति का ताना–बाना है।"[44] परन्तु इसका यह तात्पर्य नहीं है कि लेखक का व्यक्तित्व हमें अभिभूत किये रहे। अच्छी शैली वही है, जो लोक–प्रयोग से समन्वित हो और जो

---

42. बाबू गुलाब राय, काव्य के रूप, पृ0 183.
43. डॉ0 श्री नारायण अग्निहोत्री, उपन्यास कला के तत्व, पृ0 134.
44. 'द आर्ट ऑव इंगलिश पोयट्री', 1589.

अपनी, अपने देश की जान पड़े, जिसमें देशी शब्दों से अपेक्षाकृत अधिक समन्वित हो और जिसके द्वारा उचित प्रभाव डाला जा सके।

शिवानी के उपन्यासों में शैली का प्रवाह मिलता है। इसमें शैली अपने अप्रकट रूप में व्याप्त रहती है। स्वाभाविकता उसका आदर्श होती है और वास्तविकता उसका साध्य।

शैली में गुणों का समन्वय

प्रसाद गुण उपन्यास का मुख्य गुण होना चाहिए और ओज तथा माधुर्य का विषयानुकूल यथास्थान समावेश होना अपेक्षित है। शैली के द्वारा उपन्यासकार अपनी कृति को अधिक आकर्षक और प्रभावशाली ढंग से प्रस्तुत करता है। उपन्यासकार जिस ढंग से अपने विचार और भावनाओं को अभिव्यक्ति प्रदान करता है, उसी को शैली कहते हैं। आधुनिक उपन्यासों की सफलता बहुत कुछ उनकी शैली पर ही निर्भर करती है। सरलता, रोचकता, प्रभावपूर्णता आदि इसके विशिष्ट गुण हैं।

शिवानी अपने विशिष्ट व्यक्तित्व के साथ विशिष्ट भाषाओं को लेकर हिन्दी साहित्य में अवतरित हुई हैं। वास्तव में वे एक ऐसी लेखिका है, जिन्हें बंगला, पहाड़ी, अंग्रेजी, हिन्दी और संस्कृत का विशेष ज्ञान है और इन सभी भाषाओं को लेकर वे अवतरित हुई हैं। बंगाली, अंग्रेजी तथा पहाड़ी भाषा के अधिक प्रयोग के कारण आलोचकों ने उनकी शैली पर दुहराव का आरोप लगाया है। इस दुहराव के सम्बन्ध में स्वयं शिवानी का कथन है–

> "अपने उसी परिवेश का सही चित्र प्रस्तुत करने में जो शैली, बड़ी स्वाभाविकता के साथ स्याही की भांति मेरी लेखनी ने सोख ली है, उसे मेरे आलोचकों ने मेरा दुहराव कहा है, किन्तु मैं डॉ0 जोनसन की पंक्तियों में अटूट विश्वास रखती हूँ, "वन्स अ मैन हैज डबलप्ड अस्टाइल, ही कैन सेल्डम राइटं इन ऐनी आदर वे"। लेखक जिस शैली को एक बार अपना लेता है, उसे छोड़कर फिर किसी नई शैली मे लिखना उसके लिए असंभव नहीं तो कठिन तो अवश्य होता है।"[45]

शब्द शिल्पः

शिवानी अपनी भाषा के लिए शब्द चयन में यथेष्ट उदार हैं। उन्होंने यथा स्थान संस्कृत, पहाड़ी, अंग्रेजी, बंगाली और हिन्दी के ठेठ शब्दों का प्रयोग

45. शिवानी, रेखाचित्रों की भूमिका में, पृ0 12.

किया है। शब्द चयन में विषय की अधिकाधिक अभिव्यक्ति की सामर्थ्य पर उपन्यासकार की दृष्टि रही है। भाषा की स्वाभाविकता बढ़ाने के लिए शिवानी ने अनेक लोक–प्रचलित ठेठ शब्दों का प्रयोग किया है। उदाहरणार्थ– इजा, चेली, सैलाय, कन्दरा, भिनसार, भकोस, अधन्ना, चुगद, बजाई, तफरी, और चिरोरी आदि। इन शब्दों को उपन्यास लेखिका ने स्वयं प्रयुक्त किया है और पात्रों के कथोपकथन में भी 'चौदह फेरे', 'किशुनली का ढाँट', 'भैरवी', और 'मायापुरी' आदि में पहाड़ी समाज का चित्रण अपेक्षाकृत अधिक है। अतएव ठेठ शब्दों का प्रचुर प्रयोग हुआ है। वैसे कहीं–कहीं उनमें क्लिष्टता भी आ गई है, जैसे– चपेटाघात, कर्णमर्दन, देहवल्लरी, इंजनारूढ़, स्कन्धस्पर्श, मैसेकर, आदि क्लिष्ट समस्त शब्दों ने यत्र–तत्र कृत्रिमता उत्पन्न कर दी है। पहाड़ी शब्दों की भांति ही अंग्रेजी–बंगला के शब्द भी लेखिका एवं पात्रों द्वारा प्रयुक्त हुए हैं। इन शब्दों के प्रयोग विशुद्ध रूप में किये गये हैं। अंग्रेजी शब्दों का भी शिवानी ने भरपूर प्रयोग किया है। अंग्रेजी शब्दों का कुछ तो हिन्दी में समाप्त हो जाना संभव नहीं है। अतएव उन अंग्रेजी शब्दों का प्रयोग उचित कहा जाएगा, जिन्हें अभिव्यंजना की दृष्टि से प्रयुक्त किया गया है और जो हिन्दी में चल निकले हैं। शिवानी ने ऐसे कुछ शब्दों का प्रयोग किया हैं जैसे– पूर्व निर्धारित कार्यक्रम का टेप....।''[46] उसका कण्ठ स्वर ट्रांसमीटर फेल हो गये रेडियो जैसा...।''[47] इनमें फेल और टेप शब्दों से प्रायः सभी परिचित लेटेस्ट, सर्चलाइट, हेयर स्टाइल जैसे शब्द हिन्दी में प्रयुक्त हुए हैं, उसके अपने हो गये हैं।

इसका प्रयोग अवांछनीय नहीं, किन्तु अप्रचलित अंग्रेजी शब्दों का प्रयोग अवांछनीय है। केवल हिन्दी पाठकों के लिए ही उनको समझना संभव नहीं। कदाचित् इसीलिए लेखिका ने पहाड़ी–अभिज्ञ पाठकों की सुविधा के लिए अप्रचलित पहाड़ी शब्दों का अर्थ कोष्ठक में दे दिया है। जैसे–बजाई (नानी), चेली (बेटी), इजा (माँ), चूड़कन्त (गर्म दूध) कंच (चांदी की कटोरी) ध्याश्वी (एक नशीला द्रव्य) खेपा (पागल) और मोंइटो (चटाइयां)।''[48]

---

46. शिवानी, कृष्णकली, पृ0 189.
47. वही, पृ0 176.
48. शिवानी, भैरवी, पृ0 82–85.

भाषिक शिल्प सौन्दर्य :

शिवानी जी की भाषा उनके भावों और उद्देश्यों की वाहिका है। वे सहज भाषा की समर्थक हैं किन्तु उनके साहित्य में भाषा के इतने विपुल रूप दृष्टिगत होते हैं कि पात्र के स्तर, उनकी परिस्थिति तक चित्र खचित हो जाते है। किसी भी रचना की सशक्तता, सफलता, सम्प्रेषणीयता उसकी भाषा की शक्ति पर निर्भर करती है। भाषा का औचित्य और सार्थकता मानव के हर रूप विचार के साथ जुड़े हुए हैं। सांहित्यिक भाषा अपनी युगीन प्रवृत्तियों से प्रभावित अवश्य होती है किन्तु मुख्य रूप से रचनाकार का व्यक्तित्व अपने जीवन दर्शन और उद्देश्यों की सम्प्रेषणीयता के अनुसार उसे आत्मसात कर लेता है।

शिवानी जी ने सामान्यतः सरल सहज भाषा को अपनाया हैं लखनवी नजाकत नफासत के साथ सरलता सुरूचिपूर्णता, गम्भीरता, स्थानिकता, विविधता के साथ हास्य–व्यंग्य विनोद की अन्तः सलिल ने उनकी भाषा–शैली को सहज ग्राह्य बना दिया है। शिवानी जी ने अपने साहित्य सृजन के लिए विविध भूमिकाओं, पृष्ठभूमियों का चयन किया है। उनकी भाषा का शब्द–भण्डार व्यापक और समृद्ध है। उन्होंने अभिव्यंजना को सशक्त करने वाले समस्त शब्दों का यथास्थान प्रयोग किया है। हिन्दी भाषा से चुन–चुनकर विदेशी शब्दों को बहिष्कृत करने की मनोवृत्ति उनके उदार एवं व्यापक दृष्टिकोण को ग्राह्य न थी। उन्होंने कृत्रिमतापूर्ण शब्दों की योजना की अपेक्षा स्वाभाविक भाषा दिखलाने में अपना विश्वास प्रकट किया है।

औपन्यासिक भाषा पात्रानुकूल और प्रसंगानुकूल होने पर ही अपनी व्यंजना शक्ति सिद्ध करती है। साहित्यकार अपनी रुचि के अनुकूल भाषा के स्वरूप का निर्धारण करता है।

शिवानी जी हिन्दी के उन थोड़े से लेखकों में हैं जिनका भाषा सम्बन्धी ज्ञान पर्याप्त व्यापक है। शिवानी की लेखन–क्षमता एवं लोकप्रियता का रहस्य उनका बहु भाषा ज्ञान है। ईश्वर की असीम अनुकम्पा से उन्हें बचपन से ही कतिपय भाषाएं सीखने का सौभाग्य प्राप्त हुआ। उनकी कथा–यात्रा अब तक जो वैविध्यपूर्ण रही तो उसका कारण सम्भवतः गुजराती, बंगला, हिन्दी, संस्कृत, अंग्रेजी आदि भाषाओं का ज्ञान है। उनकी लेखनी को इन्हीं विविध भाषाओं के ज्ञान ने गतिशील बनाया है।

उन्होंने अपनी इस भाषा–बहुज्ञता को अपनी सफलता का रहस्य बतलाते हुए लिखा है, "मैंने बंगला के अनेक सुहावने मुहावरों से अपनी कहानियों को

संवारा है। गुजराती की पाणेत्तर, बुन्देलखण्ड की कंकरेजी, कुमायूं की मक्खीबेल तथा सोलह पाटों को लहराता लहंगा, बंगाल के लालपाड़ की गरद, सबकी विभिन्न छटाओं से अपने पाठकों को मोहने की चेष्टा की है।''[49]

शिवानी की भाषा का आदर्श उनके पात्रों के सामाजिक और सांस्कृतिक स्तर के आधार पर बना है। नगर निवासी पात्रों की भाषा के दो रूप प्राप्य हैं। एक तो शिक्षित व्यक्तियों की भाषा, जिसमें संस्कृत शब्द आये हैं और दूसरी अशिक्षित पात्रों की भाषा, जो प्रचलित शब्द प्रधान है। पहाड़ी (ग्रामीण) पात्रों की भाषा कुछ साधारण वैभिन्न के साथ प्रायः एक सी ही होती है।

उपन्यास की अन्तरात्मा को प्रकट करने की कलात्मक सामर्थ्य शैली में ही होती है इस दृष्टि से शिवानी की शैली सर्वगुण सम्पन्न है। उसमें प्रसाद, ओज और माधुर्य के परम्परानुमोदित गुण विद्यमान हैं और वे उपन्यासकार के अभिप्रेत लक्ष्य सन्धान का अप्रतिहार्य साधन है। जिसकी सफलता सर्वमान्य है। शिवानी की सजीव शैली और सशक्त गद्य शैली उनके शिल्प–विधान और कला की देन से कम महत्वपूर्ण नहीं है। यह भावना और विचार से परिपूर्ण है। शिवानी जी की भाषा शैली में सजीवता दृष्टव्य है, "आन्ध्र खद्दर की आफ व्हाइट वहीं साड़ी, जिसे पहन उसमें मद्रास हेण्डलूम एम्पोरियम में देश–विदेश से एकत्रित हुई पच्चीस माडलों की सलोनी सूरत पर झाड़ू फेर कर रख दिया था। एक ओर लाल जरी की कन्नी, दूसरी ओर काले मिट्टी पाड़ में, जरी की चमकती विद्युतवहिन को किसी बिजली की ही भांति गिरने वाले को विस्फोट से पहले ही भस्मीभूत कर देती थी। कानों में वह केवल हीरे के चमकते कर्णफूल ही पहनती थी। इन्हीं कर्णफूलों की स्वामिनी बनने के लिए उसे जान हथेली पर रख चलती ट्रेन से कूदना पड़ा था।''[50]

शिवानी के उपन्यास–साहित्य के अनेक स्थलों पर ऐसी उत्कृष्ट सजीव गद्य शैली के दर्शन होते है। शैली का प्रवाह रसानुभूति में सहायक होता है। यदि शैली समतल नहीं, प्रवाहपूर्ण नहीं, परिष्कृत नहीं तो रचना की ग्राह्य–शक्ति क्षीण होती जाती है। शिवानी ने प्रवाहपूर्ण शैली के (गद्य–शैली के) निर्माण में अपनी विशिष्ट प्रतिभा का परिचय दिया है, जिसमें प्रकृति का मानवीकरण किया गया है–

49. शिवानी, जालक, पृ0 151.

50. कृष्णकली, पृ0 78.

"दुबले–पतले शरीर से कैशोर्य की लुनाई स्वयं ही पिघलकर बह गई थी। शरीर भरकर निखर आया था, आँखें बड़ी न होने पर भी घनी बरौनियों के औदार्य से शरबती बन गई थीं जैसे नैनीताल की झील में प्रतिबिम्बित कगार पर खड़े बिल्ब वृक्षों की श्याम हरित द्युति, उसे अपनी स्निग्ध आभा से ओर भी मोहक बना देती है। ऐसे ही रेशमी परदों की छाया उन चंचल पुतलियों को एक अनूठा मायाविनी आकर्षण प्रदान कर गई थी।"[51]

इसमें प्रवाहपूर्ण शैली के समतल स्निग्ध रुप के साथ यथेष्ट प्रभावात्मकता है। शैलीगत मर्मस्पर्शिता का चरमोत्कर्ष रुप शिवानी–साहित्य में अन्यत्र भी प्राप्य है। उपन्यास लेखिका ने अनेक स्थलों पर भावुकतापूर्ण गद्य–शैली का उत्कर्ष अंकित किया है। उपरोक्त उदाहरण में कवित्वपूर्ण, अलंकृत और सरस शैली का मार्मिक रुप–विधान हुआ है। शिवानी की शैली मनोभावों के अनुरुप अपना वेश–विधान करती है। जहाँ कोमल और मधुर भावों की व्यंजना हैं, वहाँ उसी के अनुरुप कोमल और मधुर हो गई है। जहाँ उग्र के (शब्दावली के) प्रयोग से भाव मूर्तिमान–सा हो जाता है। शैली का यह रुप–परिवर्तन और वेश–विधान उनके समस्त उपन्यासों में दृष्टिगत होता है। कुछ उपन्यासों में इसके अच्छे उदाहरण उपलब्ध है। जैसे–'कैंजा', 'कृष्णकली', और 'भैरवी' आदि के अन्तर्गत।

अलंकृत और काव्यात्मक भाषा :

उपन्यासकार कला शिल्पी होता है और उसकी उर्वरक कल्पना भाषा को पैनी, नुकीली और गहरी बनाने के लिए उसे लोकोक्तियों, मुहावरों आदि के साथ–साथ विविध काव्य–अलंकरणों से सज्जित करती है। स्वाभाविक अलंकरण रचना को सलोना सौष्ठव प्रदान करते हैं। शिवानी जी भाव–सम्पदा की धनी होने के साथ–साथ भाषा की कुशल शिल्पी भी हैं। भाव और शिल्प उनके साहित्य में शब्द और अर्थ की तरह अभिन्न रुप से गुंथे हुए हैं। शैली की प्रभावात्मकता बढ़ाने के निमित्त शिवानी ने उपमा, उत्प्रेक्षा आदि अलंकारों का अच्छा प्रयोग किया है। शिवानी की उपमाएं नवीन एवं (मूल्यवान) अनूठी हैं। उन्होंने पुराने साहित्यकारों की बासी उपमाएँ नहीं ग्रहण की हैं। जिस प्रकार शिवानी–साहित्य में जीवन की ताजगी है उसी प्रकार उनका आलंकारिक विधान जीवन के अनुभव और पर्यवेक्षण की नवीनता से अनुप्रमाणित है। उन्होंने उपमाएँ प्रचुर मात्रा में प्रयुक्त की हैं। उदाहरणार्थः–

---

51. श्मशान चम्पा, पृ0 98.

1. "वह जानती थी कि अम्मा, चाहे मुँह से कुछ न कहें, किन्तु अपनी खतरनाक आँखों के डमरु बजाकर उसे शाखंमृगी–सी ही उठा–बैठा सकती है।"[52]

2. "शोभा की बड़ी –बड़ी तश्तरी–सी आँखों में आँसू डबडबा आए।"[53]

"भाषा की गति, रोक–थाम, ऐंठ मरोड़ और सौन्दर्य को नियंत्रित करने के लिए शिवानी ने अलंकारों का बड़ी विचित्रता से प्रयोग किया है। भाषा की गति तीव्र हो जाती है तो उसे अलंकार का ब्रेक लगाकर कम कर देती है और मन्द पड़ जाती है तो अलंकार का एक "पैडल" मार देती है। मानों अलंकार इनकी भाषा का "रेग्यूलेटर" हो। उनके साहित्य में उपमा सतत् व्यापक है। इसी से उसको अनेक रुपों में पाते है। शिवानी की उपमा की अपनी विशेषताएं हैं, जो नवीन हैं, मौलिक हैं और वर्तमान से ली गई हैं। उपमा की भाँति ही उत्प्रेक्षा के प्रयोग द्वारा शिवानी ने शैली में प्रभाव–वृद्धि की है। उनकी उत्प्रेक्षाएँ भी जीवन से ली गई हैं और वर्तमान समाज से सम्पृक्त हैं। वैसे उपमा की तुलना में उत्प्रेक्षाओं का इतना प्रयोग नहीं, जितना जहाँ भी हैं, वहाँ वह बड़ा ही सूक्ष्म है। यथा–

> "बहुत दिनों बाद मानों किसी ने उसके मकबरे की जंग लगी खिड़की को खोल, ताजी बयार के मदिर झोंके से उसे उल्लसित कर दिया था।"[54]

इसी प्रकार कुछ अन्य अलंकारों का भी उल्लेख प्रयोग किया गया है। जहाँ शिवानी का अलंकार–प्रयोग नवीन और प्रभावात्मक है, वहाँ उसमें त्रुटि भी है। कुछ स्थलों पर उन्होंने उपमाओं की झड़ी सी लगा दी है। इससे शैली के प्रवाह में अवरोध ही उत्पन्न नहीं हुआ अपितु कृत्रिमता का प्रवेश हो गया है। पर ऐसे स्थान अधिक नहीं हैं।

व्यंग्य एवं परिहास :

व्यंग्य एवं परिहास में शिवानी दक्ष हैं। पर उनके व्यंग्य में भी उद्देश्य–निष्ठा है। उन्होंने समाज के पाखण्ड और ढोंग पर कसकर व्यंग्य प्रहार किया है। हास्य व्यंग्योक्ति शिवानी साहित्य में विभिन्न स्थलों पर दृष्टव्य है। यथाः–

"वैष्णवी उठी, और उसके उठते ही उसकी देह गरिमा से एक कोने को झूला सी बना गई मूंज की खटिया, एक बार फिर अपना सन्तुलन लौटा

52. भैरवी, पृ0 67.
53. मायापुरी, पृ0 83.
54. माणिक, पृ0 15.

लाई। अब तक नीचे अतल जल में डूबती हल्की पोटली–सी ही चन्दन ऊपर उठ आई। थोड़ी ही देर में कोने की खटिया से वैष्णवी के नासिका–गर्जन से आश्वस्त होकर उसने आँखें खोल दी।"[55]

एक अन्य उदाहरण दृष्टव्य हैं:–

"कहाँ पान के पत्ते–से फेर जाते थे, और अब उन्हीं रियासती–रजवाड़ों की हालत है कि रियासत है, पर "प्रीवीपर्स" छिना जा रहा है। नाम के अब भी जमाई–राजा हैं, पर कोई एक प्याला चाय को भी तो नहीं पूछता।"[56]

मुहावरे और कहावतें :

शिवानी की भाषा–शैली में मुहावरों और कहावतों का प्रचुर परिमाण में प्रयोग हुआ है। इससे शैली में प्रवाह एवं स्वाभाविकता की प्रतिष्ठा हुई हैं उनकी लोकप्रिय गद्य–शैली में प्रयुक्त चुस्त–दुरुस्त मुहावरों और कहावतों के कुछ उदाहरण दृष्टव्य हैं:–

"दाल भात में मूसरचन्द होना, घर फूँकना, हेल–मेल बढ़ाना, चुल्लू भर पानी में डूब मरना आदि मुहावरों का प्रयोग अत्यन्त सहज़ रुप में बिल्कुल संवादों के घोल के साथ प्रस्तुत किया गया है। वास्तव में शिवानी की यह विशेषता उनके भाषा पर पूर्ण अधिकार को इंगित करती है। उदाहरणार्थ–जिस थाली में खाना उसी में छेद करना, रमते जोगी होना, गिरगिट–सा रंग बदलना, बोरिया ।बेस्तर बाँधना, तर्जनी पर नचाना, आग बबूला होना, नाक कटना, जैसे मुहावरों का प्रयोग शिवानी ने पद–पद पर किया है।

कहावतें : "उससे हेल–मेल बढ़ाया तो मैं तुझे जिन्दा ही गाड़ दूँगी, समझी जात का बछड़ा, औकात का घोड़ा, बहुत नहीं तो थोड़ा।"[57]

2. "आप मगन्ते बामना, द्वार खड़े जजमान।"[58]

इसी प्रकार के अनेक मुहावरों द्वारा, कहावतों द्वारा गद्य शैली में प्रवाह ही नहीं आया वरन् वह सशक्त भी हुई है।

सूक्तियां : शैली के अन्तर्गत अनुभव सिक्त सूक्तियों का प्रयोग शिवानी की निजी विशेषता है और स्वाभाविक गुण भी। इन सूक्तियों में कल्पना और

---

55. भैरवी, पृ0 12.
56. कृष्णकली, पृ0 118.
57. भैरवी, पृ0 52.
58. कृष्णकली, पृ0 117.

अनुभव के साथ चिन्तन का योग भी है। यथा–

"रुप संगीत का शत्रु है।"

"पिता के जीवित रहने पर भी यदि सन्तान किसी और के घर पले तो इससे बड़ा उसका दुर्भाग्य और क्या हो सकता है।"

"प्रवंचना का अन्त ही हार है।"

"मृत्यु शय्या पर पड़ा आदमी अन्याय करने की कोशिश भी करे, तो उसकी अन्तरात्मा हाथ पकड़कर उसे रोक ही लेती है।"

मुहावरे, लोकोक्तियों के प्रयोग में शिवानी एक सिद्धहस्त हस्ताक्षर हैं। उन्होंने अपने जीवनानुभवों, भोगी सच्चाइयों, तिक्त प्रसंगों को इनके माध्यम से चित्रित किया है और भाषा को एक अर्थवत्ता एवं गतिशीलता प्रदान की है।

प्रतीक एवं बिम्ब योजना :

कथ्य को प्रभावी एवं सहजगाह्य बनाने के उद्देश्य से साहित्यकार प्रतीकों और उपमानों की संकल्पना करता है। प्रतीक–योजना विस्तार, प्रभाव, सम्प्रेषण की दृष्टि से उपमान योजना की अपेक्षा कहीं अधिक महत्वपूर्ण है। आचार्य शुक्ल ने प्रतीक का उपयोग विशेष मनोविकारों या भावनाओं को जाग्रत करने में माना है।"[59] डॉ0 सुधीन्द्र प्रतीक को अप्रस्तुत का प्रस्तुत रुप में अवतार मानते हैं।"[60] डॉ0 लक्ष्मीनारायण सुधांशु ने ऐसे शब्दों को प्रतीक बताया है जिनमें केवल अर्थ की अभिव्यक्ति मात्र नहीं बल्कि भावोद्बोधन की शक्ति हो।

प्रतीक विस्तृत एवं लम्बे–चौड़े अप्रस्तुत विषय को संक्षिप्त रुप में प्रस्तुत करने का महत्वपूर्ण साधन है। वह केवल अर्थबोधक नहीं बल्कि स्वयं भाव है। शिवानी एक समर्थ लेखिका हैं जिन्होंने सांकेतिक शब्दावली में आधुनिक जीवन को प्रत्यक्ष कर अपने कलाचातुर्य, शब्दसौष्ठव और भाषागत सिद्धहस्तता का परिचय दिया है। लेखिका ने अपनी भाषा में प्रकृति का बिम्बों और प्रतीकों के रुप में बड़ा ही सफल प्रयोग किया है। इसी कारण प्रकृति मानवीय भावनाओं की उत्प्रेरक बन गई है। 'कृष्णकली' उपन्यास में भाषा शैली के रुप में कथाकार शिवानी एक मौलिक रुप लेकर उपस्थित हुई है।

---

59. चिन्तामणि, भाग 2, पृ0 22.

60. हिन्दी कविता में युगान्तर, पृ0 338.

भाषा का काव्यात्मक प्रवाह, नये भावों को प्रकट करने वाले और नव संस्कृति के अभिव्यंजक विषय प्रतीक तथा रुढ़ भावाभिव्यंजक शब्दों का नव प्रयोग एवं वातावरण को सजीव करने वाले अनेक आँचलिक एवं देशीय शब्द–सब कुछ मिलाकर भाषा शैली का अत्यन्त मार्मिक प्रभाव हमारे मन पर छोड़ता है। नये भाव–बोध को व्यक्त करने के लिए अभिव्यक्ति के नये रुपों की आवश्यकता होती है।[61] आचार्य नेमिचन्द जैन ने ठीक ही कहा है, ''प्रत्येक नया भाव बोध और सौन्दर्यबोध अनिवार्य रुप से नये शिल्प की आवश्यकता अनुभव करता है। अपनी अभिव्यक्ति के लिए नये रुपों की खोज करता है और उन्हें जन्म देता है। इस नयी आत्मा को पुराने–शिल्प शरीर में धारण करना सम्भव नहीं होता क्योंकि भाव वस्तु और रुप को अलग करना सम्भव नहीं। वे तो एक ही सत्य के दो पक्ष हैं।''[62]

भाषा की सक्षमता को प्रकट करने के लिए शिवानी ने प्राकृतिक उपादानों तथा बिम्ब–प्रतीकों का प्रयोग एक सिद्धहस्त शैलीकार के रुप में किया है। इस प्रकार उन्होंने इनके माध्यम से एक नवीन भाव–आलोक और समसामयिक चेतना का मर्म उद्घाटित किया है। कुछ उदाहरण दृष्टव्य हैः–

1. ''वह अनर्गल बोलती जा रही थी, जैसे आकाशवाणी के किसी पूर्व निर्धारित कार्यक्रम का टेप गोल–गोल घूम रहा हो।''

X X X

2. उसका कण्ठ स्वर ट्रांसमीटर के फेल हो गये रेडियों से विलीन होते स्वर की भाँति कुछ क्षणों तक विलीन हो गया।'' (उपमा)

X X X

3. ''विद्युत रंजन अब मिनिस्टर ही नहीं, लक्षाधिपति भी बन गया था।.......कैसे अब विरोधी दल के सदस्य उसकी देश सेवा के नाम पर कमाई गई अटूट सम्पत्ति पर धुड़ी–धुड़ी करते, विधान सभा में प्रश्नों की बमबारी से उसकी धज्जियाँ उड़ा रहे थे......। अब तक वह अपनी सरकार को टैक्स न देकर छल–कपट की चकरघिन्नियाँ खिलाता गया था.......जिस खद्दर की टोपी ने उन्हें बिना ताज का बादशाह बना दिया था, वही अब पत्थर की

61. काव्य में अभिव्यंजनावाद, पृ0 116.

62. नेमीचन्द जैन, बदलते परिप्रेक्ष्य, पृ0 18.

शिला बनी उसे धरातल में धंसा रही थी।''[63]

वातावरण सृष्टि का औचित्य उपन्यास को स्वाभाविक व सजीव धरातल देता है। कथावस्तु के अनुसार किसी भी देश अथवा समाज एवं जनजाति के आचार–विचार, सभ्यता–संस्कृति, सामाजिक, राजनीतिक परिस्थिति का चित्रण किया जाता है। वस्तु को ऐतिहासिक व धार्मिक परिप्रेक्ष्य के अनुकूल ढालने के लिए पृष्ठभूमि में ऐसे ही रंग भरे जाते हैं जिन्हें देखते वस्तु के फलक का आभास हो जाए। लेखिका अपने औपन्यासिक कौशल से प्रस्तुत युग का सजीव परिप्रेक्ष्य उपस्थित कर देती है। शिवानी जी के समस्त उपन्यासों में परिवेश को बिम्बों में बाँधा गया है। उन्होंने परिवेश के बिम्बीकरण के लिए प्रतीकात्मक, भावात्मक और चित्रमयी कल्पनाओं का सहारा लिया है। इसी कारण उनके परिवेश को उजागर करने वाला शिल्प अतिरिक्त प्रभावी हो गया है। शिवानी जी के साहित्य में लखनवी सभ्यता, संस्कृति स्थानीयता के गहरे रंगों ने उन्हें आँचलिक उपन्यासकारों की श्रेणी में खड़ा कर दिया है, किन्तु शिवानी जी को मूलतः आँचलिक उपन्यासकार नहीं कहा जा सकता। इनकी स्थानीयता नगरीय जीवन के मध्यवर्गीय समाज के चित्रण में है।

बिम्बों के निर्माण में शिवानी की ऐन्द्रिय संवेदना–चेतना के कोमल और सूक्ष्म स्तरों द्वारा रुपाकार को अत्यन्त मार्मिक प्रभाव द्वारा उद्‌घाटित करती चलती है। अन्तर के तारों को झंकृत कर जाने वाली एक मन्द, कोमल बिम्बात्मक शब्दों की स्वर–लहरी धीरे–धीरे सूक्ष्मतर होते–होते चेतना की गुह्‌य–कुहेलिका में जा बसती है और उसी में विलीन होकर रह जाती है।

उन्होंने आधुनिकतम बिम्ब प्रतीकों को लिया है। वे बिम्ब अपने सुपरिचित होने के कारण एक सहज और स्वाभाविक छाप छोड़ते हैं। नव संस्कृति के अभिव्यंजक बिम्ब प्रतीक तथा रुढ़–भावाभिव्यंजक शब्दों का नवीनतम प्रयोग वातावरण को सजीव करता चलता है। यह शिवानी की मौलिक प्रतिभा है।

उदाहरणार्थ :– ''उनकी बात पूरी भी नहीं हुई थी कि प्रबल प्रभंजन के एक 'सायक्लोनी' तेजी से आये झोंके ने उनकी विचित्र पोशाक को 'पैराशूट–सा' फुला दिया। बरसाती के कपड़े से बने कोट, जिनमें मशीनों सकरपारे शायद रुई की मोटी–मोटी तहें बिछा दी गई थीं.......। हवा से फूलकर गैस के गुब्बारे –से तन गये।''[64]

---

63. शिवानी, कृष्णकली, पृ0 59.

64. शिवानी, भैरवी, पृ0 91–92.

शिवानी की कथा–भाषा की सबसे बड़ी विशेषता है उसकी चित्रात्मकता (इमेजरी)। वे चरित्रों के परिवेश, वातावरण रहन–सहन और वेश–भूषा आदि सभी का ऐसा सूक्ष्म चित्रण करती है कि पाठक के सम्मुख, पात्र, वातावरण आदि का चित्र सजीव हो उठता है। यथा–''खड़ी धारियों से सजा गाढ़े 'मैरुन' रंग का आधी खुल्लम–खुल्ला बांहों का, किसी मुसलमान फकीर–सा कुर्तानुमा (च्युंग) उसके ऊपर कुर्ते के अनावश्यक घेर को कसी मंजूषा से बाँधे, सुडौल उभार को उभारती बास्कट 'स्कल्च' पीले गहरे नीले रंग का टखनियों तक झूलता किसी विदेशी 'नन' का सा झब्बा...... ।''[65]

इसी प्रकार वातावरण का चित्रण भी सजीव बन उठता है। 'चौदह फेरे' उपन्यास में उन्होंने कुमाऊँ अँचल के बड़े ही मधुर चित्र प्रस्तुत किये हैं। साथ ही आँचलिक रंगों (लोकल–कलर) की अभिव्यक्ति करते समय उस क्षेत्र की प्रवृत्ति को मानवी रुप (परसोनीफिकेशन) प्रदान किया है, ''सीढ़ी से बने खेतों पर नई फसल का तारुण्य गदरा रहा था। छोटी–छोटी पथरीली छतों पर कहीं सोलह गजी काले लहंगे और रंग–बिरंगे दुपट्टे सूख रहे थे, कहीं स्तूपाकर सूखी सुनहरी घास के गट्ठों पर पड़ती अस्तगामी सूर्य की मन्द रश्मियां उन्हें तपे सोने–सा दमका रही थी।.......अहल्या मुग्धा बनी झूम उठी।''[66]

ऐसे प्रयोगों से जहाँ कथा–वर्णन में लालित्य का संचार हुआ हैं, अभिव्यक्ति सशक्त हुई है, वही पात्रों की मानसिक स्थिति और चरित्र–चित्रण की सफलता भी प्रकट हुई है। उपन्यासों में शिवानी ने चेतना–प्रवाह शैली का अत्यन्त सफल प्रयोग किया है। 'श्मशान चम्पा' में चम्पा के पिता का अपने बाबू के शाप का पुनः स्मरण, कमलेश्वरी द्वारा अपने जीवन की अतीत घटनाओं का चम्पा को दिया विवरण, रुक्की के श्वसुर श्रीधर की कहानी आदि खण्ड–खण्ड में बंटी अनुभूति और अनुभवों की कथा लेखिका शिवानी ने जीवन्त व्यक्तित्व प्रदान किया है, जिससे उपन्यास में रोचकता का संचार हुआ है।

इसी प्रकार शिवानी ने अपने अनुभव एवं चित्रण कौशल से यथार्थवादी वर्णन शैली को विशेष गरिमा दी है। जीवन की गतिविधियों को आत्मसात कर उसे समझा और समझाया है, उसे व्याख्या और विश्लेषण का विषय बनाया है।

---

65. वही, पृ0 120–121.

66. चौदह फेरे, पृ0 102.

शिवानी के उपन्यासों की भाषा में भारत की प्रमुख भाषाओं का प्रयोग मिलता है। हिन्दी में भारत की प्रत्येक भाषा के शब्दों का समावेश होना चाहिए। शिवानी पर भाषाओं का गहरा प्रभाव है और उन पर उनका अधिकार भी है। इसमें संदेह नहीं कि शिवानी के गद्य को यह काव्यात्मकता (लिरिकल एक्प्रैशन) पात्रों और स्थितियों का मनोविश्लेषणात्मक विश्लेषण करने में एक सहायक तत्व के रुप में विद्यमान रहती है और उपन्यासों को एक रुप प्रदान करती है। शिवानी ने पात्रानुकूल भाषा का प्रयोग किया है। पहाड़ी (कुमाऊँनी), बंगाली, अंग्रेजी, संस्कृत और पंजाबी आदि का प्रयोग प्रचुर मात्रा में किया है। लेखिका ने ग्रामीण पात्रों के चरित्र–चित्रण में उन्हीं की सामाजिकता और संस्कारों को मूर्त्त करने वाले ग्राम्य शब्दों का बहुत प्रयोग किया है और इससे अंचल विशेष को सशक्त 'व्यक्तित्व' प्रदान करने में वे सफल रही हैं। भाषा में देशज शब्दों के साथ–साथ अन्य भाषाओं के भी शब्द मिलते हैं। अंग्रेजी शब्दों के प्रयोग के साथ–साथ वे पूर्ण वाक्यों के प्रयोग तक में नहीं झिझकती। अतः यह वह वाक्य पात्रानुकूल होने के कारण खलता भी नहीं है। यथा–

> "आई होप यू डोण्ट माइण्ड"–एक बार उसने झुक–झुककर अपनी 'टेनेंट' और सखी की पुत्री से क्षमा माँगी, फिर राजेश्वरी को अपने साथ खींच ले गई।"[67]

इस प्रकार अंग्रेजी का प्रयोग अभिजात वर्ग के पात्रों में विशेष रुप से हुआ है, जिससे वर्ग–विशेष के पात्रों की मनःस्थिति और वातावरण का निर्माण करने में अत्यन्त सहायता प्राप्त होती है। 'विषकन्या' में कामिनी धारा–प्रवाह अंग्रेजी बोलकर अपनी कहानी सुनाती है और तब कहती है, "क्षमा कीजिएगा, इसी भाषा में मैं अपनी बात ठीक से कह पाऊँगी। जैसा नाटक का परिवेश, रंगमंच, पात्र एवं पात्री वैसा ही ध्वनि संगीत भी हो तब ही नाटक जमता है।" वह आगे कहती हैं:–"ऊँचे स्तर के नाटक के लिए ऊँचे तबके के दर्शक भी तो चाहिए, चलती–फिरती नौंटकी तो जिस किसी को पकड़कर सुनाई जा सकती है।"[68]

यह ठीक भी है। जैसा पात्र वैसा रंगमंच होता है और उसी के अनुसार उसकी भाषा होती है। शिवानी में अंग्रेजी मिश्रित हिन्दी का प्रयोग करने की

---

67. शिवानी, भैरवी, पृ0 96.
68. शिवानी, विषकन्या, पृ0 78.

विशेषता पाई जाती है। उदाहरणार्थ– "कहिए लेडी विद् द लेज, क्या हाल हैं आपके मरीज के?।"[69]

अनुभूति की तीव्रता को प्रकट करने में शिवानी की भाषा अत्यन्त सक्षम बन पड़ी है। यथा–

"विषाक्त चुम्बनों की स्मृति, रेतीली बिच्छुओं के–से डंक–सी उसके सर्वांग की शिराओं को झनझना गई।"[70]

"चन्दन की क्षुधा अचानक हृदयहीन शत्रु–सी उसके जिह्वाग्र पर चढ़ आई। उसके जी में आया कि वह उसके हाथ से रोटी छीनकर खा ले।"[71]

शिवानी भाषा की संरचना में सिद्धहस्त है। सुथरी, सजीव और कमनीय भाषा की पच्चीकारी वे बखूबी करती हैं। विलासपूर्ण जीवन के प्रति ऊपर से उनका रवैया आलोचनात्मक है, लेकिन वस्तुतः वे उन वर्णनों में खूब तन्मय और लिप्त हो जाती हैं। रचना की वर्णन–शैली इतनी सक्षम होती है कि पाठक निरन्तर उत्सुकता की ओर अग्रसर होता है। शिवानी की शैलीगत विशेषता के सम्बन्ध में 'ठाकुर प्रसाद सिंह' कहते हैं, "सम्पूर्ण संस्कृत वाड्मय में बाणभट्ट की 'कादम्बरी' का छोटे से छोटे अंश भी अलग से पहचाना जा सकता है, वैसे ही जैसे आप हिन्दी का गद्य लेखकों की भीड़ में श्री हजारी प्रसाद द्विवेदी या उनके स्तर के शैलीकारों को अलग से पहचान लेते हैं। शिवानी के सम्बन्ध में भी यह बात बिना हिचक के कही जा सकती है।"[72]

प्रत्येक लेखक की अपनी अभिव्यक्ति की विशिष्ट शैली होती है और वह शैली चाहे वर्णन शैली हो या भाषा–शैली हो, और चाहे फिर उसमें कहावतें और मुहावरे हों, वे उस लेखक की प्रत्येक कृति में कुछ साम्य रखते हैं। शिवानी जी के साहित्य में नूतन प्रयोगशीलता, रोचकता और तीव्रता के दर्शन होते हैं। लखनऊ की बहुरंगी धरती ने उनकी रचना प्रतिभा को विविध रंगों में चित्रित किया है।

शैली लेखिका के व्यक्तित्व का अभिन्न अंग है। लेखिका का व्यक्तित्व उसका जीवन सम्बन्धी दृष्टिकोण, भाव, कल्पना, संस्कार, प्रतिभा आदि पर निर्भर है। आशय के अनुकूल शैली होनी चाहिए तभी लेखक के प्रतिपादन में प्रभाव एवं सघनता पैदा होती है। शिवानी जी ने मुख्यतः चार प्रकार की

---

69. वही, पृ0 31.
70. भैरवी, पृ0 26.
71. वही, पृ0 22.
72. ठाकुर प्रसाद सिंह, मेरी प्रिय कहानियों की भूमिका, पृ0 7.

शैली का प्रयोग किया है–"समास शैली, व्याख्यात्मक शैली, संवाद शैली और संकेत शैली। डॉ0 प्रेम भटनागर ने ठीक ही लिखा है कि अब तो शिल्प का विकास होने पर शैली में भी प्रौढ़त्व आ गया है। क्लिष्टता के स्थान पर सरलता, जटिलता के स्थान पर सुगमता, वक्रता के स्थान पर सहजता, अवरोध का स्थानांतर, गतिमयता शैली के प्रौढ़त्व के परिचायक है।"[73]

समग्र अध्ययनोपरान्त शिवानी–साहित्य के शिल्प का जो बिम्ब उभरता है, वह इस तथ्य को प्रमाणित करता है कि शिवानी का शिल्प वस्तु और संदर्भो का सहचर है। कथ्य वजनी हो या हल्का, तदनुरुप होना आवश्यक है। शिवानी मूलतः उपन्यासकार हैं और वर्णन तथा विवरणप्रिय कथाकार हैं। यही कारण है कि उनके कथा–साहित्य के शिल्प में ये दोनों प्रवृत्तियां बराबर मिलती हैं।

समाकलन :

शिवानी जी साहित्य की विविध विधाओं की चितेरी होते हुए भी एक पूर्ण, सशक्त साहित्यकार हैं। साहित्य के शिल्प गठन में उनकी पहुँच आश्चर्यजनक रुप से सक्षम है। भाषा की सघनता और बहुज्ञता एवं वस्तु की सम्प्रेषणीयता में सफल हैं। अत्यधिक ज्ञान–सम्पदा का वितरण करने में कृपणता नहीं करते किन्तु यही उदारता उनकी रचनाओं को कही शिथिल गठन भी दे जाती है। रोचकता की दृष्टि से तो उनकी हर विधा औपन्यासिक रोचकता का स्पर्श करती है। भाषा–शैली की विविधता के साथ–साथ किस्सागोई, उनकी प्रमुख़ विशेषता है। समग्रतः उनके कथा–साहित्य का शिल्प–गठन–कलागत माँगों के सर्वथा अनुरुप है।

शिल्प–संचेतना के प्रति अधिक आग्रहशील न होते हुए भी उनकी किस्सागोई शैली, वर्णनातिरेकता, विविध प्रसंगोद्भावन क्षमता और रोचकता बनाए रखने वाली शैली सिर पर चढ़कर बोलती है। कभी–कभी तो वे अपनी शैली की चतुराई से ऐसी–ऐसी बातें कह जाती हैं कि लगता ही नहीं कि वे कोई विशिष्ट कथाकार हैं, अपितु यही लगता है कि वे हमारे बीच की ही एक ऐसी स्त्री हैं जिनके पास वाणी का कौशल तो है ही, अपने परिवेश, समाज और व्यक्तियों को बाँधने वाली कला भी है। शिवानी जी की भाषा में सर्वत्र एक प्रवाह है, एक गति है और एक भास्वरता जो कम से कम गरिष्ठ और दुष्पाच्य शब्दावली से तैयार नहीं हुई हैं। 'कृष्णकली', 'मायापुरी', 'चौदह फेरे',

73. डॉ0 प्रेम भटनागर, हिन्दी उपन्यास शिल्प : बदलते परिप्रेक्ष्य, पृ0 34.

'अतिथि', 'सुरंगमा' और यहाँ तक कि 'भैरवी' तक में शब्दों का प्रायोगिक बंधाव उस ईंट की तरह है जो इमारत में चुनी जाने पर अपनी अस्मिता भी बताती हैं और इमारत का सौष्ठव भी बढ़ाती हैं। रोजमर्रा की शब्दावली, दैनिक जीवन में काम आने वाले जीवंत फिकरे और लोक–धर्मी वाक्य शिवानी–साहित्य के शिल्प को प्राणवत्ता भी प्रदान करते हैं और अर्थवत्ता भी। वाक्य जहाँ छोटे–छोटे हैं वहाँ भाषा व्यंजना गर्भ और शैली सम्मोहक हो गई है। बड़े–बड़े वाक्यों का प्रयोग उन्होंने वहीं किया है जहाँ उनका मानस वर्णन–चातुर्य के प्रदर्शन की ओर आकृष्ट हुआ है।

कथात्मक संगठन, प्रासंगिक वृत्तों के समीकरण और घटनाओं के संग्रथन के कारण उनका कथा–शिल्प रोचक बन गया है तो चरित्रोत्कर्ष की व्यंजनाओं में उनका मानस मनोविज्ञान की भूमियों पर भी सरपट दौड़ता गया है। चाहे उपन्यास हो, चाहे कहानी संवाद उनके शिल्प की वैसी ही अनिवार्यता बनकर आये हैं जैसे किसी कथा या समस्या के प्रस्तुतीकरण में परिवेश अपरिहार्य होकर आता है। सुप्रसिद्ध आंग्ल आलोचक ब्लेक मूलर का निम्नलिखित कथन शिवानी जी की भाषा–शैली के सन्दर्भ में शत–प्रतिशत खरा उतरता है:–

"भाषा केवल हमारे तथा विचारों का वाहन नहीं है, जिसे ठोंक–पीटकर हर समय काम में लाया जा सके। उसका एक स्वतन्त्र व्यक्तित्व और वातावरण होता है, जो सूक्ष्म दृष्टि से देखा जा सकता है। हमारी ही तरह उसकी भी शक्ति, इच्छा होती है और उसके भी संस्कार होते हैं।"[74]

शिवानी की भाषा का भी अपना व्यक्तित्व है। वह शक्तिशाली है, इच्छावती है और संस्कारवान् भी है। "शैली ही व्यक्ति है।' यह कथन शिवानी की भाषा–शैली के सम्बन्ध में खरा उतरता है। अन्ततः यह कह सकते हैं कि शिवानी–साहित्य अपनी विविधता में अनुपम है तो शिल्प में भी अप्रतिम है। शैल्पिक ईमानदारी की कायल शिवानी का साहित्य परिवेश की कोख से जन्मा है तो उनका शिल्प भी परिवेश, चरित्र, कथा और भाषिक संरचनाओं से संयुक्त होकर आया है।

74. 'लैंग्वेज एण्ड गैस्चर' : आलो0 – ब्लेक मूलर, पृ0 21.

अध्याय 5

शिवानी–साहित्य में सौन्दर्य–प्रसाधन एवं सौन्दर्य–विरुपण के उपादान

सौन्दर्य–प्रसाधन

प्रसाधन परंपरा : विभिन्न रुप :

भारतीय संस्कृति में प्रसाधन–कला के अनेक रुपों का उल्लेख मिलता है। इनमें प्रमुख हैं : उदृर्तन (लेप), परिमर्दन, अभिषेक (स्नान), संवाहन, आदर्श, अंजन, मालाधारण, मुख चूर्ण, मुखालेपन, हस्तबंध, शिखाबंधन, दंड धारण, नालिकाधारण, खड्गधारण, छत्रधारण, उपानह, उष्णीष, मणिरत्न, व्यंजन (पंखा, चंवर), कलाबत्तू। इनके अतिरिक्त 'स्वास्थ्य की दृष्टि से दन्त–धावन, प्रक्षालन आदि को सम्मिलित कर कुछ चौबीस प्रसाधनों का नामोल्लेख प्राप्त होता है।''[1] मध्ययुगीन साहित्य में षोडश श्रृंगार का अनेकत्र वर्णन किया गया है। ये श्रृंगार चन्द्र की षोडश कलाओं, षोडश संस्कारों और भक्तिचार्य के षोडश प्रकारों से संबद्ध कहे गये हैं। इनके षोडश रुप हैं :– ''मज्जन, चीर, हार, तिलक, अंजन, कुंडल, नासामौक्तिक, केशपाश–रचना, कंचुक, नूपुर, सगंध, कंकण, चरण–राग, मेखलारणन, तांबूल आरसी।''[2]

प्रसाधन की यह कला भारतीय साहित्य से निरन्तर अनुस्यूत रही है। इसका इतिहास बड़ा पुराना है। डॉ0 वासुदेव शरण अग्रवाल ने सिन्धु घाटी सभ्यता, मोहनजोदड़ो, हड़प्पा आदि के उत्खनित प्रमाणों द्वारा यह स्थापित किया है कि उस युग में वस्त्राभूषणों का यथेष्ट प्रचलन था।''[3] संस्कृत महाकाव्यों–विशेषतः रामायण, महाभारत में अलंकृत सामग्री का प्रभूत उल्लेख प्राप्य है।''[4] महाभारत की श्रृंगारपटु महिला सैरंध्री के व्याज से राज–परिवारों

---

1. अत्रिदेव विद्यालंकार, प्रचीन भारत के प्रसाधन, पृ0 29.
2. सम्मेलन पत्रिका, भाग 56 (1892).
3. डॉ0 वासुदेव शरण अग्रवाल, कला और संस्कृति, पृ0 48.
4. डॉ0 मोतीचन्द्र, प्राचीन भारतीय वेशभूषा, पृ0 41.

में प्रसाधिका की नियुक्ति का प्रमाण मिलता है। इनके अतिरिक्त अन्य–स्थलों पर भी शरीर–सज्जा के अनेक संकेत सुरक्षित हैं। बुद्धकालीन भारत में श्रृंगार–सज्जा अवश्य कुछ अवर्जित रही है, फिर भी संबद्ध साहित्य में अनेक मंडन–पदार्थों, उपकरणों तथा प्रणालियों का प्रयोग प्राप्त है। कालिदास तो इस क्षेत्र में अग्रगण्य हैं। उनकी नायिकाएँ मंडनप्रिया हैं। आचार्य हजारी प्रसाद द्विवेदी के अनुसार, कालिदास ने विभ्रम, विलासोपकरण या अप्सरा–प्रसाधन (मंडन) के साथ–साथ सहज प्रसाधन, आभरण को भी स्थान किया है। उनकी नारियों दूर्वा, प्रवाल, मधूकमाल, अगरु अंगराग, गोरोचना यवांकुर, कनक, कदली वेष्टन, लोध्र, चूर्ण, तमाल प्रबालावतंस, कस्तूर, कर्पूर, कुंकुम, अलक्तक, हरिताल, कालेयक, प्रियंगु, कुशीर, कुलक, दन्तसम, सहकार, तेल, तांबूल, आदि पदार्थो से अपना सविशेष मंडन करती हैं। यह प्रसाधन कला ही शिवानी–साहित्य की प्रेरणा भूमि है।

शिवानी–साहित्य में प्रमुख प्रसाधन :

शिवानी जी ने उस श्रृंगार की उपेक्षा की है, जिससे स्वाभाविकता मिट जाए। उनके अनुसार सौन्दर्य का मंडन अनपेक्षित है, फिर भी उनकी सुन्दरियां प्रायः प्रसाधनों से समलंकृत दिखाई देती हैं। लेखिका ने मंडन–सामग्रियों की पर्याप्त आयोजना की है और साथ ही प्रसाधन–कला का विश्लेषण भी किया है। वस्तुतः सौन्दर्य संरचना की दृष्टि से शिवानी–साहित्य सर्वोपरि है। लेखिका ने दैहिक सौन्दर्य की श्रीवृद्धि हेतु जितने पदार्थो, उपकरणों और प्रणालियों का समावेश किया है, उतनी अनेकरुपता हिन्दी–साहित्य की सहस्राब्द–परंपरा में अन्यत्र उपलब्ध नहीं हो पाती। इन्होंने अनेक प्रसाधन–तत्व प्रयुक्त किये है; जिनमें अधिकांश तो संस्कृत–साहित्य–परम्परा से गृहीत हैं। कुछ उपकरण इन्होंने मध्ययुगीन–साहित्य से भी ग्रहण किये हैं। इसके अतिरिक्त इनके अनेक प्रयोग मौलिक भी हैं। इसे प्रमाणित करने के लिए शिवानी–साहित्य में प्रयुक्त विभिन्न अलंकरणों और मंडनों का सर्वेक्षण–विश्लेषण करणीय है। शिवानी जी सर्वथा सौन्दर्य (श्रृंगार) सचेत लेखिका हैं। अस्तु इनके विभिन्न श्रृंगार दृष्टव्य हैं। आधुनिक महिलाओं की रुचि पर भी लेखिका ने प्रकाश डाला हैः– "जिन स्त्रियों के पास सौन्दर्य का पर्याप्त मूलधन रहता है, उनको बनने–संवरने में कम ही रुचि रहती है। अधिकांश सुन्दरी, आकर्षक महिलाएँ साज–सज्जा से उदासीन सी रहती हैं और सौन्दर्यदान में विधाता उतनी उदारता नहीं दिखाता, वे बिचारियों ही अपने एक नूर के व्यक्तित्व को सजधज से कभी–कभी सौ नूर बनाने में सफल हो

जाती है।"[5] यहाँ प्रसाधन कला की तरफ आधुनिका का आकर्षण व उसके प्रभाव को स्पष्ट किया गया है।

आभूषण :

प्रसाधन के अन्तर्गत शिवानी ने अवधार्य अलंकरणों तथा आभूषणों का विस्तृत विवरण भी प्रस्तुत किया है। इनमें मुख्यतः रत्नाभरण, पुष्पाभरण और धातु निर्मित आभूषण विवेच्य हैं। लेखिका को आभूषण, रणनक्वणन जैसी ध्वनियों से युक्त अलंकरण : जैसे– नूपुर, किंकिणी, कंकण आदि धातुओं से निर्मित चित्र चित्रित किये हैं और रत्न जटिल रजत, स्वर्ण–गिलट, प्लाटिनम, आदि धातुओं आदि धातुओं से निर्मित चित्रित किये गये हैं और रत्न जटिल भी। इनका नव्य नागर रुप भी वर्णित किया गया है और ग्राम्य रुप भी। जैसे–नूपुर, पायल के स्थान पर शिवानी ने घुंघरु, हार के स्थान पर कण्ठी जैसे ग्राम्यालंकरणों का विस्तृत उल्लेख किया है। इन आभूषणों में किंकिणी, घुंघरु तथा चूड़ियों के प्रति लेखिका का सर्वाधिक आकर्षण रहा है। इसका मूल कारण है : इन आभूषणों की कलरव ध्वनि या अनुगूंज। शिवानी नूपुरों के रुप और नाद पर मुग्ध हैं। घुंघरु की झंकार को शिवानी ने श्रृंगार और सौन्दर्य–संभार का मूल कहा है। इन्होंने उसकी रुपाकृति की अपेक्षा अनुगूंजित ध्वनि की सराहना की है। शिवानी–साहित्य में कंकण और किंकिणी का श्रृंगार भी बहुप्रचलित है। लेखिका ने 'पैरों में घूंघुर।"[6], 'गोरी कलाइयों पर पड़ी धानी ऊदी रेशमी चूड़ियों ।"[7] "हाथों में मोटे सुवर्ण वलय" ।"[8], "कमर पर पाव भर चाँदी का चाबी का गुच्छा।"[9] "हीरे के कंगन।"[10], "स्वर्ण कंकण।"[11] तथा सोने की भारी चूड़ियाँ।"[12], पन्ने के जड़ाऊ कंगन।"[13] आदि का यथावत् श्रृंगार किया है। इसके अतिरिक्त "काली सुनहली कामदार सोहाग की चूड़ियां।"[14], "पीतल की नथ।"[15], "करधनी", कानों में मगर,

5. 'ताजमहल, अमरूद या भाभी', पृ० 30.
6. गूंगा, पृ० 47.
7. खुदा हाफिज, पृ० 102.
8. पाथेय, पृ० 101.
9. अतिथि, पृ० 82.
10. वही।
11. अतिथि, पृ० 736.
12. वही, पृ० 163.
13. माणिक, पृ० 46.

तिलड़ी, चन्दनहार, आधा–आधा किलो के पाजेब।"[16] की गणना प्राचीन ग्राम्य अलंकारों के अन्तर्गत की गई है।

अलंकारों द्वारा सौन्दर्यवर्धन में शिवानी की कला कुशलता सराहनीय है। प्रत्येक अंग विशेष को उन्होंने अलंकृत कृत सौन्दर्य की सृष्टि करने का प्रयास किया है। किंकिणी का श्रृंगार इनकी रचनाओं में कई स्थलों पर प्राप्य है। यथा–"पतली कमर में रत्न जटित मेखल प्रत्येक पदचाप पर एक साथ छन–छन कर बज उठती।"[17] इस प्रकार के चित्रों द्वारा कहीं–कहीं पर उन्होंने नाद–सौन्दर्य को भी उकेरा है, जो उन्हें कला का पारखी सिद्ध करता है। अलंकार वादियों में अलंकार को सौन्दर्य वर्धक रुप में प्रश्रय दिया है। शिवानी ने इस मत की अवहेलना न करते हुए अपने साहित्य में शोभावर्धक तत्वों के रुप में अलंकार को सौन्दर्य का प्रधान आकर्षण स्वीकार किया है। कंठ एवं वक्ष को सुसज्जित करने के प्रयोजन से शिवानी ने हार अथवा मालाओं का पर्याप्त प्रयोग किया है। हार का सौन्दर्य उनकी पात्र की शोभा को द्विगुणित करता है। उदाहरण दृष्टव्य है: "गले में एक रुबी का हार, कालर की तरह चिपक कर, सुडौल लम्बी ग्रीवा का किसी इजिपशियन सुन्दरी का–सा अनोखा सौन्दर्य प्रदान कर रहा था।"[18] इसी प्रकार "गले में झूलता नवरत्न का पेंडेट।"[19] "पन्ने और पुखराज का हार"[20] तथा "जड़ाऊ मयूरी कंठी हार।"[21] एवं उसकी हरिताभा की अनेक आवृत्तियां की हैं। लेखिका ने "चाँदी की जंजीर ।"[22], "चन्द्रहार।"[23] के साथ ही अनुपम हार के सौन्दर्य की परिकल्पना भी की है। यथा : "रत्नजटित हार पाँच–पाँच सोने की लड़ियों के बीच–बीच में जोड़ते माणिक–पुखराज जड़े चौड़े थक्के और बीचों–बीच बना रत्नजटित मयूर। नृत्यराज मयूर के पक्षों में जड़ी हीरे की नन्हीं कड़ियों के बीच फिरोजा और पन्ना के टुकड़े द्युतिमान होकर मयूर को

---

14. चिरस्वयंवरा, पृ0 8.
15. दादी, पृ0 131.
16. अतिथि, पृ0 236.
17. रथ्या, पृ0 37.
18. चौदह फेरे, पृ0 26.
19. वही, पृ0 24.
20. मायापुरी, पृ0 52.
21. वही।
22. पुष्पहार, पृ0 133.
23. करिए छिमा, पृ0 16.

जीवंत बना रहे थे।"[24] इसके अतिरिक्त उन्होंने 'दुलड़ी भारी सोने की चेन।"[25], 'चमचमाते चन्दन हार।"[26] का भी यथास्थल अभिनिवेश किया है। शिवानी ने ग्राम्या के 'तलड़ी, पंचलड़ी, हंसुली, हमेल।"[27] 'मूंग की मालाएँ।"[28] 'रुद्राक्ष की माला।"[29] 'सतलड़, पंचलड़।"[30] आदि कंठाभरणों की गणना कराई है। इसी क्रम में शिवानी–साहित्य में ग्राम युवती के अलंकरणों में वैविध्य भी परिलक्षित होता है। विवाहित तथा अविवाहिता के आभूषणों में अन्तर को भी उन्होंने विश्लेषित किया है। जैसेः– 'मंगलसूत्र।"[31] एवं 'गले में मोतियों की कंठी।"[32] 'सोने की चेन।"[33] 'गले में पहाड़ी कुनदनिया', 'चम्पाकली।"[34], 'गले में चाँदी की जंजीर।"[35] 'कंठ का हैदराबादी चोकर।"[36] की बारंबार रुप–रचना की है। एक अन्य स्थान पर उन्होंने कानों की बालियों के स्थान पर झुमकों से अलंकृत दिखाया है। यथा–

> "कानों में गोल–गोल बालियों के स्थान पर थे झुमके, जिनके दुःसह भार की गरिमा को दो चौड़ी श्रृंगार पट्टियों में विभक्त कर सीधी मांग के अगल–बगल टिका दिया गया था। सिर का पल्ला भी शायद झुमकों के वैभव के उचित प्रदर्शन के लिए जान–बूझकर ही नीचे गिरा दिया गया था।"[37]

---

24. अतिथि, पृ0 18.
25. वही, पृ0 163.
26. चिरसाथी मोर, पृ0 71.
27. जा रे एकाकी, पृ0 27.
28. कैंजा, पृ0 13.
29. श्मशान चम्पा, पृ0 25.
30. किशुनली, पृ0 43.
31. अतिथि, पृ0 165.
32. एक अनाघ्रात पुष्प, पृ0 137.
33. पाथेय, पृ0 94.
34. धुआँ, पृ0 39.
35. चाँद, पृ0 115.
36. श्मशान चम्पा, पृ0 96.
37. पुष्पहार, पृ0 133.

वास्तव में शिवानी सौन्दर्यजीवी लेखिका हैं और अन्तर्वाह्य सौन्दर्य की समन्वयकर्ता भी। नायिका के सौन्दर्य में वृद्धि के लिए प्रसाधनपयोगी वस्तुओं का विस्तृत विवरण प्रस्तुत किया है। प्रसाधन कला ही शिवानी की प्रेरणा भूमि है। उन्होंने नासिका सज्जा के अन्तर्गत चमकदार लौंग' की बारम्बार आवृत्ति की है। जैसे– ''यूनानी नाक की खड्ग की धार पर हीरे की लौंग।''[38] ''खड्ग की धार सी तीखी नासिका की हीरे की लौंग जुगनू सी चमक रही थी।''[39] तथा ''नाक पर चमकती फूलदार लौंग।''[40] ''नाक के दोनों ओर चमकती लौंग।''[41] को प्रतिबिम्बित किया है। ''यूनानी नाक'' तथा ''खड्ग की सी धार वाली नासिका'' की गढ़न प्रायः समान ही है परन्तु शिवानी ने सौन्दर्य सृष्टि हेतु चित्रांकन में शब्दगत परिवर्तन किया है। ''पतली नाक की गढ़न पर हीरे की कनी।''[42] शिवानी की लौंगप्रियता का ही प्रमाण है।

उक्त आभूषण के अतिरिक्त ''कानों के आरक्त अग्रभाग में दमकते मद्रासी हीरों के कर्णफूल''[43] ''कर्णफूलों पर चमकते हीरे ।''[44], ''रुपये के आकार के डायमंडकटी कानपाश।''[45] ''कुण्डलाकार चाँदी की बालियाँ।''[46] ''कानों में शत सहस किरणें विकीर्ण करते हीरे के कर्णफूल।''[47] ''कानों में जड़ाऊ लटकन''[48], ''जड़ाऊ झुमके।''[49] ''मोती के कर्णफूल।''[50] ''लड़ी वाले झुमके।''[51], ''माणिक के कर्णफूल।''[52] ''कानों में बड़ी–बड़ी फीरोजा गुंथी

38. तर्पण, पृ0 56.
39. पिटी हुई गोट, पृ0 133.
40. मणिमाला की हँसी, पृ0 28.
41. मेरा भाई, पृ0 117.
42. कालिंदी, पृ0 192.
43. चौदह फेरे, पृ0 24.
44. विषकन्या, पृ0 19.
45. भीलनी, पृ0 46.
46. गैण्डा, पृ0 31.
47. जोकर, पृ0 86.
48. श्मशान चम्पा, पृ0 96.
49. मायापुरी, पृ0 39, 28.
50. वही।
51. किशुनली, पृ0 43.
52. श्मशान चम्पा, पृ0 36.

बालियां।"[53] "कानों में सोने की चेन में लटके, लाल चेरीगुच्छ से पूँजीभूत माणिक।"[54] "कानों में बड़े–बड़े कटावदार झुमके।"[55] "जगमगाता बहुमूल्य राजमुकुट।"[56] "पीले चोखे सोने की नथ।"[57], "हीरे की लौंग।"[58] "सोने की क्लिप।"[59], आदि न जाने कितने रंग–बिरंगे, वैविध्य–वैचित्र्यपूर्ण रत्न, रजत स्वर्ण निर्मित अलंकार इनकी रचनाओं में जगमगा रहे हैं। ये आभूषण प्रायः रत्न विजड़ित हैं। यही कारण है कि शिवानी–साहित्य एक रत्नागार बन गया है। प्राचीनकाल से ही स्त्रियाँ अलंकार–प्रिय रही हैं। शिवानी–साहित्य में सुन्दरी, कमनीय युवतियों का सौन्दर्य अप्रतिम है साथ ही लेखिका ने प्रसाधन कला के द्वारा उनके सौन्दर्य को निखारने में अपनी कला कुशलता का परिचय दिया है। आभूषणों का वर्णन इन्होंने वर्ग विशेष तथा वर्ग से सम्बद्ध लोगों की रुचियों को ध्यान में रखकर ही किया है जो शिवानी की स्वयं की परिष्कृत रुचि बोध को लक्षित करता है। शिवानी बहुज्ञ लेखिका हैं, यही बहुज्ञता उनके साहित्य को समृद्ध बनाती है। शिवानी के हाथों के श्रृंगार में "लाल–लाल कामदार चूड़ियाँ।"[60] "हीरे की अंगूठी।"[61] "प्लैटीनम की हीरे की कनियाँ जड़ी अंगूठी।"[62] "बहुमूल्य नीलम के कंकण।"[63] "कांच की चूड़ियां।"[64] "बड़े–बड़े नगों की सिग्नेट अंगूठी।"[65], "लम्बी अंगुलियों में चमकती माणिक, पन्ना की अंगूठियाँ।"[66] नाना रत्नों की दमकती अंगूठियाँ।"[67]

---

53. चिरसाथी मोर, पृ0 74.
54. पाथेय, 199.
55. गूंगा, पृ0 47.
56. चिरस्वयंवरा, पृ0 8.
57. नथ, पृ0 81.
58. तर्पण, पृ0 56.
59. माणिक, पृ0 46.
60. चौदह फेरे, पृ0 26.
61. मायापुरी, पृ0 13, 26.
62. वही।
63. वही, पृ0 45.
64. किशुनली, पृ0 43.
65. श्मशान चम्पा, पृ0 41.
66. पाथेय, पृ0 100.
67. अतिथि, पृ0 202.

"दर्पण जड़ी अंगूठी।"[68] "कोकाकोला.रंग की चूड़ियां।"[69] "चमकती विदेशी हीरों की प्लैटिनम की अंगूठी।"[70] "हीरे की वर्तुलाकर जगमगाती अंगूठी।"[71] "सतनगी हीरे की अंगूठी।"[72] आदि कितने ही महार्घ रत्नों के जटिल आभूषणों का उपयोग किया है। आभूषणों के वर्णन में ही उन्हें गढ़ने का सफल प्रयास भी लेखिका ने किया है। जैसे–"रत्नजटित बाजूबंद", जिसके दोनों मुड़े लच्छे मयूराकृति में जुड़ जाते थे। नीचे लटका था जरीदार काला डोरा।"[73] तथा "गौर भुजदंड पर एक सुवर्णमण्डित अनन्त भुजंगाकार वलय बना लिपटा था, नन्हें से फन पर, दो आँखें बने हीरे झक–झक चमक रहे थे।"[74] इस प्रकार इन उपकरणों से परिपूर्ण होकर ही शिवानी–साहित्य इतना शोभाशाली बन सका है। इसके अतिरिक्त "नन्ही घंटियों में टुनकती चाँदी की पतली करधनी, चौथ की चन्द्रिका–सी, रुपहली हंसिया के आकार में मुड़ी हुई।"[75] "पाजेब।"[76] का वर्णन भी सराहनीय है। शिवानी ने बंहुमूल्य आभूषणों के साथ–साथ प्रकृति प्रदत्त पुष्पाभरणों से भी सौन्दर्य–सज्जा की है। शिवानी–साहित्य आद्यंत प्रकृति के प्रांगण में ही विचरण करता रहा है। अस्तु, उसने विभिन्न पुष्पों, स्तबकों तथा किसलयों से अपने पात्रों का श्रृंगार किया है। उनकी पात्र पुष्पाभरण से अलंकृत दिखायी देती हैं। शिवानी ने यथास्थल पुष्प–प्रसाधन के सूत्रपात की ओर अंगुलि निर्देश किया है। उदाहरण दृष्टव्य हैः–"संगमरमर से तराशी गई मूर्ति–सी ही गुलशन सिर से पैर तक केवल फलों से ढकी रहती। वक्षस्थल पर नाशपतियों की कंचुकी, क्षीण कटि पर अंगूरी पत्रों की मेखला, कंठ में आलूबुखारे की माला, कलाई में अंगूरों के कंकण।"[77] इसी प्रकार "जूड़े पर धतूरे का पुष्प।"[78] भी पुष्प सज्जा का अनूठा सौन्दर्य प्रस्तुत करता है। स्पष्ट है कि पुष्प–सज्जा शिवानी

68. श्मशान चम्पा, पृ0 96.
69. जिलाधीश, पृ0 26.
70. गैण्डा, पृ0 15.
71. शपथ, पृ0 77.
72. गैण्डा, पृ0 17.
73. अतिथि, 18–19.
74. वही, पृ0 198.
75. गैण्डा, पृ0 31.
76. अतिथि, पृ0 236.
77. श्मशान चम्पा, पृ0 18.
78. भैरवी, पृ0 16.

का एक अभिजात ग्राम युवती के ग्रामीण युवतियों में भी इसका प्रचलन प्रदर्शित किया है। उनके ग्राम युवती के अलंकार भी वैचित्र्यपूर्ण हैं। शिवानी ने यद्यपि पत्रावली, पत्रांगुलि, पल्लव, भंग रचना, पत्रलता, आदि का विधान नहीं किया है, फिर भी पुष्पाभरणों का उन्होंने अनेकत्र उपयोग किया है। जैसे–कानों में लाल बुरुंश के झुमके।"[79] आदि।

उपर्युक्त उद्धरणों के प्रकाश में यह मत–निर्धारित किया जा सकता है कि शिवानी ने रत्नाभरणों एवं स्वर्णाभरणों के साथ–साथ पुष्पाभरणों का भी प्रचुर प्रयोग है। यह पुष्प–सज्जा शिवानी–साहित्य में सुन्दरियों को सौन्दर्य विभूषित कर रही है और सुरभित भी। पुष्पाभरण वस्तुतः नवलता, सकुमारता, वर्णच्छटा और निसर्ग सुषमा के प्रतीक हैं। यही कारण है कि शिवानी साहित्य में अनेक स्थलों पर इनको प्रश्रय दिया गया है। अतः "हाथ में नीला कमल लिए, केशों में कुंद कलियाँ खोंसे, लोध्ररज मुख में लगायें, अलकापुरी की सुन्दरियों का अद्भुत वर्णन।"[80] कर उन्होंने पुष्पाभरण के सौन्दर्य को उभारा है।

केश सज्जा :

केश प्रसाधन करते हुए शिवानी ने केशों के प्रायः नार गुणों का उल्लेख किया है। आकार की दृष्टि से लंबे, विस्तार की दृष्टि से घने, स्पर्श की दृष्टि से कोमल सुच्चिकण और वर्ण की दृष्टि से काले केश विशेष प्रिय हैं। वस्तुतः लेखिका का केश–सौन्दर्य से घनिष्ठ सम्बन्ध है। अस्तु, प्रसाधन के अन्तर्गत शिवानी ने केश–सज्जा को बहुत महत्व दिया है। केशों के प्रसाधन में पुष्पों तथा रत्नों को पर्याप्त उपयोग किया गया है। पत्रों, पुष्पों, कलियों और किसलयों का गुंफन प्रायः संवारे हुए केशों अर्थात् वेणी बंधन में किया जाता है, अतः शिवानी ने जिन अर्धविकच पुष्पों का प्रयोग किया है, उनमें बेला, गुलाब, गेंदा, मोगरे की वेणी, बुरुंश पुष्प, लाल जवाफूल, आदि प्रमुख हैं। जैसे–

> "बालों को अमृता शेरगिल स्टाइल में चपटा सा बनाकर लड़की ने अद्भुत कला चातुर्य से, दोनों गुलाब की पंखुड़ी जैसे कानों को ऐसे ढांककर रख दिया था कि अंगारे से दहकते दो लाल रुबी के कर्णफूल ही किसी आदृश्य बल्लरी से लटके लाल चेरी गुच्छ से झूल रहे थे।"[81]

---

79. कैंजा, पृ0 46.
80. कालिंदी : कथन, पृ0 9.
81. चौदह फेरे, पृ0 26.

शिवानी–साहित्य में केश–प्रसाधन के अन्तर्गत ''वेणी बंधन'' का बारंबार उल्लेख मिलता है। इसके लिए उन्होंने जूड़ा वेणी, चोटी और कबरी शब्दों का प्रयोग किया है। आकृति तथा अभिकल्प (डिजाइन) के अनुसार शिवानी–साहित्य में इनके अनेक रुप वर्णित हुए हैं।

शिवानी ने वेणी–बंधन की कई कलाओं की ओर संकेत किया है। लेखिका ने अपनी सुन्दरी को ''मोटी दो चोटियों।''[82] से सुशोभित किया है। अन्य अनेक स्थलों पर भी उन्होंने कल्पना, प्रतीक और बिंब के सहारे वेणी की शोभा को उकेरा है एवं उसका रुपात्मक चित्र प्रस्तुत किया है। जैसेः– ''उसकी मोटी काली चोटी उसी कौमार्यावस्था की अल्हड़ता से सामने झूल रही थी, कान के पास चन्द्रमल्लिका का एक बड़ा सा पुष्प सर्चलाइट सा चमक रहा था, जैसे हवाई–द्वीप की कोई लावण्यमयी धृष्टा किशोरी विदेशी पर्यटक के पार्श्व में कान में फूल खोंसे बैठी, किसी एयर लाईन्स का विज्ञापन बनी मुस्करा रही हो।''[83] लेखिका ने वेणी के रुप–वैविध्य और वैशिष्ट्य का विस्तारपूर्वक विश्लेषण किया है। कुछ उदाहरण दृष्टव्य हैं–''बालों के रंगीन फुंदनों में लगे घुंघरु, जिन्हें चोटी में गूँथ, जानबूझकर इधर–इधर फेंक लड़कियों हवा उड़ा चली जाती थी।''[84]

''वह बालों में कड़ुआ तेल डाल सुलझाकर नन्हीं–नन्हीं मढ़वाली लटियों को कसकर एक सम्मिलित चुटिया में बाँध, गुलाबी ऊन का फुँदना गुंथ देती।''[85]

''लंबे घने केशों को कंघी का चाबुक मार–मारकर उन्हें बरबस सीधा कर, एक अनाकर्षक टेढ़े–जूड़े में बंदी बनाया गया था। फिर भी कुछ अबाध्य लटें ललाट पर आयी गयी थी।''[86]

शिवानी को 'शिथिल वेणी'' और ''नव वेणी बंध'' दोनों ही अभीष्ट हैं। यथा– ''रुखे बालों की ढीली वेणी, ईषत बंकिम होकर उसके रक्तिम कपोल स्पर्श करती अधखुली–सी सामने लटक रही थी।''[87] तथा ''गढ़वाली लटों की

82. कालिंदी, पृ0 21.

83. ज्येष्ठा, पृ0 61.

84. चिरसाथी मोर, पृ0 71.

85. रथ्या, पृ0 11.

86. विवर्त, पृ0 21–22.

87. सुरंगमा, पृ0 113.

असंख्य परतों की कसी केशसज्जा।"[88] के विविध रुपों में वेणी–विलास शिबानी को बहुत अभिप्रेत रहा है। इन्होंने अधिकांशतः स्वतन्त्र रुप से और कहीं–कहीं ब्याज रुप (रुपात्मक प्रणाली) से सुन्दरी के केश–कलाप को आबद्ध करके प्रस्तुत किया है। "खूब कसकर बाँधी गयी कुछ–कुछ ऊँची चोटी।"[89], "कसकर बाँधा गया नन्हा सा जूड़ा।"[90], तथा बालों का श्रृंगार पत्तियों में काट, बाई ओर की माँग सवार विभक्त की गयी सज्जा।"[91] "सामान्य हवा के झोंके से ही मनमोहक घेरे में चेहरे को बाँधने वाले रेशम की लच्छियों से केश।"[92], को प्रायः रुपबद्ध किया है। वेणी बंधन के साथ–साथ मुक्त केश–रचना को भी लेखिका ने प्रश्रय दिया है। इन्होंने घुंघराली, लहराती, अलकों को अपेक्षाकृत अधिक रुपायित किया है। लेखिका को केशों की भंगिमा विशेष प्रिय है। उन्होंने "सुच्चिकन काली घनघटा सी खुली केशराशि।"[93] तथा "अबाध्य केशराशि को एक रेशमी फीते में कसकर बाँधने।"[94] की कला को मुग्ध भाव से चित्रित किया है। शिवानी को खुले, बिखरे और मुक्त रुप से लहराते केश सर्वाधिक प्रिय हैं। यह सम्भवतः उनके सहज स्वच्छन्द व्यक्तित्व का ही परिणाम है। लेखिका मुखमंडल तथा कंधों पर बिखरे झूमते केशों को देखकर विशेष भावमुग्ध प्रतीत होती है। उन्मुक्त केशों के प्रति उन्होंने इसीलिए तन्मयता प्रदर्शित की है। फिर भी वे अधिकतर काले केशों की ही आग्रही हैं। जैसे उन्होंने केश सज्जा व प्रसाधन में लम्बे, घने केशों का ही विन्यास किया है–"सीधे सपाट बालों को एलिस इन वण्डरलेण्ड वाले अन्दाज में एक फीते में कसकर बाँधना।"[95], "परिपाटी से बंधा जूड़ा उस पर धतूरे का पुष्प।"[96], "परिपाटी से संवरी केश सज्जा।"[97], "घुंघराले बालों को रीठे से धोकर उसमें चोटी बना काला रेशमी फीता

---

88. चौदह फेरे, पृ0 127.
89. मधुयामिनी, पृ0 75.
90. माणिक, पृ0 15.
91. सुरंगमा, पृ0 165.
92. ज्येष्ठा, पृ0 60.
93. भैरवी, पृ0 16.
94. श्मशान चम्पा, पृ0 55.
95. भीलनी, पृ0 41.
96. भैरवी, पृ0 16.
97. अतिथि, पृ0 23.

बाँधना।"[98] तथा "सुवासित केश (तेल) में रंगीन फुँदने।"[99] लगे केशों में आकार–विस्तार की दृष्टि से सघन, संग्रथित, सुरभित अर्थात् भाराक्रान्त अलकों को अर्हता दी है। उन्होंने केश–विन्यास में जूड़े को महत्व देते हुए "सुघड़ जूड़े में मंडित केशपाश की गरिमा।"[100] का प्रदर्शन किया है। यथा–"जूड़ा बनाने में उसकी जादू भरी अंगुलियों का कमाल उसकी बंगाली सहपाठिनियों को भी मुग्ध कर देता। हाथ से ही केश वह कभी पंखे सा संथाली जूड़ा बनाकर पीठ पर डाल देती, कभी असंख्य छोटी–छोटी वेणियां उन्हें जूड़े के उदधि में, छोटी–छोटी तरंगित नदियों–सा एकाकार कर लाल जवाफूल खोंस लेती।"[101] यहाँ लेखिका की केशप्रियता कुंतल कला और प्रसाधन अभिरुचि का परिचय मिलता है। जूड़े को उन्होंने विभिन्न स्थलों पर आभूषणों तथा पुष्पों से सजाया है जो उनकी कलात्मक अभिरुचि का परिचायक है। जैसेः–"बंदगोभी से अंटे–ठंसे जूड़े में चाँदी के घुंघरुदार संथाली कॉटे।"[102], "जूड़े में बेले का गजरा।"[103] "शिथिल जूड़े में पुष्प गुच्छ"[104], "जूड़े पर लगा बेले का दक्षिणी गजरा"[105], "गेंदे में गजरा"[106], तथा "बेले के गजरे।"[107], "जूड़े में लगा गुलाब का फूल।"[108], "जूड़े में फूलों की वेणी।"[109], उनके साहित्य में बहुव्याप्त है। शिवानी "भीगे, सुगन्धित केशपाश की मन्दपरिमल सुगन्ध।"[110] पर मुग्ध दिखाई पड़ती हैं। अस्तु, इन्होंने केश सज्जा हेतु रत्नों, रंगबिरंगे पुष्पों, सीमंत–सिन्दूर और अन्यान्य उपकरणों का प्रयोग किया है। इनका यह केश बिम्ब सौन्दर्य –श्रृंगार की भारतीय परम्परा में महत्वपूर्ण है। "बालों में सीधी माँग निकाल कर सिन्दूर

---

98. मायापुरी, पृ0 8.
99. गजदन्त, पृ0 102.
100. शपथ, पृ0 76.
101. सुरंगमा, पृ0 120.
102. पाथेय, पृ0 99.
103. अतिथि, पृ0 82.
104. वही, पृ0 220.
105. रतिविलाप, पृ0 21.
106. कीर्ति स्तम्भ, पृ0 124.
107. आप बीती, पृ0 132.
108. मायापुरी, पृ0 17–40.
109. वही।
110. वही, पृ0 68.

भरना।"[111], "माँग में सिन्दूर की पतली रेखा।"[112] तथा सुगन्धित केश तेल से छपाक्–छपाक् रुखे बालों को रससिक्त।"[113] करना आदि का चित्रण उन्होंने भारतीय संस्कृति एवं परम्परा का अनुसरण करते हुए ही किया है। इस प्रकार केश सज्जा में उन्होंने भारतीय एवं पाश्चात्य परम्पराओं को अपनाया है, जो सराहनीय है।

नारी के केश विन्यास का रुपांकन करते हुए शिवानी ने यद्यपि पुरुषों की केश–राशि का भी यत्किंचित् वर्णन किया हैं, फिर भी यह नगण्य सा है। शिवानी–साहित्य में कहीं–कहीं पर पुरुषों के केशों का विधिवत् उल्लेख किया गया है। पुरुषों के केश–सज्जा के जो वर्णन हुए भी हैं, वे आकार–प्रकार में प्रायः स्त्रियों के केश कलाप के अनुरुप ही हैं। शिवानी ने पुरुषों को भी प्रलंब कुंतलों से युक्त चित्रित किया है। जैसे–"उसके घने, काले चिकने बालों की पाटी अनायास ही किसी भी प्रसिद्ध केश–तेल कम्पनी का विज्ञापन बनायी जा सकती थी। अपने उस केश प्रसाधन में वह किसी श्रृंगार प्रिया किशोरी का सा ही परिश्रम भी करता था। घंटों स्वयं चम्पी करता, फिर उन्हें पानी में भिगोता, फिर ब्रश के धारावहिक प्रहारों से उन्हें बैठा, बीच की माँग निकाल, किसी दरबी की–सी चपटी सज्जा में ऐसे बिठा देता कि आँधी भी चले तो मजाल है कि एक बाल भी उड़कर बिखर तो जाए।"[114] इसके अतिरिक्त स्वतन्त्र रुप से पुरुषों के केश–कलाप का वर्णन प्राप्य नहीं हैं, किन्तु शिशुओं के कुचिन्त केशों का भाव विमुग्ध वर्णन इन्होंने अवश्य किया है।

उपर्युक्त तथ्यों द्वारा यह भलीभाँति स्थापित किया जा सकता है कि शिवानी–साहित्य प्रायः केशराशि से आच्छादित और उसकी रस–स्निग्ध छाया में. स्पंदित दिखाई देता है। शिवानी में विविध केश–रुपों के प्रति आकर्षण है। उन्होंने केश–रचना की अनेक प्रणालियाँ प्रयुक्त की हैं। समग्रतः यह स्वीकार्य है कि शिवानी–साहित्य में नारी की केश–राशि, उसका वेणी–बंधन और उसके उन्मुक्त कुंतल बहुव्याप्त हैं। लेखिका को लंबे, काले, कोमल, चिकने, सुरभित, तैलाक्त और लहराते केश विशेष प्रिय हैं। वस्तुतः यह केश जाल शिवानी–साहित्य के शिरोभाग पर सुशोभित है और अपने

---

111. 'के', पृ0 110.

112. मायापुरी, पृ0 122.

113. भैरवी, पृ0 22.

114. रथ्या, पृ0 88.

छायांकन द्वारा उसकों प्रतिच्छवित कर रहा है।

वस्त्र–विन्यास :

शिवानी सौन्दर्यजीवी लेखिका हैं। सौन्दर्य प्रसाधन में शिवानी ने वेशभूषा को बड़ी प्राथमिकता दी है। इन्होंने खद्दर, शिफौन, रेशम, चिकन, जार्जेट, साटन तथा सूती रांकव (ऊनी) अर्थात् न्यूनाधिक रुप से हर कोटि के वस्त्र प्रयुक्त किए हैं। इनमें वर्ण–वैविध्य दिखाई पड़ता है। लेखिका ने आरोग्य वस्त्रों जैसे–चुनरी, दुकूल, चोली, कमीज, ब्लाऊज, अवगुंठन की बारम्बार आवृत्ति की है। जैसे–उन्होंने–"रेशमी शर्ट"[115], "खद्दर का कुर्ता"[116]"काले साटन का ब्लाउज"[117] "भूरे रंग की जैकेट"[118], "जवाहर कट बास्कट"[119] तथा "चूनर।"[120] आदि का मनोयोगपूर्वक चित्रण किया है। इसके साथ ही निबंधनीय और प्रक्षेप्य वस्त्रों में उन्होंने "सफेद बुर्राक पायजामे।"[121], रेशम का बैंजनी गरारा।"[122], "लाल सिन्दूरी रेशमी धोती।"[123] के साथ–साथ, "साड़ी", "लंहगे", गाउन, पैंट इत्यादि का उल्लेख किया है। लेखिका ने वर्ण, वैशिष्ट्य प्रकट करते हुए मौलिक वर्णों को पृथक् रुप से प्रयुक्त करने के साथ–साथ उन्हें परस्पर मिश्रित भी किया है। यह वर्णमैत्री अनुकूल–प्रतिकूल सभी वर्णो के साथ की गई है। इन्होंने वस्त्र चयन में अपने मनः संस्कारों और कलात्मक अभिरुचियों के अनुकूल सतरंगी रुपों–रंगों की सुरम्य रचना की है। शिवानी की रंग–रुचि आत्म–संबद्ध है। उनके साहित्य में वर्णच्छटा का सुन्दर समाहार हुआ है। जैसे–सुनहला रंग, नीला रंग, लाल रंग, सिंदूरी रंग, बैंगनी रंग, श्वेत रंग, काला रंग, सतरंगी रंग, गुलाबी रंग आदि। शिवानी–साहित्य में पारम्परिक रंग–रुढ़ियों के अतिरिक्त अनेक प्रकार के अभिनव वर्ण–प्रयोग भी दृष्टिगत होते हैं। वस्तुतः सौन्दर्य के सम्मूर्त्तन एवं बिंब–विधान के लिए रंगों का बोध अपरिहार्य है। रंग योजना की समुचित

---

115. पाथेय, पृ0 100.
116. कहाँ गइलै हो, पृ0 100.
117. विवर्त, पृ0 16.
118. वही, पृ0 64.
119. कृष्णकली, पृ0 32.
120. लिखूं, पृ0 102.
121. अतिथि, पृ0 23.
122. गहरी नींद, पृ0 92.
123. मधुयामिनी, पृ0 77.

अनुभूति द्वारा ही लेखिका ने भाव अथवा दृश्य का सम्यक् चित्रांकन किया है। अस्तु, वस्त्र–विन्यास के सहज–स्वाभाविक चित्रांकन के लिए श्रृंगार का सम्यक् निर्वाह किया गया है।

भारतीय और पाश्चात्य आधुनिकाओं की परिष्कृत रुचि को भी लेखिका ने साहित्य में उभारा है। भारतीय आधुनिका के वस्त्र–विन्यास में शिवानी ने "साड़ी" को श्रेष्ठ परिधान घोषित किया है। "साड़ी" का आकर्षण व औदार्य प्रस्तुत करते हुए उन्होंने विभिन्न वर्णो और कोटि की साड़ियों की गणना की है। जैसे–"नीली शिफौन की पारदर्शी साड़ी"[124], "लाल बनारसी साड़ी"[125], "मखमली बेललगी जार्जेट की साड़ी"[126], "सफेद साड़ी"[127] "कांजीवरम् और चंदेरी साड़ी"[128], हल्के रंग की वेंकटगिरी साड़ी"[129], "नॉयलॉन की साड़ी"[130], "लाल रेशमी साड़ी"[131], "सादी इकलाई की मर्दानी कन्नी की साड़ी"[132], "रेशमी नीली साड़ी का चौड़ा सुनहला किनारा"[133], "ताँत की साड़ी"[134], "चौड़े जरी पाड़ की टाँगाइल साड़ी"[135], "पोचमपल्ली साड़ी"[136], "बनारसी क्रेप सिल्क की साड़ी"[137], "बड़े–बड़े गुलाबी फूलों और मखमली बेल लगी साड़ी"[138], "लाल आलपाके की साड़ी"[139], "लाल शोलापुरी

124. गैण्डा, पृ0 31.
125. भीलनी, पृ0 47.
126. विवर्त, पृ0 16.
127. कालिंदी, पृ0 140.
128. श्राप, पृ0 93.
129. उपप्रेती, पृ0 16–96.
130. वही।
131. भैरवी, पृ0 83.
132. शायद, पृ0 115.
133. मेरा भाई पृ0 117.
134. शमशान चम्पा, पृ0 91.
135. वही, पृ0 70.
136. चिरस्वयंवरा, पृ0 10.
137. वही, पृ0 9.
138. कैंजा, पृ0 23.
139. अनाथ, पृ0 105.

साड़ी''[140] ''लाल झीनी साड़ी का आँचल''[141], ''चिकन की साड़ी''[142], ''लाल पाड़ की सफेद साड़ी''[143], ''हल्के गुलाबी रंग की साड़ी के चौड़ी ज़री का सुनहला रंग''''[144], ''सफेद टेटिंग की लेस लगी साड़ी''[145] ''धानी कश्मीरी सिल्क की साड़ी''[146], ''महीन जरी के किनारे की नागपुरी साड़ी''[147], ''पीली चंदेरी की साड़ी''[148], ''नीली सिल्क की साड़ी''[149], इसके अतिरिक्त ''चौड़े लाल पाड़ की साड़ी''[150] और ''चंदेरी–कोटा तथा चिकन की साड़ी''[151] का सौन्दर्य उनके साहित्य में प्रभूत मात्रा में प्राप्य है। उन्होंने एक–एक रंग की अनेकानेक आवृत्तियां की हैं। शिवानी ने अपने रुचि–बोध तथा सौन्दर्य–बोध के कारण ही तीखे–चटकीले रंगों को अर्हता नहीं दी है, बल्कि इन्होंने नीलांबरी, गुलाबी, सफेद, ''रंगों के शेड्स'' और वर्ण–सांकर्य को प्राथमिकता दी है। इन्होंने ऐसे–ऐसे दृश्यों और चित्र–फलकों की रंग–रचना की है, जिनमें वर्णों का वैविध्य और वैचित्र्य है। नवयौवना के रुप में लेखिका ने अपूर्व कुशलता का परिचय दिया है। लेखिका ने सभ्य, सुसंस्कृत, आभिजात्य वर्ग की परिष्कृत रुचिबोध के साथ ही परिधानों के चयन में भारतीय संस्कारों का भी परिचय दिया है। लेखिका ने भारतीय परिधानों का चित्रण कर भारतीयों की सभ्यता और शालीनता का परिचय भी दिया है। यथा–''छींट का शलवार कुर्ता।''[152], ''चिकन का कुर्ता।''[153], ''लाल अतलस की, चौड़ीपाँचे की शलवार, दुपट्टा।''[154], ''चिकन के शहज़ादे कुर्तों, अंगरखों पर उभरते

140. सती, पृ0 124.
141. अतिथि, पृ0 133.
142. वही, पृ0 163.
143. सुरंगमा, पृ0 150.
144. रथ्या, पृ0 23.
145. माणिक, पृ0 11.
146. मायापुरी, पृ0 24.
147. वही, पृ0 11, 57.
148. वही।
149. चौदह फेरे, पृ0 19.
150. वही, पृ0 16.
151. जा रे एकाकी, पृ0 21.
152. गैण्डा, पृ0 27.
153. वही, पृ0 28.
154. नथुनिया ने हाय राम.........., पृ0 92.

क्षण–क्षण नया रुप लेती मनमोहक बेलें।''[155], ''काले साटन का ब्लाउज जिसकी चुन्नटदार बांहें, कमर में इलैस्टिक की चुस्ती और गले में झालर''[156], ''रेशमी पीताम्बर और रॉसिल्क के सफेद कुर्ते पर ज़रीदार लाल दुशाला''[157] ''ढीला कुर्ता''[158] ''चूड़ीदार कुर्ते, अंगरखे और लेडी हेमिल्टन रेशम की सलवार कमीजे''[159] ''भड़कीले चटख–शोख रंगों के चूड़ीदार कुरते''[160] ''जेब लगी कुर्ती के महीन मलमल से झाँकती लेसलगी कंचुकी''[161], ''पूरी बांहों का ढीला सलूमा''[162] का रुप विधान भी किया है। एक स्थल पर लेखिका ने नवयौवना के वस्त्रों के चयन–सम्बन्धी रुचि का प्रदर्शन भी किया है, साथ ही आधुनिक युवती के वस्त्रों के आकार–प्रकार का उल्लेख भी किया है। कुछ पंक्तियां उद्धरणीय हैं–''मलमल का चम्पे की कलियों वाला गोटदार लखनवी क़ुरता।''[163], ''पहनने ओढ़ने में उसकी रुचि अद्वितीय थी। साड़ी–असली ज़री की किनारियों, भारी–भारी कांजीवरम् पट्टाम्बर परिधानों की छटा उसके व्यक्तित्व को ऐसे संवारकर प्रस्तुत करती कि लगता चलने फिरने उठने–बैठने में लड़की मॉडलिंग कर रही है।''[164] इसके अतिरिक्त परिधानों को गढ़कर उनकी सज्जा में भी कुशलता का परिचय दिया गया है। यथा–''लेस लगी कुरती–बांहों में मोहक चुन्नटों के बीच पतली–पतली प्लीटें, बीच–बीच में फ्रेंच लेस की महीन तुरपन और कमर में इलास्टिक का बंधन।''[165] ''लाख के शाहानों पर चिपके रंगीन काँच के टुकड़े, लाल पीले हरे मनमोहक शाहाने''[166], कश्मीरी शॉल पर फूल''[167], ''उदरदर्शिनी

155. वे खिलाती हैं गुल, पृ0 132.
156. विवर्त, पृ0 16.
157. वही, पृ0 81.
158. भूली कहां हूँ, पृ0 19.
159. लिखूं, पृ0 102.
160. श्मशान चम्पा, पृ0 82.
161. अतिथि, पृ0 163.
162. माई, पृ0 65.
163. कृष्णकली, पृ0 145.
164. कालिंदी, पृ0 90.
165. श्मशान चम्पा, पृ0 76.
166. वे खिलाती हैं गुल, पृ0 132.
167. वही।

ब्लाउज''[168], इत्यादि। दूसरी ओर उन्होंने नगर–जीवन के अतिरिक्त पहाड़ी जीवन का यथातथ्य रूप भी उजागर किया है। पहाड़ी–प्रदेश से जुड़े पात्रों का वस्त्र–विन्यास भी उन्होंने क्षेत्र विशेष से जुड़ कर ही किया है। पहाड़ी जीवन का भोला रुप और युवतियों का चंचल, अल्हड़ स्वरुप भी लेखिका ने वेशभूषा के माध्यम से अभिव्यक्त किया है। कुमाऊँ अंचल के नारी पात्रों की उन्मुक्त सादगी एवं पहाड़ी वेशभूषा की चटख़–रंगीनी शिवानी–साहित्य की सबसे बड़ी शक्ति है। लेखिका का ह्रदय रंग–बिरंगे, सजीले, चटकीले परिधान के प्रति अनुरक्त है। इसी कारण उन्होंने ''लहँगा ओढ़नी'' को विशेष प्रथम दिया है। कुछ प्रमाण प्रस्तुत हैं: ''कामदार लँहगे दुपट्टे''[169] ''ऊदा अबरकी दुपट्टा''[170] ''सोलहगजी मग्जीदार ऊँचा लहंगा''[171] ''मखमली लहंगा'' बढ़िया गोट लगा अतलसी पिछौड़ा''[172], ''रंग–बिरंगा गरारा, कमीज और अबरखी दुपट्टा''[173], ''चौड़े का मखमली कामदार लहंगा''[174], ''काला लहंगा'', ''नीली क्रेप की कुर्ती, कुर्ती पर कसी काली बास्कट''[175], तथा पहाड़ी लहंगे, दुपट्टे, दुपट्टे एवं गुलाबी चूड़ीदार कुर्ते।''[176], के साथ ही नीले रंग के घेरदार गरारे और बोनी कमीज के चटक गुलाबी रंग की पारदर्शी झलक''[177] आदि। शिवानी वस्त्र–प्रसाधन की दिशा में विशेषोन्मुख है। उन्होंने सित–असित अर्थात् रंग–बिरंगी, झीने, पारदर्शी परिधान के प्रति उत्कंठा दिखाई है। जैसे: जयपुरी लाल बाँधनी और पारदर्शी लाल चूनरी।''[178], तथा पारदर्शी अग्निवर्णी लाल कोटा की साड़ी''[179], आदि। लेखिका ने नारी पात्रों के प्रसाधन पर ही अवधान केन्द्रित किया है परन्तु पुरुष पात्रों के सम्पूर्ण व्यक्तित्व को उदघाटित

---

168. पूतोंवाली, पृ0 36.
169. विवर्त, पृ0 13.
170. नथुनिया ने हाय राम, पृ0 97.
171. धुआँ, पृ0 39.
172. वही, पृ0 35.
173. लाल हवेली, पृ0 61.
174. कीर्ति स्तम्भ, पृ0 127.
175. किशुनली, पृ0 38.
176. भैरवी, पृ0 96.
177. चाँद, पृ0 96.
178. चौदह फेरे, पृ0 25.
179. विवर्त, पृ0 25.

करने में वस्त्र–विन्यास उनसे अछूता नहीं रह सका हैं। पुरुष वर्ग के पात्रों का चरित्र उद्‌घाटित करने हेतु शिवानी में कल्पना का जो प्राचुर्य है वह उनकी सबसे बड़ी विशेषता है। सामान्यतः शिवानी नारी–चित्रण की लेखिका हैं लेकिन उन नारियों के संवर्ग में आने वाले पुरुष–पात्रों का चित्रण तथा वस्त्र प्रसाधन लेखिका ने बड़े मनोयोग से किया है। चाहे फिर वह पात्र उदात्त हो या सर्वसामान्य। उन्होंने सामान्य पात्रों से हटकर "चौदह फेरे" और "मायापुरी" के "पीले बाबा" तथा "भैरवी" और "किशुनली" का ढॉट में ढोंगी बाबाओं पर, उनके चरित्र पर बड़ा कड़ा प्रहार किया है तथा इन पात्रों का वस्त्र–विन्यास भी उनके चरित्रानुरुप ही किया है। यथा– "ऊँची बन्धी गेरुआ धोती"[180] इसके अतिरिक्त पुरुषों की रुचि के अनुरुप–"चिकन का कुर्ता"[181], "काला लंगोट"[182] "सद्या इस्त्री करी ट्राउज़र, चौड़ी नेकटाई, रुमाल, पैरों में चमचमाते ऑक्सफोई शू"[183], "कलफ किया अद्धी का कुर्ता, यत्न से चुनी गयी ज़री पाड़ की शान्तिपुरी धोती और कंधे पर पड़ा पश्मीना"[184], "नीली क्रेप का पहाड़ी झगुल"[185], "पहाड़ी पट्‌टा का खुरदरा बादामी कोट"[186], "तंग मुहरी का लेस लगा पाजामा और ढीली बांहों का कुरता"[187] तथा "बगुले के पंख सी सफेद मोटी धोती–कुरता"[188] "रेशमी चूड़ीदार पाजामा"[189] आदि का लेखिका ने बड़े मनोयोग पूर्ण चित्रण किया है। शिवानी–साहित्य में वयः प्रभावित एवं वयः सापेक्ष ही पात्रों के व्यक्तित्व को उद्‌घाटित किया गया है। एक ओर शान्त, गंभीर और प्रौढ़ व्यक्तियों का उन्होंने वस्त्र–विन्यास किया है दूसरी ओर नवयुवकों का वस्त्र प्रसाधन भी लेख़िका ने आधुनिक वृत्ति से जुड़कर ही किया है। जैसे–"नीली बेलबाटम पर चिकन का बासंती कुर्ता।"[190], भूरा कोट और काले गबरुन का बन्द

180. भैरवी, पृ0 5.
181. गैण्डा, पृ0 28.
182. फिरबे की? फिरबे?, पृ0 44.
183. पाथेय, पृ0 100.
184. श्मशान चम्पा, पृ0 41.
185. रथ्या, पृ0 7.
186. वही, पृ0 25.
187. मधुयामिनी, पृ0 75.
188. कृष्णकली, पृ0 32, 58.
189. वही।
190. माणिक, पृ0 26.

पायजामा''[191], ''अतलस की शेरवानी''[192] ''सतरंगी जर्सी''[193] बनियान''[194] ''भूरे रंग की जैकेट''[195], ''रॉ सिल्क का सफेद कुर्ता''[196], ''काली जीन्स, टर्टल नेक की सतरंगी जर्सी''[197], ''पतली मोहरी की हिप टाइप पैंट''[198], ''उस्तरे की धार सी पैंट की क्रीज़''[199], ''नीले कार्ड राय की हाफ पैंट''[200], ''बोस्की की नीली कमीज़''[201], आदि। शिवानी–साहित्य में पात्रों के वर्णानुरुप ही उनका वस्त्र–विन्यास किया गया है। यथा–''लाल रंग की टी–शर्ट में उसका खिला चटका गोरा रंग भी गोरा लग रहा था।''[202] तथा ''नीली वर्दी में उसका गोरा चेहरा और भी ललछौंहा लग रहा था।''[203] इस प्रकार वस्त्रों के चयन में लेखिका ने रंग–रुचि का भी ध्यान रखा है। ''श्वेतवसना युवती।''[204] का भी उन्होंने अपने साहित्य में कहीं–कहीं चित्रण किया है। व्यक्तिगत व्यावहारिक जीवन में साहित्यिक–श्वेत–वसना को उन्होंने मात्र वैधव्य तक ही सीमित नहीं रहने दिया है, कहीं–कहीं पर श्वेत वसना युवती अप्सरा सौन्दर्य के साथ–साथ सादगी को भी व्यक्त करती है। वस्तुतः शिवानी–साहित्य रंग–बिरंगे वस्त्रों से विभूषित है, इसी कारण कहीं–कहीं पर उन्होंने सतरंगी वस्त्रों की कामना की है। उन्होंने यद्यपि वस्त्राभूषण और सौन्दर्य मंडल के प्रसंगों में स्त्रीत्व के सहजात संकोचवश वर्णनात्मक पद्धति न ग्रहण करके प्रतीकात्मक प्रणाली का प्रयोग किया है, फिर भी उनकी अन्तस्थ प्रकृति अथवा मनोवृत्ति प्रकट प्राय है। यह उल्लेखनीय है कि सौन्दर्य–प्रसाधन में

---

191. जा रे एकाकी, पृ0 38.
192. मायापुरी, पृ0 92.
193. भैरवी, पृ0 61.
194. मन का प्रहरी, पृ0 98.
195. विवर्त, पृ0 21.
196. वही, पृ0 81.
197. विषकन्या, पृ0 11.
198. मास्टरनी, पृ0 19.
199. एक अनाघ्रात पुष्प, पृ0 134.
200. अनाथ, पृ0 105.
201. सुरंगमा, पृ0 29.
202. कालिंदी, पृ0 92.
203. सुरंगमा, पृ0 19.
204. विवर्त, पृ0 64.

शिवानी जी अपेक्षाकृत पर्याप्त प्रगल्भ हैं और सर्वाधिक सक्रिय भी।

अन्य स्फुट प्रसाधन :

शिवानी ने सौन्दर्य–मंडन हेतु अनेक उपकरणों और प्रक्रियाओं का विश्लेषण किया है। इन्होंने शरीर को सुवासित और रसस्निग्ध करने के लिए अंगराग–आलेपन की विशेष व्यवस्था की है। लेखिका को चन्दन, अगरु, कर्पूर, आदि शीतल सुगंधित द्रव्यों का अभ्यंग–मर्दन अत्यन्त प्रिय है। उनके साहित्य में उनकी कुछ पंक्तियाँ इस प्रसाधन के प्रति उत्सुक दिखाई देती हैं। लेखिका ने साहित्य में यथास्थल अंगराग–लेपन का संकेत किया है। उन्होंने "शरीर से आती मोहक सुगंध"[205] तथा "शरीर की महमह सुगंध"[206] का उल्लेख प्रतीकात्मक शैली में किया है लेखिका ने यत्र–तंत्र "विदेशी सुगंध की तीव्र गन्ध"[207], "इतर की खुशबू"[208], "शरीर से आती विदेशी युडीकोलोन की खुशबू"[209], "परफ्यूम"[210], "आफ्टर शेव की तीव्र सुगंध"[211], फ्रब परफ्यूम"[212] "इम्पोर्टड सेण्ट की शीशी"[213] "पाउडर की खुशबू"[214], "खस, केवड़ा, हिना, कस्तूरी की तीव्र सुगंध"[215], तथा अद्‌भुत सुगंध से कस्तूरी मृग सी महकती देह"[216], आदि के आकर्षण को दिखाया है। शिवानी को अंगराग विशेष प्रिय हैं। उन्होंने कई स्थलों पर चंदन, हल्दी, आदि का विधान भी प्रस्तुत किया है। यथा–"शरीर पर पुती हल्दी।"[217] तथा "रक्त चन्दन का

205. गैण्डा, पृ0 15.
206. विवर्त, पृ0 57.
207. विप्रलब्धा, पृ0 81
208. साधो ई मुर्दन कै गाँव, पृ0 71.
209. चौदह फेरे, पृ0 23.
210. किशुनली, पृ0 44.
211. मेरा भाई, पृ0 13.
212. श्मशान चम्पा, पृ0 106.
213. कृष्णकली, पृ0 185.
214. शिबी, पृ0 70.
215. बिन्नू, पृ0 118.
216. रथ्या, पृ0 14.
217. कालिंदी, पृ0 39.

लेप"[218] लेखिका ने अंगराग को प्रिय के अंगों की प्रतिच्छाया मानते हुए उसके प्रति लालसा व्यक्त की है। उन्होंने "मैक्सफैक्टर की कई छोटी शीशियों से फूले-फूले लाल-लाल मक्खन से मुलायम गालों पर अवलेपन"[219] तथा "कोल्ड क्रीम"[220] की बारंबार आवृत्ति कर "रंजित कपोल की लालिमा"[221] को उभारा है। इस प्रकार लेखिका ने यथास्थल इस मंडन का उल्लेख किया है। उन्होंने "शरीर पर हल्दी का उबटन" पारंपरिक रुप ग्रहण किया है। शिवानी को गंध-लेपन एवं इत्र फुलेल प्रिय रहा है। कहीं-कहीं पर वे "आधुनिका" के नवीन अंगरागों---पाउडर, क्यूटेक्स, रुज़, आदि "कास्मैटिक्स" द्वारा नवीनतम श्रृंगार के प्रति व्यंग्य या बिडंबना से प्रेरित दिखती हैं। इस प्रकार शरीर को स्निग्ध, सुरभित, एवं रंग रंजित रखने के उद्देश्य से शिवानी जी ने विविध प्रकार के नूतन तथा पुरातन, स्थूल और सूक्ष्म अंगराग और तत्सम्बन्धी मंडन-सामग्रियों का प्रयोग किया है।

आंगिक सज्जा के अन्तर्गत लेखिका ने पैरों के महावर या अलक्तक का विशद् वर्णन किया है। अलक्तक को सौन्दर्य और सौभाग्य का सूचक कहा गया है। कालिदास ने इसकी बहुशः पुष्टि की है। उन्होंने प्रसाधिका से महावर लगवाती हुई सुन्दरी और उसके विधान तक का संकेत किया है।"[222] शिवानी जी ने भी यथास्थल इसका समुल्लेख किया है। लेखिका का इस राग द्रव के प्रति विशेष अनुराग है। उन्हें अपने सहज सुरुचि-संस्कार के कारण यह "महावर।"[223] सर्वप्रिय है। उन्होंने महावर को प्रसाधन सामग्री में रखते हुए अनेक स्थलों पर जावक विरचित पद-तल की सौन्दर्य-सृष्टि की है। इस प्रकार शिवानी आलक्तक श्रृंगार के प्रति अपेक्षाकृत और आकृष्ट दिखती हैं। उन्हें महावर की लाली रुचिकर है। लेखिका ने पैरों की लाली को प्रतिबिंबित करते हुए अपनी अलक्तक प्रियता का ही प्रमाण दिया है।

चक्षु-प्रसाधन के अन्तर्गत लेखिका ने अंजन-रंजन और भ्रू-रचना को विशेष महत्व दिया है। उन्होंने स्थूल और सूक्ष्म कई रुपों-रंगों से नेत्रों को

---

218. वही, पृ0 52.
219. मायापुरी, पृ0 46.
220. ललिता, पृ0 47.
221. अभिनय, पृ0 100.
222. कालिदास ग्रन्थावली, पृ0 76.
223. कालिंदी, पृ0 42.

आंजने का उपक्रम किया है। "आँखों में काजल की क्षीण रेखा"[224] तथा "आरक्त नयनों में सलोने अंजन की रेखा"[225] "काजल से चिरी आँखे"[226] एवं "आँखों के नकली पक्ष्म"[227] द्वारा सुशोभित नेत्रों को रुपांकित किया है। लेखिका को कजरारी आँखें प्रिय हैं। नेत्र–विलास, दृष्टि, आकुंचन और कटाक्ष का वर्णन करते हुए उन्होंने कज्जल का यथावत् उल्लेख किया है। पदार्थ के अतिरिक्त दृष्टि–सौन्दर्य को भी इन्होंने अंजन शब्द से अभिहित किया है। इसके अतिरिक्त भ्रू–रचना के प्रति शिवानी पूर्ण सचेष्ट हैं। लेखिका ने "भ्रू–धनु (आइ ब्रो) के कृत्रिम प्रसाधन का स्पष्ट उल्लेख किया है। यथा–"उस्तरे से सफाचट भौहों पर पेंसिल की कमान सी रेखा तथा पलकों पर किया गया नवीनतम श्रृंगार प्रलेप।"[228] का रुपांकन उन्होंने "चंचल चितवन में शरसंधान का आयोजन।"[229] कहकर किया है। "चंचल नेत्रों" को सुर में से सजाने का भी प्रयास उन्होंने किया है। जैसे–"आँखों में सुरमे की प्रगाढ़ रेखा ऐसे कौशल से खिंची रहती कि सामान्यतया छोटी आँखों की परिभाषा में बाँधी जाने वाली आँखें भी बहुत बड़ी लगती।"[230] कृत्रिम प्रसाधन द्वारा प्रसाधित आधुनिका की भौंहों को उन्होंने "कटी भौंहे।"[231] कहकर चित्रित किया है। नेत्रों के सौन्दर्य प्रसाधन में "आइब्राउ–पेन्सिल" तथा मस्कारा का भी यथावत प्रयोग किया है। "आइब्राउ पेन्सिल से खंजन नयन" ।"[232] बनाने वाली "देवांगना सी सुन्दर स्त्री।"[233], के रुप को निखारा गया है तथा आधुनिक युग में प्रसाधन कला को महत्व देते हुए सौन्दर्य प्रसाधन केन्द्रों की भी चर्चा की गयी है। शिवानी की नारी पात्र भृकुटि–प्रसाधन के प्रति आकृष्ट हैं। यथा–"भवों की कलात्मक सज्जा में विधाता का चातुर्य था, या स्वयं किशोरी–स्वामिनी की चतुर अंगुलियों का पर जिसकी भी

---

224. बिन्नू, पृ0 118.
225. मन का प्रहरी पृ0 105.
226. कृष्णवेणी, पृ0 12.
227. गैण्डा, पृ0 15.
228. चाँद, पृ0 97, 115.
229. वही।
230. भीलनी,, पृ0 41.
231. मायापुरी, पृ0 18.
232. ताजमहल, अमरूद या भाभी, पृ0 29.
233. माणिक, पृ0 28.

हस्तकला थी, वह निःसन्देह सर्वोच्च कोटि की थी।।"[234] कहीं–कहीं पर भ्रू–रचना को "यत्न से नुची भृकुटि।"[235], रूप में चित्रांकित किया है। शिवानी जी ने ग्राम्या युवती की लोक प्रसाधन–कला का चित्रण करते हुए "चिबुक पर त्रिकोणी गोदने की परिचित छाप।"[236] "डुड्डी पर हल्का सा काला तिल।"[237] "सुडौल चिबुक पर गुदे गुदने।"[238] तथा "ठोढ़ी का गोदना।"[239] तथा "बांह का गोदना।"[240] तक का संकेत किया है। ग्राम युवती का सौन्दर्य निखारने के पीछे लेखिका प्रचलित लोकोक्तियों का भी आश्रय लेती है। यथा–"लिपा पुता घर और पहनी ओढ़ी नार देखकर ही लक्ष्मी वास करती है।"[241] लेखिका की स्वीकारोक्ति है:–"मेरी लेखनी केवल काल्पनिक नायिका का ही सौन्दर्य संवारती है"[242] शिवानी ने कपोल और अधरों का यथेष्ट मंडन किया है। उदाहरणार्थ, "रंगे होंठ"[243] "रंग के प्रलेप से रंजित अधर।"[244] तथा दो धनुषाकार पतली रेखाओं में विलीन हो गये लिपिस्टिक रंजित अधर"[245] आदि। इसी प्रकार बिंदी–टीका या तिलक का भी शिवानी–साहित्य में यत्र–तंत्र नामोल्लेख प्राप्य है। यथा–"उजले ललाट पर मद्रासी कत्थई कुमकुम की अविंद्य"[246] "ललाट पर चवन्नी सा बड़ा टीका"[247] "बड़ी सी कंकरेजी बिंदी"[248] आदि। कई स्थलों पर इन्होंने "अधरों पर पान खाए की

---

234. मधुयामिनी, पृ0 75.
235. वही, पृ0 82.
236. बिन्नू, पृ0 118.
237. भूल, पृ0 117.
238. रति विलाप, पृ0 21.
239. जा रे एकाकी, पृ0 30.
240. श्मशान चम्पा, पृ0 48.
241. मायापुरी, पृ0 9.
242. गजदन्त, पृ0 108.
243. ताजमहल, अमरूद या भाभी, पृ0 34.
244. रथ्या, पृ0 23.
245. माणिक, पृ0 28.
246. भीलनी, पृ0 41.
247. कृष्णवेणी, पृ0 13.
248. मेरा भाई, पृ0 117.

स्वाभाविक लालिमा"[249] कपोलों की नकली लालिमा"[250] का चित्रण भी किया है। अधरों और कपोलो की यह लाली प्रसाधित है, प्रकृतिगत नहीं। अधरों तक कपोलों की सुकुमारता, स्निग्धता और अरुणिम आकृति का विश्लेषण रुप (आंगिक) सौन्दर्य के वर्ण–क्रम में किया जा चुका है। यहाँ तो मात्र यही स्थापित करना अभीष्ट है कि लेखिका ने नैसर्गिक सौन्दर्य की श्रीवृद्धि करने के लिए यत्र–तत्र उनका कृत्रिम अनुरंजन भी किया है। शिवानी जी ने आधुनिका की रुप–सज्जा में "लिपिस्टिक" का प्रयोग किया है। इसी प्रकार भ्रू–रचना में वाह्रय –उपकरणों का उपयोग किया गया है। एक स्थल पर प्रसाधन–सामग्री का अभाव दिखाते हुए भी उन्होंने आधुनिका का सुरुचिपूर्ण सौन्दर्य प्रसाधन किया है उदाहरण दृष्टव्य है–"एक सांवली ताड़ सी लम्बी युवती जल में भरी बाल्टी में झुककर अपना प्रतिबिंब संवार रही थी। मुझे देखकर सकपकाती बाल्टी उठाकर चौके में चली गई। नारी सुलभ श्रृंगार–प्रियता को क्या आजन्म कारावास भी कहीं छीन सकता है? जली लकड़ी की कालिख से बनी कज्जल रेखा, कोयला पीसकर बनाई गयी मिस्सी, या लाल गुलाब की पंखुड़ी काटकर बनाई गई टिकुली, क्या जलपूरित घट–दर्पण देखकर नहीं संवारी जा सकती?।"[251] इससे स्पष्ट है कि शिवानी मंडनप्रिय हैं। "सुरुचिपूर्ण श्रृंगार प्रसाधन की भित्ति पर व्यक्तित्व का सुदर्शन महल।"[252] खड़ा करने का प्रयास लेखिका की सुरुचिपूर्ण कलाप्रियता का द्योतक है। उन्होंने रुपसी का सम्यक् श्रृंगार करके "अभिराम मुखाकृति के सौन्दर्य।"[253] में श्रीवृद्धि की है। सौन्दर्य का संस्कार करना भारतीय संस्कृति की एक कला और पुण्य–परंपरा रही है। लेखिका ने इसे श्री–सौभाग्य का चिह्न माना है और मांगलिकता का हेतु भी। इन प्रसाधनों के अतिरिक्त सौन्दर्य प्रसाधन के उददेश्य से "सुघड़ मैनीक्यूर्ड उंगलियाँ।"[254] "मेंहदी।"[255] "बालों में शैंपू।"[256] तथा पैडिक्युअर, मैनिक्युअर, वैक्सिंग।"[257],

---

249. छिः मम्मी तुम गन्दी हो, पृ0 47.
250. अभिनय, पृ0 100.
251. जा रे एकाकी, पृ0 26.
252. चौदह फेरे, पृ0 24.
253. मन का प्रहरी, पृ0 97.
254. विषकन्या, 22.
255. वही, पृ0 37.
256. कालिंदी, पृ0 26.

का उल्लेख कर ब्यूटी सैलून के बढ़ते प्रभाव को लक्षित किया गया है। साथ ही उन्होंने "जवा–आलता की नाखूनी।"[258], "नेलपॉलिश।"[259] द्वारा "संवरे नाखूनों की सज्जा।"[260] भी की है। कहीं–कहीं पर उन्होंने "लिपिस्टिक के विभिन्न शेड।"[261] का भी उल्लेख किया है।

लेखिका ने "मोहक अधरों की प्रगाढ़ लालिमा।"[262] और अधरों पर गाढ़े लिपिस्टिक की रेखा।"[263] दोनों को ही उभारा है। लिपिस्टिक के प्रयोग से रंजित अधरों का सौन्दर्य नैसर्गिक सौन्दर्यांकन नहीं अपितु कृत्रिम प्रसाधन का प्रयोग करने से है। अधरों की लालिमा को रुपायित करने के लिए शिवानी ने इसे "प्रवाल से अधर।"[264] कहा है।

लिपिस्टिक के प्रयोग के प्रति आधुनिकाओं की रुचि को शिवानी ने साहित्य में उकेरा है। विभिन्न स्थलों पर रंगे होंठों के प्रति आकर्षण व होंठों के सौन्दर्य को अंकित किया है। "रंग के प्रलेप से रंजित अधर।"[265] में निहित सौन्दर्य को बड़ी कुशलता से चित्रांकित किया है। लिपिस्टिक आधुनिका रुप–सज्जा में महत्वपूर्ण प्रसाधन है। शिवानी ने नैसर्गिक सौन्दर्य की श्रीवृद्धि करने के लिए यत्र–तत्र कृत्रिम अनुरंजन भी किया है। प्रसाधन के इसी क्रम में "सुदर्शन दीर्घदेही व्यक्तित्व सम्पन्न।"[266] पुरुष पात्रों का भी रुप संवारा है। यथा–"काली दाढ़ी और मूंछों पर वह न जाने क्या–क्या प्रसाधन लगाकर वार्निश–सी चमक दिये रहता। दाढ़ी के एक–एक बाल को काले रेशमी धागे से बाँध कर वह अपनी फौजी टुकड़ी के सिपाहियों की तरह ही अनुशासन में रखता, मज़ाल है कि एक भी बाल इधर से उधर हो जाए।"[267] इसी क्रम

257. वही।
258. चिरस्वयंवरा, पृ0 8.
259. कालिंदी, पृ0 42.
260. अभिनय, पृ0 95.
261. एक अनाघ्रात पुष्प, पृ0 139.
262. विवर्त, पृ0 26.
263. सुरंगमा, पृ0 31.
264. डाक्टर खजान चन्द्र, पृ0 61.
265. रथ्या, पृ0 23.
266. मेरा भाई, पृ0 13.
267. मौसी, पृ0 133.

में "मस्क आफ्टर शेव लोशन"[268] के प्रति भी रुचि को प्रदर्शित किया गया है। लेखिका ने यत्र–तत्र "मिस्सी लगे दाँतों की क्षणिक चमक"[269], "बालों को रीठे से धोना"[270] तथा "अंग्रेजी साबुन की बट्टी"[271] का भी यत्किंचित उल्लेख किया है। यथा–"पीठ पर बिखरे किंचित घुंघराले केश, जिन्होंने रीठे और ऑवले के अतिरिक्त कभी सुगन्धित साबुन का स्पर्श भी नहीं किया अमावस के अन्धकार की भाँति देखने को सहमकर रख देते।"[272] यहाँ केशों की सघनता तथा कालिमा का चित्रण करते हुए लेखिका ने भारतीय सौन्दर्य तथा प्रसाधन के उपकरणों को लक्षित किया है। पहाड़ी–क्षेत्र से प्रभावित शिवानी ने एक स्थल पर सज्जा तथा प्रसाधन पर क्षेत्रगत प्रभाव को स्पष्ट किया है। उदाहरणार्थः–पहाड़ी दूल्हे की सज्जा–ललाट पर पिसे चावलों की असंख्य बुंदकियों से पूरा माथा ऐसे रंग दिया था, जैसे जोधपुरी चुनरी की छपाई हो।"[273] इस प्रकार विवाहादि अवसर पर भी शिवानी–साहित्य में विधि–विधान पूर्वक प्रसाधन उपकरणों, सामग्रियों का यथावत् प्रयोग किया गया है। शिवानी ने उबटन, आदि को एक अभिजात संस्कार माना है।

स्पष्ट है कि सौन्दर्य को श्री सम्पन्न बनाने के लिए लेखिका ने कोई कसर उठा नहीं रखी है। कृत्रिम प्रसाधन के सन्दर्भ में उनका विचार है कि "इस युग में बदसूरत, कपोल, यहाँ तक कि कुरुप नायिका को भी, प्लास्टिक सर्जरी से संवारा जा सकता है।"[274] वस्तुतः लेखिका ने प्रसाधन कला का साहित्य में अपूर्व कुशलता के साथ परिचय दिया हैं।

निष्कर्ष

शिवानी–साहित्य में सौन्दर्य–प्रसाधनों का वर्णन सुरुचि सम्पन्न है। सौन्दर्य के सम्बन्ध में उनका विचार है कि–"आज दुर्भाग्य से हमारे सौन्दर्य की परिभाषा ही बदल गयी है। शायद इसीलिए भी कि अब वैसे ऐतिहासिक सौन्दर्यमंडित चेहरे, ढूँढने पर भी नहीं दिखते। कुछ तो नारी सौन्दर्य की सृष्टि

268. विवर्त, पृ0 60.
269. जा रे एकाकी, पृ0 30.
270. मायापुरी, पृ0 8.
271. तोप, पृ0 60.
272. तर्पण, पृ0 59.
273. मधुयामिनी, पृ0 77.
274. गजदन्त, पृ0 111.

में विधाता ही कृपण हो चला है, दूसरी, इस युग की नारी, थोड़े बहुत लावण्य की स्वामिनी होती भी है, तो स्वयं अपने हाथों नैन–नक्श संवार, विधाता के नम्बर काटने लगी है। इसीलिए ऐसी सौन्दर्य वर्णना अविश्वसनीय ही लगती है।"[275] लेखिका ने मानव देह को देवता का मन्दिर समझ कर सजाया है। यह सौन्दर्य–सज्जा प्रदर्शन और कामोत्तेजना के उद्‌देश्य से नहीं, बल्कि श्री–सुषमा के संरक्षण के पुण्य प्रयोजन से की गयी है। इन्होंने अप्सरा–प्रसाधन में रुचि अवश्य प्रदर्शित की है, पर उसे भी दिव्य सौन्दर्य में परिणत कर दिया है। शिवानी ने कुत्सित अथता कुरुचिपूर्ण रुप–विधान की सशक्त भर्त्सना की है। इनके अनुसार सरलता, हृदय की पवित्रता, स्वच्छता, और अपनी प्रसन्नता के लिए उतना ही स्त्री–सुलभ श्रृंगार पर्याप्त है, जो स्वतन्त्रता में बाधा न डालता हो, जो दूसरों का मनोरंजन करने के लिए न हो।

अंततः यह सहज स्वीकार्य है कि शिवानी जी ने मानव (विशेषतः नारी) देह को सौन्दर्य–समाधि में सत्त्वस्थ होकर समलंकृत किया है। यह उल्लेखनीय है कि समकालीन विधि निषेधों के कारण भी लेखिका रुप–मंडन में प्रगल्भतापूर्वक प्रवृत्त हुई हैं। कहीं–कहीं पर इन्होंने परोक्षतः प्रकृति–प्रतीकों के माध्यम से पात्रों की सज्जा की है। लेखिका का सौन्दर्य–प्रसाधन आभिजात्यपूर्ण है। इन्होंने भारतीय सांस्कृतिक परम्पराओं से प्राप्त प्रायः समस्त सौन्दर्योपकरणों को अंगीकार किया है। साथ ही उन्होंने वर्णनात्मक शैली में उसका वर्णन भी किया है। शिवानी–साहित्य में मंडन और अलंकरण का स्पष्ट आभास मिलता है। अस्तु, यह सिद्ध है कि शिवानी जी सौन्दर्य–सज्जा में अत्यन्त पटु हैं। इनकी यह प्रसाधन–कला सौन्दर्य–संवर्द्धन की मूलाधार है।

सौन्दर्य–विरुपण

संवेग के दो प्रकार हैं–भावात्मक और अभावात्मक। किसी वस्तु के प्रति आकृष्ट होने पर उस वस्तु में हम अपने व्यक्तित्व की लय चाहते हैं तो वह स्थिति भावात्मक संवेग की होती है। इसके विपरीत जब किसी वस्तु के प्रति विकर्षण उत्पन्न होता है, उद्‌दीपन के प्रति अस्वीकृति का भाव जगता है तो वह अभावात्मक संवेग कहलाता है।

इस प्रत्यक्ष दृश्यमान जगत में कुछ वस्तुएं आकृष्ट करती हैं और कुछ नहीं। कुछ वस्तुओं का रुप–रंग, आकार–प्रकार इन्द्रियों को सुख प्रदान

275. पाथेय, पृ0 97.

करता है। कुछ वस्तुएं इन्द्रियों का लक्ष्य बनते ही मानसिक आपत्ति–सी जान पड़ती है। इन्द्रिय–बोध के समय जो वस्तु सुखकर प्रतीत होती है, सामान्यतया हम उसे सुन्दर कहते हैं। इसी प्रकार जो दुःखकर प्रतीत होती है उसे हम कुरुप कहते हैं।

शिवानी–साहित्य का विरुपता बोध एवं अपरुप सौन्दर्य :

सौन्दर्यशास्त्रियों के अनुसार विरुपण सौन्दर्य के अभाव का नहीं, बल्कि उसके विपर्यप का सूचक है। वस्तुतः कुरुपता का भी एक सौन्दर्य होता है, जिसे आत्मनिष्ठ एवं वस्तुनिष्ठ दोनों रुपों में स्वीकार किया गया है। कवि–कलाकार जब इस कुरुपता को सफलतापूर्वक प्रत्यंकित कर देता है तो उससे एक विशिष्ट सौन्दर्य की सृष्टि होती है। रुप को बिगाड़ने की इस सायास क्रिया या कला को सौन्दर्य–विरुपण किमाकार या "ग्रोटेस्क" कहा जाना हो।"[276] शिवानी साहित्य में इस विरुपण के भी पर्याप्त हैं। यह यद्यपि सूक्ष्मता, सुकुमारता और अतिशय लालित्य का साहित्य है, फिर भी यत्र–तत्र उसमें अपरुपता के तत्व उभर आए हैं। लेखिका ने यथास्थल पर विराट् सौन्दर्य–बोध को स्वर दिया है और अपने संस्कारों के प्रतिकूल सायास अथवा निरायास रुप में सौन्दर्य का विरुपण किया है। इनके सौन्दर्य–विरुपण के अन्तर्गत मुख्यतः भदेस या फूहड़ कुरुपता बोध विषयक अंश परीक्षणीय हैं। इसके अतिरिक्त शिवानी ने प्रमादवश जहाँ कहीं ललित–विषय को सतही ढंग से व्यक्त कर अपनी सौन्दर्य चेतना का विघटन किया है, वह भी इस संदर्भ में विचारणीय हैं।

सौन्दर्य–विरुपण को मूलतः संस्कारगत शैथिल्य और रुचि–विपर्यप का प्रतिफल कहा जा सकता है, साथ ही कुछ क्षणों का प्रमाद एवं अपवाद भी। वस्तुतः सौन्दर्य–स्रष्टा लेखक की समाधि जहाँ असत्वस्थ हो जाती है, उसकी "साहित्य वृत्ति" जहाँ क्षीण हो जाती है और उसकी वाक् स्फीति जब असंयत हो जाती है, वहाँ सौन्दर्यांकन निश्चय ही बाधित हो जाता है। कहीं–कहीं पर वे स्त्री सुलभ सौकुमार्य के विपरीत प्रचंड पौरुष की उन्नायक रही हैं। उन्होंने सर्वत्र औदात्य एवं आत्मोत्कर्ष को महत्त्व दिया है।

अपने प्रतिम उद्रेक के कारण उनकी लेखिका कुछ अधिक ही साहसिक हो गयी है। यही कारण है कि वे शुद्धता की चिन्ता न करके जब जोखिम उठाती हैं तो परिष्कृत रुचि की भी अवमानना कर डालती हैं, फलस्वरुप

---

276. "ग्रोटेस्क एण्ड अंग्लीनेस", पृ0 13.

उनके ग्राम्य–संस्कार प्रबल हो उठते हैं, उनका आभिजात्य डगमगा जाता है, और उनके सौन्दर्यांकन में अनेक प्रकार की विसंगतियों तथा विडंबनाएँ उभर आती हैं। एक ओर जहाँ सूक्ष्म व्यंजना और कल्पनाओं की झड़ी लगा देती थी, अपने दुःसाध्य शब्द विन्यास द्वारा भाषा की विलक्षणता, पच्चीकारी और अव्यन्त उदात्त विषयों, साथ ही विविध शिल्पों, द्वन्द्व–प्रयोगों के सहारे काव्यानुभूति को अपने चरम पर पहुँचा देती थीं, वहीं कालान्तर में वैरुप्य एवं विद्रूपता के लक्षण दिखने लगते हैं। यही नहीं ज्योति सौन्दर्य की इस लेखिका का रुपात्मक कुरुचिबोध भी प्रगल्भ हो उठता है। शिवानी–साहित्य में रुपान्विति (सौन्दर्य तथा विरुपण) मात्र कल्पना की उपज नहीं है, उनमें सत्य का, वास्तविकता का चित्रण है, जिसमें उन्होंने कल्पना के रंग भरे हैं। इससे उनमें रोचकता आ गई हैं।

आंगिक विरुपण :

आंगिक (रुप) विरुपण के क्षेत्र में शिवानी अग्रणी हैं। सौन्दर्य का अंकन एक सुलभ परिपाटी है, जो अत्यधिक स्वाभाविक ढंग से तथा सरलता से किया जा सकता है किन्तु विद्रूपता का विरुपण उतना ही दुरुह है। एक सबल चरित्र के समक्ष विपरीत चरित्र का गढ़न एवं अभिव्यक्ति में लेखक के समक्ष यह दुविधा उत्पन्न हो जाती है कि उतनी ही चपलता एवं दक्षता से उसके स्वरुप को उद्‌घाटित करे।

शिवानी द्वारा वर्णित आंगिक सौन्दर्य में कहीं–कहीं वीभत्स आकृति का अंकन भी अत्यन्त वैशिष्ट्य लिए हुए है। लेखिका द्वारा वर्णित कुरुपा नारी की वीभत्स आकृति उनके सौन्दर्य विरुपण की सूचक है। 'टालस्टाय' उस कलाकृति को सुन्दर मानते हैं जो नैतिक विवेक जागृत करे। जो कृति नैतिक विवेक न जगा सके वह कदापि सुन्दर नहीं। यही दृष्टिकोण शिवानी का भी है उन्होंने उस स्वरुप को सौन्दर्य नहीं माना है जो इन्द्रियों को सुखानूभूति न करा सके। इसी तथ्य को अधिक स्पष्ट करने के लिए लेखिका ने नारियोचित सौन्दर्य एवं विवाहानुकूल कन्या के शील एवं लक्षण बताए हैं। यथा–

"जो अति श्याम वर्णा हो या पांडु वर्णा हो, जो रोगिणी हो, जिसके अंग दुर्बल हों या बहुत भारी हो, जो स्वभाव से कर्कश हो, कौवे के समान रुखा बोलती हो, जिसकी पलकों पर बाल न हों, जिसके हंसते समय कपोलों पर गड़्ढे पड़ते हों, जिसके दॉत छितरे हों, ऐसी स्त्री से विवाह करना अपेक्षित

नहीं है।"[277]

यहाँ लेखिका सत्त्वस्थ या समाधिस्थ नहीं है, बल्कि प्रमादवश रमणीयता का विपर्यय कर रही है। इसी प्रकार आंगिक विरुपता को उन्होंने और अधिक स्पष्ट किया। यथा–

"किसी का चेहरा मोटा होता है, किसी की गरदन, किसी के पूरे शरीर का मांस उदारार्णव में ही समाकर लहराता है, किसी के हाथ–पाँव ही देखने वाले को अप्रीतिकर लगते हैं।"[278]

परन्तु ये विरुपता पूरे व्यक्तित्व को ही प्रभावित करती है।

"देखने में हामिद भाई अपने सुदर्शन पिता के विपरीत थे–साँवला रंग, बेहद लम्बी नाक, भरे–भरे कल्ले, निरन्तर अधमुंदी रहने वाली बहुत बड़ी आँखें, मोटे कुछ लटके से ओंठ और बित्ते भर का कद, उस पर मेद बहुल शरीर।"[279]

वस्तुतः यहाँ शिवानी द्वारा वर्णित कुरुप पुरुष की यह वीभत्स आकृति उनके सौन्दर्य विरुपण की सूचक है। यहाँ लेखिका सत्त्वस्थ या समाधिस्थ है, बल्कि प्रमादवश रमणीयता का विपर्यय कर रही है। यहाँ उन्होंने सम्मात्रा, जटिलता, कोमलता तथा वर्ण–प्रदीप्ति के अभाव का निरुपण करते हुए पुरुष के सम्पूर्ण व्यक्तित्व को उद्‌घाटित किया है। शिवानी ने विभिन्न स्थलों पर स्त्री–पुरुष की रुपाकृति को सौन्दर्य और कुरुपता के साथ प्रस्तुत किया है। "मस्तिष्क में धमनियों द्वारा प्राप्त नेत्रों की अनुकूल प्रतिक्रिया सौन्दर्य और प्रतिकूल प्रतिक्रिया कुरुपता का कारण है।"[280] यह दृष्टिकोण शिवानी के साहित्य में रुपगत सौन्दर्य और कुरुपता के अंकन में भी लक्षित होता है। नेत्रों को सुखानुभूति देने वाले रुप की सृष्टि तो शिवानी ने बहुशः की है, साथ ही वीभत्स आकृति, अपरुपता का चित्रण भी कुशलता से किया है। "मेदबहुल शरीर" के कारण शारीरिक सौन्दर्य में जो हानि होती है, उसे लेखिका ने कई स्थलों पर पात्रों के व्यक्तित्व निरुपण में चित्रित किया है। "मोटापा" सामान्यतः अच्छी दृष्टि से नहीं देखा जाता, तथा जनश्रुति भी प्रचलित है कि मोटापा स्वयं एक बीमारी है। लेखिका ने मोटापे को सर्वांगतः चित्रित किया

277. वातायन, पृ0 22.

278. मधुयामिनी, पृ0 72.

279. मेरा भाई, पृ0 9.

280. डॉ0 विश्वनाथ प्रसाद, सौन्दर्य और सौन्दर्यानुभूति, पृ0 23.

है। यथा–

"एक तो शायद आण्टी के धराशायी होने की विचित्र मुद्रा में, उनका बेडौल मोटापा, किसी अॅटे–सॅटे सीमेण्ट के फटे बोरे से झरे सीमेण्ट की ही भाँति जमीन पर गिरकर चारों ओर फैल सा गया था। दोनों मोटी–मोटी बाँहों और पुराने बरगद के मोटे तने–सी पुष्ट टॉगों को फैलाये, वे किसी मोटर पहिये के नीचे पिचकी मोटी मेंढ़की–सी अचल पड़ी, सनबाथ ले रही थीं।"[281]

यहाँ अंगों की पृथुलता के लिए लेखिका ने सटीक उपमानों द्वारा जो चित्र खींचा है, उसे देखते हुए महिला की रुप–छवि तथा अंगों की गढ़न में कुरुचिपूर्ण रुप अंकन किया है।

इसी प्रकार की अन्य रुपाकृतियां उन्होंने अन्य स्थलों पर भी चित्रित की हैं', जैसे–"छोटी मोटी मस्त हस्तिनी–सी आण्टी"[282] "मोटी कमर और मोटी गर्दन"[283], "मेदबहुल थुलथुली बाँह"[284] "मोटी नाटे कद की सफेद सन के से बालों वाली महिला"[285] को चित्रित कर कुरुपता को उद्घाटित करने का प्रयत्न भी किया गया है। इसके अतिरिक्त प्रौढ़ावस्था के फलस्वरुप शरीर की विकृति तथा अंगों की पृथुलता को भी उन्होंने संकेतित किया है–"ऐसा विराट शरीर विमल पहली बार देख रहा था। आज तक वह दुबली सोंठ–सी सूखी प्रौढ़ स्त्रियों को फूटी आँखों भी नहीं देख सकता था। प्रौढ़त्व के साथ सामान्य मोटापा भी उनकी परिमार्जित रुचि के अनुसार प्रत्येक गरिमामयी माँ, चाची या ताई के लिए अनिवार्य था, पर यह भी क्योंकि एक ठुड्डी के नीचे बीसियों ठुड्डियां लटक रही हैं, चेहरे का सौन्दर्य मोटापे की परतों में बंटता–बंटता शून्य में विलीन हो गया है।"[286]

यहाँ लेखिका ने शारीरिक दौर्बल्य का चित्रण तो किया है साथ ही प्रौढ़त्व अथवा वय: प्रभावित अन्यान्य अंगों की पृथुलता लक्षित कर अपरुपता का चित्रण किया है। एक अन्य उदाहरण दृष्टव्य है–

"मैंने एक–से–एक मोटी लड़कियां देखी हैं, किन्तु वह मोटापा स्वयं अपने में एक अनोखी मिसाल था। कसे गये मस्त्र ब्लाउज में मॉस की

281. कृष्णकली, पृ0 123.
282. वही, पृ0 237.
283. शायद, पृ. 100.
284. ज्यूडिथ से जयन्तीं, पृ0 59.
285. चौदह फेरे, पृ0 113.
286. कृष्णवेणी, पृ0 48.

अनावश्यक परतें कंठ के नीचे गलग्रह बनी लटक रही थीं। उधर बैल की सी भावशून्य आँखें, पिता के से ही सेम के बीज के से नथुने और भयावह गजदन्त।''[287]

शिवानी की इन पंक्तियों के आधार पर यह निर्विवाद रुप से स्थापित किया जा सकता है कि पृथुलता किसी भी आयु वर्ग के व्यक्ति की ही क्यों न हो यह दैहिक कुरुपता की पराकाष्ठा ही समझी जाती है। कुरुचिबोध अथवा विरुपन की प्रवृत्ति से उत्प्रेरित लेखिका ने नारी सुलभ लालित्य की दीप्ति का अभाव चित्रित कर स्त्री की कुरुपता का अंकन किया है, यथा–

''देखने में एकदम साधारण थी वह, फिर शरीर की बेतुकी गढ़न ने उसे और भी साधारण बना दिया था। अपने मांसल जिस्म के भार से नाटे कद की वह डाक्टरनी हर वक्त हाँफती रहती थी। ऊँचे जूड़े की गरिमा उस एलोकेशी के माथे को शेषनाग के फन–सी ही घेरे रहती। आँखें बड़ी होने पर भी न जाने कैसी फटी–फटी लगती थीं। फड़कते अधर एक पल को भी स्थिर नहीं रहते।''[288]

शिवानी ने इन पंक्तियों में अंगों की कुरुपता के साथ शिथिलता का चित्रण किया है। उन्होंने मुख श्री के सौन्दर्य को जितनी कुशलता से अंकित किया है। उतनी ही भयावह एवं बेतुकी गढ़न के द्वारा मुख के कुत्सित रुप को भी चित्रित किया है, जैसे– ''आकारहीन चिबुक, फिर परस्पर जुड़ी अनाकर्षक धनी भौंहे और फिर बदनुमा चेहरा रुदन की सहस्र विकृत झुर्रियों में एकदम सिकुड़ गया था।''[289] इसी प्रकार लेखिका ने मुख के रुपांकन में सम्मोहन के स्थान पर उच्चाटन का भाव प्रदर्शित किया है। ''काला चेहरा।''[290] तथा ''झुर्रियों से भरा एकदम स्याह चेहरा।''[291], ''सूजी आँखें, लाल नाक और विषाद की साक्षात् मूर्ति।''[292], के रुप में अनुभव धर्मी भावात्मक वैशिष्ट्य लक्षित किया गया है। इसी क्रम में मुख की कुत्सित रुपाकृति अन्य स्थलों

287. गजदन्त, पृ0 111.
288. श्मशान चम्पा, पृ0 7.
289. गैण्डा, पृ0 22.
290. श्मशान चम्पा, पृ0 81.
291. जा रे एकाकी, पृ0 24.
292. चौदह फेरे, पृ0 19.

पर भी उद्धरणीय हैं। जैसे–

"चेहरे पर लावण्य नहीं था एक रुखा सा भाव पूरे चेहरे पर फैला रहता।"[293]

"होंठ विहीन उसका वह चेहरा वीभत्स बन गया है, जैसे कटहल का छिलका। नाक नहीं है, पलकहीन अंगारे की–सी दो आँखे ही बस दप–दप कर जल रही हैं पूरे चेहरे में।"[294]

"सूरत भोली नहीं थी। जीवन के उतार–चढ़ाव का पूरा नक्शा उसके स्याह चेहरे पर उतर आया था। परस्पर जुड़ी घनी भौहें, चिबुक कर कटे का दाग, फूले प्रशस्त नथुने, मोटी कदर्य नाक, जिसे चश्मे की डंडी ने और भी चपटा बना दिया था, विलासी अधर और बेहद फूहड़ वेशभूषा। अपनी मोटी उंगलियों में वह अपने ही प्रभावहीन व्यक्तित्व–सी बदसूरत कई अंगूठियां पहने था।"[295]

निश्चय ही यह दृश्य शिवानी की सौन्दर्य सुरुचि के अनुकूल नहीं है। इसी प्रकार की उक्तियों के द्वारा स्त्री के रूप की कदर्थना का प्रयत्न भी किया गया है। यथा– "पाव रोटी–से लटके ओंठ, घने घुंघराले बालों का टोप और आबनूसी रंग[296] वाली स्त्री को शूर्पनखा की अवधि भी उन्होंने दी है। शिवानी ने कई स्थलों पर फूहड़ अंग–प्रत्यंगों तथा अनुभावों के प्रति कुरुचि प्रदर्शित की है। "कच्छप–सी मुंडी"[297], "रक्त सनी देह"[298], "चूजे की–सी गर्दन"[299], "सूर्पनखा–सी लम्बी नाक"[300], "चेचक के दागों से बुरी तरह नुचा–खुचा चेहरा"[301] आदि का चित्रण कर लेखिका वैयक्तिक मनोग्रन्थियों से भावाकुल होकर अपने मनःक्षेप के कारण यत्र–तत्र शील का भी उल्लंघन

293. चौदह फेरे, पृ0 9.
294. कृष्णवेणी, पृ0 34.
295. उपप्रेती, पृ0 125–126.
296. वही, पृ0 42.
297. गैण्डा, पृ0 66.
298. भीलनी, पृ0 56.
299. कृष्णकली, पृ0 56.
300. सती, पृ0 125.
301. विवर्त, पृ0 50.

कर डालती है। जैसे–

"चेहरा गोल था और चेचक के दागों से इस बुरी तरह गुदा था कि फैली नाक के नथुने भी कुछ–कुछ नुंच गये थे। दोनों कानों तक उठी हुई मूंछों के सिरे साही के कांटों से ही जहरीले लग रहे थे।"[302]

"पालित केश, भग्न पंक्ति, इस प्रकार दहकती भट्टी के साह्चर्य से स्याह पड़ गया चेहरा[303],

शिवानी की ये पंक्तियाँ विरूपण प्रक्रिया की ही सूचक हैं। इन रूपाकृतियों के ही कारण लेखिका की अपेक्षित सौन्दर्य–समाधि स्खलित अवश्य हो गयी है। लेखिका मुख्यतः जीवन–सौन्दर्य की ही साधक हैं, फिर भी कभी–कभी वह रूप कुरूप दोनों को वरण कर लेती हैं। यथा– "वह बैठी नाक, झड़ी अंगुलियों और पलक हीन उन बड़ी आँखों को देखकर घृणा से सिहर उठी थी।"[304] इन पंक्तियों में लेखिका ने रोग के कारण प्रभावित अंगों के कुत्सित एवं घृणित रूप का अंकन किया है। शिवानी ने सौन्दर्य–विरूपण एवं कुरूपता बोध को अपेक्षाकृत बहुत कम स्थान दिया है। उन्हें लालित्य ही अभिप्रेत है, इसीलिए वे कुरूपता के प्रति अप्रस्तुत सी हैं। उनके साहित्य में यत्र–तत्र विरूपता भी लक्षित होती है, उन्होंने जहां कुरूपता तथा कुरूचिबोध को ही अपना उद्दिष्ट मान लिया है और सौन्दर्य का विरूपण किया है, वहाँ कुरूपता का सौन्दर्य उभर आया है। यह कुरूपता बोध कई स्थलों पर दृष्टव्य है। यथा– "सुहासिनी छोटी बहिन विलासिनी की तुलना में रूप–रंग, डील–डौल में अत्यन्त अनाकर्षक थी। उसके अस्वाभाविक रूप से लम्बे कद ने उसके चौड़े कन्धों को क्षमा मांगने के–से अनाकर्षक झुकाव में झुका दिया था। आवश्यकता से अधिक लम्बी नाक, आवश्यकता से अधिक चौड़ा कल्ला और आवश्यकता से अधिक सपाट छाती ने उसके विचित्र व्यक्तित्व को किसी बृहन्नला की–सी छवि में ढाल दिया था।"[305] इस प्रकार के अनाकर्षक व्यक्तित्व की स्वामिनी स्त्री का रूपांकन करके लेखिका ने सौन्दर्य के ऊपरी पक्ष को उदघाटित किया है। शिवानी ने एक स्थल पर सौन्दर्य और आकर्षण दोनों में वैभिन्य को स्पष्ट रूप से लक्षित किया है। सौन्दर्य के बदलते

---

302. चौदह फेरे, पृ0 109.
303. भैरवी, पृ0 48.
304. कृष्णकली, पृ0 67.
305. भीलनी, पृ0 42.

प्रतिमानों के प्रति उनकी सजगता प्रशंसनीय है। जैसे– "पुरुष को क्या केवल नारी का सौन्दर्य ही बांधता है। कभी सुन्दरी पत्नी पति को वश में नहीं कर पाती और कभी काली–कलूटी चुड़ैल–सी बदशकल स्त्री भी सुन्दर पुरुष को अपने काले चरणों का दास बनाकर छोड़ देती है।"[306]

कहीं–कहीं पर लेखिका ने कुरूपता में भी सौन्दर्य की सृष्टि करने का प्रयास किया है। व्यक्तित्व में जिस अपेक्षित सौन्दर्य की चर्चा तथा सौन्दर्य के अपेक्षित गुणों के द्वारा रूपाकृति प्रस्तुत की है, उन्हीं के अभाव को दिखाकर भयावह रूप की सृष्टि भी की है, परन्तु कहीं–कहीं पर यह कुत्सित एवं विरूपता को ही ध्वनित नहीं करता वरन् आकर्षण का केन्द्र भी बनता है। उदाहरणार्थ–

"दोनों कपोलों पर क्षय रोग की लालिमा उसके रोग जीर्ण पांडुवर्णी चेहरे पर वैसी ही अस्वाभाविक लग रही थी जैसी हमेशा लगा करती थी। कंकाला सी सूखी देह पर, लाल पहाड़ी–आड़ से दमकते रक्तिम कपोल"[307] तथा "उसकी भोंड़ी नाक के चपटे नथुने उत्तेजना से फड़फड़ानें लगते, अधमुंदी आंखें शेक्सपियर की आवृत्ति करते–करते पूरी बन्द हो जातीं, तो बब्बू दोनों बहनों को चिकोटी काटकर बुरी तरह गुदगुदा देता– "देखो, नाक के नथुने कितने बड़े हैं, पूरा चूहा घुस सकता है।"[308] इसी प्रकार की भयावह आकृतियाँ उनके साहित्य के कई स्थलों पर विचारणीय हैं। कुछ उदाहरण दृष्टव्य हैं–

> "दुबले–पतले टिट्टिभ–सी टाँगों वाले उस रिरियाते नन्हें मांस–पिंड के प्रति क्यों उन्हें ममत्व प्रेरित नहीं करता कि एक बार गोदी में उठाकर दुलरा लें। न जाने कैसा झुर्री पड़ा बुड्ढों का–सा चेहरा था बच्चे का। कभी उनकी ओर देखता तो भयमिश्रित वितृष्णा से उनका हृदय काँप उठता, न जाने कैसे अभियोगपूर्ण चावनी थी उस बच्चे की। जैसे उनके विरोधी पक्ष के किसी सशक्त शत्रु की घातक दृष्टि हो। एक–से–एक दामी विदेशी कंबलों में लिपटा वह राजसी शिशु कितना दरिद्र लगता था, कितना असहाय।"[309]

---

306. चौदह फेरे, पृ0 21.
307. विवर्त, पृ0 34.
308. मित्र, पृ0 119.

"पीठ पर सामान्य–सा कूबड़, तंग पेशानी, कुटिल चुंधियाई आंखें, प्रति पल फड़कते नथुने, विचित्र बनावट की नाक, ओठों पर निरंतर थिरकती विद्रूप–भरी मुस्कान, जैसे प्रतिपल किसी की हंसी उड़ा रही हो"[310],

"बड़की सांवली और बेहद दुबली थी। सलवार उसकी टांगों से चिपकी थी और बिना बांहों की कमीज उसकी पतली बांहें काग भगौड़े सी लग रही थी[311], आदि।

इसी प्रतिकूल मनःस्थितियों, विभिन्न भावानुभावों और मुद्राओं के अनुसार कुरूपता को उद्घाटित करने का प्रयत्न भी लेखिका ने किया है।

"एकदम ही बौना कद, तंग पेशानी, इतनी बारीकी से तराशी गई दाढ़ी कि ठुड्डी एकदम ही नंगी लगती, चेहरे को अश्लील बना गई थी। माथा संकुचित तो था ही, उस पर कुटिल आंखों के सान्निध्य ने, उसे और भी छोटा बना दिया था। मोटे अधर, ऊपर से पतली होने पर भी नीचे सहसा फैल गई नासिका के कुछ–कुछ फूले नथुने देखने वाले को सहमा देते थे। कुल मिलाकर चेहरा, एक विलासी, कामुक, क्रूर व्यक्ति का ही लगता था"[312], इन पंक्तियों में शिवानी ने पुरुष पात्र की शारीरिक गठन में कुत्सित रूपाकृति एवं उसके सम्पूर्ण व्यक्तित्व पर क्रूरता की स्पष्ट छाप को अंकित किया है, जो अत्यन्त घृणित एवं तिरस्कृत रूप है। लेखिका ने रूप–अपरूप दोनों की अन्विति वैयक्तिक अनुभूतियों की मांसलता से की है, उसके सौन्दर्य को द्विगुणित करती है[313], एक अन्य स्थल पर शिवानी की ही स्वीकारोक्ति है कि– मेरी लेखनी केवल काल्पनिक नायिका का ही सौन्दर्य संवारती है[314], परन्तु कहीं–कहीं पर नारी की भयावह रूपाकृतियाँ भी विचारणीय हैं। जैसे–

> "उज्ज्वल गौरवर्ण में कहीं भी यौवन–काल के उन दुष्ट मुहांसों की धुंधली छाया भी नहीं थी जो प्रायः अधिकांश किशोरियों के यौवन में विष घोल, प्रौढ़ावस्था में भी उनकी मज्जा का पीछा नहीं छोड़ती। तीखी नाक और भूरी आंखों में भी कोई खोट नहीं था; फिर भी क्रूर चेहरे पर न जाने कैसी रेखाएँ थीं, जो सामान्य सी उत्तेजना से ही, उसे अस्वाभाविक

---

309. अतिथि, पृ0 212.
310. अतिथि, पृ0 50.
311. चौदह फेरे, पृ0 113.
312. गजदन्त, पृ0 109.
313. वातायन, पृ0 100.
314. गजदन्त, पृ0 108.

रूप से मर्दाना बना देतीं।"[315]

यहाँ शिवानी ने स्त्रियोचित गुणों के अभाव को लक्ष्य करते हुए वीभत्स रूप का अंकन किया है। इसी प्रकार एक अन्य उदाहरण दृष्टव्य है–

"लड़की ने माँ का स्वास्थ्य और पिता का कदर्य चेहरा तो पाया ही था, किन्तु उन अधरों को चीरते–फाड़ते जो दो लम्बे दांत, सीधे आकर हम लोगों के कलेजे में धंस गये थे, वह निःसन्देह विधाता का सर्वथा मौलिक प्रयोग था[316], शिवानी ने इन पंक्तियों में पुत्री का पिता के समान चेहरा अंकित करके ही सौन्दर्य को विरूपता में परिवर्तित कर दिया है जो अशोभनीय ही है। वराह देवी एक खबीस सी मर्दानी भिक्षुणी की विकराल हूणों की–सी आंखों[317], तथा सूजा निचला ओंठ डबलरोटी के कटे टुकड़े की भाँति[318] एवं विराट् शरीर पर भग्न दन्त पंक्ति[319], कत्थे तम्बाकू से सने दांतों की कत्थई बत्तीसी[320], मुँह से आती मादक दुर्गन्ध[321], सूखा काला चेहरा, एकदम सिकुड़ गयी देह[322], चेहरे का चमड़ा गैंडे की खाल–सा मोटा[323] आदि करालाकृतियाँ भी रूपांकित की हैं।

"दैत्याकार नीग्रो का स्याह रंग, मोटे अधरों की विचित्र गढ़न घुंघराले घने केशों का टोपा की आकृति में बना छंटाव[324], तथा "आंखों के नीचे कालिमा के घेरे, चेहरे पर बरस रही अजीब–सी मनहूसियत[325], इत्यादि चित्रों में कुरूपता का यथेष्ट उल्लेख प्राप्त है। एक अन्य उदाहरण दृष्टव्य है–

"काली भुजंग–सी देह पर था राख का प्रगाढ़ प्रलेप और भयंकर रूप से उलझे जटाजूट का जूड़ा, शिथिल होकर गर्दन पर ढल आया था,

315. घन्टा, पृ0 91.
316. गजदन्त, पृ0 111.
317. कैंजा, पृ0 90.
318. अनाथ, पृ0 107.
319. गैण्डा, पृ0 76.
320. श्मशान चम्पा, पृ0 104.
321. कृष्णकली, पृ0 218.
322. ज्यूडिथ से जयन्ती, पृ0 67.
323. दो पत्रों की वेदना, पृ0 127.
324. विवर्त, पृ0 70.
325. मणिमाला की हंसी, पृ0 37.

दोनों आंखें अंगार–सी लाल–लाल दहक रही थीं,.......... उसके कानों से लटके भैंस के सींग के बड़े–बड़े कुंडल, कानों की लोंड़ी चीरते ऐसे झूल रहे थें, जैसे अभी–अभी गिर पड़ेंगे, नाक पर एक बड़ा–सा गुस्सा उस अमानव चेहरे को, और भी भयावह बना रहा था।[326]

उन्होंने सौन्दर्य से परे कई स्थलों पर "मैले पीले दाँत"[327] चित्रित किये हैं– इन दाँतों का रेखांकन अधिकतर शिवानी ने घृणित पात्रों के प्रति किया है। अस्वच्छता स्वयं में विरूपता की परिचायक है, इसी कारण जहाँ आंगिक रूपांकन में विरूपण की प्रवृत्ति यत्र–तत्र शिवानी में परिलक्षित होती है, वहाँ पर पात्र की अपरूपता का वर्णन घृणित रूप में करती है।

"बड़े–बड़े दाँत"[328] विकृत रूप के द्योतक है। ऊँचे, बड़े दाँत की कल्पना से ही वैरूप्य के लक्षण दिखने लगते हैं। इन दाँतों को कई अन्य स्थलों पर भिन्न–भिन्न रूप में प्रस्तुत किया है– 'तियर्क अधरों से झलकता गजदन्त'[329], भयावह तो है ही साथ ही कुरूपता की पराकाष्ठा भी लक्षित होती है। 'गजदन्त' की उपमा यहाँ प्रकृति रूप की विकृति को रेखांकित करती है। हाथी के समान दो दाँतों का अधर से नीचे लटका होना अशोभनीय है, जो विरूपण के अन्तर्गत ही ग्राह्य है।

दंतावलि के दोष के अन्तर्गत शिवानी को 'छतरे दाँ'[330] विशेषतः अप्रिय हैं। ये दाँत स्वयं में लालित्यमय नहीं हैं, बल्कि कुरूप माने गये हैं, लेखिका ने नारी के 'छतरे दाँतों' की तीव्र भर्त्सना की है– उनके अनुसार– "जिसके दाँत छितरे हों, ऐसे स्त्री से विवाह करना अपेक्षित नहीं है।"[331]

अतः 'बड़े दाँत', 'ऊँचे दाँत', 'मैले दाँत', 'छितरे दाँत', का चित्रण कर रूपात्मक सुष्ठुता एवं कमनीयता के स्थान पर कुरूपता का समावेश भी शिवानी ने किया है।

शिवानी ने कुष्ठ रोग का जैसा सजीव वर्णन किया है, उसे देखकर ऐसा प्रतीत है कि वे अपने हाथों में 'माइक्रोस्कोप' लेकर इस समस्या के 'डिटेक्स'

---

326. कालिंदी, पृ0 162.
327. कालिंदी, पृ0 32.
328. मणिमाला की हँसी, पृ0 84.
329. कालिंदी, पृ0 223.
330. वातायन, पृ0 22.
331. वही, पृ0 28.

और परिणाम अत्यन्त मार्मिक संवेदना से एक–एक करके हमारे सम्मुख रखती जा रही हैं। इतने भयंकर रोग को इतनी वास्तविकता और सूक्ष्मता से चित्रित करना असामान्य प्रतिभाओं का ही काम है। उदाहरणार्थ–

"हाथ पैरों की उंगलियाँ झड़ चुकी थीं, घावों से मवाद रिसता था।"[332]

कुष्ठ रोग के कारण शरीर की विकृति तथा विरूपित स्वरूप को भी उकेरा गया है–

यह शरीर को कुत्सित बनाता है इसी से इसे कुष्ठ कहा गया है। पर शरीर से अधिक कुत्सित बना देता है बेचारे रोगी के मन को।"[333]

लेखिका ने कुष्ठ रोगियों को परिपूर्णता के साथ प्रतिच्छवित करने का प्रयास किया है। जैसे– "बीमारी ने क्या उसे एकदम ही बदल दिया था? गाल और आंखे ही नहीं, लगता था, दोनों ओर से उसका ललाट भी बहुत भीतर धंस गया था। नित्य के भरे–भरे कपोलों की हड्डियाँ अब दोनों ओर से तीखे पत्थरों–सी उठ आई थीं। सूखे होंठों पर जमीं पपड़ियाँ, आँखों में क्रमशः जमी जा रही स्थिर सफेदी और चारू चिबुक पर उग आई घुंघराली भूरी दाढ़ी।"[334]

इस प्रकार लेखिका ने कुष्ठ रोग से पीड़ित व्यक्ति के शारीरिक अंगों की विकृति को सहजता के साथ अंकित किया है। अतः यह चित्रण, अत्यन्त वीभत्स एवं कुत्सित रूपाकृतियाँ, चित्रित करने में लेखिका को यथेष्ट सिद्धि मिली है।

इस प्रकार की भयावह रूपाकृतियाँ लेखिका के कुरूचि बोध का परिचय देती हैं। यथा–

"रक्त रंजित नासिकाविहीन उस बड़े–बड़े हबड़े दांत वाले वराहदंती अतिथि को देख, मैं डर से कांपती भीतर भाग गई। देखते ही देखते बरामदा खून से भर गया। लग रहा था अभागे के शरीर का पूरा खून नासिका गह्वर से बहता चला जा रहा था।"[335] यह रूप सौन्दर्य के विघटन का ही सूचक है। लेखिका ने इसी प्रकार की मलिन छवि प्रस्तुत

332. कालिंदी, पृ0 201.
333. कालिंदी, पृ0 201.
334. कैंजा, पृ0 39.
335. नदी जो मरूस्थल में खो गई, पृ0 84.

कर कुरूपता को स्पष्ट रूप से अंकित किया है। यौवन ढलने की तीव्र वेदना तथा वार्धक्य प्रभावित शारीरिक विकृति को शिवानी साहित्य में पर्याप्त स्थान मिला है। कुछ पंक्तियाँ अवलोकनीय हैं:–

"लाल मामी, आंगन में ही एक झूले–सी पलंग पर पड़ी थीं। हड्डियों का ढांचा, दोनों ओर से बहुत भीतर धंस गई कनपटियाँ, सूखे ओठों पर पपड़ियाँ और चीकट से तकिए पर लटकी उनकी बेजान बटेर सी गर्दन।"[336]

"डेंचर उतार कर उन्होंने सिरहाने की मेज पर कांच के गिलास में धर दिया था। चश्मा उतारने से उनका सिकुड़ा सहस्र झुर्रियों भरा पिचका चेहरा, धंसी आंखें औ.र चिड़िया का–सा खुला पोपला मुँह देख, मुझे अजीब सी दहशत हो गयी थी[337],

मोतिया बिन्द से लगभग अंधी हो चली आंखें, पोपला मुँह और चेहरे पर वयस की झुर्रियों का जाल।"[338]

"उसके घर में अब वृद्धा ताई रहती थीं। दाँत टूट गये थे। पीठ झुककर कूबड़ निकल आया था, किन्तु पोपले मुख के दंतहीन शासन में जिह्वा और भी तीखी बन गयी थी और भी मुखर।"[339]

"सवा चार वालों के बीच, ध्वजा सी शिखा लहराते, फूले नथुने और चौड़े कन्धे वाले निम्मी के भावी श्वसुर दुर्गादत्त जी मुझे पूँछ उठाए, सींग घुसेड़ने को तत्पर क्रोधी सांड से ही लगते थे[340], आदि। लेखिका ने इसी प्रकार का चित्रण कई स्थलों पर किया है। यह चित्रण वार्धक्य जनिक अपरूपता का ही द्योतक है। शिवानी की सौंदर्य स्वप्नदर्शी लेखिका इस स्थिति से सामंजस्य स्थापित करने की प्रयासी हैं। कहीं–कहीं पर वार्धक्य का चित्रण व्यंग्य चित्र के रूप में प्रस्तुत कर दिया गया है– "एक–एक बाल सफ़ेद, खाँसता है तो पूरा डेंचर निकलकर दूर छिटकता है, मुँह से लहसुन की बदबू। लकवे के झटके से गरदन ऐसी हिलाता है जैसे कत्थक का नचैया हो।"[341] शिवानी की यह अभिव्यंजना कुरूचिबोध अथवा विरूपता की प्रवृत्ति से उत्प्रेरित कही

336. कालिंदी, पृ0 101.
337. रति विलाप, पृ0 26.
338. रति विलाप, पृ0 31.
339. कैंजा, पृ0 37.
340. कृष्णवेणी, पृ0 86.
341. कृष्णकली, पृ0 47.

जाएगी। वार्धक्य युक्त रूपांकन में भी सम्मोहन के स्थान पर उच्चाटन का भाव है। कहीं–कहीं पर शिवानी ने प्रौढ़ावस्था को भी वार्धक्य के अन्तर्गत सम्मिलित किया है। चेहरे की झुर्रियाँ, श्वेत केश, भग्न दंत पंक्ति, पीठ पर कूबड़, पोपला मुँह, आदि का चित्रण वृद्धावस्था का सम्मूर्त्तन करके विरूपता का अंकन करने में लेखिका को यथेष्ट सिद्धि मिली है। परिस्थिति के अनुरूप उन्होंने रूपात्मक सुष्ठुता एवं कमनीयता के स्थान पर यत्र–तत्र कुरूपता (भले ही इसे अपवाद माना जाए) का समावेश किया है, जो विरूपण के अंतर्गत ही ग्राह्य है। कुरूपता, कुरुचि तथा कुत्सा को एक मूल्य रूप में स्वीकार किया गया है। जैसे– "लौरीन बड़ी–बड़ी छातियों, चौड़े जबड़ों और घोड़ी के–से चेहरे वाली अनोखी स्त्री थी।"[342]

वस्तुतः शिवानी–साहित्य में सौन्दर्य के साथ विरूपण, विराटता तथा विद्रूपता भी अनेकत्र स्थल पर प्राप्य है। यह अनवधान प्रेरित होने के कारण एक दोष और सायास होने के कारण एक उपलब्धि रूप में ग्राह्य है।

प्रकृति–विरूपणः

वातावरण में प्रकृति–चित्रण का विशेष स्थान रहता है और प्रकृति–चित्रण द्वारा वातावरण को सजीव बनाने में शिवानी सिद्धहस्त है। सौन्दर्य का यह विघटन तथा विरूपण प्रकृति–चित्रण में भी दृष्टव्य है। लेखिका ने प्रकृति के विभिन्न रूपों को यों तो ललित रूप प्रदान किया है, पर कहीं–कहीं उन्हें भयंकर भी बना दिया है। शिवानी–साहित्य प्रलयकालीन प्रकृति अर्थात् क्रंदनमय हाहाकार, कठिन कुलिश, भीषण रव, दिग्दाही का धूम सघन गगन का भीम प्रकंपन, झंझा के झटके, धंसती धरा, धधकती–ज्वाला, ज्वालामुखियों के निःश्वास, प्रलय, जलद की गरल झड़ी, प्रालेय हलाहल, नीर, उल्कापात, अंधकार का अट्टहास, काला–शासन चक्र, तरल तिमिर, आदि दृश्य इसी भयानकता के सूचक हैं। शिवानी ने कई–स्थलों पर प्राकृतिक प्रकोप, के उल्लेख द्वारा इसी वीभत्स सौन्दर्य का संकेत किया है। प्रकृति का यह प्रचंड रूप निश्चय ही सौन्दर्य–वृत्ति के प्रतिकूल है। लेखिका ने प्रकृति की विराट्ता का जो बोध कराया है, वह स्वयं में लालित्यमय नहीं है, बल्कि कुरूप है। कुरूपता की पराकाष्ठा के कारण इसे सुन्दर माना जा सकता है। प्रकृति की भीषणता को प्रलयंकारी वृष्टि रूप में लेखिका ने प्रस्तुत किया है। यथा– "ओफ। कैसे विकट वृष्टि थी उस दिन। लगता था क्रुद्ध आषाढ़ के

342. वही, पृ0 92.

भृकुटि–विलास से अल्मोड़ा की सृष्टि ही लय हो जायेगी। कड़कती बिजली सामने गर्वोन्नत खड़े गागर और मुक्तेश्वर की चोटियों पर चमकी, तो डॉ0 पैट्रिक दोनों कानों पर हाथ धर, धमक कर खड़ी रह गयी। बिजली के धड़ाके के साथ नवजात शिशु का क्रन्दन[343]............ शिवानी यद्यपि सौन्दर्य–सौकुमार्य की लेखिका हैं, फिर भी कुछ स्थलों पर उन्होंने प्रचंड पौरुष को रूपायित करने का प्रयास किया है। शिवानी साहित्य में कहीं–कहीं पर तो प्रकृति–चित्रण मृत्यु के भावी संकेत के रूप में भी चित्रित हुआ है, जो पाठक पर प्रकृति और पात्रों की मानसिक स्थिति के सामंजस्य को डालता है और साहित्य में काव्यात्मकता भी ले आता है। यथा 'सुरंगमा' उपन्यास में बिजली के गिरने से दर्पण के टूटने के साथ ही मृत्यु का निश्चित संकेत दिया गया है। उदाहरण दृष्टव्य है–

"और फिर जब माँ का ही हाथ पकड़ इन सीढ़ियों से ऊपर चढ़ रहे थे, तभी उनकी नजर इस दर्पण पर पड़ी, बिजली का वही धमाका इसे बीच से दरका गया था। मां कहती है कि उसे देखते ही तेरे बाबा का चेहरा एकदम फक पड़ गया, कहने लगे– "गौर की मां, अब मैं नहीं बचूँगा, निश्चय ही यह दिल के घातक दौरे की भूमिका है। देख रही हो, दर्पण टूट गया है– दर्पण का टूटना मृत्यु का निश्चित संकेत होता है.............डाक्टर के आने से पहले ही, जब दावत के झूठे बर्तन भी मेज से नहीं उठाए गये थे, गृह के मेजबान ने पुतलियां पलट दीं।"[344]

X X X

"एक बार सौभाग्य कल्पतरु विद्युत–वह्नि के आकस्मिक वज्रपात से जड़ तक झुलस ठूंठ मात्र रह गया था, इसी से अब सामान्य मेघखण्डों के बीच चमकती बिजली की तड़प भी उसे थरथरा कर कंपा देती।"[345]

यहाँ प्रकृति के माध्यम से उन्होंने रहस्यात्मक भावों को भी अभिव्यक्ति दी है। अप्रत्यक्ष रूप से निराकार सत्ता को स्वीकार करते हुए लेखिका ने प्रकृति के अणु–परमाणु में अलौकिक सत्ता को प्रसारित होते हुए उद्घाटित किया है। प्रकृति की भीषणता शिवानी–साहित्य में प्रभूत मात्रा में प्रकट हुई है। जीवन तथा प्रकृति के वीभत्स रूपों को उन्होंने कई स्थानों पर उभारा

---

343. कृष्णकली, पृ0 9.

344. सुरंगमा, पृ0 110.

345. भैरवी, पृ0 29.

है। जैसे–

> "ओफ। कैसी विकट चढ़ाई थी। उस पर निरभ्र आकाश, सहसा भयावह काले मेघ–खण्डों से घिर गया था। ऊँचे–ऊँचे पहाड़ों को दहलाती मेघ–गर्जना, बीहड़ घाटियों से गरज–गूँजकर कलेजा दहला रही थी। दीर्घांगी देवदारों की प्रलम्ब शाखाएँ, तेज हवा में झूम–झूमकर सीटियाँ–सी बजाने लगी थी और देखते ही देखते मूसलाधार वृष्टि ने बारात की प्रगति का पथ सहसा अवरूद्ध कर दिया था।"[346]

इसी प्रकार "घन कृष्ण मेघ की भयावह गर्जना"[347], "प्रखर रौद्र सूर्य की–सी तप्त किरणें"[348] तथा "गहन अन्धकार"[349] का चित्रण कर लेखिका ने अनेक विराट् बिंब प्रस्तुत किये हैं। उन्होंने भयावहता के विन्यास के लिए– 'बिजली की कड़क', 'झंझावात', 'आँधी', 'मेघ गर्जना' 'वीभत्स पक्षियों तथा पशुओं की चीत्कार', आदि रौद्र रूपों, दृश्यों आदि की बारंबार आपूर्ति की है। शिवानी जी ने 'मेघ' तथा उसके तुमुल तम की विराट्ता का अवषोश कराते हुए उनका भीषण रूप अंकित किया है। यथा–

> "बिजली की कड़क के साथ ही फिर वर्षा का वेग पूर्ववत् हो गया। आकाश एक विराट् काले बादल से घिर गया था। लग रहा था, यह मेघखण्ड नहीं कोई उन्मत्त–कामोन्मत्त विराट् वृषभ ही आकाश पर गरजता दहाड़ता भागा जा रहा है, पर उस गर्जन–तर्जन के बीच भी कैसी अद्भुत शान्ति थी।"[350]

X X X

"रात भर की वृष्टि के पश्चात् तीव्र हवा के तूफान ने धृष्ट बादलों को रूई की भाँति धुनकर पूरे आकाश में छितरा दिया था– गागर के शैल शिखर के पीछे भी धुंधले तारे टिमटिमा रहे थे।"[351]

मेघों द्वारा भीषण सौन्दर्य का यत्र–तत्र संकेत शिवानी–साहित्य में कई स्थलों पर दृष्ट्व्य है। लेखिका ने बादलों को उच्छृंखल और विप्लवी सिद्ध

---

346. अभिनय, पृ0 83.
347. गैण्डा, पृ0 11.
348. चिरस्वयंवरा, पृ0 10.
349. चिरस्वयंवरा, पृ0 104.
350. मणिमाला की हँसी पृ0 26.
351. कृष्णकली, पृ0 16.

किया है। कहीं–कहीं पर वज्रबादल और उसकी उपलवृष्टि की भयावहता का अंकन उन्होंने सजीवता से किया है। अतः शिवानी जी ने प्रलयंकर जलधर का वर्णन प्रकृति विरूपण के उपादान रूप में किया है। विरूपण के अन्य उपकरणों में शिवानी ने अमांगलिक तत्वों का उल्लेख किया है। इसी क्रम में वीभत्स पशुओं एवं पक्षियों का भी वर्णन कई स्थलों पर किया है, उदाहरण दृष्टव्य है–

> "एक झाड़ फानूस पर उलटी लटकी चमगादड़ों की वीभत्स बिरादरी, प्रकाश का आभास पाते ही, मनहूस चीं–चीं कर पूरे कमरे की परिक्रमा कर उठी। एक असह्य दुर्गन्ध के भभके ने मुझे सहसा धकेल दिया। जैसे कहीं कोई मरा जानवर सड़ा हो।"[352]

X X X

"भोर हो गई थी। सहसा कहीं कौए एक साथ कांव–कांव कर उठे। सड़क पर दो तीन कुत्ते विकृत स्वर में विलाप कर उठे। एक टिट्टिभ चीखती आकाश की शून्यता को चीरती निकल गयी।"[353]

इसके अतिरिक्त लेखिका ने 'चमगादड़ों का झुंड'[354] तथा 'चील गिद्धों की चक्राकार टोली'[355], 'गिरलायन से जंगली', निर्भीक खूंखार वनचर[356] का उल्लेख कर प्राकृतिक अपरूपता की सुन्दर सृष्टि की है। शिवानी ने स्पष्ट शब्दों में इन पशुओं की आकृति एवं विकृत स्वर को वर्णित कर प्राकृतिक कुरूपता का दिग्दर्शन कराया है। एक स्थल पर भयावहता का प्रदर्शन करते हुए लेखिका ने वीभत्स पशु के विकृत स्वरूप को उकेरा है, उदाहरण दृष्टव्य है–

> "तराई के उस बीहड़ को चीरती, असहाय पशु की वह चीत्कार एक पल को उन्हें भी दहला गयी थी।"[357]

शिवानी–साहित्य में रात्रि का भयावह चित्रण भी कई स्थलों पर दृष्टव्य है। रात्रि का सन्नाटा तथा सघन अंधकार जैसी कुरूपाकृति की लेखिका ने

352. कौन, पृ0 73.
353. पूतोंवाली, पृ0 40.
354. मणिमाला की हँसी, पृ0 38.
355. मणिमाला की हँसी, पृ0 38.
356. कृष्णकली, पृ0 228.
357. फिरबे की? फिरबे?, पृ0 42.

घोर भर्त्सना की है। जैसे–

कैसी नीरव स्तब्ध रात्रि थीं। एक तो उस निर्जन सड़क पर सन्ध्या होते ही सन्नाटा छा जाता था, उस पर आज ऐसी वर्षा में भला घूमने बाहर निकलता।"[358] रात्रि की भयावहता के अमांगलिक रुप में चित्रित करते हुए लेखिका ने "अमानस की मनहूस रात्रि"[359] कहकर रात्रि की भीषणता का अंकन किया है। प्रकृति के ऋतु परक विरुपण की दृष्टि से माघ का उल्लेख किया है। उन्होंने तीव्र बर्फीली हवा तथा बर्फ से गिरने से प्राकृतिक विध्वंस का साक्षात्कार कराया है। शिवानी–साहित्य में यह चित्रण कई स्थलों पर दृष्टव्य है। यथा–

"माघ की हड्डी कंपाने वाली तीव्र बर्फीली हवा हमारी पसलियों को आरे–सा चीर रही थी। सहसा हिमपात होने लगा, और आप तो जानती ही होंगी, कोई पहाड़ी हिमपात गिरिकंदराओं को कैसी भयावह निःस्तब्धता से लील लेता है, न बिजली की चमक न बादलों की गरज–केवल आकाश से कोई दक्ष अदृश्य धुन्ना रुई धुन–धुन कर बिखेर रहा था।"[360]

X X X

चार दिन तक निरन्तर बर्फ गिरती रही। चट्टान को भी बर्फ की मोटी तहों ने जम–जम कर अदृश्य कर दिया। भीमकाय मिहिल, मदार और देवदारु के वृक्ष हिम भार से दातौन से तड़ाक–तड़ाक टूटने लगे।"[361]

शिवानी ने ऐसी बर्फीली रात की भयावहता को और अधिक स्पष्ट किया है। जैसे–"ऐसी बर्फीली रात में तो चिड़िया भी डालों पर अकड़ी मिलती हैं।"[362] प्रकृति विरुपण के ऐसे उद्धरण और भी प्राप्य हैं। 'आँधी' का प्रभाव भी शिवानी ने कुशलतापूर्वक चित्रित किया है। उदाहरणार्थ–

"बाहर रक्तिम आँधी की संभावना से धूमिल होने लगा था। देखते ही देखते धूल का बवंडर उड़ाती आँधी आ गयी। दीर्घ दैत्याकार अश्वत्थ, नीम, अर्जुन के पेड़, आँधी के तीव्र वेग से झूमने लगे। एक पल में ही निष्कंपित दीपशिखा धप्प से बुझ गई।......देवदार पर प्रहरी–सा

358. कृष्णकली, पृ0 17.

359. पूतोंवाली, पृ0 24.

360. उपप्रेती, पृ0 27.

361. करिए छिमा, पृ0 20.

362. वही, पृ0 19.

खड़ा वटवृक्ष अपनी उलझी धूमिल जटाओं को कम्पित करता ऐसे झूम रहा था, जैसे सिद्ध योगिनी अपनी जटिल जटाए हिलाती अपने शरीर पर उतरी भवानी का आवाहन कर रही हो।''[363]

इस प्रकार शिवानी ने प्रकृति के उपादानों में, ऋतुपरक, पेड़ों, पक्षियों, पशुओं के चीत्कार का भयावह चित्रण करके विरुपण को अंकित किया है। कहीं–कहीं पर प्रकृति के परिवर्तन में जीर्ण–शीर्ण जर्जर प्रकृति का अंकन भी किया है–''पीपल के कुछ पीले पत्ते''[364] भी उन्होंने अपरुपता के सूचक रुप में ही चित्रित किये हैं। निर्जन वन प्रान्त की नीरवता, सन्नाटे में भयावहता को रुपायित करने का सफल प्रयास किया है। उदाहरणार्थ–

''वह स्थान और भी बियाबान था। बड़े–बड़े प्रहरी से खड़े दैत्याकार, देवदार द्रुम, अखरोट, स्यूँत के विराट् छतरीदार वृक्ष, उस पर सुनहली 'पिरुल' घास पर मेरे पैर ऐसे फिसल रहे थे जैसे पैरों में स्केट्स के गतिशील पहिए बंधे हों।''[365]

भाषा एवं भाव–विरुपण :

शिवानी जहाँ साहित्यगत आभिजात्य और सौन्दर्यवृत्ति से उपरत हो गयी हैं, वहाँ विरुपण के लक्षण भी प्रकट हो गये हैं। लेखिका जहाँ 'घरेलूपन' पर उतर आती है, वहाँ भणिति के भदेस होने की चिंता नहीं करतीं और 'लंगोट'[366], 'चिमटा–सनसी'[367], 'कनस्तर'[368], 'टीन के बक्स'[369] आदि की चर्चा करने लगती है। इसके अतिरिक्त उन्होंने 'तबियत–उबियत;[370], पुजारी–वुजारी[371], नाच–नौटंकी[372] तथा 'दवा–दारु'[373] आदि शब्दों का

363. अतिथि, पृ0 46–47.
364. मणिमाला की हँसी, पृ0 38.
365. उपप्रेती, पृ0, 26.
366. भूली कहां हूँ, पृ0 25.
367. सती, पृ0 123.
368. भूली कहाँ हूँ, पृ0 19.
369. मायापुरी, पृ0 8.
370. पूतोंवाली, पृ0 28.
371. भैरवी, पृ0 24.
372. अतिथि, पृ0 86.
373. उपप्रेती, पृ0 33.

प्रयोग अपनी विक्षिप्त मनोदशा और विपर्यस्त चेतना के कारण किया है। शिवानी अपनी रचनाओं में मात्र ललित सौन्दर्य से ही प्रतिबद्ध नहीं है। जैसे कुछ उक्तियां विचारणीय हैं–'गुल शोर बबूला आग हवा/और कीचड़ पानी मिट्टी है/हम देख चुके इस दुनिया को/यह धोखे की सी टट्टी है''[374] इस प्रकार शिवानी की शैली में व्यंग्य का समुचित प्रयोग हुआ है। व्यंग्य एवं परिहास में लेखिका दक्ष हैं। पर उनके व्यंग्य में भी उद्देश्य–निष्ठा है। उन्होंने समाज के पाखण्ड और ढोंग पर कसकर व्यंग्य–प्रहार किया है। इसी व्यंग्य तथा कटूक्तियों के प्रभाववश कहीं–कहीं पर भाषा उच्छृंखलित बन गयी है। उदाहरण दृष्टव्य है :–''भाड़ में जाएं तुम्हारे यजमान और तुम्हारा समाज।'' इस प्रकार कारवी चिल्ला–चिल्लाकर कहती, ''क्या अपनी इस अवस्था के लिए अकेली किसना की अपराधिनी है? जिस हरामजादे कमीने ने इस नाबालिक, असहाय, उन्मादग्रस्त, छोकरी का सर्वनाश किया है, उसे ढूँढकर पकड़ लाए तुम्हारा समाज, तब मैं जानूँ। दोष किसी का और दण्ड कोई और भोगे, कहाँ का न्याय है जो किशुनली कहीं नहीं जाएगी। मैं पालूँगी उसकी सन्तान को, भले ही तुम्हारी बिरादरी हमारा हुक्का–पानी कर दे..... ।''[375]

X X X

''वैष्णवी उठी, और उसके उठते ही उसकी देह, गरिमा से एक कोने को झूला–सी बना गई मूंज की खटिया, एक बार फिर अपना सन्तुलन लौटा लाई। अब तक नीचे अतल जल में डूबती हल्की पोटली–सी ही चन्दन सहसा ऊपर उठ आई। थोड़ी ही देर में, कोने की खटिया से वैष्णवी के नासिका–गर्जन से आश्वस्त होकर आँखें खोल दीं।''[376]

शिवानी अपने साहित्य में भाषा के लिए शब्द–चयन में यथेष्ट उदार हैं। उन्होंने यथा स्थान संस्कृत, अंग्रेजी, पहाड़ी बंगाली, और हिन्दी के ठेठ शब्दों का प्रयोग किया है। शब्द–चयन में विषय की अधिकाधिक अभिव्यक्ति की सामर्थ्य पर लेखिका की दृष्टि रही है। भाषा की स्वाभाविकता बढ़ाने के लिए शिवानी ने अनेक लोक–प्रचलित ठेठ शब्दों का प्रयोग किया है पर भाषिक

374. अपराधिनी की भूमिका, पृ0 15.

375. किशुनली का ढाँट, पृ0 27–28.

376. भैरवी, पृ0 12.

सौन्दर्य की परिधि में यह नहीं आते हैं। जैसे : इज़ा, चेली सैलाब,

कन्दरा, भिनसार, भकोस, अधन्ना, चुगद, बजाई, तफरी, और चिरौरी आदि। इसी प्रकार की लोक शैली में कुछ पंक्तियां उनके साहित्य में अन्यत्र भी उपलब्ध है। जैसे–"जा अंखियाँ मोरी भई रे सौतनिया/जा अंखियाँ मोरी भई रे बैरनिया।"[377] "ए मतइया हम आज जाएँ/कल भग आऐं ए–ए/एक मतइया आले पै मिठइया धरी/भौजी को जिन दियेरी ए–ए–ए।[378] इन पंक्तियों के अतिरिक्त शिवानी ने व्यंग्य की प्रत्यंचा में तनी उक्तियाँ भी प्रयुक्त की हैं। यथा–"हमरे ससुर के/तीन बेटे/तीनों नक्शेबाज हैं। एक शराबी, एक जुआड़ी/एक कोठे बाज है।"[379]

ये उक्तियां भाषा तथा भाव की सपाटता के कारण सौन्दर्य वृत्ति से विहीन प्रतीत होती है। लेखिका का सचेतन मस्तिष्क तो भरसक सौन्दर्य–बोध का निर्वाह करता दिखता है, पर उनका अवचेतन सहज ग्राम्य संस्कारों से ग्रस्त होने के कारण सौन्दर्य–समाधि से उपरत हो जाता है, फलस्वरुप अपरुपता को प्रश्रय मिलने लगता है। उनकी रचनाओं में भाव और भाषागत अपरुपता, अपशब्दों के प्रयोग के कारण उभर कर सामने आयी है। उदाहरण दृष्टव्य है:– "अरे हरामियों, इनाम बांटेगी तुम्हारी माँ–बहनें, उन्हीं को न्योतना तुम अपनी अम्मा के भतारों।"..........अरे उस हरामज़ादे ने शादी कर ली, तो क्या दोष मेरा है? अरे अम्मा के खसमों, जमाना ऐसा आ रहा है कि तुम्हारी बहू–बेटियाँ भी डोम–मुसल्लों के साथ भागेंगी। वह दिन भी दूर नहीं है ख़बीसों, जब प्राण रहने पर भी मुरदे बन गये तुम्हारे बेटों की लाशों पर तुम्हारी घरवालियाँ पहाड़ खा–खाकर रोएंगी।"[380]

X X X

"कौन है री ? लगता है रांड़ को दर्द उठ गये हैं। सत्यानाश हो इस कुलबोरनी का। अरे सुरेश भट्ट तू जहाँ भी है करमजले, तुझे हाथ–हाथ भर कीड़े पड़े।"[381]

X X X

---

377. ललिता, पृ0 46.

378. वही, पृ0 47.

379. उपप्रेती, पृ0 14.

380. तर्पण, पृ0 61.

381. कैंजा, पृ0 31.

"खूब गुलछर्रे उड़ाती है ससुरी, पता नहीं क्या देखा साहब ने, तुम्हारी जूती की नोंक के बराबर भी नहीं है।"[382]

इसी तरह का एक अन्य उद्धरण प्रस्तुत करते हुए शिवानी ने स्पष्ट किया कि "पति का क्रोध सन्तान पर निकालना स्त्री जाति का स्वभाव–सिद्ध अवगुण है।" 'चौदह फेरे' में माँ के क्रोधित स्वरुप को उभारते हुए भाषा की अपरुपता अपशब्दों के माध्यम से व्यक्त की है। जैसे–"और जाएगी छोकरी? ले ले मर जा, और ले ले तुझे माता निकले, तेरी ठठरी उठे।"[383] इस प्रकार की भाषा का प्रयोग करके लेखिका अपने प्रयोग–कौतुक एवं गतिशील साहित्यकार–व्यक्तित्व का लोभ न संवरण कर पाने के कारण यत्र–तत्र सौन्दर्यवादी संस्कारों से च्युत हो गयी हैं, और अपरुपता की ओर भटक गयी है। कहीं–कहीं पर लेखिका "काली–कलूटी चुड़ैल सी बदशक्ल स्त्री"[384] "फुड़िया"[385] "खाज सी लगी कुतिया"[386] "पिद्दी सा कलेजा"[387] "ऐसी–तैसी साले की"[388], "चें–चें–पें–पें"[389] "कलमुँही"[390] "छिनाल"[391], "लिज़लिज़ा लाल मांस का चीखता लोथड़ा"[392], आदि शब्दों के प्रयोग में प्रगतिशील काव्य धारा और समसामयिक यथार्थबोध के कारण अपने साहित्य में शुभ्र–सौन्दर्य–चेतना से स्खलित हो गयी है। कहीं–कहीं पर उन्होंने "प्यारी को पान, कुंआरी को मेंहदी, गोरी को काजल, काली को बेंदी"[393] जैसी हल्की उक्तियाँ भी प्रयुक्त की हैं। स्पष्टतः ये उद्धरण शिवानी–साहित्य में विरूपण को ही व्यक्त करते हैं। यह विरूपण लोक–धुनों, लोकोक्तियों और घरेलू लहजों के कारण हुआ है। शिवानी की रचनाओं में प्राप्त आंचलिक

---

382. चौदह फेरे, पृ0 21.
383. वही, पृ0 17.
384. चौदह फेरे, पृ0 21.
385. भूली कहाँ हूँ, पृ0 24.
386. पूतोंवाली, पृ0 21.
387. वही, पृ0 36.
388. चौदह फेरे, पृ0 5.
389. कैंजा, पृ0 6.
390. श्मशान चम्पा, पृ0 12.
391. सुरंगमा, पृ0 18.
392. कैंजा, पृ0 33.
393. विवर्त, पृ0 10.

तत्वों, मुख्यतः जनपदीय शब्दों, व्यक्तिवाचक अभिधानों आदि के कारण सौंदर्यवृत्ति बाधित हुई है। अपनी रचनाओं में वे घरेलू चर्चाओं से मुक्त नहीं रही हैं। लेखिका का विरूपण तत्कालीन जनवादी चेतना से प्रेरित है। वस्तुतः यह विद्रूपता स्वयं में महत्वपूर्ण है, क्योंकि यह सौन्दर्यवृत्ति के पराभव का मूलस्रोत है।

निष्कर्ष

शिवानी–साहित्य में सौन्दर्य–विरूपण के मूल तत्व हैं : सपाटता, जुगुप्सा, विराटता, रोमांचकता, घरेलूपन, लोक स्तर, अश्लीलता, वैयक्तिकता, अनौपचारिकता मनःक्षेप, रूचि बोध और कुरूचिपूर्ण यथार्थ। शिवानी इनमें अवलिप्त दिखाई देती हैं। सौन्दर्यशास्त्रियों के अनुसार यद्यपि वीभत्सता और कुरूपता का भी एक सौन्दर्य होता है। (जैसे बादलेयर ने विकृत व्यभिचरित सुषमालोक की सृष्टि करके कदाचार द्वारा सौन्दर्य–आनंद की खोज करने का उपक्रम किया है) फिर भी यह जुगुप्सामूलक सौन्दर्य शिवानी का ध्येय नहीं रहा है और न शिवानी–साहित्य की भाव–परिधि में यह ग्राह्य ही है। लेखिका मूलतः परिष्कृत सौंदर्याभिरूचि से सम्पन्न है। कहीं–कहीं इन्होंने प्रमादवश उसका विरूपण कर डाला है और सौन्दर्य–सौकुमार्य या उसके शोभागत आभिजात्य को आहत किया है, क्योंकि यत्र–तत्र अपनी परिस्थितियों एवं मनःस्थितियों के संक्रमणवश 'शिथिल समाधि' हो गयी है और अवचेतन में व्याप्त विरूपण के लक्षणों को नियंत्रण नहीं कर पायी हैं; फिर भी समानुपातिक दृष्टि से यह कहा जा सकता है कि उनके सौन्दर्य–विरूपण की कला महत्वपूर्ण है। उन्होंने सौन्दर्य के मंडन तथा विघटन दोनों में सफलता प्राप्त की है और इस प्रकार अपने कलात्मक संस्पर्श द्वारा कुरूपाकृतियों का सौन्दर्य–संस्कार कर दिया है। विरूपण के उद्देश्य से इन्होंने बेडौल अंगों, काले, भद्दे, फूहड़, रंगों, ढलती अवस्थाओं, तूफानी उन्मद गतियों, कुरूचिपूर्ण भंगिमाओं, तीखी दुर्गधियों, स्थूल (खुरदुरे) उष्ण स्पर्शानुभूतियों, कर्ण कटु कर्कश ध्वनियों (जैसे चमगादड़, टिट्टिभ, कष्टप्रद ऋतुओं मुख्यतः माघ, ग्रीष्म), अमांलिक तत्वों (जैसे वज्रपात, उपलवृष्टि, झंझावात, प्रलय–प्रकोप), कुरूप पशु–पक्षियों, वनस्पतियों, अनपढ़ भाषा देशज (या विभाषीय) शब्दों, अगठित छन्दों, तुकबन्दियों और असंयत भावों का उपयोग किया है। ये तत्व जहाँ निरायास या निरूद्देश्य प्रकट हुए हैं, वहाँ सौन्दर्य–विरूपण के बजाय सौन्दर्यांकन के दोष (साहित्य दोष) उभर आयें हैं, किन्तु जहाँ इन्होंने कुरूपता को वाणी दी है अथवा असुंदर रूपों का बारंबार स्मरण करके उन्हें वरण करने

की इच्छा व्यक्त की है, वहाँ विरूपण की कला प्रकट हुई है। वस्तुतः प्रसाधन और विरूपण दोनों सौन्दर्य के महत्वपूर्ण पक्ष है। जिस प्रकार सौन्दर्य की सज्जा एक कलात्मक क्रिया है, इसी प्रकार विरूपण भी। प्रसाधन द्वारा कुरूप को रूपवान बनाया जाता है और विरूपण द्वारा सुष्ठु रूप को कुरूप। यह कुरूपता (अग्लीनेस) भी सौन्दर्य का एक पक्ष है। रूचि वैभिन्य के अनुसार इसे वरण करना सहज–स्वाभाविक लगता है। रूचिबोध देशकाल के अनुसार परिवर्तित होता रहता है, इसलिए रूप–कुरूप का मानक भी पूर्वापर सापेक्ष माना जाता है। शिवानी ने अपने रूचिबोध, अपनी दिवकाल प्रेरित विपर्यरत चेतना और अपने मत वैभिन्न के अनुरूप यत्र–तत्र सौन्दर्य–विरूपण की कला प्रदर्शित की है, जो अल्पमात्रिक होकर भी उल्लेखनीय है।

अध्याय 6

उपसंहार

शिवानी मात्र एक नारी नहीं; परम्परा की सार्थवाह हैं; उसकी एक सशक्त कड़ी हैं; पर ऐसी जो अतीत को वर्तमान से और वर्तमान को भावी से जोड़ती हैं। अतीत के रस–निर्झर में स्नात होकर वर्तमान की गंध को वितरित करते हुए शिवानी जी ने भावी के लिए जिन अमृत–बिन्दुओं की साहित्यिक आंगन में वर्षा की है, वे उसके लेखन को प्रामाणिक भी बनाते हैं और विश्वसनीय भी। स्वातन्त्र्य पूर्व के भारत को उन्होंने जिया है, उस समाज के सभी परिवर्तनों, मूल्यों को बारीकी से परखा है और उस परिप्रेक्ष्य में स्वतन्त्र भारत का सजीव चित्र आंका है। उनका लेखन अनुभव सिद्ध लेखन है और उनकी प्रतिभा कहानियों के रूप में जीवन के कण बटोरती हुई गहरे और दीर्घ परिश्रम के साथ परिपक्व होकर उपन्यासों के रूप में प्रस्फुटित हुई है। यही कारण है कि एक दो उपन्यासों के प्रकाश में आते ही शिवानी जी हिन्दी साहित्य जगत का महत्वपूर्ण स्तम्भ बन गयीं। वर्तमान और अतीत दोनों को ही उनकी सृजन–प्रतिभा ने समेट लिया है। वस्तुतः वर्तमान को देखने के लिए ही उन्होंने अतीत की गांठें खोली हैं। शिवानी जी की लेखनी ने हिन्दी गद्य–साहित्य की विविध विधाओं का स्पर्श किया है और वे हर प्रकार की रचना में सफल हुई हैं।

शिवानी जी ने अपनी बहुआयामी प्रतिभा को विविध रूपों में रूपायित किया है। 'सर्वेक्षण कार्य' के द्वारा जहाँ उनके अदम्य कौतूहल, साहस, संवेदनशीलता और मानवीयता के दर्शन होते हैं, वहीं समूचे–साहित्य के द्वारा उनके चरित्र की कोमल, सहजोत्फुल्ल चेतना का भी संस्पर्श होता है। उपन्यास सृजन उनकी रचनात्मक प्रतिभा का अनूठा आयाम है, जिसके द्वारा घटनाओं का संयोजन और उर्वर कल्पनाशीलता का अनोखा संयोजन हुआ है। इसी प्रकार जीवन के कण–कण से बटोरी जाने वाली अनुभूतियों पर पग–पग पर होने वाले अनुभवों का अंकन रेखाचित्रों और संस्मरणों के रूप में हुआ है। अतएव हिन्दी गद्य की सभी विधाएं शिवानी जी की लेखनी का

संस्पर्श पाकर जीवन्त और स्पन्दनशील हो उठी हैं। उन्होंने पूर्वाग्रहों से मुक्त होकर समाज के प्रगतिशील मूल्यों की स्थापना की है। उनकी रचनाएं विशेषतः सामाजिक उपन्यास वर्गगत संघर्ष और शोषण एवं सामाजिक पुनरूत्थान के उद्देश्यों से परिपूर्ण हैं।

शिवानी जी ने मुख्य रूप से मध्यवर्गीय समाज की समस्याओं के अन्तर्वाह्य स्वरूप का यथार्थ परक चित्रण किया है। प्रेमचन्द और नागर के सामाजिक चिन्तन को नया आयाम देते हुए उन्होंने कथ्य और शिल्प दोनों दृष्टियों से युग–परिवेश के मध्य जीवन–मूल्यों का पूर्ण सजगता के साथ विश्लेषण किया है। प्रेमचन्द ने सामाजिक जीवन पद्धति का आदर्शवादी अंकन किया था। तत्कालीन युग में सामाजिक मर्यादाएं जन–जीवन को जकड़े हुए थीं, विद्रोहात्मक चेतना विवशतापूर्वक दब–घुट कर रह जाती थीं। प्रेमचन्द ने यद्यपि उस पीड़ा को स्वर दिया किन्तु त्याग और समर्पण के आदर्श के आगे क्रान्ति का विस्फोट न होने पाया। आगे आने वाले कथाकारों ने युग एवं वातावरण के बदलते परिवेश के अनुसार सामाजिक परम्पराओं एवं मानव की आन्तरिक वृत्तियों का खुला चित्रण किया। शिवानी जी ने किसी मनोविश्लेषणात्मक ग्रन्थि में न फंसकर सामाजिक सत्यों का स्वस्थ उद्घाटन किया। सामाजिक रूढ़ियों के प्रति विद्रोह एवं नये युग की मान्यताओं का समर्थन शिवानी–साहित्य में किया गया है।

यथार्थवादी धरातल पर सम्पूर्ण मानवतावाद की प्रतिष्ठा उन्हें प्रेमचन्द के सैद्धान्तिक दृष्टिकोण का अनुयायी बनाती है किन्तु प्रेमचन्द और शिवानी जी में भारतीय–स्वतन्त्रता की संक्रान्तिकालीन पीढ़ी का भेद है। व्यक्ति के अन्तर्मन में प्रवेश कर एक व्यापक चेतना, विशाल फलक और समन्वयकारी बौद्धिकता ने शिवानी जी को किसी भी प्रगतिशील आधुनिक कथाकार से पीछे नहीं रखा। उन्होंने नागरिक जीवन की जटिलताओं, विश्रृंखलाओं और मानवीय विवशताओं का वैज्ञानिक निरूपण किया है। पीढ़ी के युग भेदानुसार शिवानी जी ने रूढ़ियों का विरोध और विकृतियों का चित्रण किया है। प्रेमचन्द ने जिन सदनों, आश्रमों को नारी की विवशताओं का समाधान बतलाया, उन्हीं आश्रमों में पनपने वाली विकृतियों का भंडाफोड़ नागर जी ने 'बूँद और समुद्र' और 'अमृत और विष' में किया। यहीं से परम्परानुसरण करते हुए शिवानी जी ने 'भैरवी' और 'चौदह फेरे' उपन्यासों में यही स्थिति चित्रित की है। वस्तुतः शिवानी जी ने नारी को समस्या नहीं बनाया, समाज के एक अनिवार्य अंग के रूप में, एक स्वतन्त्र इकाई के रूप में उसके अस्तित्व

की सर्वत्र प्रतिष्ठा की है। 'कृष्णकली' की पन्ना, 'चौदह फेरे' की नन्दी, 'सुरंगमा' की लक्ष्मी, जैसी पात्राएं उनकी नारी भावना का प्रतिनिधित्व कराती हैं। शिवानी के सभी उपन्यासों में नारी जीवन के बहुतेरे स्वर खुलते हैं। यह बात निर्विवाद सत्य है कि इस रूढ़िगत और पुरुष–प्रधान समाज में स्त्री का व्यक्तित्व कुचला हुआ है। हमारे समाज में इस समय भी लाखों–करोड़ों औरतें ऐसी हैं, जो भयंकर से भयंकर परिस्थितियों में भी अपने भाग्य पर सन्तुष्ट रहती हैं और पति तथा समाज का अत्याचार चुपचाप सहती हैं। शिवानी जी ने ऐसे ही जीते–जागते नारी पात्र चुनकर हमारे सामने पेश किए हैं। 'कृष्णकली' में वेश्याओं की अन्तर्पीड़ा और विवशता मुखर है।

शिवानी जी की एक प्रमुख विशेषता यह है कि वे किसी वाद, दुराग्रहों एवं कुंठाओं से ग्रसित नहीं है। सामाजिक परम्पराओं के विरोध एवं समाधान के अतिरिक्त स्वातन्त्र्योंत्तर भारतीय राजनीति के विकृत रूप को निर्भयतापूर्वक सामने रखा है। लोकतान्त्रिक शासन प्रणाली में पूँजीवादी षड्यन्त्र और सामान्य जनता का शोषण, नेताओं का सत्तामद पैने रूप में व्यंग्यात्मक शैली से प्रस्तुत किया है। लेखिका का जीवन–संबंधी दृष्टिकोण उनके साहित्य में व्यक्त हुआ है। प्रत्येक साहित्यकार का कुछ न कुछ उद्देश्य होता है। वह प्रत्यक्ष या परोक्ष रूप से उनकी रचना में निहित रहता है। साहित्यकार जीवन का पर्यवेक्षक नहीं, यह दार्शनिक भी होता है। जीवन में प्रति उसका दृष्टिकोण उसकी कृतियों के माध्यम से संसार के सामने आता है। शिवानी जी के कुछ उपन्यास निरूद्देश्य और कुछ उद्देश्यनिष्ठ हैं। 'श्मशान चम्पा', 'मायापुरी' और 'विषकन्या', आदि उपन्यासों में कोई उद्देश्य लक्षित नहीं होता है, केवल करूणा और सन्त्रास की निरूद्देश्य बनावट से किसी भी कथाकार को क्या हासिल हो सकता है? उसे जीवन के भीतर बैठकर, उत्तरदायी तथ्यों को तलाशते हुए, उन्हें प्रभावशाली ढंग से रेखांकित करना चाहिए। लेकिन जो कथाकार खूबसूरत और रोमांचक 'प्लॉट' अद्भुत चरित्र सृष्टि, मधुर और कमनीय चित्रांकन को ही अपना लक्ष्य मान लेता है, शायद उसे इस बुनियादी बात पर ध्यान देने का अवसर नहीं मिलता। दुर्भाग्य से शिवानी के साथ उनके कुछ उपन्यासों में यही हुआ है। जहाँ तक उपन्यास में एक मोहक और आकर्षक संसार के निर्माण का प्रश्न है– शिवानी अत्यधिक सफल रही हैं।

शिवानी के उपन्यासों के दो मुख्य धरातल हैं। आज की महानगरीय चेतना के विभिन्न स्तरों को शिवानी जी ने परत–दर–परत खोला है और इस

प्रकार प्याज के छिलके की तरह एक के बाद एक और दूसरी समस्याएं खुलती चली गयी हैं। नगर–जीवन की इन तमाम समस्याओं के केन्द्र हैं– कलकत्ता दिल्ली, कानपुर, लखनऊ, बम्बई और इलाहाबाद आदि। शिवानी प्रारम्भ से ही बहुत भ्रमणशील लेखिका रही हैं और जिन–जिन नगरों से उनका परिचय हुआ है, उन–उन नगरों का एक वातावरण उनके उपन्यासों में कहीं न कहीं अवश्य चित्रित हुआ है। महानगरीय जीवन की घुटन सन्त्रस्त स्थितियाँ, प्रदूषण, भीड़–भड़क्का, शोर–गुल, गन्दी बस्तियाँ और सतमंजिली इमारतों आदि के चित्र विशेष रूप से उभरते चले गये हैं। उन सबके बीच अनेक स्त्री–पुरुषों के चेहरे एक दूसरे से टकराते हुए नजर आते हैं। इसके साथ–साथ स्त्री–पुरुषों के संबंधों और समस्याओं के रूप अंकित हुए हैं। नगर जीवन के बाद शिवानी के उपन्यासों में पहाड़ी जीवन का यथा–तथ्य रूप भी उजागर हुआ है। पहाड़ी लोगों के रहन–सहन, अशिक्षा रोग और अन्ध ाविश्वास आदि के चित्र इसके साथ जुड़े हुए हैं, लेकिन एक बात और भी है कि पहाड़ी जीवन का भोला रूप भी इन सबके बीच झांकता नजर आता है।

भारतीय समाज अपनी समस्त पीड़ा और उच्छ्वासों से शिवानी–साहित्य में कराह उठा है। जहाँ उन्होंने जीवन की यथार्थ वीभत्सता के निम्नतम स्तर का चित्र खींचा है वहीं वे उसके समाधान के नूतन परिवर्तन के आग्रह का सांस्कृतिक आधार भी प्रस्तुत करते हैं। आर्थिक स्वातन्त्र्य, रूढ़ियों के प्रति विद्रोह और बदलते संदर्भ, आयोजित और प्रेम विवाह, नारी समस्या, युवा आक्रोश शिक्षा और भाषा की समस्या, साम्प्रदायिकता आदि विभिन्न समस्याओं का सुलझा हुआ समाधान शिवानी जी ने अपने साहित्य द्वारा प्रस्तुत किया है। शिवानी–साहित्य में विभिन्न समस्याओं के साथ पुरातन मानवीय मूल्यों के पुनर्निधारण की ओर संकेत किया गया है। आज हमें अपनी रूढ़ियाँ बदलकर नये मानदण्ड स्थापित करने होंगे। वे न तो अत्यन्त प्राचीन होने चाहिए और न ही अत्याधुनिक। पाश्चात्य सभ्यता से प्रभावित जीवन मूल्य भी किस काम के, जो लोक लाज और कुल–मर्यादा को ताक पर ही रख दें? आज हमें मध्यम मार्ग को अपनाने की ही आवश्यकता है।

अभ्युदय और निःश्रेयस साधना के लिए भी न तो एकदम श्मशान में जाने की आवश्यकता है और न ही एकदम धर्म और अध्यात्म को भूल जाने की। प्रत्युत् एक मध्यम मार्ग निकालना चाहिए, जो गृहस्थ के लिए भी सरल हो। संक्षेप में यही शिवानी जी की मानव–मूल्यों एवं जीवन–दर्शन संबंधी मान्यता

है। आज के वैज्ञानिक भौतिकवादी मानस में तर्क युक्त आनन्द की प्रतिष्ठा करने की कोशिश शिवानी जी ने सर्वत्र की है। शिवानी जी का समन्वयात्मक आदर्श यथार्थपरक है। यह आदर्श गांधीवाद के अहिंसा, सत्य, मानवतावाद का अखण्ड स्वरूप बनकर साम्यवाद में प्रतिच्छायित हुआ है। यथार्थ की विषमताओं से जूझकर मानव निराशा और पलायन की चरम सीमा में पहुँचकर भी मृत्यु का वरण नहीं करता, वरन् घोर अंधकार में प्रकाश किरण पा जाता है। यह कठोर जिजीविषा साहित्य की स्वस्थ दृष्टि बनकर विकीर्ण हुई है। यह यथार्थ अयथार्थ नहीं, असम्भाव्य भी नहीं, असत् पर सत्य की विजय का स्वाभाविक किन्तु भारतीय संस्कृति का पारम्परिक आदर्श रूप है। रूढ़ियों से उन्हें घृणा है, आधुनिकता के प्रति कोमल भाव किन्तु नये और पुराने का समन्वय करने का ही प्रयत्न सर्वत्र किया है। लेखिका इस ओर ध्यान आकृष्ट कराना चाहती है कि "आज, समग्र संसार एक दुर्घट समय से गुजर रहा है, प्रत्येक की अपनी निजी समस्याएं हैं, कई मोहक आश्वासनों से वह बार–बार छला जा चुका है और पूर्ण रूप से मोहभंग की स्थिति में पहुँच चुका है, किन्तु भले ही कुछ सुनने का धैर्य, उसमें न रहा हो, दीर्घ उपदेशात्मक भाषणों के प्रति उसकी अरूचि उत्तरोत्तर बढ़ती जा रही है। अभी भी अच्छी बातें सुनने वालों का अभाव नहीं है, और उसमें संवाद की स्थिति, निश्चय ही बनाई जा सकती है। बशर्ते आप में कड़ुवे सत्य को उगलने का साहस हो।"[1] इस प्रकार सत्य के ज्वलंत प्रकाश में शिवानी जी ने जो भी कुछ लिखा है वह अन्त तक सतत् प्रवहमान और सक्रिय रहा है।

कई बार ऐसा प्रतीत होने लगता है कि यह व्यापकता अव्यावहारिक बन गयी है। उनके समकालीन साहित्यकार प्रायः किसी न किसी प्रचलित वाद के धरातल से बंधे हैं। कुछ प्रगतिवादी है तो कुछ साम्यवादी, कुछ समाजवादी हैं तो कुछ मनोविश्लेषणवादी। शिवानी जी की समकालीन साहित्यकारों में मन्नू भण्डारी ने मध्यवर्गीय समाज की कुंठाओं, आकांक्षाओं को चित्रित किया है। मन्नू भण्डारी की भांति प्रगतिशील विचारों की समर्थक होते हुए भी शिवानी जी ने यथार्थ चित्रण में मर्यादा का बंधन निबाहा है, साथ ही शिवानी–साहित्य अपेक्षाकृत विविध धरातल पर चित्रित है। यशपाल और नागार्जुन में विचारों का पैनापन, उद्देश्य की सक्षमता एवं तीव्र सम्प्रेषणीयता के बावजूद मार्क्सवादी चिन्तनधारा का प्राधान्य है। किन्तु शिवानी जी समस्त संवेदनशीलता और पैने व्यंग्य के साथ किसी विशिष्ट चिन्तन धारा से प्रेरित

1. शिवानी, लोकमंगल और आज का साहित्यकार, पृ0 113.

होकर नहीं लिखते वरन् उनका जीवन दर्शन प्रखर यथार्थ चेतना से मंडित प्रेमचन्द के उदात्त मानवतावाद का समर्थन करता है। शिवानी जी का साहित्य 'लखनऊ' की पृष्ठभूमि पर आधारित है किन्तु उन्हें आंचलिक कथाकार नहीं कहा जा सकता। उन्होंने समस्त भारतीय समाज के सामान्य जीवन का चित्रण किया है।

शिवानी जी एक जागरूक सचेतन कलाकार हैं। इसी जागरूकता के कारण वे जितना प्रेमचन्द से जुड़ी हैं, उतना ही आज के कथाकारों से भी। शिवानी जी ने महानगरीय जीवन को जिया है, इसे निकटता से देखा है इसलिए उनकी रचनाओं में स्वाभाविकता का मंगल–कुंकुम सर्वत्र बिखरा हुआ हैं उनकी कथ्यचेतना न तो आरोपित है और न कृत्रिम बल्कि उसमें वास्तविक जीवन का आभास होता है। उन्होंने समाज के समस्त वर्गों को कहानियों का कथ्य बनाया है। सेठ, पूंजीपति, मजदूर, बुद्धिजीवी, वकील, डॉक्टर, व्यवसायी आदि सभी पात्र कहानियों में आए हैं। इसलिए इनकी रचनाएं महानगरीय जीवन की पूर्ण तस्वीर कही जा सकती है। महानगर में आकर कस्बाई जिन्दगी छूटने का दर्द, महानगरीय भीड़–भाड़ एवं शोर–शराबे के बीच स्वयं को बिल्कुल अकेला महसूसना आदि उनकी रचनाओं के आम विषय हैं।

शिवानी के उपन्यासों के कथ्य एवं शिल्प की आलोचना के बाद इस निष्कर्ष पर पहुंचते हैं कि हिन्दी उपन्यास के क्षेत्र में शिवानी का योगदान सर्वथा मौलिक और विशिष्ट है। शिवानी की अपनी एक कथा प्रतिभा है, जो हमें प्रायः इससे पूर्व के उपन्यासों में दृष्टिगत नहीं होती है। विशेषकर हिन्दी की उपन्यास लेखिकाओं में ऊषा प्रियवंदा, मन्नू भण्डारी, कृष्णा सोबती, शशिप्रभा शास्त्री, दीप्ति खण्डेलवाल, रजनी पनीकर और अमृता प्रीतम आदि के नाम विशेष उभर कर आए हैं, लेकिन इन सभी के बीच शिवानी ने अपेक्षाकृत अधिक लोकप्रियता प्राप्त की है।

रचना–विधान की दृष्टि से शिवानी के उपन्यासों का एक विशेष ढाँचा मिलता है। उसमें उपन्यास कला की नवीनता, घटनाओं की नाटकीयता, वातावरण की सजीवता, भाषा शैली की काव्यात्मकता के साथ–साथ उसमें युगीन समस्याओं का संवेदनापूर्ण चित्रण मिलता है। भाषा की विशिष्टता उनके साहित्य में सर्वत्र दृष्टिगत हुई है। 'कालिंदी' में अपनी भाषा के संबंध में स्पष्ट बोलती है कि "नहीं" अब दो टूक उत्तर देना, मैंने भी सीख लिया है, भली–बुरी जैसी भी है, यही मेरी भाषा है। मैं कोई शब्दकोष लेकर लिखने

नहीं बैठती। यही भाषा मैं बोलती हूँ, यह मेरे सिरजे पात्र भी बोलेंगे-- पर एक प्रश्न, मैं भी अपने आलोचकों से पूछूंगी, सहज भाषा आप किसे कहते हैं? यदि सरलीकरण की गुहार लगाने वाले, अपनी इस चीख–पुकार से, सामान्य शिक्षित जनता का हृदय विजित कर, लोकप्रियता हासिल करना चाहते हैं तो वे और जो कुछ भी हों, निश्चित रूप से हिन्दी के हितैषी कदापि नहीं हैं।. ....जो भाषा के धनी हैं, भाषा मर्मज्ञ हैं, उन्हें साधारण भाषा के लिए विवश करना हास्यास्पद दुराग्रह मात्र है। इस गुहार के पीछे गुहार लगाने वालों की हीनता ही उजागर होती है। मेरे पास रोटी चुपड़ने को घी नहीं है तो तुम भी रूखी रोटी ही खाओ। हमारी प्राचीन साहित्य सम्पदा का अवलोकन करें, सूर–तुलसी–कबीर–पद्माकर जिनकी रचनाएं साधारण अर्धशिक्षित जनता में भी उतनी ही लोकप्रिय हुई, क्या वे सहज भाषा में ही लिखते थे? जो भाषा, स्वयं भावानुकूल बन कथानक के साथ, कदम पर कदम धर कर चलती है, वह भाषा गूढ़–क्लिष्ट होने पर भी, स्वयं सहज बन जाती है। भाव यदि कठिन हैं तो भाषा भी स्वंयमेव चोला बदल लेगी। उसे कठिन या सरल बनाना फिर लेखक के हाथ में नहीं होता। प्रकृति की चाल के साथ–साथ, भाषा जिस दिशा में जाए, प्राणशक्ति भी उसी भाषा में होगी।"[2] भाषा के प्रति यही दृष्टिकोण शिवानी को एक सफल साहित्यकार के रूप में प्रतिष्ठित करता है।

शिवानी उन उपन्यासकारों की कोटि में नहीं आती, जिन्हें आलोचक वर्ग बड़ी आसानी से या तो किसी वाद के कठघरे में बन्द कर देता है अथवा चुटकी में उड़ा देता है। इस सम्बन्ध में शिवानी जी ने स्वयं स्वीकार किया है कि–"स्तुति और निन्दा की अनेक घोर–घुमावदार पगडंडियों पर चलते–चलते मैंने अनेक अभिज्ञताएं प्राप्त कर ली हैं। हाथ में कलम ली हैं तो कभी न कभी हाथों में स्याही लगेगी ही, यह मैं जानती हूँ। इस काजल की कोठरी से कौन आज तक बेदाग निकला है। राजनीतिज्ञ की ही भाँति साहित्यकार को भी सिर उठाकर ही चलना पड़ता है। दुर्बल मेरुदंड या कमजोर गुर्दा यहाँ नहीं चलता–गैंडे की खाल नहीं बना सके तो फिर एक न–एक दिन शत्रु आपकी चमड़ी तराश कर रख देंगे। लिखने बैठती हूँ तो जिरह–बख्तर पहले ही पहन लेती हूँ। चलाइए तीर–भाले, यहाँ भी कोई कच्ची गोलियाँ नहीं खेली हैं। वर्षो के सुदीर्घ अनुभव ने स्वयं ही कर्ण का कवच पहना दिया है। अपना काँवर न देखकर मुझे पीलिया बताने वालों की मेरे लेखन पर विशेष कृपा रही

---

2. कालिन्दी, पृ0 7–8.

है, इसी से शायद अब तक लिख भी पा रही हूँ।"[3]

शिवानी–साहित्य को कटु आलोचकों ने कोरी भावात्मकता का प्रतिफलन सिद्ध करने का प्रयत्न भी कई बार किया है। शिवानी जी के पास आये पत्रों में प्रश्नों (पाठकों के) के उत्तर उन्होंने बड़ी ही कुशलता के साथ अपने साहित्य के माध्यम से ही किया है। कालिंदी के छपते ही एक साहित्य मर्मज्ञ का पत्र आया था– "मैं क्या हमेशा आँसुओं का ही व्यापार करती रहूँगी ? शरत्चन्द्र की भाँति मैं अन्तःपुर की साहित्यकार, केवल भावनात्मक चित्र ही खींच पाती हूँ। अच्छा हो मैं लिखना छोड़ दूँ।

इन अनामा (पत्र में नाम नहीं था) साहित्य मर्मज्ञ से मेरा निवेदन है कि भावशून्य कला को मैं कला नहीं मानती। भाव, कला और भाषा का परस्पर अटूट सम्बन्ध है। भावात्मक धरणी पर चलती भाषा कभी शिथिल नहीं हो सकती। भले ही वह निराभरण हो, उसमें दैन्य नहीं हो सकती। निराला जी के शब्दों में, "उसकी गति सधवा साध्वी की गति है। सालंकार होने पर भी यदि गणिका की गति में कलाजन्य भंगिमाओं के अतिरिक्त, दूसरा विशद उद्देश्य नहीं, वे अलंकार, वह कला पाठकों के मानसिक सूर्य के प्रकाश में प्रदीप की भाँति निष्प्रभ, साहित्य भूमि पर गौरी के गले की मदार से टूट कर गिरे मदार के विषफूल है।"............सुन्दर वस्तु को देखना किसे अच्छा नहीं लगता? और फिर, मेरे पाठकों, यह अपराध क्या मैंने पहली बार किया है ?"[4]

शिवानी वास्तव में समृद्ध कथानक और जीवन्त परिवेश की लेखिका हैं और उस परिवेश के बीच जीवन को उन्होंने व्यापक धरातल और संस्कारों पर रुपायित किया है। इस परिवेश से वे स्वयं भी इस तरह जुड़ी हुई हैं कि यदि वे चाहें तो भी जीवन की इस कमाई से अपने आपको अलग नहीं कर सकती। उनके उपन्यासों में एक जीवन–दृष्टि है, एक ऐसी दृष्टि, जिसका हर लमहा भोगा हुआ है। इस लिए जब कोई आलोचक शिवानी के इस गुण को दोष बताता है, तो लगता है जैसे एक रचनाकार के साथ अन्याय किया जा रहा है। शिवानी जी द्वारा प्रकृति एवं परिवेश जीवन्त चित्रण पढ़कर पाठक स्वयं भाव–विभोर हो उठते हैं। शिवानी जी ने एक स्थल पर इसे उधृत भी किया है यथा–"कुछ ही दिन पूर्व जब लखनऊ के एक विवाह भोज में, एक बुजुर्ग ने मुझे रोक कर कहा, "कालिंदी पढ़ रहा हूँ तुमने हमारी बीती जवानी को फिर लौटा दिया है। आहा, कैसा चित्र खींचा है उन दिनों का।

---

3. कालिन्दी, पृ0 8.
4. वही, पृ0 8–9.

लगता है एक बार फिर उसी अल्मोड़ा में पहुँच गया हूँ।"[5] शिवानी अपने इर्द–गिर्द के प्रकाश–बिम्बों से एक हद तक विचलित कर काफी हद तक सजग हैं। लेखिका की यह सजगता उसके भीतर की अनजान परतों को तोड़ती है और अनथाही गहराइयों में उतरने को बाध्य करती है। आज का समीक्षक–वर्ग इसे पहचाने चाहे न पहचाने शिवानी अपने पाठक–वर्ग के प्रति निहायत ईमानदार रहने वाली लेखिका हैं।

आज के इस संक्रान्तिकाल में नारी का नारी होना ही उसकी सबसे बड़ी विवशता है। फिर वे नारी होने के साथ–साथ लेखिका हैं तो उसकी स्थिति और भी विषम हो उठती है। उसके साथ जुड़ी हुई अगणित घटनाएं, उसकी अवश स्मृतियों, दबी सिसकियां कदम–कदम पर उनका हाथ थाम लेता है। इन सबके बीच एक स्त्री के लिए लेखन–कार्य उतना सुगम नहीं होता, जितना एक पुरुष के लिए होता है। किसी भी रचनाकार के अनुभवों का दायरा उसको प्रभावित किए बगैर नहीं रह सकता। टॉलस्टाय यदि स्वयं सैनिक न होते तो शायद उनकी 'वार एण्ड पीस' इतनी सशक्त रचना न बन पाती। प्रेमचन्द को ग्राम्य जीवन का इतना अनुभव न होता तो शायद 'गोदान' का रुप इतना यथार्थ और जीवन्त नहीं बन पाता। ठीक इसी प्रकार शिवानी ने भी जीवन के बदलते हुए मूल्यों को खुली आँखों देखा और भोगा है और अपनी लेखन–यात्रा का क्रम इन जीवन–संघषों के बीच बराबर बनाए रखा है। यही वजह है कि उनके उपन्यास काल्पनिक होते हुए भी राहस्र विश्वास ही नहीं करते कि वह कोरी कल्पना है। जब लेखिका आत्म कथात्मक शैली में लिखती है तो पाठक उसी को लेखिका की आप बीती समझ लेता है। यह लेखिका के साथ सरासर अन्याय है। शिवानी के उपन्यासों में उनका भोगा हुआ यथार्थ बोलता है। यह पुरुष के भोगे हुए जीवन से कहीं अधिक बलवान है। शिवानी का भावुक चित्त उस कच्चे सीमेण्ट की भाँति है, जिस पर समाज और सामाजिकों की अनायास पड़ी छाप सहज ही उभरकर सदा के लिए दृढ़ीभूत हो जाती है। नारी चित्रण में भी शिवानी ने पक्षपात नहीं किया। उसके छलनामयी रुप को भी चित्रित करने में शिवानी का संस्कार शील नारी–चित्त विचलित नहीं हुआ। यद्यपि यह अत्यन्त कठोर कार्य है। नारी को नारी के छलनामय रुप की परतें खोलने में ऐसा लगता है जैसे वह स्वयं अपने आपको परत–दर–परत उघाड़कर अनावृत्त करती जा रही है।

5. कालिन्दी, पृ0 12.

शिवानी की कथायात्रा का मूल्यांकन स्वयं उन्हीं के शब्दों में कितना यथार्थ है, "मेरी कथायात्रा कितनी सफल रही, यह मूल्यांकन मेरे लिए क्या, किसी भी लेखक के लिए सम्भव नहीं है। यह मूल्यांकन कर सकता है केवल समय। किन्तु इतना अवश्य सिर उठाकर कह सकती हूँ कि जितना लिखा है, ईमानदारी से लिखा। यथार्थ को धकेल केवल कल्पना के मसिपात्र में लेखनी नहीं डुबाई। मेरी रचनाएं कितनी लोकप्रिय हुईं या मेरे कथा–साहित्य ने इस वर्ष कितनी 'रायल्टी' बटोरी या मेरा कौन–सा उपन्यास फिल्म बनकर चमक सकता है, इन व्यर्थ की चिन्ताओं ने मुझे कभी नहीं विचलित किया। मुझे यद्यपि एक–दो–बार चित्र–जगत से आकर्षक प्राप्त भी हुए हैं तथापि जिस नायिका को मैंने रात–दिन एक बड़े यत्न से बढ़ा है, वह अचानक दिशा–ज्ञान भूलकर किसी उजड्ड नायक के साथ किसी पेड़ की परिक्रमा करने लगे, यह कल्पना ही मुझे व्याकुल कर देती है।"[6]

इसमें कोई सन्देह नहीं कि शिवानी अपने समय की एक ईमानदार और सफल तथा सर्वाधिक लोकप्रिय कथा लेखिका हैं। विशेषतः नारी–जीवन के नये–नये परिदृश्यों को अंकित करने में और महानगरीय सभ्यता के बीच जीवन की विवश स्थितियों को रुपायित करने में शिवानी का योगदान आधुनिक साहित्य में अप्रतिम है।

शिवानी उन लेखिकाओं में से एक है, जो साहित्यकार के दायित्व को जानती और मानती हैं। सस्ती लोकप्रियता के लिए उन्होंने कभी शालीनता को तिलांजली नहीं दी। वे अपने कर्तव्य के प्रति सदैव सजग और अपनी लेखनी के प्रति सदैव प्रतिश्रुत रही हैं। इसीलिए आधुनिक साहित्यकारों की भीड़ में वे अलग दिखाई देती हैं। उनके अभ्यासों में कुमाऊँ की सुकुमारता, बंगाल की भावुकता, गुजरात की शालीनता और लखनऊ की कुलीनता झलकती है।

समग्रतः सौन्दर्य–विधान की प्रक्रिया में लेखिका की रुचि–भेद और सृजन–सामर्थ्य विचारणीय है। शिवानी अपनी स्वच्छन्दतावादी मनोवृत्ति और विराटताबोध के कारण सौन्दर्यबोध के कई क्षेत्रों में अग्रणी रही हैं। सौन्दर्य–विरुपण और उदात्तीकरण में उन्होंने अद्भुत सिद्धि प्राप्त की हैं। उन्होंने प्रकृति–सौन्दर्य, शिल्प तथा अन्य अनेक पक्षों में साधिकार प्रवेश किया है। समग्र रुप से यह स्वीकार्य है कि शिवानी जी ने अपनी सौन्दर्य–साधना

---

6. शिवानी, जालक, पृ0 134.

द्वारा हिन्दी के सहस्रावधि साहित्य को सुसम्पन्न किया है और इस प्रकार सौन्दर्य–विधान की युगीन परम्परा में सर्वोच्य कीर्तिमान स्थापित किया है।

नवीन स्थापनाएँ :

प्रस्तुत शोध–प्रबन्ध द्वारा निम्नलिखित तथ्यों का उद्घाटन होता है :– शिवानी की कथाओं और उपन्यासों का केन्द्र बिन्दु मुख्यतः स्त्री–पुरुष का सौन्दर्य ही रहा है। प्राकृतिक, ईश्वरीय तथा मानवेत्तर सौन्दर्य अधिकतर पृष्ठभूमि रुप में पाया जाता है।

अधिकांशतः कथानकों में कुमांऊँ जन–जीवन को आधार बनाया गया है। कुमाऊँ अंचल के प्रति सहज आकर्षण होने पर भी लेखिका द्वारा निष्पक्ष रुप से वहाँ पर व्याप्त कुरीतियों, अंधविश्वासों एवं धर्म भीरुता का उल्लेख किया गया है।

शिवानी द्वारा सौन्दर्य को भौतिकता तथा कृत्रिमता के धरातल से ऊँचा उठाकर गुणवत्ता एवं स्वाभाविकता के समीप लाकर उन्हें उदात्त बनाने का प्रयास किया गया है।

उपलब्धियाँ :

प्रस्तुत शोध–प्रबन्ध के लिए शिवानी–साहित्य में सौन्दर्य को खोजते हुए अनेक तथ्य प्रकाश में आए हैं–

- शिवानी द्वारा हिन्दी साहित्य को एक अत्यन्त शालीन एवं गरिमामय साहित्य प्रदान किया गया है।
- समाज को सौन्दर्य जैसे गहन विषयों पर मनन–चिंतन के लिए एक दिशा प्रदान की गयी है।
- इस शोध से शिवानी–साहित्य पर भविष्य में शोध की नूतन संभावनाएँ भी सामने आयी हैं।

शिवानी ने अपने साहित्य के अन्तर्गत सौन्दर्य पर लिखा है। यह एक ऐसा विषय है जो संसार के सभी देशों में परिव्याप्त है। सौन्दर्य का जितना महत्व सीधे–सादे, भोले–भाले व्यक्तियों के जीवन में है उतना ही महत्व पढ़े–लिखें, उच्च पदस्थ व्यक्तियों के जीवन में भी है। भारत में इनका जितना महत्व है विदेशों में भी उतना ही महत्व है। यथार्थता उनके साहित्य की एक विशिष्टता है जिसके कारण पाठक का रचना से तादात्म्य सहज रुप में हो जाता है। पाठक को उसमें वर्णित वस्तु स्वयं की जानी–सुनी लगती है। ऐसे

मौलिक साहित्य को पाकर हिन्दी साहित्य की गरिमा की वृद्धि को प्राप्त हुई है।

शिवानी की समाज को देन अत्यन्त सराहनीय है। उन्होंने सौन्दर्य जैसे गहन विषय पर साहित्य रचकर समाज को इन पर सोचने की प्रेरणा दी है। समाज में व्याप्त कुरीतियों, धर्मान्धता, संकीर्णता से प्रभावित शापित जन–जीवन को अपनी मान्यताओं पर पुनर्विचार करने की दिशा प्रदान की है। कुमाऊँ अंचल में व्याप्त कमियों की ओर भी संकेत किया गया है। उनका आशय यही प्रतीत होता है कि यदि चली आ रही कुरीतियों को हम सभी मिलकर दूर करना चाहें तो यह कार्य दुर्वह नहीं है। साथ ही कुमाऊँ अंचल की अपनी गौरवमयी संस्कृति को बनाये रखने के प्रति भी उनका आग्रह स्पष्ट होता है। केवल कुमाऊँ का ही नहीं अपने देश के प्राचीन गौरव के प्रति उनकी अपूर्व श्रद्धा है। वह आधुनिकता से त्रस्त मानवता को उनके घुंघराले गौरव की पुनर्स्थापना के प्रति सचेत करती हैं। समाज की शक्ति को जाग्रत कर एक नवीन दृष्टि पथ देना ही उनका ध्येय प्रतीत होता है। इस प्रकार शिवानी समाज के प्रति साहित्यकार का पूर्ण दायित्व निभाती हैं।

नूतन संभावनाएँ :

शिवानी–साहित्य में 'सौन्दर्य' को उजागर करने से इस विषय में शोध कार्य करने के लिए अनेक संभावनाएँ सामने आई हैं।

शिवानी ने मानव मन की गहराइयों तक पहुँकर उनके मनोविज्ञान को खूब समझा है। उनका साहित्य पात्रों की मनोग्रंथियों को प्रकाशित करता हुआ अग्रसर होता है। भावी शोधार्थी उनके साहित्य के अन्तर्गत आये 'पात्रों का मनोवैज्ञानिक चित्रण' विषय पर कार्य कर सकते हैं।

कुमाऊँ अंचल की नारियों के प्रति शिवानी का दृष्टिकोण सहानुभूतिपूर्ण रहा है। उन्होंने उसे अत्यन्त सहिष्णु त्यागमयी एवं सौम्य रुप में चित्रित किया है। अतएव "कुमाऊँ अंचल की नारी के सहिष्णुता पक्ष को लेकर भी शोध कार्य की अनेक संभावनाएँ हैं।"

समाज की दिन–प्रतिदिन बिगड़ती स्थिति के प्रति अपनी चिन्ता व्यक्त करने वाली शिवानी के अनेक लेखों, निबन्धों तथा अन्य साहित्य के आधार पर समाज एवं देश हित की भावना को भी शोध का विषय बनाया जा सकता है।

शिवानी–साहित्य के अन्तर्गत 'प्रकृति–चित्रण' पर भी शोध कार्य की

संभावनाएँ निहित हैं।

'कुमाऊँ अंचल की संस्कृति' पर भी शोध कार्य किया जा सकता है। हिन्दी भाषा एवं साहित्य के उत्थान के प्रति शिवानी की भावनाओं पर प्रकाश डाला जा सकता है। शिवानी–साहित्य पर शोध की अनेक संभावनाएँ सामने आयी हैं। आने वाले शोधार्थी इनका लाभ उठा सकते हैं।

निष्कर्ष :

शिवानी के 'सौन्दर्य' ने मानव मात्र को इस विषय पर गंभीर चिन्तन की ओर अग्रसर किया है। मानव को सौन्दर्य की वास्तविकता को जानने के प्रति उन्मुख किया है। प्रकृति प्रेम के द्वारा मानव मात्र को उदारता एवं स्वाभाविकता की ओर उन्मुख होने का संदेश दिया है। ईश्वर के अदृश्य सौन्दर्य के प्रति संकेत कर मानव को रक्षक बनने की ओर निर्दिष्ट किया है। शिवानी ने सद्‌गुणों के रूप में सौन्दर्य को जीवन्त माना है। कलाओं, संस्कृति एवं साहित्य को हृदय के कलुष धोने का श्रेष्ठ साधन माना है। यह साहित्य मानव मात्र को सौन्दर्य के प्रति दिशा–निर्देश देने वाला है। शिवानी का साहित्य उत्कृष्ट कोटि का है तथा उसमें वर्णित सौन्दर्य का दृष्टिकोण संकुचित न होकर अत्यन्त उदार है। प्रस्तुत शोध से स्पष्ट हो जाता है कि शिवानी की सूक्ष्म दृष्टि मानव को ही नहीं वरन् जीवन के अनेक क्षेत्रों तक भी गहराई से झांकने में समर्थ रहीं हैं।

सहायक ग्रन्थ–सूची

हिन्दी

(क) आधार–ग्रन्थ : शिवानी–साहित्य

1. अतिथि : हिन्दी पॉकेट बुक्स, शाहदरा, दिल्ली द्वि0 सं0 1989
2. अपराधिनी : हिन्दी पॉकेट बुक्स, शाहदरा, दिल्ली प्र0 सं0 1986
3. अलविदा : सुबोध पॉकेट बुक्स, दिल्ली प्र0 सं0 1979
4. आकष : भारतीय ज्ञानपीठ, कनाट प्लेस, दिल्ली द्वि0 सं0 1984
5. आमादेर शान्ति निकेतन हिन्द पॉकेट बुक्स, शाहदरा, दिल्ली प्र0 सं0 1986
6. आइसक्रीम महल : सुबोध पॉकेट बुक्स, दिल्ली प्र0 सं0 1979
7. उपप्रेती : हिन्दी पॉकेट बुक्स, शाहदरा, दिल्ली प्र. सं0 1988
8. उपहार : दिनमान प्रकाशन, दिल्ली 1979
9. करिए छिमा : हिन्द पॉकेट बुक्स, शाहदरा, दिल्ली प्र0 सं0 1989
10. कस्तूरी मृग : हिन्द पॉकेट बुक्स, शाहदरा, दिल्ली न0 स0 1990
11. कालिंदी : हिन्द पॉकेट बुक्स, शाहरा, दिल्ली प्र0 सं0 1991
12. किशुनली का ढांट सरस्वती बिहार, शाहदरा, दिल्ली 1979
13. कैंजा : हिन्द पॉकेट बुक्स, शाहदरा, दिल्ली न0 सं0 1986

14. कृष्णकली : भारतीय ज्ञानपीठ, लोदी रोड, दिल्ली द्वि0 सं0 1987
15. कृष्णवेणी : सरस्वती बिहार, शाहदरा, दिल्ली द्वि0 सं0 1987
16. क्यों : राजपाल एण्ड सन्स, दिल्ली द्वि0 सं0 1988
17. गवाक्ष : पराग प्रकाशन, दिल्ली प्र0 सं0 1975
18. गैंडा : हिन्द पॉकेट बुक्स, शाहदरा, दिल्ली न0 स0 1987
19. चरैवेति : सरस्वती बिहार, शाहदरा दिल्ली 1987
20. चल खुसरो : हिन्द पॉकेट बुक्स, शाहदरा, दिल्ली प्र0 सं0 1987
21. चार दिन की शब्दकार, तुर्कमान गेट, दिल्ली प्र0 सं0 1973
22. चिरस्वयंवरा : हिन्द पॉकेट बुक्स, शाहदरा, दिल्ली प्र0 सं0 1989
23. चौदह फेरे : विश्वविद्यालय प्रकाशन, वाराणसी प्र0 सं0 1965
24. जालक : हिन्द पॉकेट बुक्स, शाहदरा, दिल्ली प्र0 सं0 1987
25. झरोखा : सरस्वती बिहार, शाहदरा, दिल्ली तृ0 सं0 1981
26. झूला : राजपाल एण्ड सन्स, दिल्ली प्र0 सं0 1979
27. टोला : कल्पना प्रकाशन, मेरठ प्र0 सं0 1982
28. दरीचा : पराग प्रकाशन, नई दिल्ली प्र0 सं0 1978
29. पुष्पहार : नेशनल प्रकाशन, नई दिल्ली प्र0 सं0 1973
30. पूतोंवाली : हिन्द पॉकेट बुक्स, शाहदरा, दिल्ली प्र0 सं0 1986
31. बचपन की याद : राजपाल प्रकाशन दिल्ली प्र0 सं0 1978
32. बिन्नू : हिन्द पॉकेट बुक्स, शाहदरा, दिल्ली प्र0 सं0 1978
33. भूत : सरस्वती विहार, शाहदरा, दिल्ली प्र0 सं0 1979

34. भैरवी : शब्दकार, तुर्कमान गेट, दिल्ली प्र0 सं0 1969
35. मायापुरी : हिन्द पॉकेट बुक्स, शाहदरा, दिल्ली न0 सं0 1990
36. माणिक : हिन्द पॉकेट बुक्स, शाहदरा, दिल्ली प्र0 सं0 1987
37. मेरा भाई : हिन्द पॉकेट बुक्स, शाहदरा, दिल्ली प्र0 सं0 1989
38. मेरी प्रिय कहानियाँ: सरस्वती विहार शाहदरा, दिल्ली द्वि0 सं0 1974
39. यात्रिक : हिन्द पॉकेट बुक्स, शाहदरा दिल्ली प्र0 सं0 1987
40. रति विलाप : सरस्वती बिहार, शाहदरा, दिल्ली द्वि0 सं0 1986
41. रथ्या : हिन्द पॉकेट बुक्स, शाहदरा, दिल्ली प्र0 सं0 1987
42. राधिका सुन्दरी : राजपाल प्रकाशन, दिल्ली प्र0 सं0 1979
43. लाल हवेली : विश्वविद्यालय प्रकाशन, गोरखपुर प्र0 सं0 1973
44. वातायन : हिन्द पॉकेट बुक्स, शाहदरा, दिल्ली प्र0 सं0 1987
45. विवर्त्त : हिन्द पॉकेट बुक्स, शाहदरा, दिल्ली न0 सं0 1987
46. विषकन्या : सरस्वती बिहार शाहदरा, दिल्ली तृ0 सं0 1990
47. श्मशान चम्पा : हिन्द पॉकेट बुक्स शाहदरा, दिल्ली न0 सं0 1985
48. स्वामी भक्त चूहा : राजपाल प्रकाशन दिल्ली प्र0 सं0 1979
49. स्वयंसिद्धा हिन्द पॉकेट बुक्स, शाहदरा, दिल्ली प्र0 सं0 1987
50. सुरंगमा : हिन्द पॉकेट बुक्स, शाहदरा, दिल्ली प्र0 सं0 1980
51. हर हर गंगे : नेशनल, नई दिल्ली प्र0 सं0 1979

52. हे, दत्तात्रेय : सरस्वती बिहार, शाहदरा, दिल्ली प्र0 सं0 1985
53. प्रयास : दि स्टुडेटस कम्पनी, जयपुर प्र0 सं0 1980
54. मंजीर : हिन्द पॉकेट बुक्स, दिल्ली प्र0 सं0 1980
55. स्मृति कलश : हिन्द पॉकेट बुक्स, शाहदरा, दिल्ली प्र0 सं0 1990
56. सुनहु तात यह अकथ कहानी : हिन्द पॉकेट बुक्स, शाहदरा, दिल्ली प्र0 सं0 1996

(ख) सहायक ग्रन्थ :

1. अमृत लाल नागर व्यक्तित्व और कृतित्व, रणवीर रागा, एस0 चन्द्र एण्ड कम्पनी लिमिटेड, रामनगर, नई दिल्ली, 1979
2. आधुनिक काव्य में सौन्दर्य भावना शकुन्तला वर्मा, सरस्वती मन्दिर, बनारस, प्र0 सं0 1952
3. आधुनिक हिन्दी काव्य शिल्प–डॉ0 मोहन अवस्थी, हिन्दी प्रकाशन परिषद, प्रयाग, प्र0 सं0 1952
4. आधुनिक हिन्दी साहित्य का इतिहास श्री कृष्ण लाल हिन्दीपरिषद, प्रयाग विश्वविद्यालय, तृ0 सं0 1952
5. आलोचना के सिद्धान्त –यज्ञ दत्त शर्मा व कृष्णानद पंत, राजपाल एण्ड़ सन्स, दिल्ली, 1953
6. आस्था और सौन्दर्य रामविलास शर्मा किताब महल, इलाहाबाद, 1983
7. कथा लेखिका मन्नू भण्डारी डॉ0 ब्रजमोहन शर्मा, कादम्बरी प्रकाशन, दिल्ली, 1991
8. कला और सौन्दर्य–रामकृष्ण, यूनिवर्सिटी बुक डिपो, जालन्धर
9. काव्य शास्त्रीय निबन्ध–डॉ0 कृष्णदेव झारी, शारदा प्रकाशन, नई दिल्ली, 1989
10. छायावादी कवियों का सौन्दर्य विधान–डॉ0 सूर्य प्रसाद दीक्षित द मैकमिलन कम्पनी ऑफ इण्डिया दिल्ली 1974
11. छायावादी काव्य डॉ0 कृष्ण चन्द्र वर्मा म0 प्र0 हिन्दी अकादमी भोपाल 1972
12. छायावादी काव्य में सौन्दर्य दर्शन डॉ0 सुरेश चन्द्र, अनुराधा

प्रकाशन मेरठ, प्र0 सं0 1976

13. डॉ0 नगेन्द्र–व्यक्तित्व और कृतित्व–रणवीर रांगा, एस0 चन्द्र0 एण्ड कम्पनी लिमिटेड, रामनगर, नई दिल्ली 1989
14. नई कहानी की भूमिका–कमलेश्वर, शब्दकार प्रकाशन, दिल्ली, 1966
15. नया साहित्य नये प्रकाशन नन्द दुलारे बाजपेयी विद्या मन्दिर वाराणसी, 1959
16. नये कवियों के काव्य शिल्प सिद्धान्त–दिविक रमेश, पराग प्रकाशन, दिल्ली, 1986
17. नये साहित्य का तर्कशास्त्र विश्वनाथ प्रसाद तिवारी, सरस्वती प्रिंटिंग प्रेस, दिल्ली, प्र0 सं0 1975
18. नये विचार : नई दृष्टि–इलाचन्द्र जोशी कनिष्क प्रकाशन, इलाहाबाद, 1982
19. पाश्चात्य साहित्यालोचन के सिद्धान्त लीलाधर गुप्त, हिन्दुस्तान एकेडमी, इलाहाबाद, 1962
20. प्रतिप्रेक्ष्य और प्रतिक्रियाएं लक्ष्मी सागर वार्ष्णेय, नेशनल पब्लिक हाउस, नई दिल्ली, 1972
21. प्रेमचन्द उपन्यास और शिल्प हर स्वरुप माथुर, भारतीय प्रतिष्ठान, कानपुर, 1957
22. प्रेमचन्द और उनकी साहित्य साधना डॉ0 पदम सिंह शर्मा कमलेश अतर चन्द कपूर एण्ड सन्स, कश्मीरी गेट, दिल्ली, 1962
23. प्रेमचन्दोत्तर उपन्यासों की शिल्पविधि डॉ0 सत्यपालचुध, लोक भारती प्रकाशन, इलाहाबाद, 1968
24. प्रेमचन्द की उपन्यास कला–प्रो0 जनार्दन झा0 प्रकाशन वाणी मन्दिर, 1941
25. भारतीय साहित्य शास्त्र–नगेन्द्र, नेशनल पब्लिशिग हाउस, नई सड़क दिल्ली, प्र0 सं0 1983
26. भारतीय सौन्दर्यशास्त्र की भूमिका डॉ0 नगेन्द्र, नेशनल पब्लिशिंग हाउस, दिल्ली 1974

27. मन्नू भण्डारी का कथा साहित्य गुलाब राव हाड़े विद्या मन्दिर बिहार, गाँधी नगर, कानपुर, 1987

28. मन्नू भण्डारी का श्रेष्ठ सर्जनात्मक साहित्य, डॉ0 बंसीधर व डॉ0 राजेन्द्र मिश्र, नटराज पब्लिशिंग हाउस, करनाल, प्र0 सं0 1983

29. महाकाव्यात्मक उपन्यासों की शिल्प विधि डॉ0 शंक4:
: र बसत मुदगल, चन्द्र लोक प्रकाशन, कानपूर 1994

30. मानव व्यक्तित्व का समन्वित विकास (स्मारिका) प्र0 सं0 1972–30/37, तिवारी गली चितीखाना, आगरा

31. रस सिद्धान्त डॉ0 सुन्दर लाल कथूरिया, कादम्बरी प्रकाशन, दिल्ली, 1990

32. रस सिद्धान्त की दार्शनिक और नैतिक व्याख्या तारक नाथ बाली, विनोद पुस्तक मन्दिर, आगरा 1964

33. रस सिद्धान्त : स्वरुप विश्लेषण, आनन्द प्रकाश दीक्षित, राजकमल प्रकाशन, दिल्ली, 1960

34. लोक साहित्य की भूमिका डॉ0 कृष्णदेव उपाध्याय, साहित्य भवन, प्रयाग 1982

35. शिवानी का हिन्दी साहित्य सामाजिक परिप्रेक्ष्य में–डॉ0 ज्योत्स्ना शर्मा, अन्नपूर्णा प्रकाशन, साकेत नगर कानपुर, 1994

36. शिवानी के उपन्यासों का रचना विधान कु0 शशिबाला पंजाबी, देव नागर प्रकाशन, 1981

37. रामकालीन हिन्दी उपन्यास कथ्य विश्लेषण डॉ0 प्रेम कुमार इन्दु प्रकाशन,अलीगढ़ 1983

38. साठोत्तर महिला कहानीकार–डॉ0 मधु संधु सीमा प्रिटिंग प्रेस, शाहदरा, नई दिल्ली, प्र0 सं0 1984

39. साहित्य अनुसंधान के प्रतिमान–सम्पादक–डॉ0 देवराज उपाध्याय व डॉ0 रामगोपाल, नेशनल पब्लिशिंग हाउस, दिल्ली, 1969

40. साहित्य शास्त्र डॉ0 राम कुमार वर्मा भारतीय विद्या भवन प्र0 सं0 1959

41. सिद्धान्त और अध्ययन बाबू गुलाब राय, आत्मा राम एण्ड संस, दिल्ली, 1990

42. सौन्दर्य तत्त्व –अनुवादक आनन्द प्रकाश दीक्षित लीडर प्रेस इलाहाबाद, संवत 1017 (डॉ0 सुरेन्द्र नाथ गुप्त)
43. सौन्दर्य शास्त्र के तत्त्व– डॉ0 कुमार विकल राज कमल प्रकाशन, दिल्ली पु0 सं0, 1967
44. सौन्दर्य शास्त्र– संकलन– सरेन्द्र चन्द्र, मेरठ विश्वविद्यालय, हिन्दी परिषद, 1979
45. सौन्दर्य विज्ञान–डॉ0 हरिवंशसिंह, काशी विद्यापीठ, सं0 1936
46. संसकृति के चार अध्याय रामधारी सिंह दिनकर राजपाल एण्ड संस दिल्ली 1956
47. स्वातन्त्र्योत्तर हिन्दी उपन्यास और ग्राम चेतना डॉ0 ज्ञानचन्द गुप्त अभिनव प्रकाशन, वेस्ट सीलमपुर, दिल्ली, 1974
48. स्वान्त्र्योत्तर हिन्दी साहित्य–सं0 डॉ0 महेन्द्र भटनागर, वन भारती सहकारी प्रकाशन प्रतिष्ठान, दिल्ली प्र0 सं0 1969
49. हिन्दी उपन्यास–उपलब्धियाँ–लक्ष्मी सागर वार्ष्णेय, हिन्दी परिषद इलाहाबाद, द्वि0 सं0 1948
50. हिन्दी उपन्यास युग चेतना और पाठकीय संवेदना–डॉ0 मुकुन्द द्विवेदी, लोक भारती प्रकाशन, महात्मा गाँधी इलाहाबाद, प्र0 सं0 1970
51. हिन्दी उपन्यासों की शिल्प विधि का विकास–डॉ0 लक्ष्मी नारायण लाल, साहित्य भवन, प्रा0 लि0 इलाहाबाद, 1960
52. हिन्दी उपन्यासों में नारी का मनोवैज्ञानिक विश्लेषण डॉ0 विमल सहसबुद्धे, पुस्तक संस्थान, नेहरु नगर, कानपुर, 1974
53. हिन्दी उपन्यासों में नारी चित्रण बिन्दु अग्रवाल, राधाकृष्ण प्रकाशन, दरियागंज, दिल्ली, 1968
54. हिन्दी उपन्यासों में चरित्र चित्रण का विकास– डॉ0 रणवीर रांग्रा, भारती साहित्य मन्दिर, दिल्ली, 1961
55. हिन्दी उपन्यासों में नारी डॉ0 शैल रस्तोगी, विभू प्रकाशन साहिबाबाद, 1957
56. हिन्दी एकांकी की शिल्प विधि का विकास–डॉ0 सिद्धनाथ कुमार, ग्रंथम रामबाग, कानपुर सं0 1966

57. हिन्दी कहानियों की शिल्पविधि का विकास डॉ0 लक्ष्मी नारायण लाल साहित्य भवन, प्रा0 लि0 इलाहाबाद, 1960

58. हिन्दी काव्य में प्रकृति चित्रण–डॉ0 किरन कुमारी गुप्ता, हिन्दी प्रयाग सम्मेलन, प्रयाग, सं0 2006

59. हिन्दी कृष्ण काव्य में रुप सौन्दर्य–डॉ0 पुरुषोत्तम दास अग्रवाल, बोहरा प्रकाशन, जयपुर।

60. हिन्दी साहित्य को कूर्माचल की देन डॉ0 भगत सिंह, नेशनल पब्लिशिंग हाउस, नई दिल्ली, 1967

61. हिन्दी साहित्य में वीभत्स रस डॉ0 कृष्णदेव झारी शारदा प्रकाशन महरौली, नई दिल्ली, 1977

अप्रकाशित शोध–प्रबन्ध

1. कथाकार शिवानी व्यक्तित्व और कृतित्व श्रीमती कृष्णा श्रीवास्तव, नागपुर विश्वविद्यालय, नागपुर।

2. शिवानी के उपन्यास–कथ्य और शिल्प रॉची विश्वविद्यालय, रॉची

3. शिवानी के साहित्य में प्रेम और सौन्दर्य श्रीमती मंजुला पंत, मेरठ विश्वविद्यालय, मेरठ, 1993

कोश

1. अमर कोश–टी0 प0 हरगोविन्द शास्त्री चौखम्भा संस्कृति सीरीज आफिस, बनारस, 1957

2. आदर्श हिन्दी संस्कृति–संस्कृत कोश –रामस्वरुप शास्त्री, चौखम्भा भवन वाराणसी, 1956

3. भार्गव आदर्श हिन्दी शब्द कोश–संपा0 पं0 रामचन्द्र पाठक

4. भारतीय साहित्य शास्त्र कोश–राजवंश सहाय–बिहारी हिन्दी साहित्य अकादमी, पटना

5. मानक हिन्दी कोश–खण्ड 5 रामचन्द्र वर्मा, हिन्दी, साहित्य सम्मेलन प्रयाग, 1964

6. लोक साहित्य : आकर साहित्य सूची –नलिन विलोचन शर्मा

7. वृहद सूक्ति कोश खण्ड 7 सम्पादक शरण, प्रभात प्रकाशन, दिल्ली स0 1972
8. वृहद हिन्दी ग्रन्थ सूची–यशपाल महाजन
9. संस्कृत हिन्दी कोश –शिवराम आप्टे–मोतीलाल बनारसीदास, जवाहर नगर, दिल्ली 1966
10. हिन्दी साहित्य कोश संपा0 धीरेन्द्र वर्मा ज्ञान मण्डल वाराणसी, प्र0 सं0 संवत 1015
11. हिन्दी साहित्य कोश –सपा0 धीरेन्द्र वर्मा, द्वि0 सं0, 2020

संस्कृत ग्रन्थ

1. ध्वन्यालोक आचार्य जगन्नाथ विद्या भवन वाराणसी सं0 1965
2. साहित्य दर्पण आचार्य विश्वनाथ मोतीलाल बनारसी दास पटना चतुर्थ संस्करण, 1961

अंग्रेजी ग्रन्थ

1. Ed. Van Ocnor-Forms of modern Fiction.
2. Edwin muir-Structure of Novel.
3. E.M. Forster-Aspect of the Novel.
4. English Prose- Style, Herbert Road, 1968 Lyall Book.
5. Judgment in Literature- W. Basil Worsfold.
6. Personality, Rabindra Nath Tagore, 1923 Macmillan Co.- St. Martimis street London.
7. The Problem of Style, J. Middalton Marry, 1952, Geoffrey, Cumberge Oxford University Press, London.
8. The Cheers for Demicracy; E. M. Forster Published in the U.S. A. by Harcourt Brance Co., I, Ed. 1951

पत्र–पत्रिकाएँ

1. आज 3 अक्टूबर 1989
2. आजकल मई 1980
3. आलोचना अप्रेल 1970
4. आलोचना मई 1980
5. आलोचना जून 1980
6. दैनिक जागरण 30 जनवरी 1984
7. धर्मयुग 1 अक्टूबर 1972
8. धर्मयुग 29 नवम्बर 1978
9. धर्मयुग 12 नवम्बर 1978
10. धर्मयुग 19 नवम्बर 1978
11. धर्मयुग 4 फरवरी 1979
12. नवनीत मई, 1980
13. नवभारत टाइम्स पटना 3 अक्टूबर 1966
14. पंजाब केसरी 12 जुलाई 1989
15. रुप अंचल पत्रिका 1982
16. समाज जनवरी 1959
17. साप्ताहिक हिन्दुस्तान 8 जुलाई 1973
18. साप्ताहिक हिन्दुस्तान 4 सितम्बर 1983
19. सारिका 16 अप्रैल 1980
20. हिन्दुस्तान अक्टूबर 1989